全彩图解

说文解字

（汉）许慎 著
思履 编著

图书在版编目（CIP）数据

全彩图解说文解字 /(汉) 许慎著；思履编著. -- 南昌：江西美术出版社, 2020.1（2021.8重印）
ISBN 978-7-5480-6850-1

Ⅰ.①全… Ⅱ.①许… ②思… Ⅲ.①《说文》－通俗读物 Ⅳ.① H161-49

中国版本图书馆CIP数据核字(2019)第024027号

出 品 人：周建森
企　　划：北京江美长风文化传播有限公司
责任编辑：楚天顺　朱鲁巍
策划编辑：朱鲁巍
责任印制：谭　勋
封面设计：冬　凡

全彩图解说文解字
QUANCAI TUJIE SHUOWEN JIEZI
（汉）许慎 著　思履 编著

出　　版：	江西美术出版社
地　　址：	江西省南昌市子安路 66 号
网　　址：	www.jxfinearts.com
电子信箱：	jxms163@163.com
电　　话：	0791-86566274　010-82093785
发　　行：	010-88893001
邮　　编：	330025
经　　销：	全国新华书店
印　　刷：	三河市兴博印务有限公司
版　　次：	2020 年 1 月第 1 版
印　　次：	2021 年 8 月第 2 次印刷
开　　本：	680mm×980mm　16 开
印　　张：	24

ISBN 978-7-5480-6850-1
定　　价：45.00 元

本书由江西美术出版社出版。未经出版者书面许可，不得以任何方式抄袭、复制或节录本书的任何部分。

版权所有，侵权必究

本书法律顾问：江西豫章律师事务所　晏辉律师

前 言

《说文解字》,简称《说文》。作者是东汉的经学家、文字学家许慎(献给汉安帝)。《说文解字》成书于汉和帝永元十二年(公元100年)到安帝建光元年(公元121年)。《说文解字》是我国第一部按部首编排的字典。

许慎根据文字的形体,创立540个部首,将9353字分别归入540部。540部又据形系联归并为14大类,字典正文就按这14大类分为14卷,卷末叙目别为1卷,全书共有15卷。《说文解字》共15卷,其中包括序目1卷。许慎在《说文解字》中系统地阐述了汉字的造字规律——六书。

《说文解字》的体例是先列出小篆,如果古文和籀文不同,则在后面列出。然后解释这个字的本义,再解释字形与字义或字音之间的关系。《说文解字》中的部首排列是按照形体相似或者意义相近的原则排列的。《说文解字》开创了部首检字的先河,后世的字典大多采用这个方式,段玉裁称这部书"此前古未有之书,许君之所独创"。

我们想认识任何一个事物都要从本源上去了解,学习语言也要如此。以前的大学问家总说"读书要先识字",这个"识字"不是只知道一个字读什么音,而是要知道它的本义是什么。我们现代汉语的常用字常用义,有很多都是引申义,不是本义,这就影响了我们更好地理解前人的经典作品,甚至影响了我们很好地使用现代汉语。

看过《说文解字》的人都知道:汉字中所有带"王"字旁的字都和美玉相关;汉字中所有带"灬"的字都和"火"相关,因为"灬"原来的篆书写法是"火",就是"火"。汉字中的"羊"字可是个好字,相对于狼古代中国人更喜欢羊,"美"字是以羊为代表造型的字。"日"字原来画的就是一个太阳,"月"字画的就是一个月牙,因为月亮更多的时候就是这样子。把黄昏时刚出现的半个月牙画下来,就是"夕"——朝夕的"夕"。我们看到的每一个汉字都有它的来龙去脉,都是可以讲清来源或是分析出本来的意义、构成的道理的。很多汉字本来就是一幅美丽的图画,藏有一个动人的故事。

我们中国人,历来对文字十分重视。从孩子生下来以后长辈们给起名就可以看出来,绝大多数父母都因为要给孩子起好名、选好字而翻遍了字典。可是您也许不知道,我们现在使用的《新华字典》《现代汉语词典》,所释义的字和词很多都不是它们的本义,而且,这些新字典没有告诉我们文字里面的奥秘和众多汉字里面的规律。比如:我们看到一个人的名字中有"王"字旁,就知道他的名字中含有美玉的品质,三国的周瑜,字公瑾,"瑜"和"瑾"都是美玉。

现在,世界上越来越多的人需要学习汉语汉字。我们可以认定的汉字有五万六千多个,现代汉语通用字有7000个,常用的汉字也有3500个。死记住3500个汉字不是一件容易的事,要学会使用它们引申出来的多种多样的字义就更难了。我们写这本书就是要为您做一个向导,让您轻松愉快地在《说文解字》的神圣的文字殿堂里游览一番,您会发现:每一个汉字里面都有一个故事,许多汉字都像一幅生动的图画,汉字里面蕴含着丰富的情感与智慧。

目 录

一部		三部		珠	9	芝	12	堇	15	茜	19	芳	23
一	1	三	5	瑰	9	莆	12	芨	15	苞	19	藉	23
元	1	**王部**		珊	9	莠	12	藋	15	艾	19	芰	23
天	1	王	5	瑚	9	蘇	12	蔆	16	芸	19	荇	23
丕	1	閏	5	琅	9	荏	12	苦	16	芡	19	茨	23
吏	1	皇	6	靈	10	葵	12	蔆	16	茄	20	葺	23
丄部		**玉部**		**珏部**		薇	12	苦	16	荷	20	若	23
示	2	玉	6	班	10	芋	12	菩	16	蔚	20	苡	24
祜	3	瑤	6	**气部**		蘧	13	茅	16	芍	20	茵	24
禮	3	瑾	7	气	10	菊	13	菅	16	葛	20	茹	24
禧	3	瑜	7	氛	10	菁	13	蘄	16	蔓	20	萎	24
福	3	球	7	**士部**		蘭	13	莞	16	蔣	20	蒸	24
祐	3	琳	7	士	10	蕤	13	蘭	17	菌	20	蕉	24
祺	3	璧	7	壯	10	葰	13	蒻	17	萸	21	卉	24
祗	3	瑷	7	**丨部**		芃	13	蒢	17	荣	21	蒜	24
神	3	玦	7	丨	10	苹	13	蒲	17	荆	21	芥	24
祇	3	瑞	8	**屮部**		蕭	14	萑	17	芒	21	莎	25
祭	3	珥	8	屮	10	薰	14	蒹	17	茂	21	菲	25
祀	3	瑱	8	屯	11	蘪	14	莖	17	芮	21	芴	25
祲	4	琢	8	每	11	芫	14	荓	17	茬	21	葦	25
祔	4	理	8	毒	11	莓	14	蕕	18	萃	21	葭	25
祖	4	瑱	8	熏	11	苦	14	蒌	18	苛	22	萊	25
祠	4	珍	8	**艸部**		苴	14	蓄	18	苗	22	荔	25
祝	4	玩	8			芋	14	茯	18	荒	22	藻	25
祈	4	玲	8	艸	11	蓋	15	蔓	18	落	22	范	26
禱	4	碧	8	莊	11	莁	15	菖	18	蔽	22	薔	26
禪	5	琨	9	苔	12	莍	15	苗	18	蔡	22	苕	26
社	5	珉	9			葀	15	蓨	19	菜	22	蒿	26
禁	5	瑶	9			薊	15	蓂	19	薄	22	蓬	26
								苑	23	藜	26

茸	26	牢	30	唯	34	喉	38	登	42	連	46	律	49
葆	26	犀	30	唱	34	吠	38	**正部**		述	46	御	49
蕃	26	**羴部**		听	34	嘩	39	正	42	退	46	丁	49
草	26	羴	30	哉	34	嘈	39	乏	42	迴	46	**廴部**	
蓄	27	羣	31	呷	34	咆	39	**是部**		遜	46	廴	49
菩	27	羉	31	嗔	34	哮	39	是	43	遘	46	廷	50
芙	27	**告部**		嘌	35	啄	39	韙	43	遺	46	延	50
小部		告	31	台	35	嘵	39	匙	43	遂	46	建	50
小	27	嚳	31	启	35	呦	39	**辵部**		逃	47	**行部**	
少	27	**口部**		咸	35	**凵部**		辵	43	逐	47	行	50
八部		口	31	呈	35	凵	39	迹	43	迺	47	街	50
八	27	喙	31	右	35	**叩部**		巡	43	邇	47	衢	50
分	27	吻	31	嗇	35	叩	39	逝	43	迫	47	衙	50
曾	27	嚨	31	吉	35	**哭部**		遵	44	遏	47	衎	50
尚	28	喉	32	周	36	哭	40	述	44	逞	47	**齒部**	
詹	28	嚌	32	唐	36	喪	40	過	44	遼	47	齒	50
介	28	吞	32	吐	36	**走部**		進	44	遠	47	齗	50
公	28	咽	32	吃	36	走	40	造	44	逖	47	齔	51
必	28	咳	32	啖	36	趁	40	逾	44	迥	47	齬	51
余	28	咀	32	嗜	36	趀	40	迪	44	迁	47	齦	51
采部		啜	32	哽	36	起	40	遝	44	逴	48	齰	51
采	28	吮	32	哇	36	趙	41	遞	44	道	48	齠	51
番	29	噬	32	嗑	36	趑	41	通	44	遽	48	齬	51
悉	29	含	32	呶	36	趄	41	辿	45	遺	48	齸	51
释	29	哺	33	叱	37	赶	41	遜	45			齦	51
半部		味	33	嘖	37	**止部**		逡	45	**彳部**		齰	52
半	29	唾	33	吒	37	止	41	適	45	徹	48	齕	52
胖	29	咦	33	唇	37	歱	41	遯	45	循	48	齧	52
叛	29	吹	33	吁	37	前	41	返	45	微	48	**牙部**	
牛部		名	33	嗷	37	歷	41	還	45	徐	48	牙	52
牛	29	嗓	33	呻	37	歸	41	選	45	徬	48	犴	52
牡	29	吾	33	吟	37	少	42	送	45	待	48	**足部**	
特	30	哲	33	喝	37	**癶部**		遺	45	佷	49	足	52
牟	30	君	33	哨	38	癶	42	遲	45	很	49	蹠	52
牲	30	命	34	吝	38	登	42	逮	46	得	49		
牽	30	咨	34	哀	38					徛	49		
				舌	38					徇	49		

字	頁	字	頁	字	頁	字	頁	字	頁	字	頁	字	頁	字	頁
跟	52	龠部		廿	58	諧	62	詰部		異部		靳	72		
踝	52	龠	56	冊部		諳	62	詰	65	異	68	靭	72		
跖	52	龢	56			調	62	競	65	戴	68	鞜	72		
踦	53	龤	56	世	59	警	62	囂	65			鞳	72		
跪	53			言部		諡	62	譶	66	晨部		軒	72		
跽	53	冊部		言	59	誼	62			晨	69	轉	72		
踧	53	冊	56	詩	59	謙	62	辛部		農	69				
躍	53	嗣	56	讖	59	詡	62	童	66			鞭	72		
踖	53	扁	56	諷	59	設	62	妾	66	革部		輟	72		
蹢	53			誦	59	護	63			革	69	鞏	72		
踰	53	品部		讀	59	託	63	丵部		鞹	69	鞴	72		
蹻	53	嚚	57	訓	59	記	63	丵	66	鞀	69	鞋	72		
踊	53	器	57	誨	59	譽	63	業	66	鞄	69	勒	73		
蹴	53			譔	59	謠	63	叢	66	鞞	69	鞘	73		
蹵	53	舌部		譬	60	謝	63	對	66	鞪	69	輀	73		
蹌	54	舌	57	諭	60	謳	63			鞣	69	鞭	73		
躍	54	舓	57	詖	60	諍	63	菐部		靼	70	軨	73		
蹶	54			諄	60	詠	63	菐	67	鞼	70	鞼	73		
躡	54	干部		信	60	訖	63	僕	67	鞏	70	勒	73		
踡	54	干	57	訦	60	諺	63	奚	67	鞏	70	輗	73		
跨	54			誠	60	詣	64			鞔	70	鞭	73		
跋	54	只部		誠	60	講	64	収部		鞁	70	鞅	73		
踳	54	只	57	諱	60	訥	64	収	67	鞾	70	靼	73		
跌	54			詔	60	譴	64	奉	67	鞠	70	觀	73		
踞	54	冏部		誥	60	譜	64	丞	67	鞭	70				
蹲	55	冏	57	諗	61	諛	64	异	67	鞠	70	鬲部			
踢	55	商	57	誓	61	調	64	弄	67	靶	71	鬲	74		
跛	55			詰	61	諼	64	戒	67	鞜	71	融	74		
蹇	55	丩部		藹	61	謾	64	兵	68	鞅	71	弼部			
距	55	丩	58	諫	61	誹	64	弈	68	靷	71	弼	74		
趺	55	糾	58	諝	61	謗	64	具	68	鞞	71	鬻	74		
跰	55			証	61	讟	64			秘	71				
路	55	古部		諫	61	詛	65	癶部		鞣	71	爪部			
蹸	55	古	58	誡	61	誤	65	癶	68	鞜	71	爪	74		
跂	55	嘏	58	試	61	訾	65	樊	68	靸	71	孚	74		
				詮	61	註	65			靶	71	為	74		
品部		十部		訴	62	謬	65	共部		鞏	72	爪	74		
品	55	十	58	說	62	讃	65	共	68						
跰	55	千	58	說	62	讓	65	龔	68	鞾	72				
喦	56	丈	58	計	62	讀	65								
		博	58												

3

乱部		畫部		鬻部		教部		朋部		雀	88	隹部	
乱	74	畫	77	鬻	80	教	83	朋	86	雛	89	隹	91
厥	74	晝	77	支部		卜部		奭	86	雞	89	霍	91
鬥部		隶部		支	80	卜	83	眉部		雕	89	雙	92
鬥	75	隶	77	啟	80	卦	83	眉	86	雁	89	雥部	
鬭	75	殿	78	徹	80	貞	83	省	86	雄	89	雥	92
鬮	75	隸	78	肇	80	占	83	自部		雌	89	雧	92
又部		臤部		敏	80	用部		自	86	奞部		鳥部	
又	75	緊	78	孜	80	用	83	白部		奪	89	鳥	92
右	75	堅	78	整	80	甫	83	皆	86	奮	89	鷰	92
厷	75	臣部		效	81	庸	83	者	86	雀	89	鳩	92
叉	75	臣	78	故	81	爻部		百	86	雈部		鴿	92
父	75	臧	78	政	81	爻	84	鼻部		崔	90	鶻	92
燮	75	殳部		敷	81	燊部		鼻	87	蔓	90	鳩	93
曼	75	殳	78	數	81	爾	84	鼾	87	萑	90	鶴	93
夬	75	殹	78	孜	81	爽	84	苜部		舊	90	鷺	93
尹	76	毆	78	敞	81	目部		苜	87	艹部		鵠	93
及	76	殿	78	改	81	目	84	奭	87	艹	90	鴻	93
秉	76	段	78	變	81	眼	84	羽部		苛	90	鵝	93
反	76	殺	78	更	81	眩	84	羽	87	首部		鴛	93
叔	76	毅	79	敕	81	眈	84	翰	87	首	90	鶯	93
取	76	几部		斂	81	盯	84	翟	87	薎	90	䴉	93
彗	76	凫	79	敵	81	瞟	85	翡	87	羊部		雁	93
度	76	寸部		救	81	睹	85	翠	88	羊	90	鷙	93
友	76	寸	79	赦	81	睦	85	蔛	88	羔	91	鷙	93
史部		寺	79	攸	82	瞻	85	翱	88	羋	91	鵒	93
史	76	將	79	敦	82	瞋	85	翔	88	羝	91	鱸	94
支部		專	79	敗	82	相	85	翳	88	紛	91	鷀	94
支	77	專	79	敵	82	眷	85			羚	91	鴞	94
聿部		導	79	寇	82	督	85	隹部		羥	91	鳩	94
聿	77	皮部		收	82	看	85	佳	88	䍷	91	鷇	94
肅	77	皮	79	鼓	82	睡	85	雅	88	瞿部		鳴	94
聿部		皰	80	攻	82	瞑	85	隻	88	瞿	91	騫	94
聿	77	皯	80	敲	82	眚	85	雉	88	矍	91	鳧	94
聿	77			败	82	瞥	86	閵	88			畢	94
				叙	82							棄	94
				牧	83								

冓部		殊 97	肺 100	刉 103	耒部	笠 109	猒 112
冓 94		殟 97	脾 100	劃 103	耒 106	箱 109	甚 112
再 95		殂 97	肝 100	剖 103	耕 106	筐 109	日部
冉 95		殆 97	膽 100	剈 103	耤 106	篚 109	
幺部		殃 97	胃 100	利 103	耦 106	筴 109	日 112
		殘 97	脬 100	剡 103	䅑 106	策 109	曷 112
幺 95		殄 97	腸 100	初 103	耡 106	簐 109	沓 112
幼 95		殲 97	膍 100	前 103		笒 109	曹 113
丝部		殯 97	肖 100	辦 104	角部	簪 110	丂部
丝 95		死部	胤 101	則 104	角 106	笙 110	
幽 95			膻 101	剛 104	觸 106	篎 110	丂 113
幾 95		死 98	脫 101	劊 104	衡 107	笛 110	寧 113
叀部		薨 98	朓 101	切 104	解 107	筑 110	可部
		薧 98	隋 101	劇 104	觳 107	箏 110	
惠 95		冎部	肴 101	副 104	竹部	算 110	可 113
疐 95			胞 101	剖 104			奇 113
玄部		冎 98	胡 101	判 104	竹 107	丌部	哿 113
		剮 98	膘 101	刊 104	箭 107		哥 113
玄 95		冎 98	脯 101	劈 104	箘 107	丌 110	兮部
予部		骨部	脩 101	剝 104	簬 107	辺 110	
			膊 101	割 104	筱 107	典 111	兮 113
予 96		骨 98		刷 105	簜 107	畀 111	乎 113
舒 96		髑 98	肯 102	刮 105	簡 107	巽 111	羲 113
幻 96		髏 98	胜 102	制 105	笁 107	奠 111	号部
放部		髆 98	臊 102	罰 105	節 108	左部	
		骿 98	膮 102	刺 105	等 108		号 114
放 96		骭 99	腥 102	剔 105	範 108	左 111	號 114
敖 96		髁 99	脂 102		笵 108	差 111	亏部
敫 96		髖 99	肕 102	刃部	符 108	工部	
叔部		髕 99	膩 102		筮 108		亏 114
		髓 99	膜 102	刃 105	第 108	工 111	虧 114
叡 96		骷 99	散 102	刅 105	筵 108	式 111	粵 114
叡 96		骸 99	腐 102	剏 105	簟 108	巧 111	平 114
歺部		骼 99	肥 102	韧部	箸 108	巨 112	旨部
		骩 99			筥 108	巫部	
歺 96		骴 99	筋部	韧 105	籃 108		旨 114
殘 96		骾 99		契 106	簋 108	巫 112	嘗 114
殬 97			筋 103	栔 106	簠 109	覡 112	喜部
殯 97		肉部	刀部		竿 109	甘部	
歾 97							喜 114
		肉 99	刀 103			甘 112	憙 115
		腎 99	削 103				嚭 115

豆部		皿部		静	121	亼部		冂部		舛部		梅	133
尌	115	皿	117	井部		合	124	冂	127	舛	130	杏	133
彭	115	盂	118	井	121	今	124	市	127	舞	130	柰	133
嘉	115	盛	118	阱	121	侖	124	宄	127			李	133
豈部		盍	118	荆	121	舍	124	央	127	舜部		枇	133
豈	115	盆	118	刱	121					舜	130	柞	133
愷	115	醯	118			會部		京部				桔	134
豆部		盃	118	皀部		會	124	京	127	韋部		梢	134
豆	115	盈	118	皀	121	觪	124	雀	127	韋	131	梭	134
桓	115	盡	118	饗	122			就	128	韎	131	樺	134
荅	115	盅	118	即	122	入部				韈	131	枸	134
登	116	盒	118	既	122	入	124	亯部		韜	131	枋	134
弇	116	盥	119			内	125	亯	128	韏	131	樗	134
豓	116	盟	119	鬯部		仝	125	簹	128	韇	131	楊	134
				鬯	122					韓	131	樫	134
豐部		血部		爵	122	缶部		皀部				柳	135
豐	116	血	119			缶	125	厚	128	弟部		桵	135
豑部		衁	119	食部		𣪘	125			弟	131	棣	135
豑	116	衃	119	食	122	匋	125	亶部		羍	132	枳	135
豔	116	衄	119	飴	122	罌	125	亶	128			楓	135
		衋	119	餅	122	罃	125	稟	128	夊部		杞	135
虍部		衊	119	養	122	缸	125	亶	129	夊	132	杅	135
虘	116	盍	119	飯	123	缺	125			夆	132	檀	135
號	116	衂	119	餐	123	罅	125	嗇部				櫟	136
		盥	119	餔	123	罄	126	嗇	129	久部		棟	136
虎部		音	120	餠	123	磬	126	牆	129	久	132	柘	136
虎	116	盡	120	饋	123	𦈡	126					梧	136
虞	117	岵	120	飽	123			來部		桀部		桐	136
虙	117	巌	120	饒	123	矢部		來	129	桀	132	楀	136
虐	117			餘	123	矢	126			磔	132	榆	136
		丶部		館	123	矯	126	麥部				樵	137
彪部		丶	120	饗	123	短	126	麥	129	木部		松	137
虎	117	主	120	饑	123	知	126	麴	129	木	132	楠	137
彪	117			饉	123	矦	126	麩	130	橘	132	檜	137
號	117	丹部		餲	123					橙	132	樅	137
虢	117	丹	120	餲	124	高部		夊部		櫨	132	柏	137
虤	117	雘	121	饉	124	高	126	夊	130	柚	133	机	137
		彤	121	饎	124	亳	127	致	130	棃	133	桅	137
				飢	124	亭	127	愛	130	樟	133	某	137
		青部		餓	124			夏	130	柿	133	樹	138
		青	121					夒	130	枏	133		

本	138	栖	142	橫	147	帀部		束部		貯	157	郝	160
柢	138	栳	142	梜	147	帀	151	束	153	貳	157	鄷	161
朱	138	概	142	桃	147	師	151	柬	154	賒	157	鄭	161
根	138	槳	142	椓	147	出部		刺	154	贅	157	郜	161
株	138	案	143	朾	147	出	151	橐部		質	157	郵	161
櫻	138	械	143	棱	147	敖	151	橐	154	貿	157	邦	161
末	138	科	143	枰	147	糶	151	囊	154	贖	157	部	161
橪	138	櫺	143	柮	148	賣	151	囊	154	費	157	邵	161
果	139	杓	143	柆	148	木部		橐	154	責	158	鄝	161
杈	139	桿	143	槎	148	索	151	口部		販	158	邠	161
枝	139	槅	143	析	148	孛	151	口	154	買	158	郃	162
朴	139	檐	143	休	148	南	152	圜	155	賤	158	邢	162
條	139	槌	144	械	148	生部		圓	155	賦	158	鄔	162
枚	139	栱	144	杸	148	生	152	回	155	貪	158	祁	162
枯	139	栿	144	桱	148	產	152	圖	155	貶	158	邯	162
樸	139	杼	144	桔	149	丰	152	圛	155	貧	158	郁	162
槙	139	核	144	柙	149	隆	152	國	155	賃	158	鄲	162
柔	140	棚	144	棺	149	毛部		困	155	購	158	鄒	162
枥	140	棧	144	椁	149			壼	155	貨	158	那	162
材	140	柢	144	東部		毛	152	圈	155	貴	158	郴	162
杤	140	杖	144	東	149	瓜部		囿	156	賣	159	郎	162
柴	140	拔	145	林部		瓜	152	園	156	邑部		邱	162
槫	140	椎	145	林	149	華部		圃	156	邑	159	鄂	163
杲	140	棓	145	無	149	華	152	因	156	邦	159	邗	163
柳	140	柯	145	鬱	149	禾部		囹	156	都	159	邪	163
杳	140	秘	145	楚	149	禾	153	圉	156	鄰	159	㫃部	
櫛	141	柄	145	棼	150	稽部		固	156	鄙	159	㫃	163
橡	141	櫕	145	柣	150	稽	153	囚	156	郊	159	旟	163
楣	141	榜	145	琳	150	巢部		困	156	邽	159	日部	
植	141	棊	146	棻	150	巢	153	員部		邸	159	日	163
摘	141	樛	146	麓	150	桼部		員	156	郵	160	旻	163
樞	141	桰	146	森	150	桼	153	貝部		鄗	160	时	163
櫲	141	槽	146	才部		麴	153	貝	156	鄴	160	早	164
楯	141	臬	146	才	150			賄	157	邰	160	昒	164
枕	142	桶	146	之部				貨	157	鄭	160	曠	164
梳	142	梁	146	之	150			財	157	郾	160	旭	164
恰	142	楫	146							鄽	160	暘	164
柳	142	校	147							鄣	160	晹	164
杵	142	櫟	147							郁	160	暘	164
杚	142	采	147										

昫 164	旄 168	弓部	穋 174	黏 177	赤部	富 184
晛 164	旒 168	甬 171	積 174	黏 177	赦 181	實 184
晏 164	族 168	柬部	稠 174	麋 177	尚部	宿 184
景 165	晶部	柬 171	概 174	香部	尚 181	寢 184
皓 165	晶 168	卤 171	稀 174	香 178	韭部	寬 185
旰 165	晨 168	卤部	穆 174	馨 178	韭 181	寡 185
暉 165	月部	卤 171	私 174	米部	齏 182	客 185
暑 165	月 168	齊部	稷 174	米 178	瓜部	寄 185
晨 165	朔 169	齊 171	秋 174	粱 178	瓜 182	寓 185
晚 165	朏 169	束部	穄 174	粲 178	瓣 182	灾 185
昏 165	霸 169		稻 175	精 178	瓠部	寒 185
晻 165	朗 169	束 171	穧 175	粺 178	瓠 182	害 185
暗 165	期 169	棗 172	秕 175	粗 178	瓢 182	宄 185
晦 165		棘 172	稗 175	粒 178	宀部	宕 185
昌 166	有部	片部	移 175	糜 179	宀 182	宋 185
昄 166	有 169		穎 175	糟 179	家 182	宗 186
昱 166	龓 169	片 172	秒 175	糗 179	宅 182	頴 186
暑 166	明部	版 172	機 175	糈 179	室 182	宙 186
曬 166	朙 169	牖 172	稿 175	糧 179	向 183	宮部
暵 166	朚 169	牘 172	秕 175	粹 179	宣 183	宮 186
晞 166	囧部	牒 172	稍 176	氣 179	宛 183	呂部
昔 166	囧 170	牏 172	梨 176	粉 179	宸 183	呂 186
昆 166	夕部	牏 172	秧 176	臼部	宧 183	穴部
普 167	夕 170	克部	穀 176	臼 179	宇 183	穴 186
曉 167	夜 170	克 173	稔 176	舂 180	奧 183	窒 186
昕 167	夗 170	彔部	租 176	舀 180	宏 183	窨 186
旦部	夢 170	彔 173	稅 176	凶部	定 183	窯 187
旦 167	外 170	禾部	秋 176	凶 180	寔 183	寢 187
曁 167	㚔部	禾 173	穌 176	兇 180	寍 184	穿 187
㫃部	㚔 170	秀 173	稍 176	木部	安 184	窠 187
㫃 167	多部	稼 173	秦 176		宓 184	空 187
旗 167	多 170	穡 173	程 177	木 180	寁 184	窬 187
旃 167	冊部	穜 173	科 177	枲 181	宴 184	窺 187
旌 167	冊 170	種 174	秝部	麻部	宋 184	突 187
旆 168	貫 171	稑 174	秝 177		察 184	窨 187
游 168	嗣 171	稑 174	兼 177	麻 181	完 184	窘 188
旋 168			黍部			
			黍 177			

穴部		冃部		帛部		人部		人部		七部		匕部		身部	
窊	188			帤	194			俗	201			匕部		身部	
穹	188	冃	191	幣	194	人部		俾	201			匕	204	身	207
究	188	冕	191	幅	195	人	198	伉	201			匙	204	軀	207
窈	188	冑	191	幘	195	保	198	倪	201			頃	204	月部	
窀	188	冒	191	帔	195	仁	198	億	201			卓	204		
穸	188	最	192	常	195	企	198	使	201			艮	204	月	207
广部		网部		帙	195	刏	198	伶	201			从部		殷	207
广	188	网	192	幡	195	仕	198	儷	201			从	204	衣部	
痛	188	两	192	飾	195	儒	198	傳	201			從	205	衣	207
疾	188	网部		帣	195	伉	198	价	202			并	205	裁	207
病	188	网	192	帚	195	佗	198	仔	202			比部		袞	207
瘀	189	罩	192	席	196	何	199	伸	202			比	205	褆	207
疳	189	罾	192	布	196	供	199	僭	202			毖	205	衽	208
痾	189	罪	192	帑	196	位	199	倍	202			北部		袪	208
癜	189	羼	192	輒	196	倫	199	儜	202					裯	208
痒	189	罵	192	帛部		儕	199	儦	202			北	205	裾	208
瘦	189	罟	192			侔	199	偏	202			冀	205	複	208
瘤	189	罨	192	帛	196	偕	199	佃	202			丘部		褆	208
痤	189	罳	193	錦	196	俱	199	僻	202					襌	208
疽	189	罢	193	白部		儹	199	侈	202			丘	205	裒	208
痎	189	罝	193	白	196	傅	199	偽	202			虚	205	裔	208
痳	190	羈	193	皎	196	倚	200	倡	202			丛部		䴘	208
瘅	190	署	193	曉	196	佰	200	俳	202			聚	206	袗	208
瘴	190	罷	193	皙	196	作	200	俄	202			眾	206	袁	209
疽	190	置	193	皤	196	假	200	侮	203			壬部		裕	209
㾕	190	罥	193	皠	197	借	200	僵	203					襦	209
痦	190	西部		皚	197	價	200	仆	203			壬	206	襄	209
瘍	190			皦	197	侵	200	偃	203			徴	206	褊	209
疲	190	西	194	皋	197	候	200	侉	203			重部		袺	209
疧	190	覆	194	皛	197	償	200	催	203			重	206	被	209
疫	190	巾部		㡀部		僅	200	伏	203			量	206	衾	209
宀部		巾	194	㡀	197	代	200	俑	203			卧部		褻	209
宀	191	帥	194	㡀部		儀	200	伐	203					雜	209
冠	191	幋	194	黹	197	傍	200	促	203			卧	206	裕	210
冂部		帨	194	黼	197	侶	201	例	203			監	206	裂	210
冂	191	帔	194	黻	197	任	201	七部				臨	207	袋	210
同	191	幣	194	黺	198	便	201	七	204					祖	210
				黻	198	倪	201	化	204					襸	210
						優	201	真	204						
						儉	201								

袤 210	屛 213	兄部	歔 219	頤 222	鬊 224	匐 227
裝 210	層 213	兄 216	欣 219	顓 222	髦 225	匍 227
裹 210	尺部	競 216	弞 219	頏 222		勻 228
褐 210			款 219	頗 222	后部	冡 228
裺 210	尺 213	兂部	歌 219	顫 222	后 225	勼 228
卒 210	咫 214	兂 216	歔 219	煩 222	咘 225	旬 228
衰 210	尾部	兌部	歗 219	百部	司部	匈 228
褚 211	尾 214	兌 217	歠部	百 222	司 225	匃 228
制 211	屬 214	先部	歠 219	面部	詞 225	匓 228
裘部	屈 214	先 217	次部	面 222	卮部	包部
裘 211	尿 214	兟 217	次 219	首部	卮 225	包 228
老部	履部	禿部	羨 220	首 223	䪄 225	匏 229
老 211	履 214	禿 217	欨 220	𥄉部	卪部	胞 229
耋 211	屨 214	穨 217	盜 220	𥄉 223	卪 225	苟部
薹 211	屐 214	見部	旡部	縣 223	令 226	苟 229
耆 211	舟部	見 217	旡 220	須部	厄 226	敬 229
壽 211	舟 214	視 217	㱅 220	須 223	卷 226	鬼部
考 211	俞 215	觀 217	㱊 220	頿 223	卸 226	鬼 229
孝 211	船 215	覽 217	頁部	顄 223	卻 226	魂 229
毛部	舳 215	覦 217	頁 220	彡部	印部	魄 229
毛 212	朕 215	覻 217	頭 220	彡 223	印 226	魁 229
毨 212	舫 215	覺 218	項 220	形 223	归 226	魖 229
氈 212	般 215	靚 218	碩 220	修 223	色部	醜 230
毦 212	服 215	覲 218	頒 220	彰 224	色 226	由部
毳部	方部	親 218	顩 221	彫 224	艵 227	禺 230
毳 212	方 215	覞部	頑 221	弱 224	艳 227	畏 230
尸部	航 215	覞 218	蘇 221	文部	卯部	厶部
尸 212		覹 218	顆 221	文 224	卯 227	厶 230
展 212	儿部	覼 218	頲 221	斐 224	卿 227	篡 230
居 212	儿 216	欠部	頷 221	嫠 224	辟部	蕴 230
尼 213	兀 216	欠 218	顧 221	髟部	辟 227	鬼部
㞕 213	兒 216	欽 218	順 221	髟 224	勹部	嵬 230
犀 213	允 216	吹 218	顓 221	髮 224	勹 227	巍 230
扉 213	兌 216	歔 219	項 221	鬢 224	匊 227	
屠 213	充 216	歇 219	頰 222			
屋 213		歈 219	頓 222			

山部

山	231
嶽	231
岱	231
岨	231
岑	231
崟	231
巒	231
密	231
岫	231
陵	231
崒	231
崛	232
巖	232
嵯	232

屵部

崖	232

广部

府	232
庠	232
庭	232
庖	232
廚	232
廦	233
庫	233
序	233
廣	233
廁	233
庚	233
塵	233
廉	233
底	233
庶	233
庤	233
庇	233
廢	233

厂部

厂	234
厥	234
厝	234

丸部

丸	234

危部

危	234

石部

石	234
磺	234
碭	234
碣	235
礫	235
碌	235
磧	235
碑	235
磕	235
磬	235
磨	235
砟	235
礦	235
确	235
長	236
磽	236
礐	236
砭	236
硪	236

長部

長	236
肆	236
鈇	236

勿部

勿	236
易	237

冄部

冄	237

而部

而	237
耏	237

豕部

豕	237
豪	237
豬	237
豰	237
豩	237
豵	238
豢	238
豨	238
豭	238
豖	238
豚	238

㣇部

㣇	238
㿟	238
彘	238

㺇部

㺇	239
毚	239
象	239
叟	239

豚部

豚	239

豸部

豸	239
豻	239

貒	239
豺	240
貂	240

象部

象	240
豫	240

馬部

馬	240
驚	240
馵	240
駒	240
馴	241
騆	241
騏	241
驪	241
騆	241
驎	241
騢	241
騅	241
騮	241
駱	241
驄	242
騎	242
駞	242
駠	242
駐	242
驥	242
騂	242
駒	242
驃	242
驦	242
駁	242
駽	243
駿	243
騄	243
騎	243
駕	243
騂	243

馴	243
駛	243
騠	243
羸	243
驢	244

廌部

廌	244

鹿部

鹿	244
麟	244
麋	244
塵	244
麗	244
麂	244

麤部

麤	244
麤	244

㲋部

㲋	245

兔部

兔	245
逸	245
冤	245

莧部

莧	245

犬部

犬	245
狗	246
尨	246
狡	246
獫	246
猈	246
狃	246
犯	246

猛	246
犺	246
猜	246
倏	246
戾	247
獨	247
狢	247
狩	247
獵	247
獠	247
臭	247
獟	247
獻	247
狮	247
狂	247
類	248
狄	248
狻	248
狙	248
獲	248
猴	248
狼	248
獌	248
猋	248
獺	248
猵	249

㹜部

㹜	249
獄	249

鼠部

鼠	249
鼢	249
鼬	249

能部

能	249

熊部

熊	249
羆	249

火部

火	250
炟	250
然	250
燒	250
烈	250
烝	250
熯	250
煦	250
熹	250
煎	250
熬	250
炮	251
灸	251
灼	251
煉	251
燭	251
熜	251
炪	251
焠	251
燥	251
燎	251
煙	252
炳	252
照	252
炯	252
炫	252
熾	252
炅	252
熱	252
炕	252
燥	252
熙	252

炎部
- 炎 252
- 餤 253
- 惁 253
- 黏 253
- 燚 253
- 燮 253

黑部
- 黑 253
- 黯 253
- 黝 253
- 點 253
- 黔 253
- 黠 254
- 默 254
- 黨 254
- 黜 254

囟部
- 囟 254

焱部
- 焱 254
- 熒 254
- 燊 254

炙部
- 炙 255

赤部
- 赤 255
- 赧 255
- 赭 255
- 赫 255

大部
- 大 255
- 奄 255
- 奎 255

夾部
- 夾 255
- 夸 255
- 契 256
- 夷 256

亦部
- 亦 256

矢部
- 吳 256

夭部
- 夭 256
- 喬 256
- 奔 256

交部
- 交 256

允部
- 允 257

壺部
- 壺 257
- 壼 257

壹部
- 懿 257

幸部
- 圉 257
- 執 257
- 罩 257
- 報 258
- 盤 258

奢部
- 奢 258

亢部
- 亢 258
- 夋 258

夵部
- 奐 258

亣部
- 亣 258
- 奕 258
- 奘 259
- 奚 259
- 奭 259

夫部
- 夫 259
- 規 259

立部
- 立 259
- 竦 259
- 竴 259
- 端 259
- 竫 260
- 竦 260
- 靖 260
- 竘 260
- 竣 260
- 竭 260

竝部
- 普 260

囟部
- 囟 260
- 毗 260

思部
- 思 261
- 慮 261

心部
- 心 261
- 息 261
- 情 261
- 性 261
- 志 261
- 意 261
- 悁 262
- 悟 262
- 憮 262
- 懋 262
- 悛 262
- 憎 262
- 怕 262
- 恤 262
- 急 262
- 懷 262
- 悭 262
- 慈 262
- 慓 262
- 懦 262
- 悐 263
- 忒 263
- 愉 263
- 愚 263
- 悍 263
- 態 263
- 怪 263
- 慢 263
- 怠 263
- 懈 263
- 怫 263
- 忿 263
- 忽 264
- 憏 264
- 忘 264
- 恣 264
- 愓 264
- 憧 264
- 悝 264
- 悖 264
- 慍 264
- 惡 264
- 憎 264

忄部
- 怖 264
- 悇 264
- 恨 265
- 憝 265
- 悔 265
- 快 265
- 懑 265
- 懆 265
- 憤 265
- 恨 265
- 懍 265
- 愴 265
- 悶 265
- 惆 265
- 怛 265
- 憯 266
- 慘 266
- 悽 266
- 恫 266
- 悲 266
- 惜 266
- 憖 266
- 感 266
- 忧 266
- 悩 266
- 惴 266
- 悷 266
- 恙 266
- 憫 266
- 愁 266
- 悠 267
- 悴 267
- 仲 267
- 悄 267
- 患 267
- 憚 267
- 悼 267
- 恐 267
- 恘 267
- 惕 267

忄部
- 惶 267
- 恥 267
- 懟 268
- 怍 268
- 忍 268
- 憐 268
- 懲 268
- 憬 268

惢部
- 惢 268
- 繠 268

水部
- 水 268
- 河 268
- 凍 268
- 潼 268
- 浯 269
- 江 269
- 沱 269
- 浙 269
- 海 269
- 洪 269
- 衍 269
- 滔 269
- 混 269
- 渙 269
- 泌 269
- 渚 270
- 漻 270
- 泫 270
- 淲 270
- 減 270
- 游 270
- 汪 270
- 沖 270
- 泄 270
- 況 270
- 汎 270

沄 270
- 沆 271
- 沉 271
- 濞 271
- 潘 271
- 渝 271
- 滕 271
- 洸 271
- 波 271
- 澐 271
- 瀾 271
- 漂 271
- 浮 271
- 濫 272
- 測 272
- 泓 272
- 淪 272
- 潿 272
- 湍 272
- 淙 272
- 激 272
- 洞 272
- 涌 272
- 洌 272
- 淑 273
- 溶 273
- 澂 273
- 清 273
- 滲 273
- 淵 273
- 澹 273
- 潯 273
- 滿 273
- 泙 273
- 滑 273
- 潚 273
- 淫 274
- 淺 274
- 淖 274
- 澤 274

溽	274	洽	278	甽	281	朕	284	鮋	287	否	290	閱	294
涅	274	濃	278	〈部		冬	284	鰍	287	至部		閡	294
渚	274	渥	278			澌	284	魦	288			閫	294
沙	274	滯	278	〈	281	凋	284	魷	288	至	291	閔	294
沚	274	涸	278	〈〈部		冶	284	鯛	288	到	291	耳部	
沸	274	汁	278			冷	285	鯕	288	臺	291		
派	274	灑	278	粼	281	雨部		鮡	288	臻	291	耳	294
洼	275	洒	278	川部				魮	288	銍	291	耽	294
瀆	275	渭	278			雨	285					耴	294
沼	275	溢	278	川	282	霆	285	鯊部		西部		貼	294
汲	275	沐	278	坙	282	震	285					瞻	294
湖	275	浴	278	巟	282	霅	285	鯊	288	西	291	聯	294
泅	275	澡	278	邕	282	電	285	瀺	288	鹵部		聊	295
溝	275	洗	279	侃	282	霄	285	燕部				聖	295
瀆	275	汲	279	泉部		霰	285			鹵	291	聰	295
渠	275	淋	279			雹	285	燕	288	鹺	291	聽	295
湄	275	汛	279	泉	282	零	285	龍部		鹹	291	聆	295
沂	276	染	279	驫	282	霖	285			鹽部		職	295
澗	276	泰	279	驫部		霏	286	龍	288			聲	295
汕	276	溝	279			露	286	龏	288	鹽	292	臣部	
注	276	汗	279	驫	282	霜	286	龖	288	鹼	292		
津	276	泣	279	驫	282	霧	286	龕	288	戶部		匝	295
沿	276	涕	279	永部		霾	286	龠	289			啞	295
泝	276	凍	280			霓	286	飛部		戶	292	手部	
潛	276	渝	280	永	283	需	286			扉	292		
洞	276	減	280	羕	283	零	286	飛	289	扇	292	手	295
泳	276	滅	280	辰部		雲部		雙	289	房	292	掌	295
泛	276	漕	280					非部		門部		拇	296
湮	277	瀁	280	辰	283	雲	286					指	296
湛	277	泮	280	胐	283	魚部		非	289	門	292	拳	296
凄	277	頮	280	覞	283			靡	289	閭	292	攕	296
決	277	萍	280	谷部		魚	287	靠	290	閻	292	摳	296
滈	277	汩	281			鰥	287	卂部		闕	293	拱	296
浜	277	氷部		谷	283	鯉	287			闢	293	撿	296
潢	277			礠	283	鰷	287	卂	290	開	293	揖	296
瀑	277	氷	281	豀	283	鮮	287	乙部		閒	293	排	296
澍	277	淞	281	㕢	283	鯽	287			閣	293	推	296
涿	277	頻部		仌部		鮫	287	乚	290	閑	293	擠	296
沈	277					鯪	287	孔	290	閉	293	抵	296
漬	278	瀕	281	仌	284	鱗	287	不部		闇	293	扶	296
				冰	284	鮨	287			關	293		
				凍	284			不	290	閃	293		

摧	297	擎	300	換	304	娟	308	戈部		医	313	發	316			
拉	297	擅	300	掖	304	娉	308	戈	310	匸	313	穀	316			
挫	297	失	300	乑部		妓	308	戛	311	匹	314	彈	316			
持	297	抒	300			媛	308	戎	311	匚部		發	316			
挈	297	掇	300	乑	304	妝	308	戠	311			弦部				
拑	297	拾	301	脊	304	媚	308	賊	311	匚	314					
撲	297	擢	301	女部		妗	308	成	311	匠	314	弦	317			
摯	297	挟	301			妒	308	戰	311	匡	314	紗	317			
操	297	扐	301	女	304	佞	308	戲	311	匜	314	竭	317			
搏	297	技	301	婦	304	嫈	308	戤	311	匱	314	系部				
據	297	拙	301	妃	304	嬩	308	或	311	匪	314					
握	297	搏	301	媳	304	姿	309	戕	311	匱	314	系	317			
把	297	拮	301	妊	305	嫌	309	戮	311	匣	314	孫	317			
按	298	揩	301	娠	305	妨	309	武	311	匯	314	糸部				
控	298	掘	301	母	305	妄	309	戔	312	樞	314					
承	298	掩	301	姑	305	毋部		戍部		曲部		糸	317			
接	298	揩	302	嫗	305							緒	317			
招	298	播	302	媼	305	毋	309	戍	312	曲	315	緬	317			
撫	298	概	302	姁	305	毒	309	戚	312	豐	315	純	317			
揣	298	控	302	妙	305	民部		我部		酬	315	綃	318			
投	298	抓	302	嫦	306							經	318			
挑	298	拥	302	媧	306	民	309	我	312	甾部		織	318			
抉	298	撩	302	娥	306	氓	309	義	312			緯	318			
撓	299	撞	302	娥	306	丿部		珡部		甾	315	紀	318			
搯	299	抨	302	嫄	306					鼬	315	絕	318			
摘	299	扱	302	媚	306	丿	309	琴	312	瓦部		繪	318			
據	299	操	302	媄	306	乂	309	瑟	312			絹	318			
披	299	挨	303	嬌	306	弗	309	乚部		瓦	315	綠	318			
掉	299	撲	303	姝	306	厂部				瓶	315	緔	318			
搖	299	扚	303	好	307			直	313	甄	315	緹	318			
揚	299	抶	303	媽	307	厂	310	亡部		薨	315	紺	319			
擎	299	抵	303	嫱	307	弋	310			甌	315	縹	319			
舉	299	抉	303	委	307	氏部		亡	313	甕	316	紫	319			
掀	299	撢	303	嫻	307			無	313	弓部		統	319			
揭	299	摔	303	娛	307	氏	310	乍	313			綞	319			
振	300	撒	303	娓	307	氐部		望	313	弭	316	緄	319			
扛	300	扦	303	姨	307			匚部		弧	316	緌	319			
扮	300	扣	303	孀	307	氏	310			張	316	繹	319			
擒	300	掍	304	嫠	307	甄	310	區	313	引	316	紳	319			
捎	300	搓	304	娑	307	氒	310	匱	313	弘	316	綬	319			
										匱	313	弛	316			
												弩	316			

組	320	蚜	323	螽	326	垓	329	堀	333	功	336	鉛	339
綸	320	蚣	323	蠱	326	墺	329	**堇部**		助	336	錯	339
纂	320	蝐	323	螶	326	坪	330	堇	333	務	336	鍱	340
紐	320	蠟	323	蟁	326	坶	330	**里部**		勉	336	鉛	340
綖	320	蝗	323	螶	327	坡	330	里	333	勸	336	鈷	340
緣	320	蜩	323	蠢	327	均	330	釐	333	劭	336	鎮	340
縷	320	蜺	323	蠡	327	壤	330	野	333	勝	336	鉗	340
綾	320	蟣	323	**風部**		墑	330	**田部**		動	336	欽	340
縫	320	蚨	323	風	327	墩	330			勞	336	鋸	340
繁	320	蚓	323	飆	327	埴	330	田	333	勖	337	鐕	340
縋	320	蜻	324	飄	327	坻	330	町	334	劣	337	錐	340
絭	321	蛉	324	颺	327	增	330	疇	334	勤	337	釣	340
縻	321	蛻	324	颳	327	埤	330	畛	334	劫	337	鈀	340
緇	321	蟠	324	颭	327	塞	331	畦	334	募	337	鐲	341
絮	321	虯	324	**它部**		圣	331	畯	334	**劦部**		鈴	341
紙	321	蜦	324	它	327	培	331	畿	334	劦	337	鉦	341
績	321	蝨	324	**龜部**		埓	331	甸	334	恊	337	鎛	341
紿	321	蝸	324	龜	328	漳	331	畜	334	勰	337	鐘	341
紆	321	蚌	324	**黽部**		塹	331	瞳	335	協	338	鈁	341
素部		蝓	325	黽	328	埂	331	**畕部**		銀	338	鍠	341
素	321	蜎	325	黿	328	珂	331	畕	335	鍫	338	錚	341
絜	321	蟺	325	蠅	328	壓	331	畺	335	鉛	338	鏠	341
辞	321	蟄	325	**卵部**		毀	331	**黃部**		錫	338	鍬	341
縠	322	蚨	325	卵	328	壞	331	黃	335	鈏	338	鐏	342
絷	322	蜘	325	鰕	328	墟	331	黇	335	鐵	338	鏑	342
絲部		蟆	325	**二部**		圻	332	黈	335	銅	338	鎧	342
絲	322	蝯	325			韭	332	黏	335	鏈	338	**开部**	
轡	322	耀	325	二	328	埃	332	黢	335	鐺	338	开	342
虫部		蜼	325	亟	329	坋	332	黴	335	錄	338	**勺部**	
虫	322	蚉	325	恒	329	垢	332	**男部**		鑒	338	与	342
蠔	322	蝙	325	竺	329	坏	332			釘	339	**几部**	
蛄	322	蠻	326	凡	329	垤	332	男	335	鏡	339	几	342
蛾	322	蝠	326	**土部**		墓	332	舅	336	鍾	339	**且部**	
蛺	322	閩	326	土	329	場	332	甥	336	銚	339	且	343
蜨	322	蠕	326	地	329	墳	332	**力部**		鑣	339	俎	343
虫	322	**蚰部**		坤	329	壟	332	力	336	鋗	339		
蜂	322	蚰	326			壇	333	勳	336	鐟	339		
蚩	323	螽	326			圭	333	勠	336	鍵	339		
蠿	323	蟲	326			圯	333	勍	336	鉉	339		

斤部
斤	343
斧	343
斫	343
斮	343
斲	343
所	343
斯	343
新	343
斳	344
斷	344

斗部
斗	344
斝	344
斛	344
料	344
斡	344
魁	344
斟	344
斜	344
升	344

矛部
矛	345
䅣	345
䅽	345
䅺	345
矜	345

車部
車	345
軒	345
輻	345
耕	345
韜	346
輕	346
輣	346
軛	346

轏	346
轋	346
輯	346
輿	346
轘	346
軏	346
軾	346
輅	347
輦	347
輾	347
斬	347
輗	347
輔	347
轟	347

𠂤部
自	347
㠯	347
官	347

𠂤部
自	347
官	347
軒	347
部	348
陵	348
陰	348
陽	348
陸	348
阿	348
陂	348
阪	348
阰	348
隅	348
險	349
限	349
阻	349
隗	349
阢	349

陋	349
陟	349
陷	349
隰	349
隤	350
隊	350
降	350
陶	350
陳	350
陼	350
阽	350
阼	350
除	350
階	350
陸	350
陔	351
陝	351
際	351
隙	351
陪	351
隊	351
陴	351
隍	351
陜	351
陲	351
院	351
隃	352

𨺔部
㒸	352
㒹	352

四部
四	352
齜	352

宁部
宁	352
甯	352

亞部	
亞	352
五部	
五	353
六部	
六	353
七部	
七	353
九部	
九	353
馗	353
厹部	
内	353
禽	354
离	354
萬	354
禹	354
嘼部	
嘼	354
獸	354
甲部	
甲	354
乙部	
乙	355
乾	355
亂	355
丙部	
丙	355
丁部	
丁	355

戊部	
戊	355
成	355
己部	
己	356
巴部	
巴	356
㠯	356
庚部	
庚	356
辛部	
辛	356
辠	356
辤	356
辭	357
辡部	
辯	357
壬部	
壬	357
癸部	
癸	357
子部	
子	358
孕	358
字	358
孿	358
孟	358
孺	358
季	358
孤	358
存	358
疑	358

了部	
了	359
孑	359
孓	359
孨部	
孱	359
厷部	
厷	359
育	359
疏	360
丑部	
丑	360
忸	360
羞	360
寅部	
寅	360
卯部	
卯	360
辰部	
辰	360
辱	361
巳部	
巳	361
㠯	361
午部	
午	361
未部	
未	361
申部	
申	361
臾	362

曳	362
酉部	
酉	362
酒	362
釀	362
酶	362
䣽	362
醴	362
醇	363
酎	363
配	363
醉	363
醺	363
醒	363
醫	363
茜	363
酋部	
酋	364
尊	364
戌部	
戌	364
亥部	
亥	364

一部

一 (yī)

一，惟初太始①，道立于一②，造分天地③，化成万物。凡一之属皆从一④。于悉切⑤。

【译文】一，最初，万物形成之始，道建立了一。后来，才分解为天和地，演化为万事万物。大凡一的部属都从一。

【注释】①惟：句首语气词。太始：万物形成之始。②道：指无形的宇宙本体。一：指天地未分时的有形的混沌状态。于：犹乎。见《读书杂志》卷九补。道立于一，语出《老子·四十二章》："道生一，一生二，二生三，三生万物。"无形的宇宙本体产生了宇宙有形的混沌状态，有形的混沌状态产生了天和地，（天和地又生出阴气和阳气），阴气和阳气交合产生和气，阴气阳气和气的运动产生了万事万物。许氏以道家思想解释"一"，认为"一"像天地混沌未分之形，故用了这样一段玄虚的话。③造：始。见《广雅·释诂》。④"凡一"句：凡是以"一"为部首，由"一"统属的字，都随从"一"字聚集在一块组成一部。"凡×之属皆从×"，是《说文》建立部首制，区分部首和部属的专用术语。×是部首，其他则是部属。⑤本书反切是徐铉采用孙愐《唐韵》的音。

元 (yuán)

元①，始也。从一，从兀。愚袁切。

【译文】元，开始。由一、由兀会意。

【注释】①元：人头是元的本义，如《左传·襄公九年》："元，体之长（首领）也。"《左传·僖公三十三年》："狄人归（送还）其（指先轸）元。"《孟子·滕文公下》："勇士不忘（通"亡"，避）丧其元。"始是元的引申义，如《左传·隐公元年》："元年者何？君之始年也。"为首的也是元的引申义，如《左传·僖公二十七年》："作三军，谋元帅。"

天 (tiān)

天，颠也。至高无上，从一大①。他前切。

【译文】天，颠顶。最高而无以上加的部位。由一、大会意。

【注释】①从一大：会合"一"、"大"的意义，成为"天"的意义。从××，是《说文》分析会意字的专门术语之一。王筠《说文系传校录》"祏下"注："按会意字相连成文者，则一言'从'，如天'从一大'是也。两字对峙为义者则两言'从'，如吏'从一，从史'，不可言'从一史'也。"

丕 (pī)

丕，大也。从一，不声①。敷悲切。

【译文】丕，大。从一，不声。

【注释】①从一，不声：丕字以一为形旁，以不为声旁。从×、×声，是《说文》分析形声字的专门术语之一。

吏 (lì)

吏，治人者也。从一，从史，史亦声①。力置切。

【译文】吏,治理人的人。由一、由史会意,史也表声。

【注释】①从一,从史,史亦声:从×,从×,×亦声,是《说文》分析会意兼形声之字的专门术语。从一:言其执法如一;从史:史借作人字用,表示执法的官员。见王筠《句读》。

丄部

丄 丄（shàng）

丄①,高也。此古文上。指事也②。凡丄之属皆从丄。时掌切。

【译文】丄,高。这是古文上字。是一个指事字。大凡丄的部属都从丄。

【注释】①丄:上面,高处。《诗经·周颂·敬之》:"命不易哉,无曰高高在上。"②指事:《段注》:"象形者,实有其物,日月是也。指事者,不泥其物而言其事,丄丅是也。天地为形,天在上,地在下;地在上,天在下:则皆为事。"

帝 帝（dì）

帝,谛也①。王天下之号也。从丄②,朿声。都计切。

【译文】帝,审谛,又是统治天下的称号。从丄,朿声。

【注释】①谛:审谛,详谨周密。朱骏声《通训定声》引《风俗通》:"帝者任德设刑以则之,言其能行天道,举措审谛。"②从丄:依段说,应作"从二"。辛、示、辰、龙、

童、音、章,小篆都从二,不从丄。

旁 旁（páng）

旁,溥也。从二,阙①,方声。步光切。

【译文】旁,广大。从二,不知为什么从冂,方声。

【注释】①阙:不知道小篆的旁字为什么从冂,不能强作解人,只好让它阙着。

丅 丅（xià）

丅①,底也②。指事。胡雅切。

【译文】丅,低下。指事。

【注释】①丅:下面。《诗经·小雅·北山》:"溥天之下,莫非王土。"②底:许书无低字,底即低字。

示部

示 示（shì）

示,天垂象①,见吉凶②,所以示人也③。从二;三垂,日月星也。观乎天文,以察时变。示,神事也。凡示之属皆从示。神至切。

【译文】示,上天垂下天文图像,体现(人事的)吉凶,(这些图像)是用来显示给人们看的东西。从二(代表天上);三竖笔,分别代表日月星。(人们)观看天文图像,用来考察时世的变化。示是神祇(qí)的事。大凡示的部属都从示。

【注释】①象:指天象,即下文的"天文"。②见:现。上古无现字,凡出现义都写作"见"。③示:显示给人看。

祜 (hù)

祜，上讳①。侯古切。

【译文】祜，已故孝安皇帝之名。

【注释】①上：指皇上。讳：封建社会称死去了的帝王或尊长的名。徐铉注："此汉安帝名也。福也。当从示，古声。"

禮 (lǐ)

禮①，履也②。所以事神致福也③。从示，从豊，豊亦声。灵启切。

【译文】礼，履行，是用来祭神求福的事。由示、由豊会意，豊也表声。

【注释】①禮：举行礼仪，祭神致福。《后汉书·荀爽传》："礼者，所以兴福祥之本，而止祸乱之源也。"②履：履而行之，即施行，实行。③事：奉事。致：得到。

禧 (xī)

禧，礼吉也。从示，喜声。许其切。

【译文】禧，行礼获得吉祥。从示，喜声。

福 (fú)

福①，祐也。从示，畐声。方六切。

【译文】福，（神明）降福保佑。从示，畐声。

【注释】①福：福的本义是祭过神的肉。《国语·晋语》："今夕君梦齐姜，必速祠而归福。"韦昭注："福，胙肉也。"

祐 (yòu)

祐，助也。从示，右声。于救切。

【译文】祐，（神明给予的）帮助。从示，右声。

祺 (qí)

祺，吉也。从示，其声。渠之切。

【译文】祺，吉祥。从示，其声。

祗 (zhī)

祗，敬也。从示，氐声。旨移切。

【译文】祗，恭敬。从示，氐声。

神 (shén)

神，天神，引出万物者也。从示申①。食邻切。

【译文】神，天神，引发出万事万物的神。从示，申声。

【注释】①从示申：段、桂、朱、王，全作"从示，申声"。

祇 (qí)

祇，地祇，提出万物者也。从示，氏声。巨支切。

【译文】祇，地神，提引发生万事万物的神。从示，氏声。

祭 (jì)

祭，祭祀也。从示，以手持肉①。子例切。

【译文】祭，祭祀鬼神。从示，用手拿着肉（供奉神前）。

【注释】①从示，以手持肉：是许氏说解会意字的方式之一。

祀 (sì)

祀，祭无已也①。从示，巳声。详里切。

【译文】祀，祭祀不停止。从示，

已声。

【注释】①祭无已：徐锴《系传》："《老子》曰'子孙祭祀不辍'是也。"已：停止。

祪 (guǐ)

祪，祔、祪，祖也①。从示，危声，过委切。

【译文】祪，祔和祪，都是迁移神主的事。从示，危声。

【注释】①祖：《周礼·小宗伯》注："迁主曰祖。"祔是新死者的神主迁于祖庙，祪是毁庙的神主迁于太庙，都是迁主的事。旧说文意未明。

祔 (fù)

祔，后死者合食于先祖①。从示，付声。符遇切。

【译文】祔，后死者的神主移在祖庙中与先祖一道供祭。从示，付声。

【注释】①食(sì)：供养，这里指供祭。

祖 (zǔ)

祖①，始庙也②。从示，且声。则古切。

【译文】祖，初始，宗庙。从示，且声。

【注释】①祖：祖先，祖父。《诗经·大雅·生民》，尊祖也。孔颖达疏："祖之定名，父之父耳。但祖者，始也，己所从始也，自父之父以上皆得称焉。"②始庙也：始也，庙也。一句数读。

祠 (cí)

祠，春祭曰祠。品物少，多文词也①。从示，司声。仲春之月，祠不用牺牲②，用圭璧及皮币③。似兹切。

【译文】祠，（周代）春天的祭祀叫做祠。这是由于用来祭祀的物品少，而仪式文词多的缘故。从示，司声。（《礼记·月令》），农历二月，祭祀不用牺牲，而用玉器、毛皮和缯帛。

【注释】①多文词：这是许君用词字申说祠字受义之原因。词、祠古音同。②牺牲：供祭祀用的纯色全体牲畜。③圭璧：祭祀时用作符信的玉器。

祝 (zhù)

祝，祭主赞词者。从示，从人口。一曰：从兑省。《易》曰：兑为口为巫。之六切。

【译文】祝，祭祀时主管向神灵祷告的人。由示字、由人字、口字会意，（表示用人之口与神灵交接）。另一说是，"祝"字的"兄"旁是"兑"字省去上面的"八"。《易》说："兑"卦可以代表"口"，代表"巫"。

祈 (qí)

祈①，求福也。从示，斤声。渠希切。

【译文】祈，向神明求福。从示，斤声。

【注释】①祈：祭神求福。《尔雅·释言》："祈，叫也。"郭璞注："祈祭者叫呼而请事。"

祷 (dǎo)

祷①，告事求福也。从示，壽声。都浩切。

【译文】祷，向神祷告而祈求幸福。

从示，壽声。

【注释】① 祷：向神祝告求福。《周礼·春官·小宗伯》："祷祠于上下神示。"郑玄注："求福曰祷。"

禪 (shàn)

禪，祭天也①。从示，單声。时战切。

【译文】禪，祭天。从示，單声。

【注释】① 祭天：徐灏《段注笺》："封禅对文，云祭天者，浑举之词耳。"对举，禅是祭地，封是祭天。

社 (shè)

社，地主也。从示土。《春秋传》曰："共工之子句龙为社神。"周礼："二十五家为社，各树其土所宜之木。"常者切。

【译文】社，土地的神主。从示，土声。《春秋左传》说："共工的儿子句龙作土地神。"周朝的礼制规定：二十五家立一个社，各种植那里的土地所适宜生长的树木。

禁 (jìn)

禁，吉凶之忌也。从示①，林声。居荫切。

【译文】禁，有关吉凶之事的避忌。从示，林声。

【注释】① 从示：从字源上说，禁是对鬼神为祸的避忌，所以从示。后来泛指为不论吉凶，凡是法令习俗予以制止、避忌的事。

三部

三 (sān)

三，天地人之道也①。从三数②。凡三之属皆从三③。稣甘切。

【译文】三，天、地、人的道数。由三画构成。大凡三的部属都从三。

【注释】① 天地人：本书"王"字说解引董仲舒说："三者，天、地、人也。"② 三数：三画的意思。③ 三有首无群，此处不应单立部首。

王部

王 (wáng)

王，天下所归往也。董仲舒曰："古之造文者，三画而连其中谓之王。三者，天、地、人也，而参通之者王也①。"孔子曰："一贯三为王②。"雨方切。

【译文】王，天下归趋向往的对象。董仲舒说："古代创造文字，三画而又用竖线连接其中，叫王字。三横画，代表天道、地道、人道，而又能同时通达它的，就是王。"孔子说："用一贯三就是王。"

【注释】① 董说引自《春秋繁露·王道通三篇》。② 孔说未详所出。

閏 (rùn)

閏，余分之月，五岁再闰①，告朔之礼②，天子居宗庙③，闰月居门中④。从王在門中。《周礼》曰⑤："闰月，王居门中，终月也。"如顺切。

【译文】閏，闰月，由余剩的未分的时日组成的月份，五年闰两次。每月初一，行告祭之礼，天子居处在庙堂之中，闰月居处在正室门中。由"王"字在"門"字之中会意。《周礼》说："闰月，周王居处在正室门中，整一个月。"

【注释】① 再：两次。② 告朔：朔，阴历每月第一天。每年冬末，天子把来年的历书颁发给诸侯，确定是否置闰，及每月初一的日子，叫"颁告朔"。诸侯接受历书，藏入祖庙。每逢初一，便杀一只活羊祭庙，叫"告朔"。③宗庙：《段注》："古路寝、明堂、大庙，异名而实一也。"明堂之制见《王国维遗书·观堂集林·明堂庙寝通考》。明堂分东南西北四室八个（每堂的左右厢房），共十二个场所。天子每月可居处一个场所。④闰月句：《段注》引郑司农说：天子"惟闰月无所居，居于门"。门：指路寝（天子、诸侯的正室）门。⑤引文见《周礼·春官·大史》。

皇 皇 （huáng）

皇，大也。从自[王]①。自，始也。始（皇）[王]者②，三皇，大君也。自读若鼻，今俗以始生子为鼻子③。胡光切。

【译文】皇，即大。由自王会意。自是初始的意思。最初统治天下的人是（燧人、伏羲、神农）三皇，是伟大的君王。"自"的音读像"鼻"字。在古代，人们俗称第一个孩子为"鼻子"。

【注释】①自：《段注》本作"自王"，当补。②始皇：《段注》作"始王"。三皇：《段注》引《尚书大传》："燧人为燧皇，伏羲为羲皇，神农为农皇。"③许君用来证明自有始义。

玉部

王 玉 （yù）

玉，石之美。有五德：润泽以温，仁之方也；䚡理自外，可以知中，义之方也；其声舒扬，専以远闻①，智之方也；不桡而折，勇之

方也；锐廉而不（技）[忮]②，絜之方也。象三玉之连。丨，其贯也。凡玉之属皆从玉。鱼欲切。

【译文】玉，美好的石头。它有五种美德：润泽而又温和，是仁人的比方；䚡理，从外可知内，是义士的比方；它的声音舒展飞扬，传播而远闻，是智士的比方；它决不弯曲，宁肯折断，是勇士的比方；它锋利而不伤别人，是廉洁之士的比方。像三块玉的连接。中间的竖，是那穿玉的绳索。大凡玉的部属都从玉。

【注释】①専：分布。这里指传布四方。②技：段桂朱王均做"忮"。忮：害。

璠 璠 （fán）

璠，玙璠①。鲁之宝玉。从玉，番声。孔子曰②："美哉，玙璠。远而望之，奂若也③；近而视之，瑟若也④。一则理胜⑤，二则孚胜⑥。"附袁切。

【译文】璠，玙璠，鲁地出产的宝玉。孔子说："多美好啊，玙璠！远远地望着它，焕焕的（光彩夺目）；走近观察它，瑟瑟的（纹理缜密）。一是纹理胜，二是光彩胜。"

【注释】①玙璠：又称璠玙，玙又作与（yú）。《左传·定公五年》："阳虎将以玙璠敛（liàn，装殓）。"杜预注："玙璠，美玉，君所佩。"②孔语引自《齐论语·问玉篇》。③奂若：焕然。鲜明光亮貌。《说文》无"焕"字。④瑟若：瑟然。瑟同璱，纹理细密貌。⑤一则：王筠《句读》："此承瑟若。"理：徐锴《系传》："谓文理也。"胜：超过。⑥二则：王筠《句读》："此承奂若。"徐锴《系传》："孚音符，谓玉之光采也。"

今亦言符采也。"

瑾 (jǐn)

瑾①，瑾瑜，美玉也。从玉，堇声。居隐切。

【译文】瑾，瑾瑜，美玉。从玉，堇声。

【注释】① 瑾：美玉。《楚辞·九章》："怀瑾握瑜兮，穷不知所示。"王逸注："瑾、瑜，美玉也。"

瑜 (yú)

瑜，瑾瑜，美玉也①。从玉，俞声。羊朱切。

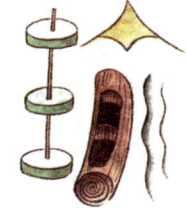

【译文】瑜，瑾瑜，美玉。从玉，俞声。

【注释】①"美玉"二字当删。《段注》："凡合二字成文，如'瑾瑜''玫瑰'之类，其义既举于上字，则下字例不复举。"

球 (qiú)

球，玉声也①。从玉，求声。巨鸠切。

【译文】球，玉石撞击之声。从玉，求声。

【注释】① 玉声：徐锴《系传》："孔子见南子，佩玉声璆然。"故事见《史记·孔子世家》。

琳 (lín)

琳①，美玉也。从玉，林声。力寻切。

【译文】琳，美玉。从玉，林声。

【注释】① 琳：桂馥《义证》："琳，色青碧者也。"

璧 (bì)

璧，瑞玉圜也①。从玉，辟声。比激切。

【译文】璧，用作印信凭证的玉，是平圆而正中有孔的玉。从玉，辟声。

【注释】① 瑞玉圜也：是"一句数读"现象，即"瑞玉也，圜也。"

瑗 (yuàn)

瑗，大孔璧。人君上除陛以相引①。从玉，爰声。《尔雅》曰②："好倍肉谓之瑗，肉倍好谓之璧。"王眷切。

【译文】瑗，（可以容手的）大孔的玉璧。人君上台阶，侍者用玉璧来牵引人君。从玉，爰声。《尔雅》说："内孔直径为边宽的两倍，叫它作瑗；边宽为内孔直径的两倍，叫它作璧。"

【注释】① 除：台阶。陛：台阶。除陛：同义连用。以相引：桂馥《义证》："本书：'爰引也。'故从爰。谓引者奉（捧）璧于君，而前引其璧，则君易升（容易登上台阶）。"② 《尔雅》：指《释器》。郭璞注："肉，边也。好，孔也。"倍：用作动词，超过一倍。

玦 (jué)

玦①，玉佩也。从玉，夬声。古穴切。

【译文】玦，（环形而又有缺口的）佩玉。从玉，夬声。

【注释】① 玦：徐锴《系传》："玦，之不周者。"引申为决断、与人断绝关系的象征。

瑞 (ruì)

瑞,以玉为信也。从玉,耑[声]①。是伪切。

【译文】瑞,用玉制成的信物。从玉,耑声。

【注释】①耑:当作耑声。慧琳《一切经音义》三次引用《说文》都作"从玉,耑声。"瑞、耑,歌元对转。瑞,王筠《句读》:"犹今言印信。"

珥 (ěr)

珥,瑱也。从玉耳,耳亦声。仍吏切。

【译文】珥,玉瑱。由玉、耳会意,耳也表声。

瑱 (tiàn)

瑱①,以玉充耳也。从玉,真声。《诗》曰:"玉之瑱兮。"他甸切。

【译文】瑱,用(冠冕两侧丝绳垂系着的)珠玉来充塞耳朵。从玉,真声。《诗经》说:"玉作的充耳瑱啊。"

【注释】①瑱:王筠《句读》引《左传·昭公二十六年》正义:"礼,以一条五采横冕上,两头下垂,系黄绵,绵下又县玉为瑱以塞耳。"

琢 (zhuó)

琢,治玉也。从玉,豖声。竹角切。

【译文】琢,治理玉石。从玉,豖声。

理 (lǐ)

理,治玉也。从玉,里声。良止切。

【译文】理,治理玉石。从玉,里声。

珍 (zhēn)

珍,宝也。从玉,㐱声。陟邻切。

【译文】珍,(玉石之类的)宝物。从玉,㐱声。

玩 (wán)

玩①,弄也。从玉,元声。五换切。

【译文】玩,捧玉玩弄。从玉,元声。

【注释】①玩:从弄玉到弄贝,所以又可写作"贶"。后泛指一切玩弄、戏耍。《书·旅獒》:"玩人丧德,玩物丧志。"

玲 (líng)

玲①,玉声。从玉,令声。郎丁切。

【译文】玲,玉(相撞击)声。从玉,令声。

【注释】①玲:玲珑,亦即珑玲,双音单纯词。《文选·东都赋》:"和銮玲珑。"李善注引:"玲珑,玉声也。"

碧 (bì)

碧,石之青美者。从玉石,白声①。兵尺切。

【译文】碧,青色又美丽的石头。由玉、石会意,白声。

【注释】①《段注》:"从玉石者,似玉之石也。""碧色青白,故从白。云白声者,以形声苞会意。"

琨（kūn）

琨，石之美者。从玉，昆声。《虞书》曰①："杨州贡瑶琨②。"古浑切。

【译文】琨，美丽的石头。从玉，昆声。《虞书》说："扬州地方进贡瑶玉和琨石。"

【注释】①《虞书》：指《尚书·禹贡》。《说文》引《禹贡》，多称《夏书》。这里称《虞书》，桂馥《义证》说："本称《虞夏书》，后人乱之也。"②杨州：今作扬州。

珉（mín）

珉，石之美者。从玉，民声。武巾切。

【译文】珉，美丽的石头。从玉，民声。

瑶（yáo）

瑶，玉之美者①。从玉，䍃声。《诗》曰②："报之以琼瑶。"余招切。

【译文】瑶，美玉。从玉，䍃声。《诗》说："用琼瑶美玉回报他。"

【注释】①玉之美者：段桂朱王都以为当作"石之美者"。②《诗》：指《诗经·卫风·木瓜》。

珠（zhū）

珠，蚌之阴精①。从玉，朱声。《春秋国语》曰"珠以御火灾"②，是也。章俱切。

【译文】珠，蚌壳里头的水精。从玉，朱声。《春秋国语》说："珠足以用来抵御火灾。"就是这个意思。

【注释】①之：《段注》作"中"，说："今依《初学记》。"阴精：《国语》韦昭注："珠，水精。"水属阴。②珠以句：见《国语·楚语》。

瑰（guī）

瑰，玫瑰。从玉，鬼声。一曰：圜好①。公回切。

【译文】瑰，玫瑰。从玉，鬼声。一说：珠子圆好叫作瑰。

【注释】①圜（yuán）好：《玉篇》引作"珠圜好"，玄应引作"圜好曰瑰"。

珊（shān）

珊，珊瑚①，色赤，生于海，或生于山。从玉，删省声。稣干切。

【译文】珊，珊瑚，红色，有的生在海中，有的生在山中。从玉，删省刂为声。

【注释】①珊瑚：科学的解释是：由许多珊瑚虫分泌的石灰质骨骼聚集而成的东西。形状像树枝，多红色，也有白色或黑色。可供玩赏，也可作装饰品。

瑚（hú）

瑚①，珊瑚也。从玉，胡声。户吴切。

【译文】瑚，珊瑚。从玉，胡声。

【注释】①瑚：珊瑚，双音单纯词。《史记·司马相如列传》："玫瑰、碧琳、珊瑚丛生。"《盐铁论·力耕》："而璧玉、珊瑚、琉璃，咸为国之宝。"

琅（láng）

琅，琅玕，似珠者①。从玉，良声。鲁当切。

【译文】琅，琅玕，像圆珠的玉石。从玉，良声。

【注释】①似珠：《段注》："出于蚌者为珠，则出于地中者为似珠。"

靈 (líng)

靈，灵巫①。以玉事神。从玉，霝声。郎丁切。

【译文】靈，灵巫。（他们的职责是）用玉奉事神明。从玉，霝声。

【注释】①灵巫：《楚辞·九歌》王注："灵，巫也，楚人名巫为灵。"连言之则为灵巫。

玨部

班 (bān)

班，分瑞玉也①。从珏，从刀。布还切。

【译文】班，将瑞玉中分为二。由珏、由刀会意。

【注释】①瑞玉：古代用作凭证的东西，中分为二，各执其一。瑞，为古代凭信之玉，不必更加"玉"字。

气部

气 (qì)

气①，云气也。象形。凡气之属皆从气。去既切。

【译文】气，云气。象形。大凡气的部属都从气。

【注释】①气：云气，泛指一切气体。

氛 (fēn)

氛，祥气也。从气，分声。符分切。

【译文】氛，体现吉凶的云气。从气，分声。

士部

士 (shì)

士，事也。数始于一，终于十。从一，从十。孔子曰："推十合一为士。"凡士之属皆从士。鉏里切。

【译文】士，会办事（的人）。数目从一开始，到十结束。由一、由十会意。孔子说："能够从众多的事物中推演归纳出一个简要的道理来的人就是士。"大凡士的部属都从士。

壯 (zhuàng)

壮，大也。从士，爿声。侧亮切。

【译文】壮，大。从士。爿声。

丨部

丨 (gǔn)

丨，上下通也。引而上行读若囟，引而下行读若退。凡丨之属皆从丨。古本切。

【译文】丨，上下通彻。引长笔画向上行，音读如"囟"字；引长笔画向下行，音读像"退"字。大凡丨的部属都从丨。

屮部

屮 (chè)

屮，艸木初生也。象丨出形①，有枝茎也。古文或以为艸字。读若彻②。凡屮之属皆从屮。尹彤说③。丑列切。

【译文】屮，草木初生。像草木长出地面的形状，而且有了枝茎。古文有时把它当作艹字。音读像"彻"字。大凡屮的部属都从屮。这是尹彤的说法。

【注释】①丨：《段注》："丨，读若囟，引而上行也。"丨出，即开出、长出。②读若彻：《段注》："彻，通也。义存乎音。"③尹彤说：徐锴《系传》："尹彤，当时说文字者。所谓'博采通人'也。"《段注》："三字当在'凡屮'上。转写者倒之。"

屯 (zhūn)

屯，难也。象艹木之初生。屯然而难①。从屮贯一，一，地也；尾曲②。《易》曰："屯，刚柔始交而难生③。"陟伦切。

【译文】屯，艰难。像草木初生，曲折而又艰难的形状。其形由屮贯穿一构成。一，代表地面。屯字的尾部弯曲。《周易》说："屯卦，是阴柔阳刚二气开始交合而出现艰难的形像。"

【注释】①屯然：曲折之貌。然：助词。②尾曲：徐灏《段注笺》："此篆从屮曲之，以象难生之意。"③《易》曰：引语见《周易》屯卦。刚，指阳；柔，指阴。

每 (měi)

每①，艹盛上出也。从屮，母声。武罪切。

【译文】每，草木茂盛生长的样子。从屮，母声。

【注释】①每：草丰盛。《春秋左传》："原田每每，舍其旧而新

是谋。"

毒 (dú)

毒，厚也。害人之艹，往往而生①。从屮，从毒②。徒沃切。

【译文】毒，厚。害人的草，历历而生。从屮，毒(ǎi)声。

【注释】①往往：《段注》："犹历历也。"②从毒：徐锴《系传》作"毒声"。《系传·祛妄》："毒，乌代反。"《汉书·地理志》："多犀象毒冒珠玑。"颜师古注："毒音代。"可见，毒有代音，与毒声相近。

熏 (xūn)

熏，火烟上出也。从屮，从黑。屮黑，熏黑也。许云切。

【译文】熏，火烟向上冒出(熏黑物体)的意思。由屮，由黑会意。屮黑，火烟上升把物体熏黑。

艸部

艸 (cǎo)

艸，百芔也。从二屮。凡艸之属皆从艸。仓老切。

【译文】艸，百艸。由两个屮字构成。大凡艸中的部属都从艸。

莊 (zhuāng)

莊，上讳①。侧羊切。

【译文】莊，已故的汉明帝的名字。

【注释】①上讳：徐铉："此汉明帝名也。"《段注》："其说解当曰：'艸大也。从艸，壮声。'……此形声兼会意字，莊训大，故莊训艸大。"

芝（zhī）

芝，神艹也①。从艹，从之②。止而切。

【译文】芝，神草。从艹，之声。

【注释】①神艹：徐灏《段注笺》："古人以芝为祥瑞，《本草》云：服之轻身延年，故谓之神艹，亦曰灵芝，其实蕈菌之属耳。"②从之：徐锴《系传》作"之声"。

莆（fǔ）

莆，䕰莆也。从艹，甫声。方矩切。

【译文】莆，䕰莆也。从艹，甫声。

荅（dá）

荅，小尗也。从艹，合声。都合切。

【译文】荅，小豆。从艹，合声。

莠（yǒu）

莠，禾粟下[阳]生[者曰]莠①。从艹，秀声。读若酉。与久切。

【译文】莠，禾粟之间长的似禾非禾的东西叫莠。从艹，秀声。音读像"酉"字。

【注释】①禾粟下生莠：语义不明。慧琳《音义》三十二卷十一页、五十一卷六页莠注皆引《说文》："禾粟下阳生者曰莠。"当据补。禾粟下：《段注》："犹言禾粟间。"阳：伪。《段注》："莠，今之狗尾草。茎叶采（穗）皆似禾。"

蘇（sū）

蘇，桂荏也①。从艹，穌声。素孤切。

【译文】蘇，味辛如桂的荏类植物。从艹，穌声。

【注释】①桂荏：《段注》："今之紫苏。"桂馥《义证》：《本草纲目》：蘇从穌，舒畅也。苏性舒畅，行气和血，故谓之苏。苏乃荏类，而味辛如桂，故《尔雅》谓之桂荏。"

荏（rén）

荏，桂荏，蘇①。从艹，任声。如甚切。

【译文】荏，味辛如桂的荏类植物，即白苏。从艹，任声。

【注释】①蘇：徐锴《系传》："荏，白苏也。桂荏，紫苏也。"可见，苏这里指白苏。

葵（kuí）

葵，菜也①。从艹，癸声。彊惟切。

【译文】葵，葵菜。从艹，癸声。

【注释】①菜：又名"冬葵""冬寒菜"。详见王桢《农书》。《诗经·豳风·七月》："七月亨葵及菽。"

薇（wēi）

薇，菜也。似藿①。从艹，微声。无非切。

【译文】薇，薇菜，（茎叶和味）像豆。从艹，微声。

【注释】①似藿：《本草纲目·菜部·薇》："时珍曰：薇生麦田中，原泽亦有。即今野豌豆，蜀人谓之巢菜。蔓生，茎叶气味皆似豌豆。"藿，指豆的整体。

芋（yù）

芋①，大叶实根，骇人，故谓之芋也。从艹，亏声②。王遇切。

【译文】芋,大大的叶子,饱满充实的根,令人惊骇,所以叫它芋。从艸,亏声。

【注释】①芋:徐锴《系传》:"芋犹言吁也。吁,惊词,故曰骇人谓之芋。"②亏声:《段注》:"凡于声字多训大。"

蘧（qú）

蘧,蘧麦也①。从艸,遽声。彊鱼切。

【译文】蘧,蘧麦。从艸,遽声。

【注释】①蘧麦:即瞿麦。徐锴《声传》:"今谓之瞿麦。其小而华(花)色深者,俗谓石竹。"《本草纲目》:"瞿麦,一名巨句麦,一名大菊,一名大兰。"

菊（jú）

菊,大菊,蘧麦。从艸,匊声。居六切。

【译文】菊,大菊,又名蘧麦。从艸,匊声。

菁（jīng）

菁,韭华也。从艸,青声。子盈切。

【译文】菁,韭菜的花。从艸,青声。

苹（píng）

苹,蓱也①。无根,浮水而生者。从艸,平声。符兵切。

【译文】苹,浮萍(萍),没有根,浮在水面而生。从艸,平声。

【注释】①蓱:浮萍。《尔雅·释艸》:"苹,蓱;其大者苹。"郭注:

"水中浮萍,江东谓之薸(piáo)。"

蘭（lán）

蘭,香艸也①。从艸,闌声。落干切。

【译文】蘭,香草。从艸,闌声。

【注释】①香艸:指泽兰。徐灏《段注笺》曰:"经传所谓兰,大抵皆泽兰之类,世人以今兰蕙当之,殊误。"

葌（jiān）

葌,艸,出吴林山①。从艸,姦声。古颜切。

【译文】葌,葌草,出自吴林山。从艸,姦声。

【注释】①吴林山:《山海经·中山经》:"吴林之山,其中多葌草。"郭璞注:"亦菅字。"

荽（suī）

荽,蘁属①。可以香口。从艸,俊声。息遗切。

【译文】荽,蘁类植物,可以使口香馥。从艸,俊声。

【注释】①蘁属:王筠《句读》:"荽一名廉姜,生沙石中,姜类也。其味大辛而香。"

芄（wán）

芄,芄兰①,莞也。从艸,丸声。《诗》曰:"芄兰之枝②。"胡官切。

【译文】芄,芄兰,又叫莞。从艸,丸声。《诗经》说:"芄兰之枝。"

【注释】①芄兰:草名,也叫萝藦,蔓生,叶有长柄,结荚实,两两对出成叉形。王筠《句读》："芄兰莞三字叠韵，长言则芄兰，短言则莞（guān）。而莞本作𦺈之艹之专名，此则以为芄兰之异名。今《尔雅》作蘿。"②《诗》：指《诗经·卫风·芄兰》。"枝"今本作"支"。

蘺 （lí）

蘺，江蓠①，蘼芜。从艹，离声。吕之切。

【译文】蘺，江蓠，蘼芜的别名。从艹，离声。

【注释】① 江蓠：一种香草。

薰 （xūn）

薰①，香艹也。从艹，熏声。许云切。

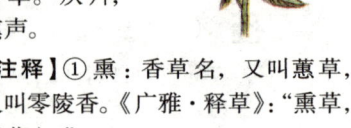

【译文】薰，香草。从艹，熏声。

【注释】① 薰：香草名，又叫蕙草，又叫零陵香。《广雅·释草》："薰草，蕙草也。"

蘪 （méi）

蘪，蘪芜也①。从艹，麋声。靡为切。

【译文】蘪，蘪芜。从艹，麋声。

【注释】① 蘪芜：也作"蘼芜"。

䇠 （zhú）

䇠，萹䇠也。从艹，筑省声①。陟玉切。

【译文】䇠，萹䇠。从艹，筑省竹声。

【注释】① 筑省声：《段注》："不云巩声，而云筑省声者，以巩字工声，筑字竹亦声也。"

芞 （qì）

芞，芞舆也。从艹，气声。去讫切。

【译文】芞，芞舆。从艹，气声。

苺 （mèi）

苺，马苺也①。从艹，母声。武罪切。

【译文】苺，大苺。从艹，母声。

【注释】① 马苺：王筠《句读》："凡以马名者皆谓大也。盖谓大于莓、山苺也。"字亦作"莓"。

茖 （gé）

茖①，艹也。从艹，各声。古额切。

【译文】茖，茖草。从艹，各声。

【注释】① 茖：《尔雅·释艹》："茖，山葱。"郭璞注："茖葱，细茎大叶。"

苷 （gān）

苷，甘艹也①。从艹，从甘。古三切。

【译文】苷，甘草。从艹，甘声。

【注释】① 甘艹：《正字通·艹部》："甘艹枝叶如槐，高五六尺，叶端微尖，有白毛，实作角。""味甘，故名甘草，俗加艹。"

芧 （zhù）

芧①，艹也。从艹，予声。可以为绳。直吕切。

【译文】芧，芧草。从艹，予声。可以用来搓成绳索。

【注释】① 芧：叫三棱草。《图经》："荆湘江淮水泽之间皆有，叶似莎草，极长，茎三棱如削，大如人指，高五六尺，茎端开花。……好生水际及浅水中。"

藎 (jìn)

藎①，艹也。从艹，盡声。徐刃切。

【译文】藎，菳草。从艹，盡声。

【注释】①藎：《本草》曰："菳草可以染流黄，作金色，生蜀中。"《急就篇》曰："雷矢藋菌菳兔卢。"颜师古注："盖菳草治久咳，杀皮肤小虫。又可以染黄而作金色。"

荵 (rěn)

荵①，荵冬艹。从艹，忍声。而轸切。

【译文】荵，荵冬草。从艹，忍声。

【注释】①荵：《段注》："今之金银藤也，其花曰金银花。"

莍 (shù)

莍①，艹也。从艹，述声。食聿切。

【译文】莍，莍草。从艹，述声。

【注释】①莍：徐锴《系传》："药有蓬莪莍。"味苦色青。就是莍草。

萇 (cháng)

萇，萇楚①，跳弋②。一名羊桃③。从艹，長声。直良切。

【译文】萇，萇楚，或叫铫芅。又叫羊桃。从艹，長声。

【注释】①萇楚：《尔雅·释艹》作"长楚"。②跳弋：《尔雅》作"铫芅"。③羊桃：《尔雅》郭注"长楚、铫(yáo)芅(yì)"："今羊桃也。或曰鬼桃。叶似桃，华白，子如小麦，亦似桃。"

蓟 (jì)

蓟，芺也①。从艹，魝声。古诣切。

【译文】蓟，与芺同类的草。从艹，魝声。

【注释】①芺(ǎo)：即钩草。《尔雅·释》："钩，芺。"郭璞注："大如拇指，中空，茎头有台(草或菜长花时抽出的嫩茎)。似蓟，初生可食。"芺和蓟相似，是同类植物。蓟有大蓟、小蓟、山蓟（白木）、枹蓟（赤尤，又叫苍术）多种。

蘆 (lí)

蘆①，艹也。从艹，里声。读若厘。里之切。

【译文】蘆，蘆草。从艹，里声。音读像"厘"字。

【注释】①蘆：羊蹄菜。《段注》："《本草经》曰：'羊蹄。'"徐灝《段注笺》："蘆者，羊蹄之合声。"

芨 (jī)

芨①，蘆艹也。从艹，及声。读若急。居立切。

【译文】芨，蘆草。从艹，及声。音读像"急"字。

【注释】①芨：《尔雅·释艹》："芨，蘆草。"又叫陆英，俗称接骨草。全草治跌打损伤。

藋 (diào)

藋，厘艹也①。一曰拜商藋。从艹，翟声。徒吊切。

【译文】藋，厘草。一名拜商藋。从艹，翟声。

【注释】①厘艹：藜类植物。朱骏声《通训定声》："《尔雅》：'厘,蔓华。'即莱也。厘莱同声之借,亦即藜也。藜莱双声之转。所谓灰藋也。"

蓡 (shēn)

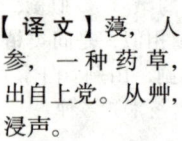

蓡,人蓡①,药艹,出上党②。从艸,浸声。山林切。

【译文】蓡,人参,一种药草,出自上党。从艸,浸声。

【注释】①蓡：字亦作参。王筠《句读》："人参出上党,状类人者善。"②上党：汉有上党郡,在今山西的东南部。

苦 (kǔ)

苦,大苦①,苓也。从艸,古声。康杜切。

【译文】苦,大苦,又叫蘦草。从艸,古声。

【注释】①大苦：甘草。一说,黄药。桂馥《义证》："苓当为蘦。本书：'蘦,大苦也。'《释草》同。馥案：即黄药也。"徐灏《段注笺》："此作苓,为假借字。令声古音在真部,周秦以后转入庚部,故与蘦相通耳。"

菩 (bèi)

菩①,艹也。从艸,音声。步乃切。

【译文】菩,黄菩草。从艸,音声。

【注释】①菩：黄菩草,可以作席。钱坫《斠诠》："《易》'丰其蔀',郑本作'菩',云:'小席'。是以艹作席。"

茅 (máo)

茅①,菅也②。从艸,矛声。莫交切。

【译文】茅,菅草一类。从艸,矛声。

【注释】①茅：白茅,青茅(古代祭祀时用以滲酒)。②菅：《段注》："统言则茅菅是一,析言则菅与茅殊。许菅茅互训。此从统言也。"

菅 (jiān)

菅,茅也。从艸,官声。古颜切。

【译文】菅,茅草一类。从艸,官声。

蕲 (qí)

蕲①,艹也。从艸,靳声②。江夏有蕲春亭③。渠支切。

【译文】蕲,香草。从艸,靳声。江夏郡有蕲春县。

【注释】①蕲：谓香草。朱骏声《通训定声》："《尔雅》：'薜,山蕲。'《广雅》：'山蕲,当归也。'又：'茭,牛蕲。'注：'今马蕲,叶细锐,似芹。'《本草注》：'一名野茴香。'又：'薜,白蕲。'按：即蚕头当归,细叶者。山蕲为马尾当归,叶粗大。又：'蕲茝,蘪芜。'按即今川芎。此字本训当为香草。山、白、马皆冒蕲名也。"②靳：《说文》未收此字,待考。③蕲春亭：《段注》亭作县。《汉书·地理志》：江夏郡有蕲春县。故城在今湖北蕲春县西北。

莞 (guān)

莞①,艹也。可以作席。从艸,完声。胡官切。

【译文】莞,莞草,可用来编织席

子。从艸，完声。

【注释】①莞：《段注》："莞，盖即今席子艹。"

藺（lìn）

藺，莞属。从艸，閵声。良刃切。

【译文】藺，莞草一类。从艸，閵声。

蒻（ruò）

蒻，蒲子。可以为平席①。从艸，弱声。而灼切。

【译文】蒻，嫩蒲草，可用来编织苹席。从艸，弱声。

【注释】①平席：即苹席。《段注》："苹者，席安稳之称。此用蒲之少者为之，较蒲席为细。"

蒢（chú）

蒢，黄蒢，职也①。从艸，除声。直鱼切。

【译文】蒢，黄蒢草，又叫职草。从艸，除声。

【注释】①职：一作藬。《尔雅·释艸》："藬，黄蒢。"郭璞注："藬草，叶似酸浆，华小而白，中心黄，江东以作菹食。"

蒲（pú）

蒲①，水艹也。可以作席。从艸，浦声。薄胡切。

【译文】蒲，水草，可用来编织席子。从艸，浦声。

【注释】①蒲：又叫香蒲。水生植物。茎和叶可编蒲席、蒲包和扇子。嫩苗叫蒲菜，可吃。花粉称蒲黄，可作止血药。

萑（zhuī）

萑，艹多皃①。从艸，隹声。职追切。

【译文】萑，草多的样子。从艸，隹声。

【注释】①艹多皃：徐灏《段注笺》："依全书通例，当云：'萑也。一曰：艹多皃。'"

蓷（tuī）

蓷，萑也①。从艸，推声。《诗》曰："中谷有蓷②。"他回切。

【译文】蓷，萑草。从艸，推声。《诗经》说："山谷中有蓷草。"

【注释】①萑：益母草。《尔雅·释艸》："萑，蓷。"郭璞注："今茺蔚也。叶似荏，方茎，白华，华生节间。又名益母。"朱骏声《通训定声》："茺蔚者，蓷之合音。"②《诗》：指《诗经·王风·中谷有蓷》。中谷：谷中。

萙（kuī）

萙，缺盆也①。从艸，圭声。苦圭切。

【译文】萙，缺盆草。从艸，圭声。

【注释】①缺盆：覆盆子。《尔雅·释艸》："萙，蒛盆。"郭注："覆盆也。实似莓而小，亦可食。"《太平御览》卷998引孙炎《尔雅注》："青州曰萙。"桂馥《义证》："覆盆子长条，四五月红熟。""其味酸，其外如荔枝，樱桃许大，软红可爱。"

荓（píng）

荓，马帚也①。从艸，并声。薄经切。

【译文】荓，马扫帚草。从艸，并声。

【注释】①马帚：《尔雅·释草》："荓，马帚。"郭注："似蓍，可以为埽篲。"《本草纲目·草部·蠡实》："蠡实……马蔺子、马帚、铁扫帚。时珍曰：……此即荔草，谓其可为马刷，故名。今河南北人呼为铁扫帚是矣。"

蕕 (yóu)

蕕①，水边艹也。从艹，猶声。以周切。

【译文】蕕，水边的草。从艹，猶声。

綦 (qí)

綦，(綦) 月尔也①。从艹，綦声。渠之切。

【译文】綦，月尔草。从艹，綦声。

【注释】①綦：徐灏《段注笺》："篆下綦字亦可删。"月尔：《尔雅·释草》："綦，月尔。"郭注："即紫綦也，似蕨，可食。"

莃 (xī)

莃，兔葵也①。从艹，稀省声②。香衣切。

【译文】莃，兔葵草。从艹，稀省禾声。

【注释】①兔葵：即野葵。吴其濬《植物名实图考·蔬类·莵葵》："莵葵即野葵，此家葵瘦小耳，武昌谓之棋盘菜。"②稀省声：当依徐锴《系传》作希声。

蕧 (fú)

蕧，盗庚也①。从艹，復声。房六切。

【译文】蕧，盗庚草。从艹，復声。

【注释】①盗庚：即旋复花。《尔雅·释草》："蕧，盗庚。"郭注："旋蕧，似菊。"

苓 (líng)

苓①，卷耳也。从艹，令声。郎丁切。

【译文】苓，卷耳草。从艹，令声。

【注释】①苓：卷耳（又名苍耳子）。《汉书·杨雄传》："扬烨烨之芳苓。"

藑 (qióng)

藑，茅，蕾也。一名舜①。从艹，夐声。渠营切。

【译文】藑，藑茅，是蕾草。又叫舜。从艹，夐声。

【注释】①一名舜：桂馥《义证》："舜当为蕣。本书：'蕣，艹也。楚谓之葍，秦谓之藑。'"

葍 (fú)

葍，藑也①。从艹，畐声。方六切。

【译文】葍，藑草。从艹，畐声。

【注释】①葍：《尔雅·释草》："葍，藑。"郭注："大叶白华，根如指，正白，可啖。"陆玑《诗义疏》：葍有两种，"一种茎叶细而香，一种茎赤有臭气"。

苗 (chù)

苗，蓫也①。从艹，由声。徒历切。又，他六切。

【译文】苗，蓫菜。从艹，由声。

【注释】①蓫：羊蹄草，根可入药。苗与从艹、田声的苗声义迥别。

蓨 (tiāo)

蓨，苗也①。从艸，脩声。徒聊切。又，汤雕切。

【译文】蓨，苗菜。从艸，脩声。

【注释】①苗：又名蓨草、羊蹄草。《尔雅·释艸》："苗，蓨。"

薁 (yù)

薁，婴薁也①。从艸，奥声。于六切。

【译文】薁，婴薁。从艸，奥声。

【注释】①婴薁：野葡萄。《本草纲目·果部·蘡薁》："时珍曰：蘡薁野生林墅间，亦可插植。蔓、叶、花、实，与葡萄无异。其实小而圆，色不甚紫也。《诗》云：'六月食薁。'即此。"

茜 (qiàn)

茜，茅搜也①。从艸，西声。仓见切。

【译文】茜，茅搜草。从艸，西声。

【注释】①《尔雅·释艸》："茹藘，茅搜。"郭璞注："今之蒨(qiàn)也，可以染绛。"《释文》："蒨，本或作茜。"

苞 (bāo)

苞①，艸也。南阳以为麤履②。从艸，包声。布交切。

【译文】苞，藨草。南阳一带用来编织草鞋。从艸，包声。

【注释】①苞：即藨草。见《子虚赋》张揖注。藨草多丛生水边，全株可造纸和编席。②麤(cū)履：草鞋。

艾 (ài)

艾①，冰台也。从艸，乂声。五盖切。

【译文】艾，冰台草。从艸，乂声。

【注释】①艾：《尔雅·释艸》郭璞注："今艾蒿。"《本草图经》："艾，初春布地，生苗，茎类蒿而叶背白。以苗短者为佳。采叶暴干，经陈久方可用。"

芸 (yún)

芸①，艸也。似目宿②。从艸，云声。《淮南子》说：芸艸可以死复生③。王分切。

【译文】芸，芸香草。像目宿草。从艸，云声。《淮南子》说：芸草可以死而再生。

【注释】①芸：又名芸香，花叶茎有强烈刺激气味，古人用来驱除虫蠹（蛀虫）。沈括《梦溪笔谈》卷三："芸，香草也，今人谓之七里香者是也。叶类豌豆，作小丛生。其叶极芬香，秋后叶间微白如粉污，辟蠹殊验。南人采置席下，能去蚤虱。"②目宿：又作苜蓿、牧宿。豆科植物，可作牧草和绿肥。③可以死复生，王绍兰《段注订补》："《通艺录·释芸》：余乃莳一本于盆盎中，霜降后枝叶枯烂。越两月，日短至矣，宿根果苗其芽，丛生三五枝。"可见芸草可以"死而复生。"

芡 (qiàn)

芡，鸡头也①。从艸，欠声。巨险切。

【译文】芡，水生植物，又名鸡头。从艸，欠声。

【注释】①鸡头：芡的别名。《方言》卷三："荾、芡，鸡头也。北燕谓之荾，青、徐、淮、泗之间谓之芡，南楚、江、湘之间谓之鸡头，或谓之雁头,或谓之乌头。"

茄 (jiā)

茄,芙蕖茎也。从艸,加声。古牙切。

【译文】茄,芙蕖的茎。从艸,加声。

荷 (hé)

荷,芙蕖叶①。从艸,何声。胡哥切。

【译文】荷,芙蕖的叶。从艸,何声。

【注释】①芙蕖叶:是荷的本义。引申指茎叶花实根全体。《尔雅·释艸》:"荷,芙蕖。"郭注:"别名芙蓉,江东呼荷。"

蔚 (wèi)

蔚①,牡蒿也。从艸,尉声。于胃切。

【译文】蔚,雄蒿。从艸,尉声。

【注释】①蔚:《尔雅·释艸》:"蔚,牡菣。"郭注:"无子者。"菣是香蒿。牡菣即是牡蒿。

芍 (xiào)

芍,凫茈也①。从艸,勺声。胡了切。

【译文】芍,凫茈草。从艸,勺声。

【注释】①凫茈:荸荠。《段注》:"今人谓之葧脐,即凫茈之转语。"《尔雅·释艸》:"芍,凫茈。"郭注:"生下田,苗似龙须而细,根如指头,黑色,可食。"

葛 (gé)

葛,絺绤艸也①。从艸,曷声。古达切。

【译文】葛,编织细葛布和粗葛布的草。从艸,曷声。

【注释】①絺绤艸:桂馥《义证》:"本书:'絺,细葛也。''绤,粗葛也。'《诗》:'披采葛兮。'传云:'葛,所以为絺绤也。'"

蔓 (màn)

蔓,葛属①。从艸,曼声。无贩切。

【译文】蔓,像葛草一类的藤生植物。从艸,曼声。

【注释】①葛属:朱骏声《通训定声》:"许云葛属者,谓如葛之类引藤曼长者,凡皆谓之蔓也。"

蒋 (jiāng/jiǎng)

蒋,苽蒋也①。从艸,将声。子良切。又,即两切。

【译文】蒋,茭芛。从艸,将声。

【注释】①苽蒋:苽,茭芛。也作菰。一名蒋。《广雅·释草》:"菰,蒋;其米谓之雕胡。"苽蒋,复合词。《庄子·则阳》司马注:"谓逆旅舍人以菰蒋草覆之也。"徐锴《系传》:"青谓之苽蒋。"皆其例。

菌 (jùn)

菌,地蕈也①。从艸,囷声。渠殒切。

【译文】菌,地蕈。从艸,囷声。

【注释】①地蕈(xùn):伞状植物。《尔雅·释艸》郭注:"地蕈也,似盖。今江东名为土菌。"王筠《句读》："言地者，对蕈生于木而言。"

萸（yú）

萸，茱萸也①。从艸，臾声。羊朱切。

【译文】萸，茱萸。从艸，臾声。

【注释】①茱萸：椒类植物。有吴茱萸、食茱萸、山茱萸。《本草图经》："吴茱萸，木高丈余，皮青绿色，叶似椿而阔厚，紫色。三月开花，红紫色。七月八月结实。"食茱萸、山茱萸，功用与吴茱萸同。《风土记》："俗尚九月九日谓为上九，茱萸到此日气烈熟，色赤，可折其房以插头，云辟恶气，御初寒。"朱骏声《通训定声》："茱萸亦叠韵连语，后人加艸耳。"

茱（zhū）

茱，茱萸，茮属①。从艸，朱声。市朱切。

【译文】茱，茱萸，花椒一类植物。从艸，朱声。

【注释】①茮（jiāo）属：桂馥《义证》引《嘉祐图经》云："茱萸结实似椒子，嫩时微黄，至成熟则深紫。"

荆（jīng）

荆，楚①。木也②。从艸，刑声。举卿切。

【译文】荆，又叫楚。是一种灌木。从艸，刑声。

【注释】①楚：王筠《句读》："谓荆一名楚也。"②木：王筠《句读》："以字从艸，故云木。盖此物不大，故从艸。好丛生，故楚从木。"

芒（máng）

芒，艹端①。从艸，亡声。武方切。

【译文】芒，草末端（的芒刺）。从艸，亡声。

【注释】①艹端（duān）：即草端，指草端之刺。麦子和稻谷种子壳上都有细刺，所以叫芒种。

茂（mào）

茂①，艹丰盛。从艸，戊声。莫候切。

【译文】茂，草丰盛。从艸，戊声。

【注释】①茂：草木茂盛。《诗经·小雅·斯干》："如竹苞矣，如松茂矣。"

芮（ruì）

芮，芮芮①，艹生皃。从艸，内声。读若汭。而锐切。

【译文】芮，芮芮，草初生时的样子。从艸，内声。音读像"汭"字。

【注释】①芮芮：《段注》："（芮芮）柔细之状。"桂馥《义证》："谓艹初生芮芮然小也。"

茌（chí）

茌，艹皃①。从艸，在声。济北有茌平县②。仕甾切。

【译文】茌，草（茂盛）的样子。从艸，在声。济北有茌平县。

【注释】①艹皃：《字林》："茌，草亦盛也。"②茌平县：即今山东省茌平县。

萃（cuì）

萃，艹［聚］皃①。从艸，卒声。读若瘁。秦醉切。

【译文】萃,草(聚集)的样子。从艸,卒声。音读像"瘁"字。

【注释】①艹兒:当依朱骏声《通训定声》:"训为艹聚兒。"

苛 (kē)

苛,小艹也①。从艸,可声。乎哥切。

【译文】苛,小草。从艸,可声。

【注释】①小艹:徐灏《段注笺》:"苛者,小艹丛杂之义,引申为细碎之称。弊政谓之苛,言其琐屑烦扰也。"

苗 (miáo)

苗,艹生于田者①。从艸,从田。武镳切。

【译文】苗,生长在田里的禾。由艸、由田会意。

【注释】①艹生于田者:谓嘉谷。与杂草生于山野者有别。《诗经·魏风·硕鼠》:"无食我苗。"毛传云:"苗,嘉谷也。"程瑶田《九谷考》:"始生曰苗,成熟曰禾,禾实曰粟。"《段注》:"苗本禾未秀(开花吐穗)之名,因以为凡艹木初生之名。"

荒 (huāng)

荒,芜也。从艸,巟声。一曰:艹淹地也①。呼光切。

【译文】荒,荒芜。从艸,巟声。一说:杂草掩覆田地叫荒。

【注释】①艹淹地:《段注》本淹作"掩"。掩覆的意思。艹掩地与荒芜,一义之引申。

落 (luò)

落,凡艹曰零①,木曰落。从艸,洛声。卢各切。

【译文】大凡草叶凋衰叫零,树叶脱落叫落。从艸,洛声。

【注释】①艹曰零:零、落双声,对文有分,散文无别。

蔽 (bì)

蔽,蔽蔽,小艹也①。从艸,敝声。必袂切。

【译文】蔽,蔽蔽,小草的样子。从艸,敝声。

【注释】①也:《段注》:"也当作兒。《召南》'蔽芾(fèi)甘棠',毛云:'蔽芾,小兒。'此小艹兒之引申也。"

蔡 (cài)

蔡,艹也①。从艸,祭声。苍大切。

【译文】蔡,蔡草。从艸,祭声。

【注释】①艹:芣,蔡艹也。蔡艹连文;《玉篇》云:"蔡,艹芥也。"以草芥训蔡。均可证。

菜 (cài)

菜①,艹之可食者。从艸,采声。苍代切。

【译文】菜,可供食用的草。从艸,采声。

【注释】①菜:《荀子·富国》:"古禹十年水,汤七年旱,而天下无菜色者。"

薄 (bó)

薄,林薄也①。一曰:蚕薄②。从艸,溥声。旁各切。

【译文】薄,草木密集丛生。另一义说,薄是蚕帘。从艸,溥声。

【注释】①林薄:《段注》:"林木相迫不可入曰薄。引申凡相迫皆曰薄。"②蚕薄:蚕帘,养蚕用具,用苇、竹编成。后作"箔"。《方言》

卷五：".薄，宋魏陈楚江淮之间谓之苗（qū），或谓之麴，自关而西谓之薄。"

苑（yuàn）

苑，所以养禽兽也①。从艸，夗声。于阮切。

【译文】苑，用来养禽兽的地方。从艸，夗声。

【注释】①所以养禽兽：《段注》："《周礼·地官·囿人》注：'囿，今之苑。'是古谓之囿，汉谓之苑。"

芳（fāng）

芳，香艸也①。从艸，方声。敷方切。

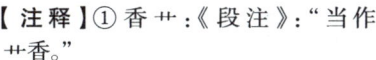

【译文】芳，草的香气。从艸，方声。

【注释】①香艸：《段注》："当作艸香。"

藉（jiè）

藉，祭藉也①。一曰，艸不编，狼藉。从艸，耤声。慈夜切。又，秦昔切。

【译文】藉，祭祀时垫在地上的东西。另一义说，草没有编结好，（又杂乱又繁多，）叫狼藉。从艸，耤声。

【注释】①祭藉：朱骏声《通训定声》："藉之为言席也。"

芟（shān）

芟，刈艸也①。从艸，从殳②。所衔切。

【译文】芟，割草。由艸、由殳会意。

【注释】①刈艸：《诗经·周颂·载芟》之《毛传》："除草曰芟。"②从艸，从殳：《段注》："此会意。殳取杀意也。"

荐（jiàn）

荐，薦蓆也①。从艸，存声。在甸切。

【译文】荐，草席。从艸，存声。

【注释】①薦蓆：《段注》："薦见鹿部，艸也。不云艸席，云薦席者，取音近也。"

茨（cí）

茨，以茅苇盖屋。从艸，次声①。疾兹切。

【译文】茨，用茅苇盖屋。从艸，次声。

【注释】①从艸，次声：《释名·释宫室》："屋以草盖曰茨。茨，次也；次比（依次排比）草为之也。"声中兼义。

葺（qì）

葺，茨也。从艸，咠声。七入切。

【译文】葺，用茅苇盖屋。从艸，咠声。

若（ruò）

若，择菜也。从艸右；右，手也。一曰：杜若，香艸①。而灼切。

【译文】若，择菜。由艸、右会意；右表示手。另一义说：若是杜若，一种香草。

【注释】①杜若，香草：《段注》："此别一义。"徐锴《系传》引《本草》："杜若，苗似薑，根似旋覆也。"

莜 (yóu)

莜，艹田器①。从艹，條省声②。《论语》曰③："以杖荷莜。"今作莜。徒吊切。

【译文】莜，草编田间用器。从艹，條省木声。《论语》说："用手杖挑着莜这种草编的田间用器。"

【注释】① 艹田器：王筠《句读》："田间之器，率以苟（麻类）稭为之，故曰艹。" ② 條省声：桂馥《义证》："当为攸声。"《段注》同。③《论语》：指《微子篇》。

茵 (yīn)

茵，车重席①。从艹，因声。于真切。

【译文】茵，车中加垫的褥席。从艹，因声。

【注释】① 重(zhòng)：加上，增益。

茹 (rú)

茹①，飤马也。从艹，如声。人庶切。

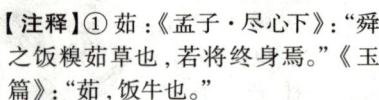

【译文】茹，喂马。从艹，如声。

【注释】① 茹：《孟子·尽心下》："舜之饭糗茹草也，若将终身焉。"《玉篇》："茹，饭牛也。"

萎 (wěi)

萎①，食牛也。从艹，委声。于伪切。

【译文】萎，喂牛。从艹，委声。

【注释】① 萎：徐灏《段注笺》："餧牛马以干芻，因之艹木枯谓之萎。"

蒸 (zhēng)

蒸①，折[析]麻中干也②。从艹，烝声。煮仍切。

【译文】蒸，析去麻皮的中干。从艹，烝声。

【注释】① 蒸：麻秆儿（麻骨，麻秸）。② 折：当依《广韵》十六蒸引作"析"。析麻中干：剥取麻皮后的中干，古代叫作蒸，后来叫作麻秆。

蕉 (jiāo)

蕉，生枲也①。从艹，焦声。即消切。

【译文】蕉，未经沤治的生麻。从艹，焦声。

【注释】① 生枲：《段注》："枲，麻也。生枲谓未沤治者。今俗以此为芭蕉字。"

卉 (huì)

卉，艹之总名也。从艹中①。许伟切②。

【译文】卉，草的总称。从艹中会意。

【注释】① 从艹中：章太炎《文始》说："此字但从三中。" ② 拼音依《广韵》许贵切。

蒜 (suàn)

蒜，荤菜。从艹，祘声。苏贯切。

【译文】蒜，辛荤的菜，从艹，祘声。

芥 (jiè)

芥①，菜也。从艹，介声。古拜切。

【译文】芥，芥菜。从艹，介声。

【注释】① 芥：芥本菜名，又借为草芥、纤芥字。

莎（suō）

莎，镐侯也①。从艸，沙声。苏禾切。

【译文】莎，镐侯草。从艸，沙声。

【注释】① 镐侯：双声连语，莎的别名。即香附子。《尔雅·释艸》："薃侯，莎。其实媞。"薃镐同字。

菲（fěi）

菲①，芴也。从艸，非声。芳尾切。

【译文】菲，又名芴。从艸，非声。

【注释】① 菲：菜名。徐灏《段注笺》："陆玑云：'菲似葍，茎麤，叶厚而长，有毛。幽州人谓之芴，《尔雅》谓之蒠菜，今河内人谓之宿菜。'"

芴（wù）

芴，菲也。从艸，勿声。文弗切。

【译文】芴，又名菲。从艸，勿声。

葦（wěi）

葦，大葭也①。从艸，韋声。于鬼切。

【译文】葦，长大了的葭。从艸，韋声。

【注释】① 大葭：长大了的葭。《段注》："犹言葭之已秀者。"沈括《梦溪补笔谈》："予今详诸家所释，葭、芦、苇，皆芦也；则菼、薍、萑，自当是荻耳。"《诗经·豳风·七月》："八月萑苇。"孔颖达疏："初

生为葭，长大为芦，成则名为苇。"

葭（jiā）

葭，苇之未秀者。从艸，叚声。古牙切。

【译文】葭，没有抽穗的（初生的）芦苇。从艸，叚声。

萊（lái）

萊，蔓华也①。从艸，來声。洛哀切。

【译文】萊，又名蔓华。从艸，來声。

【注释】① 蔓华：萊的别名。《尔雅·释艸》："厘，蔓华。"厘是萊的假借字。郭璞注："一名蒙华。"蒙蔓一声之转。《诗经·小雅·南山有台》疏引陆玑云："莱，草名。其叶可食。今兖州人烝以为茹，谓之莱烝。"

荔（lì）

荔①，艸也。似蒲而小，根可作㕞。从艸，劦声。郎计切。

【译文】荔，荔草。像蒲草却比蒲草小，根可以作刷子。从艸，劦声。

【注释】① 荔：即马兰。桂馥《义证》："程瑶田曰：'余居丰润，二三月间，见草似幽兰，丛生，长者二尺许，开花，藕褐色，亦略似兰，土人呼为马莲，亦呼为马兰，其为《月令》之荔也。形与薤（xiè）相类，又有马薤之名。'"又曰："荔根可作㕞，今北方束其根以㕞锅。"

藻（zǎo）

藻，水艸也①。从艸，从水，巢声。《诗》曰②："于以采藻？"子皓切。

【译文】藻，水藻草。由艸，由水会

意，巢声。《诗经》说："到什么地方去采水藻草？"

【注释】①水艹：陆玑《诗义疏》："藻，水草也。有二种：其一种叶如鸡苏（草名，水苏），茎大如箸，长四五尺；其一种茎大如钗股，叶如蓬蒿，谓之聚藻。"②《诗》：指《诗经·召南·采苹》。

范 (fàn)

范，艹也。从艹，氾声。房癸切。

【译文】范，范草。从艹，氾声。

蔷 (sè)

蔷，蔷虞①，蓼。从艹，啬声。所力切。

【译文】蔷，蔷虞，即辣蓼。从艹，啬声。

【注释】①蔷虞：即蓼。《段注》："蓼下云，蔷虞也。故此云蔷虞，蓼也。"后世用为蔷（qiáng）薇字。

苕 (tiáo)

苕①，艹也。从艹，召声。徒聊切。

【译文】苕，陵苕草。从艹，召声。

【注释】①苕：即凌霄。《尔雅·释艹》："苕，陵苕。"徐灏《段注笺》："《本草》：'紫葳，一名陵苕。'唐本注：'即凌霄也。'"

蒿 (hāo)

蒿①，菣也②。从艹，高声。呼毛切。

【译文】蒿，青蒿。从艹，高声。

【注释】①蒿：蒿子。《诗经·小雅·鹿鸣》："呦呦鹿鸣，食野之蒿。"②菣（qìn）：青蒿。又叫香蒿。《尔雅·释艹》郭注："今人呼青蒿

香中炙啖者为菣。"王筠《句读》："汝南呼青蒿为菣。见陆玑《诗义疏》。此亦许君之乡语也。"

蓬 (péng)

蓬，蒿也。从艹，逢声。薄红切。

【译文】蓬，蓬蒿草。从艹，逢声。

藜 (lí)

藜①，艹也。从艹，黎声。郎奚切。

【译文】藜，藜蒿。从艹，黎声。

【注释】①藜：藜蒿。王筠《句读》："藜即莱也。"

茸 (róng)

茸，艹茸茸皃①。从艹，聰省声②。而容切。

【译文】茸，草初生的样子。从艹，聰省恖声。

【注释】①艹茸茸皃：王筠《句读》："《玉篇》：'艹生也。'《广韵》：'艹生皃。'盖艹初生之状谓之茸。"②聰省声：《段注》改为耳声。

葆 (bǎo)

葆，艹盛皃。从艹，保声。博襃切。

【译文】葆，草茂盛的样子。从艹，保声。

蕃 (fān)

蕃，艹茂也。从艹，番声。甫烦切。

【译文】蕃，草繁茂。从艹，番声。

草 (cǎo)

草，草斗，栎实也。一曰：象斗子。从艹，早声。自保切。

【译文】草,黑色的壳斗包裹着的子实,柞栎的子实。又叫样斗子。从艸,早声。

蓄 (xù)

蓄,积也。从艸①,畜声。丑六切。

【译文】蓄,积聚。从艸,畜声。

【注释】①从艸:徐锴《系传》:"蓄谷、米、刍、荛、蔬菜以为备也。"所以其字从艸。

萅 (chūn)

萅,推也①。从艸,从日,艹春时生也;屯声。昌纯切。

【译文】春,推出(万物)。由艸、由日会意,表示春日和暖,草木发生;屯声。

【注释】①推:推出。《尚书大传》:"春。出也,万物之出也。"《释名·释言语》:"出,推也。"

芙 (fú)

芙,芙蓉也①。从艸,夫声。方无切。

【译文】芙,芙蓉,即莲花。从艸,夫声。

【注释】①芙蓉:即莲花。已经开的叫芙蓉,未开的叫菡萏。《楚辞·招魂》:"芙蓉始发,杂芰荷些。"《文选·公宴诗》:"芙蓉散其花,菡萏溢金堂。"

小部

小 (xiǎo)

小,物之微也。从八,丨见而分之。凡小之属皆从小。私兆切。

【译文】小,细微的物体。从八(表示分别),小物出现了,就分解它。大凡小的部属都从小。

少 (shǎo)

少,不多也①。从小,丿声②。书沼切。

【译文】少,不多。从小,丿声。

【注释】①不多:《段注》:"不多则小,故古少、小互训通用。"②从小,丿声:徐锴《系传》:"丿音夭。"

八部

八 (bā)

八,别也。象分别相背之形①。凡八之属皆从八。博拔切。

【译文】八,分别。像分别相背离的形状。大凡八的部属都从八。

【注释】①象分别句:王筠《释例》:"此象人意中之形,非象人目中之形也。凡非物而说解云象形者皆然。"

分 (fēn)

分,别也。从八;从刀,刀以分别物也。甫文切。

【译文】分,分别。从八,(表示分别)从刀,刀是用来分别物体的。

曾 (céng)

曾,词之舒也。从八①,从曰,囱声②。昨棱切。

【译文】曾,虚词中表示舒缓语气的助词。由八、由曰会意,囱声。

【注释】①从八:《段注》:"亦象气之分散。"②囱声:

囧，古文囱字。朱骏声《通训定声》："按窗曾一声之转。此以双声得声。"

尚 （shàng）

尚，曾也①；庶几也②。从八，向声。时亮切。

【译文】尚，增加，希冀。从八，向声。

【注释】①曾：徐灏《段注笺》："尚之言上也，加也。曾犹重也，亦加也。故训为曾。"②庶几：徐灏《段注笺》："冀及之词。"

詹 （zhān）

詹，多言也。从言，从八①，从厃②。职廉切。

【译文】詹，话多。由言、由八、由厃会意。

【注释】①从八：徐铉："八，分也。多故可分也。"②从厃：《段注》："此当作厃声。……厃与檐同字同音。"存参。

介 （jiè）

介，画也。从八①，从人；人各有介②。古拜切。

【译文】介，界线。由八、由人会意，表示人各自守自己的界限。

【注释】①从八：八表示分别相间。②介：即界。古今字。

公 （gōng）

公，平分也。从八，从厶①。八犹背也。韩非曰②："背厶为公。"古红切。

【译文】公，平均分配。由八、由厶会意，八犹如背离的意思。韩非子说："背离私就是公。"

【注释】①厶（sī）：徐锴《系传》："厶音私，不公也。"②韩非曰：见《韩非子·五蠹》。

必 （bì）

必，分极也①。从八弋，弋亦声。卑吉切。

【译文】必，分别的标准。由八、弋会意，弋也表读音。

【注释】①分极：《毁注》："极犹准也。……立表（标志）为分判之准，故云分极。"徐灏笺："疑此乃弓柲本字，借为语词之必然耳。……弓柲以两竹夹持之，从八指事兼声耳。"

余 （yú）

余，语之舒也①。从八②，舍省声③。以诸切。

【译文】余，虚词中表示舒缓语气的助词。从八，舍省声。

【注释】①语之舒：《段注》："语，《匡谬正俗》引作词。《左氏传》：'小白余敢贪天子之命，无下拜。'此正词之舒。亏部曰：'亏，于也。象气之舒亏。'然则余亏异字而同音义。"②从八：《段注》："象气之分散。"③舍省声：余，上古喻纽，鱼部；舍，书纽，鱼部。二字同是舌音，又同部。

釆部

釆 （biàn）

釆，辨别也①。象兽指爪分别也。凡釆之属皆从釆。

读若辨。蒲苋切。

【译文】采，辨别的意思。像兽指爪分别的形状。大凡采的部属都从采。音读像辨字。

【注释】①辨：王筠《句读》："句绝。谓其通用也。"

番 (fán)

番，兽足谓之番。从采；田，象其掌。附袁切。

【译文】番，兽足叫作番。从采，田，像兽的足掌。

悉 (xī)

悉，详、尽也。从心，从采。息七切。

【译文】悉，详细、穷尽。由心、由采会意。

释 (shì)

释，解也。从采；采，取其分别物也。从罗声。赏职切。

【译文】释，解下。从采；采是取其分辨区别事物这个意思。从罗（表示通过用眼睛观察来辨别事物），罗也表示读音。

半部

半 (bàn)

半，物中分也。从八；从牛。牛为物大，可以分也。凡半之属皆从半。博幔切。

【译文】半，物体

从中间对分（各为一半）。从八（表示分别）；从牛，牛是大的物体，可以分割。大凡半的部属都从半。

胖 (pàn)

胖，半体肉也。一曰：广肉。从半，从肉，半亦声。普半切。

【译文】胖，（祭祀时用的）半体牲。一说：胖是大肉。由半、由月（肉）会意，半也声。

叛 (pàn)

叛，半也。从半，反声。薄半切。

【译文】叛，分离。从半，反声。

牛部

牛 (niú)

牛，大牲也。牛，件也；件，事理也①。象角头三、封、尾之形②。凡牛之属皆从牛。语求切。

【译文】牛，大的牲畜。像两角加一个头三样东西、像肩胛隆起来的地方和尾巴的形状。大凡牛的部属都从牛。

【注释】①牛，件也；件，事理也：王筠《句读》："二句支离，盖后增也。"故不译。②象角头三、封、尾之形：《段注》："角头三者谓上三岐者，象两角与头为三也。……封者谓中画象封也，封者肩甲坟起之处……尾者谓直画下垂象尾也。"

牡 (mǔ)

牡，畜父也。从牛，土声①。莫厚切。

【译文】牡，雄性的兽类。从牛，土声。

【注释】①土声：《段注》："或曰，

土当作士，士者，夫也。之韵、尤韵合音最近。"

特 (tè)

特，朴特，牛父也。从牛，寺声。徒得切。

【译文】特，没有被阉割的牛，即牛父。从牛，寺声。

牟 (móu)

牟，牛鸣也。从牛，象其声气从口出①。莫浮切。

【译文】牟，牛叫的声音。从牛，（厶）像那声气息从口中发出来的样子。

【注释】①从牛句：徐灏《段注笺》："牛鸣声无可象，故作象其气，而从牛建类，使人知其为牛鸣耳。"

牲 (shēng)

牲，牛完全①。从牛，生声。所庚切。

【译文】牲，指（供祭祀用的）完整的牛。从牛，生声。

【注释】①牛完全：《段注》："（牲）引伸为凡畜之偶。"朱骏声《通训定声》："《周礼·庖人》注：'始养之曰畜，将用之曰牲。'是牲者祭祀之牛也。而羊豕亦以类称之。"

牵 (qiān)

牵，引前也①。从牛，象引牛之縻也②。玄声。苦坚切。

【译文】牵，牵引着向前。从牛，（冂）像牵牛的绳索。玄声。

【注释】①引前：徐灏《段注笺》："牵从牛，当以挽牛为本义，引申为

凡联贯之称。"②縻(mǐ)：牛鼻绳。

牢 (láo)

牢，闲①，养牛马圈也。从牛，冬省。取其四周匝也。鲁刀切。

【译文】牢，牢阑。关养牛马（等牲畜）的栏圈。由牛、由冬字省去下面的仌（即冰字）会意。取那四周包围的意思。

【注释】①闲：门部："阑也。"《段注》："防禽兽触啮。"

犀 (xī)

犀，南徼外牛①。一角在鼻②，一角在顶，似豕。从牛，尾声。先稽切。

【译文】犀，南方边境之外出产的一种牛。一只角长在鼻子上，一只角长在额顶上，（头）像猪。从牛，尾声。

【注释】①徼：边境，边界。王筠《句读》："徼犹塞也。东北谓之塞，西南谓之徼。"②一角句：《汉书·平帝纪》"黄友国献犀牛"颜师古注："犀状如水牛，头似猪而四足类象。黑色，一角当额前，鼻上又有小角。"

犛部

犛 (máo)

犛，西南夷长髦牛也①。从牛，𠩺声。凡犛之属皆从犛。莫交切。

【译文】犛，西南少数民族地区的长毛牛。从牛，𠩺声。大凡犛的部属都从犛。

【注释】①夷：泛指少数民族。长髦：《段注》："谓背胣胡（颈下的垂肉）尾皆有长毛。"

氂（lí）

氂，牦牛尾也。从犛省，从毛①。里之切。

【译文】氂，牦牛尾。由犛字省牛、由毛会意。

【注释】①从犛省，从毛：朱骏声《通训定声》："从犛省，从毛，会意，毛亦声。"

氂（lái）

氂，彊曲毛，可以箸起衣。从犛省，來声。洛哀切。

【译文】氂，倔强的毛，可以用来充装衣。由犛省去牛，來声。

告部

告（gào）

告，牛触人，角箸横木，所以告人也。从口，从牛。

《易》曰①："僮牛之告。"凡告之属皆从告。古奥切。

【译文】告，牛喜欢用角抵人，角上施加横木，是用以告诉人们的标志。由口、由牛会意。大凡告的部属都从告。

【注释】①《易》：指《大畜爻辞》。今作"童牛之牿"。高亨《周易古经今注》："童（童仆）、僮（僮幼）、告、牿，古并通用。"

嚳（kù）

嚳，急、告之甚也①。从告，學省声。苦沃切。

【译文】嚳，急迫，告得很急。从告，學省子为声。

【注释】①急告之甚也：一句数读。当作："急也，告之甚也。"沈涛《古本考》："今本急下夺一也字。"告之甚：动补结构。之：助词。甚：形容词，很急。

口部

口（kǒu）

口①，人所以言食也。象形。凡口之属皆从口。苦后切。

【译文】口，人用来说话饮食的器官。象形。大凡口的部属都从口。

【注释】①口：嘴。《礼记·曲礼上》："负剑辟咡诏之则掩口而对。"

喙（huì）

喙，口也①。从口，象声。许秽切。

【译文】喙，兽嘴。从口，象声。

【注释】①口：王筠《句读》："《通俗文》：兽口曰喙。"

吻（wěn）

吻，口边也①。从口，勿声②。武粉切。

【译文】吻，嘴唇。从口，勿声。

【注释】①口边：王筠《句读》："《苍颉篇》：'吻，唇两边也。'"②勿声：勿上古属物部明纽，吻属文部明纽。吻勿，文物对转。

嚨（lóng）

嚨，喉也①。从口，龍声。卢红切。

【译文】嚨，喉咙。从口，龍声。

【注释】①喉：《尔雅·释鸟》："亢，

鸟咙。"郭注:"咙,谓喉咙。"

欶(咳嗽),分为二字矣。"

喉 (hóu)

喉,咽也①。从口,侯声。乎钩切。

【译文】喉,咽喉。从口,侯声。

【注释】①咽:喉与咽连称咽喉,口语作喉咙。

噲 (kuài)

噲,咽也。从口,會声。读若快。一曰:嚊,呤也。苦夬切。

【译文】噲。从口,會声。音读像"快"字。另一义说,呤是兽嘴。

吞 (tūn)

吞,咽也①。从口,天声。土根切。

【译文】吞,咽下。从口,天声。

【注释】①咽(yàn):徐灏《段注笺》:"喉谓之咽(今音yān。因之食下曰咽(yàn),故吞训为咽。亦作嚥,读去声。食下气塞曰咽(yè),读入声。皆一字而分虚实义耳。"

咽 (yān)

咽,嗌也。从口,因声。乌前切。

【译文】咽,咽喉。从口,因声。

咳 (hái)

咳,小儿笑也①。从口,亥声。户来切。

【译文】咳,小儿笑的样子。从口,亥声。

【注释】①小儿笑:张舜徽《约注》:"小儿笑曰咳,因之小儿亦称孩,用引申义也。后世谓儿为孩。借咳为

咀 (jǔ)

咀,含味也①。从口,且声。慈吕切。

【译文】咀,口里含着东西,而品玩其味。从口,且声。

【注释】①含味:《段注》:"含而味之。"

啜 (chuò)

啜,尝也。从口,叕声。一曰:喙也。昌说切。

【译文】啜,品尝。从口,叕声。另一义说,啜是鸟兽的嘴。

吮 (shǔn)

吮①,欶也。从口,允声。徂沇切②。

【译文】吮,用口含吸。从口,允声。

【注释】①吮:用嘴含吸。《韩非子·备内》:"医善吮人之伤,含人之血。"②今读依《广韵》食尹切。

噬 (shì)

噬,啗也①;喙也②。从口,筮声。时制切。

【译文】噬,咬吃,喘息。从口,筮声。

【注释】①啗:啗,噬也。可见噬啗义同。而啗本义是食,这里用啗训噬,统言无别。②喙:《广雅·释诂》"喙,息也。"王念孙疏证:"喙为喘息之息。"

含 (hán)

含,嗛也①。从口,今声。胡男切。

【译文】含,衔。从口,今声。

【注释】①嗛:口里衔着。

哺（bǔ）

哺，哺咀也①。从口，甫声。薄故切。

【译文】哺，口中咀嚼食物。从口，甫声。

【注释】①哺咀：《尔雅·释文》引作"口中嚼食也"。

味（wèi）

味，滋味也①。从口，未声。无沸切。

【译文】味，滋味。从口，未声。

【注释】①滋：王筠《句读》："《檀弓》：'必有艹木之滋焉。'注：'增以香味。'是滋即味也。"滋味：同义复合。

唾（tuò）

唾，口液也。从口，垂声。汤卧切。

【译文】唾，口中的唾液。从口，垂声。

咦（yí）

咦，南阳谓大呼曰咦①。从口，夷声。以之切。

【译文】咦，南阳地区把喘大气叫作咦。从口，夷声。

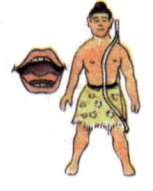

【注释】①大呼：《段注》："呼，外息也；大呼，大息也。"

吹（chuī）

吹①，嘘也。从口，从欠②。昌垂切。

【译文】吹，撮起嘴唇急促地吐气。由口、由欠会意。

【注释】①吹：吹气。《庄子·逍遥游》："生物之以息相吹也"。②从口，从欠：《段注》："口欠（呵欠）则气出会意。"

名（míng）

名，自命也①。从口，从夕。夕者，冥也。冥不相见，故以口自名。武并切。

【译文】名，自己说出自己的名字。由口、由夕会意。夕是夜晚的意思。夜晚因为看不见彼此，所以要自己说出自己的名字。

【注释】①自命：自己称呼自己的名字。命：命名。这里指称呼。

噤（jìn）

噤，口闭也。从口，禁声。巨禁切。

【译文】噤，闭上嘴巴不说话。从口，禁声。

吾（wú）

吾，我，自称也。从口，五声。五乎切。

【译文】吾，我，是自己对自己的称呼。从口，五声。

哲（zhé）

哲，知也。从口，折声。陟列切。

【译文】哲，明智。从口，折声。

君（jūn）

君，尊也。从尹。发号，故从口。举云切。

【译文】君，尊贵。从尹（表示治理的意思），发号施令，故而从口。

命 (mìng)

命①，使也。从口，从令。眉病切。

【译文】命，使命。由口、由令会意。

【注释】① 命：差使。《左传·桓公二年》："宋殇公立，十年十一战，民不堪命。"

召 (zhào)

召，评也①。口，刀声。直少切。

【译文】召，呼唤。从口，刀声。

【注释】① 评：招唤。朱骏声《通训定声》："以言曰召，以手曰招。"

咨 (zī)

咨，谋事曰咨。从口，次声。即夷切。

【译文】咨，谋划事情叫咨。从口，次声。

唯 (wéi)

唯，诺也①。从口，隹声。以水切。

【译文】唯，应答声。从口，隹声。

【注释】① 诺：《段注》："此浑言之。《玉藻》曰：'父命呼，唯而不诺。'析言之也。"

唱 (chàng)

唱①，导也。从口，昌声。尺亮切。

【译文】唱，唱导。从口，昌声。

【注释】① 唱：《段注》："古多以倡（倡优）为之。"徐灏《段注笺》："歌唱者，唱和之引申也。"

听 (tīng)

听①，笑皃。从口，斤声。宜引切。

【译文】听，笑的样子。从口，斤声。

【注释】① 听：张大嘴笑。《史记·司马相如列传》："无是公听然而笑。"裴骃《集解》引郭璞曰："听，笑貌也。"

哉 (zāi)

哉，言之闲也①。从口，𢦏声。祖才切。

【译文】哉，表词语间歇的虚词。从口，𢦏声。

【注释】① 言之闲：《段注》："凡两者之际曰闲，一者之竟（末尾）亦曰闲。一之竟即两之际也。言之间歇多用哉字。"

呷 (xiā)

呷，吸呷也①。从口，甲声。呼甲切。

【译文】呷，吸呷之呷。从口，甲声。

【注释】① 吸呷：形容众声杂沓。桂馥曰："吸呷也者，谓声也。"沈涛《古本考》："《子虚赋》：'翕呷萃蔡。'"张揖以为衣裳张起之声。翕、吸古通字。吸呷、呷吸皆拟其声。

嗔 (tián)

嗔，盛气也。从口，真声。《诗》曰①："振旅嗔嗔。"待年切。

【译文】嗔，盛气。从口，真声。《诗经》说："军队凯旋，士气旺盛。"

【注释】①《诗》：指《诗经·小雅·采

芭》。《毛传》："入曰振旅。"《尚书·大禹谟》"班师振旅"《正义》："兵入曰振旅，言整众。"今作"阗阗"。嗔与阗字异而音义俱通。

嘌（piāo）

嘌，疾也。从口，票声。《诗》曰①："匪车嘌兮。"抚招切。

【译文】嘌，疾速。从口，票声。《诗经》说："那辆车跑得非常迅疾啊。"

【注释】①《诗》：指《诗经·桧风·匪风》。匪：借为彼，那个。

台（yí）

台，说也。从口，㠯声。与之切。

【译文】台，喜悦。从口，㠯声。

【注释】①说：通悦。徐锴《系传》："《史记序传》曰'诸吕不台'，作此字。言不为人所怡悦也。"《段注》："台说者，今之怡悦字。《说文》怡训和，无悦字。"

启（qǐ）

启，开也。从户，从口，康礼切。

【译文】启，开。由户、由口会意。

【注释】①开：徐锴《系传》："《尔雅》明星为启明，言晨见东方为开明之始也。"

咸（xián）

咸，皆也；悉也。从口，从戌。戌，悉也①。胡监切。

【译文】咸，全、都、详尽。由口、由戌会意。戌，详尽。

【注释】①戌，悉：《段注》："此从戌之故。戌为悉者，同音假借之理。"戌和悉都属心纽。

呈（chéng）

呈，平也①。从口，壬声。直贞切。

【译文】呈，平。从口，壬声。

【注释】①平：徐灏《段注》笺："呈即古程字。冀川从事郭君碑：'先民有呈。'是其证。《荀子·致仕篇》曰：'程者，物之准也。'准即平也。"

右（yòu）

右，助也①。从口，从又。于救切。

【译文】右，帮助。由口、由又会意。

【注释】①助：《段注》："又者，手也。手不足，以口助之。故曰助也。今人以左右为ナ又字，则又制佐佑为左右字。"

啻（chì）

啻，语（时）[词]①，不啻也。从口，帝声。一曰：啻，諟也。读若鞮。施智切。

【译文】啻，（表示"仅、只"义的）词语，是"不啻"的啻字。从口，帝声。另一义说，啻即諟理的意思。音读像"鞮"字。

【注释】①语时：徐灏《段注笺》"时当作词，字之误也。"

吉（jí）

吉，善也。从士口①。居质切。

【译文】吉，吉祥美好。由士、由口会意。

【注释】①从士口：徐灏《段注笺》："从士口，所以异于野人之言也。"

周 (zhōu)

周，密也。从用口①。职留切。

【译文】周，周密，由用、口会意。

【注释】①从用口：《段注》："善用其口则密。"

唐 (táng)

唐，大言也①。从口，庚声②。徒郎切。

【译文】唐，大话。从口，庚声。

【注释】①大言：《庄子·天下》："荒唐之言。"即是大言。②庚声：庚古音读如冈，属阳部。与易声同部相近。

吐 (tǔ)

吐，写也。从口，土声。他鲁切。

【译文】吐，东西从口腔中涌出来。从口，吐声。

吃 (chī)

吃，言蹇难也①。从口，气声。居乙切。

【译文】吃，说话困难。从口，乞声。

【注释】①蹇：难。

啖 (dàn)

啖，噍啖也。从口，炎声。一曰噉①。徒敢切。

【译文】啖，咀嚼。从口，炎声。一说是"噉"字。

【注释】①噉：《说文》无此字，《玉篇》以啖为噉之重文。

嗜 (shì)

嗜，嗜欲，喜之也。从口，耆声①。常利切。

【译文】嗜，嗜欲，喜爱它。从口，耆声。

【注释】①耆声：《段注》："经传多假耆为嗜。"

哽 (gěng)

哽，语为舌所介也。从口，更声。读若井级绠①。古杏切。

【译文】哽，话语被舌头所阻塞。从口，更声。音读像井里的汲绠之绠。

【注释】①级绠：当依《系传》作汲硬。

哇 (wā)

哇，谄声也①。从口，圭声。读若医。于佳切。

【译文】哇，放荡的乐音。从口，圭声。音读像"医"字。

【注释】①谄声：徐锴曰："古人言淫哇之声也。"淫哇：同义连用。

嗑 (gé)

嗑，多言也。从口，盍声。读若甲。候榼切①。

【译文】嗑，多话。从口，盍声。音读像"甲"字。

【注释】①拼音依《广韵》古盍切。

呶 (náo)

呶，讙声也。从口，奴声。《诗》曰："载号载呶①。"女交切。

【译文】呶，喧哗之声。从口，奴声。《诗经》说：有的呼喊，有的喧闹。

【注释】①《诗》：指《诗经·小雅·宾之初筵》。载：助词。

叱 (chì)

叱，诃也①。从口，七声。昌栗切。

【译文】叱，大声呵斥。从口，七声。

【注释】①诃：《仓颉篇》："大诃曰叱。"

噴 (pēn)

噴，吒①。从口，賁声。一曰：鼓鼻。普魂切。

【译文】噴，呵斥。从口，賁声。另一义说，噴就是喷嚏。

【注释】①吒：徐灏《段注笺》："今俗语犹谓吒人曰噴。又，鼓鼻谓之喷嚏。"按：喷嚏时鼻翼鼓动出气，所以叫鼓鼻。

吒 (zhà)

吒，噴也；叱怒也。从口，乇声。陟驾切。

【译文】吒，呵斥，斥责发怒。从口，乇声。

唇 (zhēn)

唇，惊也①。从口，辰声。侧邻切。

【译文】唇，震惊。从口，辰声。

【注释】①惊：《段注》："后人以震字为之。"徐灏笺："俗用为唇舌字。"

吁 (xū)

吁，惊也①。从口，于声。况于切。

【译文】吁，（表示）惊叹（的虚词）。从口，于声。

【注释】①惊：徐灏《段注笺》："吁，惊叹之词。"

嗷 (áo)

嗷，众口愁也。从口，敖声。《诗》曰①："哀鸣嗷嗷。"五牢切。

【译文】嗷，众口愁叹的声音。从口，敖声。《诗经》说："（鸿雁飞来飞去啊，）发出嗷嗷的哀鸣之声。"

【注释】①《诗》：指《诗经·小雅·鸿雁》。

呻 (shēn)

呻，吟也①。从口，申声。失人切。

【译文】呻，吟诵。从口，申声。

【注释】①吟：《礼记·学记》"呻其占毕"注："呻，吟也。"《段注》："呻者，吟之舒；吟者，呻之急。浑言则不别也。"

吟 (yín)

吟①，呻也②。从口，今声。鱼音切。

【译文】吟，咏叹。从口，今声。

【注释】①吟：声调抑扬的吟咏。《史记·屈原贾生列传》："屈原至于江滨，被发行吟泽畔。"②呻也：《艺文类聚》《御览》引作"叹也"。

喝 (ài)

喝，澌也①。从口，曷声。于介切。

【译文】喝，气竭声嘶。从口，曷声。

【注释】①澌：当依《系传》作"渴"。

哨 (jiào)

哨，不容也①。从口，肖声。才肖切。

【译文】哨，指（口小而）不能容纳。从口，肖声。

【注释】①不容:《韵会》引徐锴《系传》作"口不容也"。

吝 (lìn)

吝①,恨、惜也②。从口,文声。《易》曰③:"以往吝。"良刃切。

【译文】吝,悔恨,吝惜。从口,文声。《易经》说:如果径直走过去(而不舍弃),就会导致悔恨。

【注释】①吝:吝啬、悭吝。《论语·泰伯》:"如有周公之才之美,使骄且吝,其余不足观也已。"②恨、惜也:丁福保《诂林》:"据《音义》则知古本有二义,即'恨也惜也'。"③《易》曰以往吝:见《蒙卦》。《周易本义》说:"若遂往而不舍,则致羞吝矣。"

各 (gè)

各,异辞①。从口夂,夂者②,有行而止之③,不相听也。古洛切。

【译文】各,表示不同个体的词。由口字、夂字会意。夂的意思是表示有人使之行走而又有人使之停下来,彼此间不相听从。

【注释】①异辞:《广韵》到作"词"。②夂:从后至也。像人两腔后有致之者。③行而止之:王筠《句读》:"各则此行而彼止之,是不相听从之意也。"

唁 (yàn)

唁,吊生也。从口,言声。《诗》曰①:"归唁卫侯。"鱼变切。

【译文】唁,慰问(遭遇丧事的)生者。从口,言声。《诗经》说:"回去慰问(亡国的)卫侯。"

【注释】①《诗》:指《诗经·鄘风·载驰》。毛传:"吊失国曰唁。"

哀 (āi)

哀,闵也。从口,衣声。乌开切。

【译文】哀,怜悯。从口,衣声。

舌 (kuò)

舌,塞口也①。从口,氒省声②。古活切。

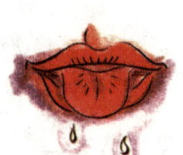

【译文】舌,把口塞住。从口,氒省声。

【注释】①塞口:《周易·坤卦》:"括(填塞,结束)囊(指袋口)无咎。"②氒:王筠《句读》:"氒当是古文厥字。"

嗾 (sǒu)

嗾,使犬声。从口,族声。《春秋传》曰①:"公嗾夫獒。"稣奏切。

【译文】嗾,使唤狗的声音。从口,族声。"《春秋左传》说:"晋侯嗾使那大狗(去咬提弥明)。

【注释】①《春秋传》:指《左传·宣公二年》。

吠 (fèi)

吠①,犬鸣也。从犬口。符废切。

【译文】吠,狗叫。由犬、口会意。

【注释】①吠:狗叫。《诗经·召南·野有死麇》:"无使龙也吠。"

嗥 (háo)

嗥，咆也。从口，皋声。乎刀切。

【译文】嗥，吼叫。从口，皋声。

喈 (jiē)

喈，鸟鸣声①。从口，皆声。一曰：凤皇鸣声喈喈。古谐切。

【译文】喈，鸟鸣声。从口，皆声。一说，喈是凤凰鸟叫声喈喈的声音。

【注释】①鸟鸣声：徐锴《系传》："声众且和也。"

咆 (páo)

咆，嗥也①。从口，包声。薄交切。

【译文】咆，嗥叫。从口，包声。

【注释】①嗥：沈涛《古本考》："咆嗥为熊虎之声。而人之大怒亦谓之咆。今人犹言大怒曰咆嗥。"

哮 (xiāo)

哮，豕惊声也。从口，孝声。许交切。

【译文】哮，猪惊叫的声音。从口，孝声。

啄 (zhuó)

啄，鸟食也。从口，豖声。竹角切。

【译文】啄，鸟（用嘴）取食。从口，豖声。

唬 (xià)

唬，嗁也①。一曰：虎声②。从口，从虎。读若暠。呼讶。

【译文】唬，（禽兽）啼号声。另一义说，唬像老虎（发怒）之声。由口、由虎会意。音读像"暠"字。

【注释】①嗁声：即啼声。②虎声：王筠《句读》："《玉篇》《广韵》皆曰：'虎声也。'元应引作：'虎怒声也。'"

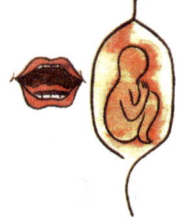

呦 (yōu)

呦①，鹿鸣声也。从口，幼声。伊虬切。

【译文】呦，鹿鸣叫之声。从口，幼声。

【注释】①鹿叫声。《诗经·小雅·鹿鸣》："呦呦鹿鸣，食野之苹。"

凵部

凵 (kǎn)

凵，张口也。象形。凡凵之属皆从凵。口犯切。

【译文】凵，张开着口。象形。大凡凵的部属都从凵。

吅部

吅 (xuān)

吅，惊呼也。从二口。凡吅之属皆从吅。读若讙。况袁切。

【译文】吅，惊呼喧哗。由两"口"字会意。大凡吅的部属都从吅。音读像"讙"字。

哭部

哭 (kū)

哭，哀声也①。从吅②，獄省声。凡哭之属皆从哭。苦屋切。

【译文】哭，悲哀的声音。从吅，獄省猵为声。大凡哭的部属都从哭。

【注释】①哀声：泣，无声出涕曰泣。哭、泣，析言有别。②从吅句：徐锴《系传》："哭声繁乱，故从二口。"徐承庆《段注匡谬》："取獄省声者，系于圜土，情主于哀。"此本许说，獄字声中兼义。

喪 (sāng)

喪，亡也①。从哭、从亾会意。亾亦声。息郎切。

【译文】喪，失去、丧失。由哭、亡字会意，亡也表声。

【注释】①亡：《段注》："亡部曰：'亡，逃也。'亡非死之谓。""凡丧失字本皆平声，俗读去声以别于死丧平声，非古也。"朱骏声《通训定声》："《白虎通》：'人死谓之丧何，言其丧亡不可复得见也。不直言死，称丧者何，为孝子之心不忍言也。'"

走部

走 (zǒu)

走，趋也①。从夭止。夭止者屈也②。凡走之属皆从走。子苟切。

【译文】走，跑。由夭、止二字会意。夭止的意思是（因为跑得快，）腿脚弯曲。大凡走的部属都从走。

【注释】①趋：《段注》："《释名》曰：'徐行曰步，疾行曰趋，疾趋曰走。'此析言之，浑言不别也。"②从夭止：饶炯《部首订》："古文以止为足。夭下说'屈也'。凡人举步则足屈。走者行之疾，其足愈屈，故从夭止会意。"

趁 (chèn)

趁，趑也①。从走，㐱声。读若尘。丑刃切。

【译文】趁，趑趑。从走，㐱声。音读像"尘"字。

【注释】①趑：王筠《释例》："趁趑双声，乃形容之词，不当割裂。"桂馥《义证》引《集韵》："趁趑，行不进貌。"

辿 (cǐ)

辿，浅渡也。从走，此声。雌氏切。

【译文】辿，从浅水中渡过。从走，此声。

赺 (yǔ)

赺，安行也。从走，与声。余吕切①。

【译文】赺，安稳地行走。从走，与声。

【注释】①今读依《广韵》以诸切。

起 (qǐ)

起，能立也①。从走，巳声②。墟里切。

【译文】起，指能（举足）站立。从走，己声。

【注释】①能立：《段注》："起本发步之称，引伸之，训为立，又引伸之凡始事、凡兴作之称。"张舜徽《约注》:"古人席地跪坐,举足而立。"按:举足起立乃是《段注》所说的"发步"之始。②巳声:《玉篇》:"巳,起也。"声中有义。

趙 (zhào)

趙,(趚)[赹]赵也①。从走,肖声。治小切。

【译文】趙,赹赵。从走,肖声。

【注释】①赹赵,赹当是赹字之误。"赹赵"即"踟蹰"。

赼 (zī)

赼,赼赼,行不进也。从走,次声。取私切。

【译文】赼,赼赼,行走不得前进。从走,次声。

趄 (qū)

趄,赼趄也①。从走,且声。七余切。

【译文】趄,赼趄。从走,且声。

【注释】①赼趄:朱骏声《通训定声》:"此二字后出。赼趄者双声连语。《易·夬》:'其行次且。'只作次且字。"

赶 (qián)

赶,举尾走也①。从走,干声。巨言切。

【译文】赶,(兽畜)翘着尾巴奔跑。从走,干声。

【注释】①举尾走:朱骏声《通训定声》:"谓兽畜急走。字亦作趣。"

止部

止 (zhǐ)

止,下基也。象艸木出有址①,故以止为足②。凡止之属皆从止。诸市切。

【译文】止,地下的基础。像草木长出根干基址,因此用止字来表示足。大凡止的部属都从止。

【注释】①象艸木句:徐锴《系传》:"艸木初生根干也。"②故以止句:王筠《句读》:"又言此者,部中字皆人之足,故以此统之。"

踵 (zhǒng)

踵,跟也①。从止,重声。之陇切。

【译文】踵,脚后跟。从止,重声。

【注释】①跟:《释名·释形体》:"足后曰跟。……又谓之踵。"

前 (qián)

前,不行而进谓之歬。从止在舟上①。昨先切。

【译文】歬,不行而进叫作歬。由"止"字在"舟"字之上会意。

【注释】①从止句:徐灏《段注笺》:"人不行而能进者,唯居于舟为然。故从舟。止者,人所止也。"

歷 (lì)

歷,过也。从止,厤声。郎击切。

【译文】歷,经过。从止,厤声。

歸 (guī)

歸,女嫁也①。从止②,从婦省,自声。举韦切。

【译文】歸,女子出嫁。由止、由婦字省去女会意,自声。

【注释】① 女嫁：桂馥《义证》："《公羊传·隐公二年》：'妇人谓嫁曰归。'何云：'妇人生以父母为家，嫁以夫为家，故谓嫁曰归。'"② 从止：徐锴《系传》："止者，止于此也。"

𣥂 (tà)

𣥂①，蹈也。从反止。读若挞。他达切。

【译文】𣥂，踏行。由止字反过来表示。音读像"挞"字。

【注释】① 𣥂：徐灏《段注笺》："止之引申为不行，反而为𣥂，则为蹈而行也。"

癶部

癶 (bō)

癶，足剌癶也①。从止少。凡癶之属皆从癶。读若拨。北末切。

【译文】癶，两足剌癶不顺。由止字、少字相背而会意。大凡癶的部属都从癶。音读像"拨"字。

【注释】① 剌癶：叠韵连绵字。徐锴《系传》："两足相背不顺，故剌癶也。"

癹 (bá)

癹，以足蹋夷艸①。从癶，从殳。《春秋传》曰②："癹夷蕴崇之。"普活切。

【译文】癹，用脚踏除草。由癶、由殳会意。《春秋左传》说：用脚踏除草后，再把它们堆积起来。

【注释】① 夷：《周礼·稻人》杜注："夷，杀也。"②《春秋传》：指《左传·隐公六年》。"癹"今作"芟"。"蕴"今作"蕰"。癹夷，同义连用。蕰崇：积聚。

登 (dēng)

登，上车也。从癶豆①。象登车形。都滕切。

【译文】登，登上车。由"癶"字在"豆"字之上会意，（表示两只脚站立在登车时用来垫脚的石头上，）像登车之形。

【注释】① 豆：登车的乘石。

正部

正 (zhèng)

正①，是也。从止，一以止。凡正之属皆从正。之盛切。

【译文】正，正直无偏斜。从止，（"一"是古文的上字，表示在上位的人，）用"一"放在"止"上，（会合上位者止于正道之意。）大凡正的部属都从正。

【注释】① 正：孔广居《疑疑》："古文正注云：从上止。盖言为人者宜止于正也。"

乏 (fá)

乏，《春秋传》曰①："反正为乏。"房法切。

【译文】乏，《春秋左传》说：把正字反过来就成了乏字。

【注释】①《春秋传》：指《左传·宣公十五年》。《段注》："此说字形而义在其中矣。不正则为匮乏，二字相乡背也。"徐灏笺："乏盖本谓凡不正之偁,后乃专以贫乏为义。"

是部

是（shì）

是,直也。从日正①。凡是之属皆从是。承旨切。

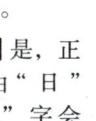

【译文】是,正直。由"日"字"正"字会意。大凡是的部属都从是。

【注释】①从日正:《段注》："以日为正（标准）则曰是。从日正会意。天下之物莫正于日也。"

韙（wěi）

韙,是也。从是,韋声。《春秋传》曰①："犯五不韙。"于鬼切。

【译文】韙,是。从是,韋声。《春秋左传》说："犯了五种不是。"

【注释】①《春秋传》:指《左传·隐公十一年》。不韙:不是,不对。

尟（xiǎn）

尟,是少也①。尟俱存也②。从是少。贾侍中说。酥典切。

【译文】尟,正直者很少。"是少"的义训并存于"尟"的字形之中。是少二字会意。这是贾侍中的说法。

【注释】①是少:徐错《系传》："是亦正也。正者少则尟也。"尟,今借鱼名之鲜,又作尠。②尟俱存:《段注》作:"是少,俱存也。"张舜徽《约注》:"意谓是少之训,俱存于尟篆字形之中。"

辵部

辵（chuò）

辵,乍行乍止也①。从彳,从止。凡辵之属皆从辵。读若《春秋公羊传》曰"辵阶而走"②。丑略切。

【译文】辵,忽行忽止。由彳、由止会意。大凡辵的部属都从辵。音读像《春秋公羊传》所说的"辵阶而走"的"辵"字。

【注释】①乍行乍止:忽行忽止。彳与行同意,所以解为乍行乍止。此依形为训。②读若句:《春秋公羊传》指《公羊传·宣公二年》。"是"今作"躇"。何休注:"犹超遽不暇以次。""辵阶而走"是说超越阶级而奔走。

迹（jì）

迹①,步处也。从辵,亦声。资昔切。

【译文】迹,指行步之处。从辵,亦声。

【注释】①迹:脚印。《庄子·天运》："夫迹,履之所出,而迹岂履哉?"

巡（xún）

巡,延行皃①。从辵,川声。详遵切。

【译文】巡,长行的样子。从辵,川声。

【注释】①延行皃:延行,长行。段注本依据《玉篇》《广韵》订作"视行也"。视行谓省视而行。存参。

逝（shì）

逝,往也①。从辵,折声。读若誓。时制切。

【译文】逝，过往。从辵，折声。音读像"誓"字。

【注释】①往：《方言》："逝、徂、适，往也。逝，秦晋语也。徂，齐语也。适，宋鲁语也。"

遵（zūn）

遵，循也。从辵，尊声。将伦切。

【译文】遵，遵循。从辵，尊声。

述（shù）

述，循也①。从辵，术声。食聿切。

【译文】述，遵循、遵守。从辵，术声。

【注释】①循：朱骏声《通训定声》："由故道为述，故凡循其旧而申明之亦曰述，经传多以遹为之。"

過（guò）

過，度也①。从辵，咼声。古禾切。

【译文】過，经过。从辵，咼声。

【注释】①度：吴善述《广义校订》："过，本经过之过，故从辵，许训度也。度者过去之谓，故过水曰渡，字亦作度。经典言'过我门''过其门'者，乃过之本义。"

進（jìn）

進①，登也。从辵，闑省声。即刃切。

【译文】進，前进登升。从辵，闑省门为声。

【注释】①進：向前或向上移动。

《诗经·大雅·桑柔》："人亦有言，进退维谷。"

造（zào）

造，就也。从辵，告声。谭长说，造，上士也。七到切。

【译文】造，成就。从辵，告声。谭长说，造是上士。

逾（yú）

逾，𨒋近也。从辵，俞声。《周书》曰："无敢昏逾。"羊朱切。

【译文】逾，超越前进。从辵，俞声。《周书》说："不敢昏乱地越过。"

迪（dí）

迪，道也①。从辵，由声。徒历切。

【译文】迪，引导。从辵，由声。

【注释】①道：《段注》："道兼道路、引导二训。"按此谓引导。

遻（è）

遻，相遇惊也。从辵，从𦍋，𦍋亦声。五各切。

【译文】遻，相遇而惊愕。由辵、由𦍋会意，𦍋也表声。

遞（dì）

遞，更易也。从辵，虒声。特计切。

【译文】遞，更易迭代。从辵，虒声。

通（tōng）

通，达也。从辵，甬声。他红切。

【译文】通，到达，通达。从辵，甬声。

迻（xǐ）

迻，迻也。从辵，止声。斯氏切。

【译文】迻，迁移。从辵，止声。

遷（qiān）

遷①，登也。从辵，𠨒声。七然切。

【译文】遷，向上登移。从辵，𠨒声。

【注释】①遷：向上移动。《诗经·小雅·伐木》："出自幽谷，迁于乔木。"

迻（yí）

迻，迁徙也。从辵，多声。弋支切。

【译文】迻，迁徙。从辵，多声。

運（yùn）

運，迻徙也。从辵，軍声。王问切。

【译文】運，移动、转徙。从辵，軍声。

遁（dùn）

遁，迁也。一曰：逃也。从辵，盾声。徒困切。

【译文】遁，迁移。另一义说：遁是逃遁的意思。从辵，盾声。

遜（xùn）

遜，遁也。从辵，孫声。苏困切。

【译文】遜，逃遁。从辵，孫声。

返（fǎn）

返，还也。从辵、从反，反亦声。《商书》曰："祖甲返。"扶版切。

【译文】返，还。由辵、由反会意，反也表声。《商书》说："祖甲返。"

還（huán）

還，复也。从辵，瞏声。户关切。

【译文】還，返。从辵，瞏声。

選（xuǎn）

選，遣也。从辵、巽。巽遣之；巽亦声。一曰：选，择也。思沇切。

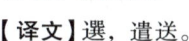

【译文】選，遣送。由辵、巽二字会意，表示恭顺地遣送的意思；巽也表声。另一义说，選是选择的意思。

送（sòng）

送，遣也。从辵，俀省。苏弄切。

【译文】送，遣送。由辵字、俀字省人会意。

遣（qiǎn）

遣，纵也。从辵，𠳋声。去衍切。

【译文】遣，释放。从辵，𠳋声。

邐（lǐ）

邐，行邐邐也。从辵，麗声。力纸切。

【译文】邐，行走萦纡曲折的样子。从辵，麗声。

遲（chí）

遲，徐行也。从辵，犀声。《诗》曰①："行道迟迟"直尼切。

【译文】遲，徐徐而行。从辵，犀

声。《诗经》说："行路缓慢。"

【注释】①《诗》：指《诗经·邶风·谷风》。

逮 (dài)

逮，唐逮，及也。从辵，隶声。徒耐切。

【译文】逮，唐逮，是及的意思。从辵，隶声。

连 (lián)

连，员连也①。从辵，从車。力延切。

【译文】连，员连。由辵、由車会意。

【注释】①员连：朱骏声曰"员连，叠韵连语。""陈编散落，古义无征，宜从盖阙。"《段注》作"负车"。"连即古文辇也。""负车者人挽车而行，车在后如负也。字从辵车会意也。人与车相属不绝，故引伸为连属字耳。"

逑 (qiú)

逑，敛聚也。从辵，求声。《虞书》曰①："旁逑孱功②。"又曰③："怨匹曰逑。"巨鸠切。

【译文】逑，收敛聚合。从辵，求声。《虞书》说："（共工）广泛地聚集，已具有成效。"又说："怨恋配偶叫作逑。"

【注释】①《虞书》：当作《唐书》。②旁逑孱功：今本作"方鸠僝（zhuàn，具备）功。"《史记》作"旁聚布功。可证逑有聚义。③又曰：《段注》："与'一曰'同。别一义也。"

退 (bài)

退，敗也①。从辵，貝声。《周书》

曰②："我兴受其退。"薄迈切。

【译文】退，败坏。从辵，貝声。《周书》说："（殷商如果现在有灾难，）我们起而受其祸败。"

【注释】①敗：通作坏。②《周书》：当是《商书》，引自《微子》篇，今本"退"作"败"。

逭 (huàn)

逭，逃也。从辵，官声。胡玩切。

【译文】逭，逃避。从辵，官声。

遯 (dùn)

遯，逃也。从辵，从豚。徒困切。

【译文】遯，逃遁。由辵、由豚会意。

逋 (bū)

逋①，亡也。从辵，甫声。博孤切。

【译文】逋，逃亡。从辵，甫声。

【注释】①逋：逃亡。《尚书·大诰》："予惟以尔庶邦，于伐殷逋播臣。"

遺 (yí)

遺，亡也。从辵，贵声。以追切。

【译文】遺，遗亡走失。从辵，贵声。

遂 (suì)

遂①，亡也。从辵，㒸声。徐醉切。

【译文】遂，逃亡。从辵，㒸声。

【注释】①遂：逃亡。引申为丧失。《墨子·法仪》："其贼人多，故天祸之，使遂失国家。"

逃（táo）

逃，亡也。从辵，兆声。徒刀切。

【译文】逃，逃亡。从辵，兆声。

追（zhuī）

追，逐也。从辵，𠂤声。陟佳切。

【译文】追，追赶。从辵，𠂤（duī）声。

逐（zhú）

逐，追也。从辵，从豚省。直六切。

【译文】逐，追逐。由辵、由豚省肉会意。

逎（qiú）

逎，迫也。从辵，酉声。字秋切。

【译文】逎，急迫。从辵，酉声。

近（jìn）

近，附也。从辵，斤声。渠遴切。

【译文】近，附近。从辵，斤声。

邋（liè）

邋，搚也。从辵，巤声。良涉切。

【译文】邋，折断。从辵，巤声。

迫（pò）

迫，近也。从辵，白声。博陌切。

【译文】迫，靠近。从辵，白声。

遏（è）

遏，微止也①。从辵，曷声。读若桑虫之蝎。乌割切。

【译文】遏，障蔽遮止。从辵，曷声。音读像桑中之虫的"蝎"字。

【注释】①微止：《国语·晋语》韦昭注：微，蔽也。微止，谓遮而止之。

迀（gān）

迀，进也。从辵，干声。读若干。古寒切。

【译文】迀，进取。从辵，干声。音读像"干"字。

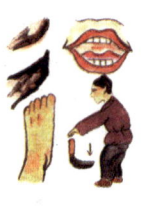

逞（chěng）

逞，通也。从辵，呈声。楚谓疾行为逞。《春秋传》曰①："何所不逞欲②。"丑郢切。

【译文】逞，通达。从辵，呈声。楚地叫快走作逞。《春秋左传》说："什么地方不能使（您的）欲望得到快慰呢？"

【注释】①《春秋传》：指《左传·昭公十四年》。②逞欲：杜预注："逞，快也。"

遼（liáo）

遼，远也。从辵，寮声。洛萧切。

【译文】遼，遥远。从辵，寮声。

遠（yuǎn）

遠，遼也。从辵，袁声。云阮切。

【译文】遠，遥远。从辵，袁声。

逖（tì）

逖，远也。从辵，狄声。他历切。

【译文】逖，远。从辵，狄声。

迥（jiǒng）

迥，远也。从辵，冋声。户颖切。

【译文】迥，远。从辵，冋声。

逴 (chuò)

逴，远也。从辵，卓声。一曰：蹇也。读若棹苕之棹。敕角切。

【译文】逴，远。从辵，卓声。另一义说：逴是跛的意思。音读像棹苕的"棹"字。

迂 (yū)

迂，避也。从辵，于声。忆俱切。

【译文】迂，迂曲回避。从辵，于声。

道 (dào)

道，所行道也。从辵，从首。一达谓之道。徒皓切。

【译文】道，人们行走的道路。由辵、由首会意。完全通达无歧叫作道。

遽 (jù)

遽，传也。一曰：窘也①。从辵，豦声。其倨切。

【译文】遽，驿车驿马。另一义说：遽是窘迫急疾的意思。从辵，豦声。

【注释】①窘：驿车驿马是传递消息或传送公文的工具。消息或公文的递送，当然十分紧急。所以窘急是遽传的引申义。

彳部

徼 (jiāo)

徼，循也①。从彳，敫声。古尧切。

【译文】徼，巡察。从彳，敫声。

【注释】①循：通作巡。《后汉书·董卓传》注引循作巡。作循者，假借字。

循 (xún)

循，行顺也。从彳，盾声。详遵切。

【译文】循，顺着次序行走。从彳，盾声。

微 (wēi)

微，隐行也。从彳，散声。《春秋传》曰："白公其徒微之。"无非切。

【译文】微，隐蔽出行。从彳，散声。《春秋左传》说："白公的徒众把他的尸体隐匿在山上。"

徐 (xú)

徐，安行也。从彳，余声。似鱼切。

【译文】徐，安舒地行走。从彳，余声。

傍 (bàng)

傍，附行也。从彳，旁声。蒲浪切。

【译文】傍，附在车旁行走。从彳，旁声。

待 (dài)

待①，竢也②。从彳，寺声。徒在切。

【译文】待，等候。从彳，寺声。

【注释】①待：等候，等待。《周易·系辞下》："君子藏器于身，待时而动。"②竢(sì)：本书立部："竢，待也。"《段注》："今人易其语曰'等'。"

徧（biàn）

徧，匝也。从彳，扁声。比荐切。

【译文】徧，周匝普遍而行。从彳，扁声。

徦（jiǎ）

徦，至也。从彳，叚声。古雅切。

【译文】徦，至。从彳，叚声。

很（hěn）

很，不听从也。一曰：行难也。一曰：盭也①。从彳，㫐声。胡恳切。

【译文】很，不听从。另一义说：是行走艰难的意思。又另一义说：是违逆乖戾的意思。从彳，㫐声。

【注释】①盭：徐锴《系传》："戾也。"

徸（zhǒng）

徸，相迹也。从彳，重声。之陇切。

【译文】徸，前后足迹相继。从彳，重声。

得（dé）

得①，行有所得也。从彳，㝵声。多则切。

【译文】得，行走而有所得。从彳，㝵声。

【注释】①得：获得。《孟子·公孙丑下》："得道者多助，失道者寡助。"

徛（qī）

徛，举胫有渡也。从彳，奇声。去奇切。

【译文】徛，举脚渡河。从彳，奇声。

徇（xùn）

徇，行示也。从彳，匀声。《司马法》："斩以徇。"词闰切。

【译文】徇，巡行示众。从彳，匀声。《司马法》说："斩首而巡行示众。"

律（lù）

律，均布也。从彳，聿声。吕戌切。

【译文】律，普遍施行的规律。从彳，聿声。

御（yù）

御，使马也。从彳，从卸①。牛据切。

【译文】御，驱使（车）马。由彳、由卸会意。

【注释】①从彳，从卸：徐锴《段注》："卸，解车马也。彳，行也。或行或卸，皆御马者之职也。"

亍（chù）

亍，步止也。从反彳，读若畜。丑玉切。

【译文】亍，行步停止。由彳字反过来表意。音读像"畜"字。

廴部

廴（yǐn）

廴，长行也。从彳引之。凡廴之属皆从廴。余忍切。

【译文】廴，长远地行走。由彳字引长末笔构成。大凡廴的部属都从廴。

廷 (tíng)

廷，朝中也。从廴，壬声。特丁切。

【译文】廷，朝廷。从廴，壬声。

延 (zhēng)

延，行也。从廴，正声。诸盈切。

【译文】延，行走。从廴，正声。

建 (jiàn)

建，立朝律也。从聿，从廴。居万切。

【译文】建，建立朝廷法律。由聿、由廴会意。

行部

行 (xíng)

行，人之步趋也①。从彳，从亍。凡行之属皆从行。户庚切。

【译文】行，人的各式行走。由彳、由亍会意。大凡行的部属都从行。

【注释】①步趋：《段注》："步，行也。趋，走也。二者一徐一疾，皆谓之行，统言之也。"

街 (jiē)

街①，四通道也。从行，圭声。古膎切。

【译文】街，四通八达的路。从行，圭声。

【注释】①街：引申为通道。《素问·水热穴论》："此肾之街也。"

衢 (qú)

衢，四达谓之衢。从行，瞿声。其俱切。

【译文】衢，四出通达的路叫作衢。从行，瞿声。

衙 (yú)

衙，[衙衙]行皃①。从行，吾声。鱼举切。又音牙。

【译文】衙，衙衙，（列队）行进的样子。从行，吾声。

【注释】①行皃：当依《广韵》九鱼引作"衙衙行皃"。

衎 (kǎn)

衎，行喜皃。从行，干声。空旱切。

【译文】衎，行走喜悦的样子。从行，干声。

齿部

齿 (chǐ)

齿，口齘骨也①。象口齿之形，止声。凡齿之属皆从齿。昌里切。

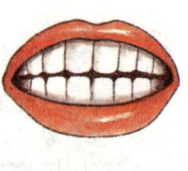

【译文】齿，口中的牙齿。像口中齿的形状，止声。大凡齿的部属都从齿。

【注释】①口齘骨：桂馥《义证》："言齘所生崩也。"指牙"齿"。

龂 (yín)

龂，齿本也。从齿，斤声。语斤切。

【译文】龂，牙齿的根本。从齿，斤声。

齓 (chèn)

齓，毁齿也①。男八月生齿，八岁而齓。女七月生齿，七岁而齓。从齿，从七［匕］。初堇切。

【译文】齓，缺齿。男孩八月生乳齿，八岁就缺落乳齿。女孩七月生乳齿，七岁就缺落乳齿。从齿，从匕。

【注释】①毁齿：毁，缺也。是指缺落乳齿，换长恒齿。

齜 (chái)

齜，齿相断也。一曰：开口见齿之皃①。从齿，柴省声。读若柴。仕街切。

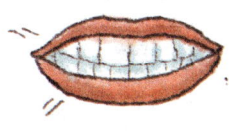

【译文】齜，牙齿互相摩切。另一义说：开口现齿的样子。从齿。柴省木为声。音读像"柴"字。

【注释】①开口见齿之皃：此义今读 zī。

齵 (óu)

齵，齿不正也。从齿，禺声。五娄切。

【译文】齵，牙齿参差不齐的样子。从齿，禺声。

齦 (kěn)

齦①，啮也。从齿，艮声。康很切。

【译文】齦，啃啮。从齿，艮声。

【注释】①齦：《六书故·人四》："齦，啮食骨间肉也。"今作"啃"。

齰 (xiá)

齰，（齿）［齿］坚声①。从齿，吉声。赫辖切。

【译文】齰，用牙齿咬啮坚硬食物的声音。从齿，吉声。

【注释】①齿：当依《玉篇》作"啮"。

齨 (jiù)

齨，老人齿如臼也。一曰：马八岁齿臼也。从齿，从臼，臼亦声。其久切。

【译文】齨，老人齿形如臼。另一义说：八岁马齿形如臼。由齿，由臼会意，臼也表声。

齬 (yǔ)

齬①，齿不相值也。从齿，吾声。鱼举切。

【译文】齬，牙齿不整齐相对。从齿，吾声。

【注释】①齬：《集韵·鱼韵》："齬，齿一前一却。"

齸 (yì)

齸，鹿麋粻。从齿，益声。伊昔切。

【译文】齸，麋鹿反刍嚼食。从齿，益声。

齻 (zhì)

齻，齿坚也。从齿，至声。陟栗切。

【译文】齻，咬嚼坚硬的东西。从齿，至声。

齛 (xiè)

齛，羊粻也①。从齿，世声。私列切。

【译文】齛，羊反刍嚼食。从齿，世声。

【注释】① 粻：《尔雅·释言》："粻，粮也。"此粻字用作动词，嚼食之意。"

齰 (huá)

齰，啮骨声。从齿，从骨，骨亦声。户八切。

【译文】齰，咬骨头的声音。由齿、由骨会意，骨也表声。

齛 (kuò)

齛，噍声。从齿，昏声。古活切。

【译文】齛，咀嚼声。从齿，昏声。

齳 (bó)

齳，噍坚也。从齿，博省声。补莫切。

【译文】齳，咀嚼坚硬的食物。从齿，博省十为声。

牙部

牙 (yá)

牙，（牡）[壮]齿也①。象上下相错之形。凡牙之属皆从牙。五加切。

【译文】牙，大齿。像上下齿相互交错的样子。大凡牙的部属都从牙。

【注释】① 牡：《段注》："壮各本讹作牡。"

㩼 (qǔ)

㩼，齿蠹也。从牙，禹声①。区禹切。

【译文】㩼，牙齿被蛀虫蛀坏。从牙，禹声。

【注释】① 禹声：桂馥《义证》："禹，虫也。故文从禹。"声中有义。

足部

足 (zú)

足，人之足也。在下①。从止口。凡足之属皆从足。即玉切。

【译文】足，人体下肢的总称。在人体的下部。由止口会意。大凡足的部属都从足。

【注释】① 在下：段注作"在体下"。

蹏 (tí)

蹏①，足也。从足，虒声。杜兮切。

【译文】蹏，兽畜的脚蹄。从足，虒声。

【注释】① 蹏，俗作蹄。

跟 (gēn)

跟，足踵也①。从足，艮声。古痕切。

【译文】跟，脚后跟。从足，艮声。

【注释】① 踵：《释名·释形体》："足后曰跟，在下方着地，一体任之，象木头也。又谓之踵。"

踝 (huái)

踝，足踝也。从足，果声。胡瓦切。

【译文】踝，脚的踝骨。从足，果声。

跖 (zhí)

跖，足下也。从足，石声。之石切。

【译文】跖，脚掌。从足，石声。

跂 (qī)

跂，一足也。从足，奇声。去奇切。

【译文】跂，一只脚。从足，奇声。

跪 (guì)

跪，拜也①。从足，危声。去委切。

【译文】跪，（两膝着地、准备）拜倒的一种姿势。从足，危声。

【注释】①拜：朱骏声《通训定声》："两膝拄地，所以拜也，不拜曰跪。"《正字通·足部》："朱子……箸《跪坐拜说》：两膝着地，以尻着踵而稍安者为坐，伸腰及股而势危者为跪；因跪而益致其恭以头着地为拜。"

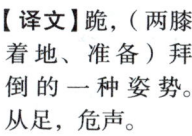

跽 (jì)

跽①，长跪也。从足，忌声。渠几切。

【译文】跽，上身伸直，双膝着地。从足，忌声。

【注释】①跽：《段注》："系（继）于拜曰跪，不系于拜曰跽。"朱骏声《通训定声》："长跽则两膝搢地而耸体。"

蹙 (cù)

蹙，行平易也。从足，叔声。《诗》曰："蹙蹙周道。"子六切。

【译文】蹙，行走平易。从足，叔声。《诗经》说："平坦的大道。"

躣 (qú)

躣，行皃。从足，瞿声。其俱切。

【译文】躣，行走的样子。从足，瞿声。

蹐 (jí)

蹐，长胫行也。从足，昔声。一曰：踧蹐。资昔切。

【译文】蹐，长胫行走。从足，昔声。另一义说：是踧蹐的意思。

踽 (qǔ)

踽，疏行皃。从足，禹声。《诗》曰："独行踽踽。"区主切。

【译文】踽，独行无亲的样子。从足，禹声。《诗经》说："独自行走，踽踽无亲。"

踰 (yú)

踰，越也。从足，俞声。羊朱切。

【译文】踰，越过。从足，俞声。

跋 (yuè)

跋，轻也。从足，戉声。王伐切。

【译文】跋，脚步轻轻。从足，戉声。

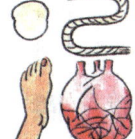

蹻 (jué)

蹻，举足行高也。从足，乔声。《诗》曰："小子蹻蹻。"居勺切。

【译文】蹻，举足行走在高空之中。从足，乔声。《诗经》说："小伙子们多么骄傲。"

踊 (yǒng)

踊①，跳也。从足，甬声。余陇切。

【译文】踊，跳跃。从足，甬声。

【注释】①踊：跳。《左传·哀公八年》："微虎欲宵攻王舍，私属徒

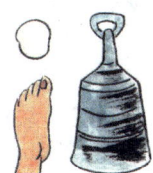

七百人三踊于幕庭,卒三百人,有若与焉。"

蹌(qiāng)

蹌,动也。从足,倉声。七羊切。

【译文】蹌,动。从足,倉声。

躍(yuè)

躍①,迅也。从足,翟声。以灼切。

【译文】躍,迅疾。从足,翟声。

【注释】① 躍:跳跃。《诗经·大雅·旱麓》:"鸢飞戾天,鱼跃于渊。"郑玄笺:"鱼跳跃于渊中,喻民喜得所。"《荀子·劝学》:"骐骥一跃,不能十步;驽马十驾,功在不舍。"

蹴(cù)

蹴①,蹑也。从足,就声。七宿切。

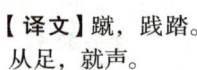

【译文】蹴,践踏。从足,就声。

【注释】① 蹴:踩,踏。《汉书·贾谊传》:"蹴其刍者有罚。"引申为踢。《汉书·枚乘传》:"蹴鞠刻镂。"

躡(niè)

躡,蹈也。从足,聶声。尼辄切。

【译文】躡,踩踏。从足,聶声。

跧(quán)

跧,蹴也。一曰:卑也,絭也①。从足,全声。庄缘切。

【译文】跧,踹踏。另一义说,低伏,蜷曲。从足,全声。

【注释】① 絭:《段注》:"絭当为拳曲之拳。"

跨(kuà)

跨①,渡也。从足,夸声。苦化切。

【译文】跨,越过。从足,夸声。

【注释】① 跨:《段注》:"谓大(拉大)其两股间(两腿的距离),以有所越也。"

跋(bá)

跋,蹎跋也①。从足,犮声。北末切。

【译文】跋,蹎跋。从足,犮声。

【注释】① 蹎跋:《段注》:"跋,经传多叚借沛字为之。《大雅》《论语》'颠沛'皆即'蹎跋'也。"

踖(jí)

踖,小步也。从足,昔声。《诗》曰:"不敢不踖。"资昔切。

【译文】踖,小步行走。从足,昔声。《诗经》说:"不敢不小步行走。"

跌(diē)

跌,踢也。从足,失声。一曰:越也。徒结切。

【译文】跌,跌踢。从足,失声。另一义说:跌是过度。

踞(jù)

踞,蹲也①。从足,居声。居御切。

【译文】踞,坐。从足,居声。

【注释】① 蹲:徐灏《段注笺》:"居字借为居处之意,因增足旁为踞蹲字。此盖汉时已然。许于'居'下著其本意,而此仍用当时通行之字。全书此类甚多。"

蹲 (dūn)

蹲，踞也。从足，尊声。徂尊切。

【译文】蹲，坐。从足，尊声。

踼 (táng)

踼，跌踼也。从足，易声。一曰：抢也。徒郎切。

【译文】踼，跌。从足，易声。另一义说：踼是抵拒。

跛 (bǒ)

跛，行不正也。从足，皮声。一曰：足排之。读若彼。布火切。

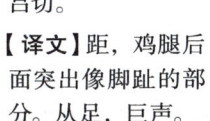

【译文】跛，行步偏跛不正。从足，皮声。另一义说，跛是"足排之"。音读像"彼"字。

蹇 (jiǎn)

蹇，跛也。从足，寒省声。九辇切。

【译文】蹇，跛。从足，寒省夊为声。

距 (jù)

距，鸡距也①。从足，巨声。其吕切。

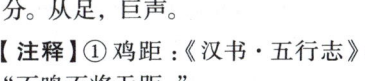

【译文】距，鸡腿后面突出像脚趾的部分。从足，巨声。

【注释】①鸡距：《汉书·五行志》："不鸣不将无距。"

趽 (péng)

趽，曲胫马也。从足，方声。读与彭同。薄庚切。

【译文】趽，曲胫马。从足。方声。音读与"彭"字同。

趹 (jué)

趹，马行皃。从足，决省声。古穴切。

【译文】趹，马疾奔的样子。从足，决省水为声。

跈 (yàn)

跈，兽足企也①。从足，开声。五甸切。

【译文】跈，兽脚前面着地。从足，开声。

【注释】①兽足企：王筠《句读》："兽足率前后皆着地。企则前面着地而已。"

路 (lù)

路，道也。从足，从各①。洛故切。

【译文】路，道路。从足，从各声。

【注释】①从各：徐锴《系传》作"各声"。

躪 (lìn)

躪，轹也。从足，粦声。良忍切。

【译文】躪，用足践踏。从足，粦声。

跂 (qí)

跂，足多指也。从足，支声。巨支切。

【译文】跂，多出的脚趾。从足，支声。

品部

品 (pǐn)

品，众庶也①。从三口②。凡品之属皆

从品。丕饮切。

【译文】品，众多。由三个口字会意。大凡品的部属都从品。

【注释】① 众庶：同义复合。② 从三口：《段注》："人三为众，故从三口会意。"

㗊（niè）

㗊，多言也。从品相连。《春秋传》曰①："次于岩北。"读与聂同。尼辄切。

【译文】㗊，多言。从三口相连。《春秋左传》说："驻军在岩北。"音读与"聂"字同。

【注释】①《春秋传》：指《左传·僖公元年》。今本作"聂北"。

龠部

龠（yuè）

龠，乐之竹管，三孔，以和众声也。从品龠；龠，理也。凡龠之属皆从龠。以灼切。

【译文】龠，乐器中编竹而成的管乐，多孔，是用来调谐众乐之声的主乐器。由品字、龠字会意。龠是（乐曲）有条理的意思。大凡龠的部属都从龠。

龢（hé）

龢，调也①。从龠，禾声。读与和同。户戈切。

【译文】龢，（音乐）和谐。从龠。禾声。音读与"和"字同。

【注释】① 调：沈涛《古本考》："《一切经音义》卷六引作'音乐和调也'。"

龤（xié）

龤，乐和龤也。从龠，皆声。《虞书》曰①："八音克龤。"户皆切。

【译文】龤，乐声和谐。从龠，皆声。《唐书》说："八种乐器的声音能够和谐。"

【注释】①《虞书》：指《唐书·尧典》。八音：指金、石、丝、竹、匏、土、革、木八种乐器。今本作"谐"。

册部

册（cè）

册，符命也①。诸侯进受于王也。象其札一长一短；中有二编之形。凡册之属皆从册。楚革切。

【译文】册，符信教命。诸侯进朝接受于王者的简策。像那简札一长一短的样子，中间表示有两道穿连竹简的绳子。大凡册的部属都从册。

【注释】① 符命：符信教命，写在简册之上。徐灏《段注笺》："凡简书皆谓之册，不独诸侯进受于王也。此举其大者而言。符、册亦二事也。"

嗣（sì）

嗣，诸侯嗣国也。从册①，从口，司声。祥吏切。

【译文】嗣，诸侯继承国君之位。由册、由口会意，司表声。

【注释】① 从册从口，徐锴《系传》："《尚书》祝册，谓册必于庙，史读其册也，故从口，此会意。"

扁（biǎn）

扁，署也。从户册。户册者，署门

户之文也。方沔切。

【译文】扁，题署。由户、册会意。户册会意的意思是：表示题署门户的文字。

㗊部

嚻（xiāo）

嚻，声也。气出头上。从㗊，从頁。頁，首也。许娇切。

【译文】嚻，（众口喧哗）之声。语气从头上冒出。由㗊、由頁会意。頁，表示头。

器（qì）

器，皿也①。象器之口，犬所以守之。去冀切。

【译文】器，器皿。像器皿的口，犬是用来守卫器皿的。

【注释】①皿：本谓食器，此谓器具。

舌部

舌（shé）

舌，在口，所以言也、别味也。从干，从口，干亦声。凡舌之属皆从舌。食列切。

【译文】舌，在口中，是用来说话的器官，是用来辨别滋味的器官。由干、由口会意，干也表声。大凡舌的部属都从舌。

舐（shì）

舐，以舌取食也。从舌，易声。神旨切。

【译文】舐，用舌头舔取食物。从舌，易声。

干部

干（gān）

干，犯也。从反入，从一。凡干之属皆从干。古寒切。

【译文】干，侵犯。由倒入字、由一字会意。大凡干的部属都从干。

只部

只（zhǐ）

只，语已词也。从口，象气下引之形状。凡只之属皆从只。诸氏切。

【译文】只，表示语气停顿的虚词。从口，（八）像气下行的形状。大凡只的部属都从只。

㕯部

矞（yù）

矞，以锥有所穿也。从矛，从㕯。一曰：满有所出也。余律切。

【译文】矞，用锥子凿穿物体。由矛、由㕯会意。另一义说：矞，盈满而有溢出的东西。

商（shāng）

商，从外知内也①。从㕯，章省声②。式阳切。

【译文】商，从外面估测里面的情况。从㕯，章省声。

【注释】①从外知内：王筠《句读》："谓由外以测其内也。"②章省声：是说小篆商的上部是小篆章的省略。

丩部

丩（jiū）

丩，相纠缭也。一曰：瓜瓠结丩起。象形。凡丩之属皆从丩。居虬切。

【译文】丩，相互纠缠。另一义说：丩是瓜瓠的滕，缘物缠结而升起。像纠合之形。大凡丩的部属都从丩。

糾（jiū）

糾，绳三合也。从糸丩。居黝切。

【译文】糾，绳多股绞合在一起。由糸、丩会意。

古部

古（gǔ）

古，故也。从十口，识前言者也。凡古之属皆从古。公户切。

【译文】古，久远的年代。由十、口会意，表示众口相传，记识前代的言语和故事。大凡古的部属都从古。

嘏（jiǎ）

嘏，大、远也。从古，叚声。古雅切。

【译文】嘏，大，远。从古，叚声。

十部

十（shí）

十，数之具也。一为东西，丨为南北，则四方中央备矣。凡十之属皆从十。是执切。

【译文】十，（十进制）数字完备的标志。一表示东西，丨表示南北，（一丨相交为十，）那么，东西南北和中央全都完备了。大凡十的部属都从十。

千（qiān）

千①，十百也。从十，从人。此先切。

【译文】千，十个百。由十、由人会意。

【注释】① 千：孔广居《疑疑》："从一，人声。十百千皆数之成，故皆从一。"

丈（zhàng）

丈，十尺也。从又持十。直两切。

【译文】丈，十尺。由手拿着"十"来表示。

博（bó）

博，大、通也①。从十，从尃。尃，布也。补各切。

【译文】博，广大；精通。由十、由尃会意。尃是分布的意思。

【注释】① 大、通也：《玉篇》："博，广也，通也。'"

廿（niàn）

廿，二十并也。古文，省。人汁切。

【译文】廿，两个十字合并而成。是孔壁中的古文，是一种省略形式。

卅部

卅（sà）

卅，三十并也。古文，省①。凡卅之属皆从卅。苏沓切。

【译文】卋，由三个十字合并而成。是孔壁古文，是三十的省略形式。大凡卋的部属都从卋。

世（shì）

世，三十年为一世。从卋而曳长之。亦取其声也①。舒制切。

【译文】世，三十年叫一世。由卋字延长它的末笔而成。（卋字延长末笔成乁(yí)字，）世也取乁表声。

【注释】①亦取其声：《段注》："世合卋、乁会意，亦取乁声为声，读如曳也。"徐灏笺："三十年为一世，世者父子相继之称。故从卅而引长之，会意。"

言部

言（yán）

言，直言曰言，论难曰语①。从口，辛声。凡言之属皆从言。语轩切。

【译文】言，直接讲说叫言。议论辩驳叫语。从口，辛声。大凡言的部属都从言。

【注释】①难：辩驳。

詩（shī）

詩，志也①。从言，寺声。书之切。

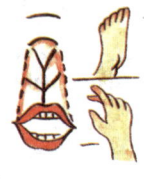

【译文】诗，用言语表达心志的一种文学体裁。从言，寺声。

【注释】①志：《毛诗序》："诗者，志之所之也。在心为志，发言为诗。"按此同声为训。

讖（chèn）

讖，验也。从言，韱声。楚荫切。

【译文】讖，有应验的言语。从言，韱声。

諷（fěng）

諷，诵也。从言，風声。芳奉切。

【译文】諷，背诵。从言，風声。

誦（sòng）

誦①，讽也。从言，甬声。似用切。

【译文】誦，朗诵。从言，甬声。

【注释】①誦：桂馥《义证》引阎若璩说："诵之者，抑扬高下其声，而后可以得其人之性情与其贞淫、邪正、忧乐之不同。"

讀（dú）

讀，诵书也。从言，賣声。徒谷切。

【译文】讀，朗诵而又思索。从言，賣声。

訓（xùn）

訓，说教也。从言，川声。许运切。

【译文】訓，解说式的教导。从言，川声。

誨（huì）

誨，晓教也。从言，每声。荒内切。

【译文】誨，明白地教导。从言，每声。

譔（zhuàn）

譔，专教也。从言，巽声。此缘切。

【译文】撰，专心教导。从言，巽声。

59

譬 (pì)

譬，谕也①。从言，辟声。匹至切。

【译文】譬，告谕。从言。辟声。

【注释】①谕：告。以谕训譬，统言之；析言之，则用别的事物来比方叫作譬。《墨子·小取》："辟(譬)也者，举他物而以明之也。"

谕 諭 (yù)

諭，告也。从言，俞声。羊戍切。

【译文】諭，告知。从言，俞声。

詖 詖 (bì)

詖，辩论也①。古文以为颇字。从言，皮声。彼义切。

【译文】詖，辩论。古文把它作为偏颇的"颇"字。从言，皮声。

【注释】①辩论：《段注》："此詖字正义。皮，剥取兽革也。柀，析也。凡从皮之字皆有分析之意。故詖为辩论也。"

諄 諄 (zhūn)

諄，告晓之孰也①。从言，享声。读若庉。章伦切。

【译文】諄，仔细周详地告明。从言，享声。音读像"庉"(dùn) 字。

【注释】①告晓之孰：即孰告晓。孰：仔细、周详。

信 信 (xìn)

信①，诚也。从人，从言，会意。

息晋切。

【译文】信，诚实。由人、由言会意。

【注释】①信：真实可信。《诗经·小雅·信南山》："信彼南山，维禹甸之。"

訦 訦 (chén)

訦，燕、代、东齐谓信谌①。从言，冘声。是吟切。

【译文】訦，燕、代、东齐叫信实不欺作谌。从言，冘声。

【注释】①燕代句：《方言》卷一："谌，信也。燕、代、东齐曰谌。"

誠 誠 (chéng)

誠，信也。从言，成声。氏征切。

【译文】誠，信实不欺。从言，成声。

誡 誡 (jiè)

誡，敕也。从言，戒声。古拜切。

【译文】誡，告诫。从言，戒声。

諱 諱 (huì)

諱，誋也①。从言，韋声。许贵切。

【译文】諱，避忌。从言，韋声。

【注释】①誋：王筠《句读》："誋当作忌。"忌，憎恶也。

詔 詔 (zhào)

詔，告也。从言，从召，召亦声。之绍切。

【译文】詔，告诉。由言、由召会意，召也表声。

誥 誥 (gào)

誥①，告也。从言，告声。古到切。

【译文】誥，告诉。从言，告声。

【注释】① 诰：告示。《尚书·酒诰》："文王诰教小子，有正有事，无彝酒。"

譣 (xiǎn)

譣，问也。从言，佥声。《周书》曰："勿以譣人。"息廉切。

【译文】譣，按问。从言，佥声。《周书》说："不要用贪利、奸佞的小人。"

誓 (shì)

誓，约束也①。从言，折声。时制切。

【译文】誓，约束的言词。从言，折声。

【注释】① 约束：《段注》："《周礼》五戒，一曰誓，用之于军旅。"

诂 (gǔ)

诂，训故言也。从言，古声。《诗》曰诂训。公户切。

【译文】诂，解释古代的语言。从言，古声。毛《诗》说解叫诂训。

藹 (ǎi)

藹，臣尽力之美。从言，葛声。《诗》曰："藹藹王多吉士。"于害切。

【译文】藹，形容臣子竭忠尽力的美好。从言，葛声。《诗经》说："尽力得好啊。周王的众多贤士！"

謯 (cù)

謯，餔旋促也①。从言。束声。桑谷切。

【译文】謯，将食之时速促人来食。从言，束声。

【注释】① 餔旋促：餔，泛言饮食。旋，疾速之意。促，催督也。

諝 (xǔ)

諝，知也。从言，胥声。私吕切。

【译文】諝，才智。从言，胥声。

証 (zhèng)

証，谏也。从言，正声①。之盛切。

【译文】証，直言劝谏。从言，正声。

【注释】① 正声：徐灏《段注笺》："证者正也。"声中有义。

谏 (jiàn)

谏，証也①。从言，柬声。古晏切。

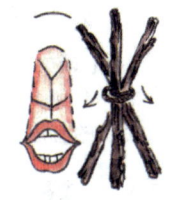

【译文】谏，直言劝谏。从言，柬声。

【注释】① 証也：丁福保《诂林》："《慧琳音义》六卷十六页谏注引《说文》'正也'……考《周礼·司谏》郑注：'谏，正也。以道正人行。'……是谏训正，古义甚明。"

諴 (xián)

諴，和也。从言，咸声。《周书》曰①："不能諴于小民。"胡毚切。

【译文】諴，和协。从言，咸声。《周书》说："很能和谐老百姓。"

【注释】①《周书》：指《召诰》。"不"今本作"丕"。《孔传》丕训大。

试 (shì)

试，用也。从言，式声。《虞书》

曰："明试以功。"式吏切。

【译文】试，使用。从言，式声。《虞书》说："明确地用办事来试用他们。"

詮 （quán）

詮，具也。从言，全声。此缘切。

【译文】詮，周详地解说。从言，全声。

訢 （xīn）

訢，喜也。从言，斤声。许斤切。

【译文】訢，喜悦。从言，斤声。

說 （shuō）

說，说释也。从言、兌。一曰：谈说。失爇切。又，弋雪切。

【译文】說(yuè)，喜悦。由言、兌会意。另一义说：说(shuō)是谈说的意思。

計 （jì）

計，会也，筭也。从言，从十。古诣切。

【译文】計，总计，计算。由言、由十会意。

諧 （xié）

諧，詥也。从言，皆声。户皆切。

【译文】諧，和谐。从言，皆声。

詥 （hé）

詥，谐也。从言，合声。候合切。

【译文】詥，和谐。从言，合声。

調 （tiáo）

調，和也。从言，周声。徒辽切。

【译文】調，和合。从言，周声。

警 （jǐng）

警，戒也。从言，从敬，敬亦声。居影切。

【译文】警，告诫。由言、由敬会意，敬也表声。

謐 （mì）

謐，静语也①。从言，鉴声。一曰：无声也。弥必切。

【译文】謐，平静之语。从言，鉴声。另一义说：谧是没有声音。

【注释】① 静语：平静之言，与诤言相对。

誼 （yì）

誼，人所宜也。从言，从宜，宜亦声。仪寄切。

【译文】誼，人们认为合宜的事物。由言、由宜会意，宜也表声。

謙 （qiān）

謙，敬也。从言，兼声。苦兼切。

【译文】謙，恭敬别人。从言，兼声。

詡 （xǔ）

詡，大言也。从言，羽声。况羽切。

【译文】詡，大话。从言，羽声。

設 （shè）

設，施陈也。从言，从殳。殳，使人也。识列切。

【译文】設，布列陈设。由言、由殳会意。殳是用来指使人的东西。

護 (hù)

護，救、視也。从言，蒦声。胡故切。

【译文】護，救护，监视。从言，蒦声。

託 (tuō)

託，寄也。从言，乇声。他各切。

【译文】託，寄托。从言，乇声。

記 (jì)

記，疏也。从言，己声。居吏切。

【译文】記，记载。从言，己声。

譽 (yù)

譽，称也。从言，與声。羊茹切。

【译文】譽，称赞。从言，與声。

譒 (bò)

譒，敷也。从言，番声。《商书》曰："王譒告之。"补过切。

【译文】譒，布告。从言，番声。《商书》说："先王布告政令。"

謝 (xiè)

謝①，辞、去也。从言，躲声。辞夜切。

【译文】謝，辞去，离开。从言，躲声。

【注释】①謝：《玉篇》云："謝，辤也，去也。"《段注》："辞不受也。……引申为凡去之你。又为衰退之称。"

謳 (ōu)

謳，齐歌也①。从言，區声。乌侯切。

【译文】謳，齐声歌唱。从言，區声。

【注释】①齐歌：徐锴《系传》："齐，众也。"《汉书·高帝纪上》颜师古注："讴，齐歌也，谓齐声而歌。"

諍 (zhèng)

諍，止也①。从言，争声②。侧进切。

【译文】諍，以争辩止其过失。从言，争声。

【注释】①止：徐锴《系传》："谓能止其失也。"②争声：声中有义。

詠 (yǒng)

詠，歌也。从言，永声①。为命切。

【译文】詠，长声歌吟。从言，永声。

【注释】①永声：声中有义。永，长也。

訖 (qì)

訖，止也①。从言，气声。居迄切。

【译文】訖，言辞终止。从言，气声。

【注释】①止：引申为凡停止、终止义。

諺 (yàn)

諺，传言也。从言，彦声。鱼变切。

【译文】諺，世俗流传的古语。从言，彦声。

訝（yà）

訝，相迎也。从言，牙声。《周礼》曰："诸侯有卿訝发。"吾驾切。

【译文】訝，用言辞欢迎宾客。从言，牙声。《周礼》说："(宾客)是诸侯。就有卿来迎接。"

詣（yì）

詣，候至也。从言，旨声。五计切。

【译文】詣，因问候而至。从言，旨声。

講（jiǎng）

講，和解也。从言，冓声。古项切。

【译文】講，和解。从言，冓声。

訥（nè）

訥①，言难也。从言，从内。内骨切。

【译文】訥，言语困难。从言，从内。

【注释】①訥：谓言辞迟钝。《论语》："君子欲讷于言而敏于行。"苞曰："讷，迟钝也。"

譇（jiē）

譇，譇婦也。从言，虖声。侧加切。

【译文】譇，譇婦。从言。虖声。

謮（zé）

謮，大声也。从言，昔声。读若笮。壮革切。

【译文】謮，大声。从言，昔声。音读像"笮(zuó)"字。

諛（yú）

諛，谄也①。从言，臾声。羊朱切。

【译文】諛，谄媚。从言，臾声。

【注释】①谄(chǎn)：谄媚，用甜言蜜语奉承人。

諂（chǎn）

諂，諛也。从言，閻声。丑琰切。

【译文】諂，谄媚。从言，閻声。

諼（xuān）

諼，诈也。从言，爰声。况袁切。

【译文】諼，欺诈。从言，爰声。

謾（mán）

謾，欺也。从言，曼声。母官切。

【译文】謾，欺骗。从言，曼声。

誹（fěi）

誹，谤也。从言，非声。敷尾切。

【译文】誹，毁谤。从言，非声。

謗（bàng）

謗，毁也。从言，旁声。补浪切。

【译文】謗，毁谤。从言，旁声。

譸（zhōu）

譸，詶也。从言，壽声。读若酬。《周书》曰："无或譸张为幻。"张流切。

【译文】譸，诅咒。从言，壽声。音读像"酬"字。《周书》说："没有互相

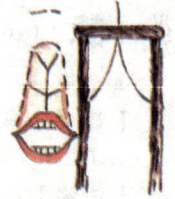

欺诳、诈惑的。"

詛 (zǔ)

詛①，詶也。从言，且声。庄助切。

【译文】詛，诅咒。从言，且声。

【注释】①詛：引申为赌咒立誓、咒骂。

誤 (wù)

誤①，谬也。从言，吳声。五故切。

【译文】誤，谬误。从言，吳声。

【注释】①誤：犯错误。《尚书·立政》："继自今，文子文孙其勿误于庶狱庶慎，惟正是乂之。"

訾 (zǐ)

訾，不思称意也。从言，此声。《诗》曰："翕翕訿訿。"将此切。

【译文】訾，不想使上级满意。从言，此声。《诗经》说："翕翕地（害他的上级），訿訿地（不想使他的上级满意）。"

詿 (guà)

詿，误也。从言，圭省声。古卖切。

【译文】詿，谬误。从言，圭省人为声。

謬 (miù)

謬①，狂者之妄言也。从言，翏声。靡幼切。

【译文】謬，狂妄的人的荒诞的话。从言，翏声。

【注释】①謬：狂人的胡说。《庄子·天下篇》："（庄周）以谬悠之说，荒唐之言，无端崖之辞时恣纵而不傥。"

謓 (chēn)

謓，恚也。从言，真声。贾侍中说：謓，笑。一曰：读若振。昌真切。

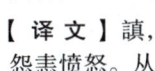

【译文】謓，怨恚愤怒。从言，真声。贾侍中说：謓是冷笑的意思。或说音读像"振"字。

誩部

誩 (jìng)

誩，竞言也。从二言。凡誩之属皆从誩。读若竞。渠庆切。

【译文】誩，用言语竞争。由两个言字会意。大凡誩的部属都从誩。音读像"竞"字。

譱 (shàn)

譱，吉也。从誩，从羊。此与义美同意。常衍切。

【译文】譱，吉祥的言辞。由誩、羊会意。这与义字、美字从羊的意思相同。

競 (jìng)

競，强语也。一曰：逐也。从誩①，从二人。渠庆切。

【译文】競，强烈的争辩。另一义说：竞是角逐的意思。由誩、由两个人字会意。

【注释】①从誩句：谓二人言语

相竞。

讟(dú)

讟，痛怨也。从誩，賣声。《春秋传》曰："民无怨讟。"徒谷切。

【译文】讟，痛恨。从誩，賣声。《春秋左传》说："老百姓没有怨恨的情绪。"

辛部

童(tóng)

童，男有辠曰奴，奴曰童，女曰妾。从辛，重省声。徒红切。

【译文】童，男人有罪称为奴，奴叫作童，女人有罪称为妾。从辛，重省声。

妾(qiè)

妾，有辠女子，给事之得接于君者①。从辛，从女②。《春秋》云："女为人妾。"妾，不娉也③。七接切。

【译文】妾：有罪的女人，是能够被君主接触并为君主供职的女人。由辛、由女会意。《春秋左传》说："如果是女的，将成为别人的侍妾。"妾是不必行问名之礼的。

【注释】① 给事：供职。② 从辛，从女：《段注》："辛女者，有罪之女也。"③ 娉(pìn)：问名。古代婚礼"六礼"之一。即男方请媒人问女方名字和出生年月日。

丵部

丵(zhuó)

丵，丛生艸也。象丵岳相并出也①。凡丵之属皆从丵。读若浞。士角切。

【译文】丵，丛生的草。像争高竞长两相并出的样子。大凡丵的部属都从丵。音读像"浞(zhuó)"字。

【注释】① 丵岳：王筠《句读》："丵岳，叠韵。盖争高竞长之状。"

業(yè)

業，大版也。所以饰县钟鼓。捷业如锯齿，以白画之。象其鉏铻相承也。从丵从巾。巾象版。《诗》曰："巨业维枞。"鱼怯切。

【译文】業，(乐器架子横木上的)大版。是用来装饰横木、悬挂钟鼓的东西。参差排比像锯齿，用白颜料涂画它。像两层版参差不齐而又互相承接的样子。由丵、由巾会意。巾像版形。《诗经》说："木柱子和大版上面装有崇牙。"

叢(cóng)

叢，聚也。从丵，取声。徂红切。

【译文】叢，(草木)聚集。从丵，取声。

對(duì)

對，䧹无方也。从丵，从口，从寸。汉文帝以为责对而言多非诚对，故去其口，以从士也。都队切。

【译文】對，回答不拘泥方法。由丵、由口、由寸会意。汉文帝认为：见责问而回答，说起话来多半不是诚实的回答，所以去掉對的"口"字，来改从"士"字。

廾部

廾（pú）

廾，渎廾也①。从𠈌②，从収，収亦声③。凡廾之属皆从廾。蒲沃切。

【译文】廾，烦琐。由𠈌、由収会意，収也表声。大凡廾的部属都从廾。

【注释】①渎廾：朱骏声《通训定声》："渎廾，叠韵连语，烦猥之皃。"②从𠈌，从収：徐铉注："𠈌，众多也，两手奉之，是烦渎也。"③収亦声：収，东部；廾，屋部。阳入对转。

僕（pú）

僕，给事者，从人，从廾①，廾亦声。蒲沃切。

【译文】僕，供役使的人。由人、由廾会意，廾也表声。

【注释】①从人，从廾：《段注》："人之供烦辱者也。"参"廾"条。

廾（bān）

廾，赋事也。从廾，从八①。八，分之也。八亦声。读若颁。一曰：读若非。布还切。

【译文】廾，分配工作。由廾、由八会意。八，表示"分"的意思。八也表声。音读像"颁"字。一说：音读像"非"字。

収部

収（gǒng）

収，竦手也。从丩，从又。凡収之属皆从収。居竦切。

【译文】収，拱手。由丩、又会意。大凡収的部属都从収。

奉（fèng）

奉①，承也。从手，从収，丰声。扶陇切。

【译文】奉，承受。由手、由収会意，丰声。

【注释】①奉：本义为两手捧着。

丞（chéng）

丞①，翊。从収，从卩，从山。山高，奉承之义。署陵切。

【译文】丞，辅佐。由収、由卩、由山会意。山高，有向上奉承的意思。

【注释】①丞：拯救。

异（yì）

异，举也。从収，目声。《虞书》曰①："岳曰：异哉!"羊吏切。

【译文】异，举用。从収，目声。《唐书》说："四方诸侯之长说：'举用他吧!'"

【注释】①《虞书》：《段注》："当作《唐书》。"指《尧典》。原文："岳曰：'异哉!试可乃已。'"谓举而用之，试可乃用。

弄（lòng）

弄，玩也。从収持玉。卢贡切。

【译文】弄，玩弄。由（双手）捧"玉"会意。

戒（jiè）

戒，警也。从収持戈，以戒不虞①。居拜切。

【译文】戒，警戒。由双手握持着

戈，来表示警戒不能预料之事。

【注释】①虞：预料。

弄 (kuí)

弄，持弩柎。从𠬞，肉[声]。读若逵。渠追切。

【译文】弄，手持弓弩把握的部位。从𠬞，肉声。音读像"逵"字。

兵 (bīng)

兵，械也。从𠬞持斤，并力之皃。补明切。

【译文】兵，兵器。由"𠬞"（双手）持握着"斤"（斧子）会意，表示齐心合力的样子。

弈 (yì)

弈，围棋也。从𠬞，亦声。《论语》曰："不有博弈者乎！"羊益切。

【译文】弈，围棋。从𠬞，亦声。《论语》说："不是有掷采、下围棋的活动吗？"

具 (jù)

具，共置也①。从𠬞，从貝省。古以贝为货。其遇切。

【译文】具，供给设置。由𠬞、由貝省会意。古时候用贝作钱财。

【注释】①共：《段注》："共、供，古今字。当从人部作'供'。"

𠬪部

𠬪 (pān)

𠬪，引也。从反𠬞。凡𠬪之属皆从𠬪。普班切。

【译文】𠬪，攀引。由𠬞字双手反向表意。大凡𠬪的部属都从𠬪。

樊 (fán)

樊，鸷（𦋋）不行也①。从𠬪，从棥，棥亦声。附袁切。

【译文】樊，被𦋋绊不得外行。由𠬪、由棥会意。棥也表声。

【注释】①鸷不行："鸷"当作"𦋋"。《类篇》引作𦋋。𦋋不行，谓绊住不得外出。

共部

共 (gòng)

共①，同也。从廿𠬞。凡共之属皆从共。渠用切。

【译文】共，共同。由廿、𠬞会意。大凡共的部属都从共。

【注释】①共：《尚书·盘庚中》："承汝俾汝，惟喜康共。"

龔 (gōng)

龔，给也。从共，龍声。俱容切。

【译文】龔，供给。从共，龍声。

異部

異 (yì)

異，分也。从𠬞，从畀。畀，予也。凡异之属皆从异。羊吏切。

【译文】異，分开。由𠬞、由畀会意。畀是给予的意思。大凡异的部属都从异。

戴 (dài)

戴，分物得增益曰戴。从異，𢦒声。都代切。

【译文】戴，分物得到增益叫戴。从異，𢦒声。

晨部

晨 (chén)

晨，早、昧爽也。从臼，从辰。辰，时也。辰亦声。丮夕为夗，臼辰为晨：皆同意。凡晨之属皆从晨。食邻切。

【译文】晨，早晨，天将明之时。由臼、由辰会意。辰表示时间。辰也表声。丮、夕会意表示夗，臼、辰会意表示晨：都是同一表意形式。大凡晨的部属都从晨。

農 (nóng)

農①，耕也。从晨，囟声。奴冬切。

【译文】農，耕种。从晨，囟声。

【注释】① 農：种田。

革部

革 (gé)

革，兽皮治去其毛，革更之①。象古文革之形。凡革之属皆从革。古核切。

【译文】革，兽皮除去它的毛，改变它的样子。像古文革的样子。大凡革的部属都从革。

【注释】① 革更：同义复合。

鞹 (kuò)

鞹，去毛皮也。《论语》曰①："虎豹之鞹。"从革，郭声。苦郭切。

【译文】鞹，去毛的皮。《论语》说："虎豹的鞹。"从革，郭声。

【注释】①《论语》：指《颜渊篇》。今本原文："虎豹之鞟，犹犬羊之鞟。"

靬 (jiān)

靬，靬，干革也。武威有丽靬县①。从革，干声。苦旰切。

【译文】靬，干皮革。武威地方有丽靬县。从革，干声。

【注释】① 武威句：骊靬本西域国，《张骞传》作"牦靬"，《西域传》作"犁靬"。故址在今甘肃省永昌县南。

鞈 (luò)

鞈，生革可以为缕束也。从革，各声。卢各切。

【译文】鞈，生皮革可以用来捆绑东西。从革，各声。

鞄 (páo)

鞄，柔革工也。从革，包声。读若朴。《周礼》曰："柔皮之工鲍氏。"鞄即鲍也。蒲角切。

【译文】鞄，治理皮革的工人。从革，包声。音读像"朴"字。《周礼》说："治理皮革的工人是鲍氏。""鞄"就是《周礼》说的"鲍"。

鞼 (yùn)

鞼，攻皮治鼓工也。从革，軍声。读若运。王问切。

【译文】鞼，治皮制鼓的工匠。从革，軍声。音读像"运"字。

鞣 (róu)

鞣，耎也①。从革，从柔，柔亦声。耳由切。

【译文】鞣，使皮革柔软。由革、由柔会意，柔也表声。

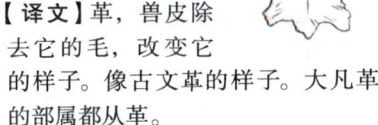

【注释】①耎(ruǎn)：即软字，此谓使皮革柔软。

靼 (dá)

靼，柔革也。从革，从旦声。旨热切。

【译文】靼，柔软的皮革。从革，旦声。

鞼 (guì)

鞼，韦绣也①。从革，贵声。求位切。

【译文】鞼，有文彩的皮革。从革，贵声。

【注释】①韦绣：当依《广韵》作"绣韦"。《后汉书·乌桓传》："妇人能刺韦作文绣。"韦，皮革。

鞶 (pán)

鞶，大带也。《易》曰："或锡之鞶带。"男子带鞶，妇人带丝。从革，般声。薄官切。

【译文】鞶，大皮带。《易经》说："有时赐给臣子大皮带。"男子用皮革作带，妇人用丝作带。从革，般声。

鞏 (gǒng)

鞏，以韦束也①。《易》曰："巩用黄牛之革。"从革，巩声。居竦切。

【译文】鞏，用皮革捆绑物体。《易经》说："如想巩固，要用黄牛的皮革。"从革，巩声。

【注释】①以韦束也：引申为固。

鞔 (mán)

鞔，履空也。从革，免声。母官切。

【译文】鞔，鞋帮。从革，免声。

靸 (sǎ)

靸，小儿履也。从革，及声。读若沓。酥合切。

【译文】靸，小儿的鞋子。从革，及声。音读像"沓"字。

䩕 (áng)

䩕，䩕角，鞮属。从革，卬声。五冈切。

【译文】䩕，䩕角，皮鞋一类。从革，卬声。

鞮 (dī)

鞮，革履也。从革，是声。都兮切。

【译文】鞮，皮革制的鞋。从革，是声。

鞵 (xǐ)

鞵，鞮属。从革，徙声。所绮切。

【译文】鞵，皮鞋子一类。从革，徙声。

鞵 (xié)

鞵①，革生鞮也。从革，奚声。户佳切。

【译文】鞵，生皮革制的鞋子。从革，奚声。

【注释】①鞵：徐锴《系传》："今俗作鞋。"

鞠 (jū)

鞠，蹋鞠也①。从革，匊声。居六切。

【译文】鞠，蹋鞠。从革，匊声。

【注释】① 蹋鞠：打皮球。鞠，即今之球。

靪（dīng）

靪，补履下也。从革，丁声。当经切。

【译文】靪，补鞋底。从革，丁声。

鞀（táo）

鞀，鼗辽也。从革，召声。徒刀切。

【译文】鞀，又叫鼗辽。从革，召声。

鞄（yuān）

鞄，量物之鞄。一曰：抒井鞄。古以革。从革，冤声。于袁切。

【译文】鞄，量物的器具。另一义说：是淘井取泥的器具。古代用皮革制成。从革，冤声。

鞞（bǐng）

鞞，刀室也。从革，卑声。并顶切。

【译文】鞞，刀鞘。从革，卑声。

䩰（hén）

䩰，车革前曰䩰①。从革，艮声。户恩切。

【译文】䩰，车箱前面的革制装饰物，叫䩰。从革，艮声。

【注释】① 车革：即舆革。《尔雅·释器》："舆革前谓之䩰。"

鞪（mù）

鞪，车轴束也①。从革，孜声。莫卜切。

【译文】鞪，用皮革绑扎车轴。从革，孜声。

【注释】① 车轴束：徐锴《系传》："以革束车轴，制其裂也。"

䩨（bì）

䩨，车束也。从革，必声。毗必切。

【译文】䩨，车上用皮革绑扎的地方。从革，必声。

鞼（zuān）

鞼，车衡三束也。曲辕鞼缚，直辕䩵缚。从革，爨声。读若《论语》"钻燧"之"钻"。借官切。

【译文】鞼，车辕横木上三个用皮革束缚的地方。小车的横木钻孔用皮带束缚，大车的横木全部用皮带束缚。从革，爨声。音读像《论语》"钻燧"的"钻"字。

䩞（zhì）

䩞，盖杠丝也。从革，旨声。脂利切。

【译文】䩞，车盖杠柄上围束的皮绳。从革，旨声。

鞁（bèi）

鞁，车驾具也。从革，皮声。平秘切。

【译文】鞁，驾车被马的器具。从革，皮声。

靶（bà）

靶，辔革也①。从革，巴声。必驾切。

【译文】靶，缰绳上御人所把之革。从革，巴声。

【注释】① 辔革：徐锴《系传》："御

人所把处。"

韅 (xiǎn)

韅，着掖鞥也。从革，顯声。呼典切。

【译文】韅，附着在马的两腋的皮革件。从革，顯声。

鞵 (chěng)

鞵，骖具也。从革，蚩声。读若骋、蜃。丑郢切。

【译文】鞵，骖马马具的统称。从革，蚩声。音读像"骋"字，又像"蜃"字。

靳 (jìn)

靳，当膺也。从革，斤声。居近切。

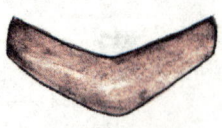

【译文】靳，（服马）当胸的皮革。从革，斤声。

靷 (yǐn)

靷，引轴也。从革，引声。余忍切。

【译文】靷，系于车轴用来引车前行的皮带。从革，引声。

鞄 (guǎn)

鞄，车鞁具也。从革，官声。古满切。

【译文】鞄，驾车被马的器具。从革，官声。

鞥 (dòu)

鞥，车鞁具也。从革，豆声。田候切。

【译文】鞥，驾车被马的器具。从革，豆声。

靬 (yú)

靬，鞥内环靼也。从革，于声。羽俱切。

【译文】靬，鞥内所环绕的柔软皮革。从革，于声。

鞴 (bó)

鞴，车下索也①。从革，尃声。补各切。

【译文】鞴，车下索。从革，尃声。

【注释】①车下索：徐锴《系传》："以革为索，终缚舆底也。""终"当作"络"。

鞥 (è)

鞥，车具也①。从革，奄声。乌合切。

【译文】鞥，车具。从革，奄声。

【注释】①车具：徐锴《系传》："有所掩覆处也。"《玉篇》："鞥，车上具也。"谓车上掩覆的器具。

靾 (zhuó)

靾，车具也。从革，叕声。陟劣切。

【译文】靾，车具。从革，叕声。

鞌 (ān)

鞌，马鞁具也。从革，从安。乌寒切。

【译文】鞌，被马的器具。由革、由安会意。

鞲 (róng)

鞲，鞌毳饰也。从革，茸声。而陇切。

【译文】鞲，马鞍上的细毛装饰品。从革，茸声。

鞊 (tié)

鞊，鞌饰。从革，占声。他叶切。

【译文】鞊，马鞍的装饰。从革，占声。

勒 (lè)

勒，马头络衔也。从革，力声。卢则切。

【译文】勒，马头上用以系着马嚼子的皮革。从革，力声。

鞙 (xuàn)

鞙，大车缚轭靻。从革，肙声。狂沇切。

【译文】鞙，牛车上悬缚车轭的柔软的皮带。从革，肙声。

鞔 (miǎn)

鞔，勒靻也。从革，面声。弥沇切。

【译文】鞔，马勒上的柔软的皮革。从革，面声。

韃 (jiān)

韃，所以戢弓矢。从革，建声。居言切。

【译文】韃，（马上）用来藏弓箭的器具。从革，建声。

靲 (qín)

靲，鞮也。从革，今声。巨今切。

【译文】靲，皮革制的鞋带。从革，今声。

韇 (dú)

韇，弓矢韇也。从革，賣声。徒谷切。

【译文】韇，藏弓箭之器。从革，賣声。

鞖 (suī)

鞖，綏也。从革，繠声。山垂切。

【译文】鞖，马鞍的绦（tāo，用丝线编成的带子）饰。从革，繠声。

靳 (jí)

靳，急也。从革，亟声。纪力切。

【译文】靳，皮革紧牢。从革，亟声。

鞭 (biān)

鞭[1]，驱也。从革，便声。卑连切。

【译文】鞭，用鞭驱赶马。从革，便声。

【注释】①鞭：鞭子。《尚书·舜典》："鞭作官刑。"孔安国传："以鞭为治官事之刑。"

鞅 (yǎng)

鞅，颈靻也。从革，央声。于两切。

【译文】鞅，套在牛马颈上的柔软皮革。从革，央声。

鞖 (tuó)

鞖，马尾（驼）[鞖]也。从革，它声。今之般緧。徒何切。

【译文】鞖，拴在马尾上的皮带。从革，它声。类似今天的盘秋。

靱 (xié)

靱，系牛胫也。从革，見声。己彳切。

【译文】靱，用皮革绊系牛的小腿（使之止步不前）。从革，見声。

鬲部

鬲（lì）

鬲，鼎属。实五觳。斗二升曰觳。象腹交文，三足。凡鬲之属皆从鬲。郎激切。

【译文】鬲，鼎类的空足炊具。容积有五斛大。一斗二升叫作一觳。（中间）像腹部交错的纹饰，（下面）像三只脚。大凡鬲的部属都从鬲。

融（róng）

融，炊气上出也。从鬲，蟲省声。以戎切。

【译文】融，煮食物的蒸气向上冒出。从鬲，蟲省声。

弼部

弼（lì）

弼，鬲也。古文，亦鬲字。象孰饪五味气上出也。凡弼之属皆从弼。郎激切。

【译文】弼，鬲。是古文，也是鬲字的又一写法。像煮熟了的五味香气向上冒出。大凡弼的部属都从弼。

鬻（zhōu）

鬻，键也。从弼，米声。之六切。

【译文】鬻，糜。从弼，米声。

爪部

爪（zhǎo）

爪，𠬜也。覆手曰爪。象形。凡爪之属皆从爪。侧狡切。

【译文】爪，用爪抓持。另一义说，覆着手叫爪。象形。大凡爪的部属都从爪。

孚（fú）

孚，卵孚也。从爪，从子。一曰：信也。芳无切。

【译文】孚，卵孵化。由爪、由子会意。另一义说：孚是诚信。

為（wéi）

為，母猴也。其为禽好爪，爪母猴象也。下腹为母猴形。王育曰："爪，象形也。"薳支切。

【译文】為，狝猴。狝猴作为走兽，喜欢用爪子。爪子，是狝猴的象征。字的下腹部是狝猴（头目身足）的形体。王育说："爪子，像狝猴之形。"

爪（zhǎng）

爪，亦𠬜也。从反爪。阙。诸两切。

【译文】爪，也是用手抓持。由爪字反过来表示。读音阙。

𠬜部

𠬜（jǐ）

𠬜，持也。象手有所𠬜据也。凡𠬜之属皆从𠬜。读若戟。凡剧切。

【译文】𠬜，握持。像手有所握持。大凡𠬜的部属都从𠬜。音读像"戟"字。

𠬝（jú）

𠬝，拖持也。从反𠬜。阙[①]。居玉切。

【译文】𠬝，拖持。由𠬜字反过来表示。读音阙。

【注释】①阙:《段注》:"亦谓音读不传也。"

鬥部

鬥 (dòu)

鬥,两士相对,兵杖在后,象斗之形。凡斗之属皆从斗。都豆切。

【译文】鬥,两个士卒的手相对,兵器在后,像争斗的样子。大凡斗的部属都从斗。

鬪 (dòu)

鬪,遇也。从鬥,斲声。都豆切。

【译文】鬪,接合。从鬥,斲声。

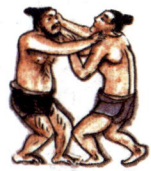

鬨 (hòng)

鬨,鬪也。从鬥,共声。《孟子》曰:"邹与鲁哄。"下降切。

【译文】鬨,争斗。从鬥,共声。《孟子》说:"邹国与鲁国争斗。"

又部

又 (yòu)

又,手也。象形。三指者,手之列多略不过三也。凡又之属皆从又。于救切。

【译文】又,手。象形。字形只见三个指头的原因是。表示手的一类字多是简略不过三个。大凡又的部属皆从又。

右 (yòu)

右,手口相助也①。从又,从口。于救切。

【译文】右,手和口相互佐助。由口、由又会意。

【注释】①手口相助:姚文田、严可均《校议》:"口部已有'右,助也'。此重出。"

厷 (gōng)

厷,臂上也。从又,从古文[ㄥ]。古薨切。

【译文】厷,臂的上部。由又、由古文ㄥ会意。

叉 (chā)

叉,手指相错也。从又,象叉之形。初牙切。

【译文】叉,手指相交错。从又,(一)像手指叉物的形状。

父 (fù)

父,矩也,家长,率教者。从又举杖。扶雨切。

【译文】父,坚持规矩,是一家之长,是引导教育子女的人。由手举杖表意。

燮 (xiè)

燮,和也。从言,从又炎。读若湿。稣叶切。

【译文】燮,调和。由言、由又、炎会意。音读像"湿"字。

曼 (màn)

曼,引也。从又,冒声。无贩切。

【译文】曼,引长。从又,冒声。

夬 (guài)

夬,分决也。从又,丨象决形。古卖切。

【译文】夬,分裂决断。从又,丨像决裂的形状。

尹 (yǐn)

尹，治也。从又、丿①，握事者也。余准切。

【译文】尹，治理。由又、丿会意，表示用手掌握事物的意思。

【注释】①从又、丿：《段注》："又为握，丿为事。"

及 (jí)

及，逮也。从又，从人。乁，古文及。《秦刻石》及如此。巨立切。

【译文】及，追上。由又、由人会意。乁是古文"及"字。《秦刻石》"及"像这个样子。

秉 (bǐng)

秉①，禾束也。从又持禾。兵永切。

【译文】秉，禾一把。由"又"（手）持握着"禾"表意。

【注释】①秉：一小把禾束。

反 (fǎn)

反，覆也。从又，厂反形。府远切。

【译文】反，翻覆。从又，厂像物体翻覆的样子。

叔 (shū)

叔，拾也。从又，尗声。汝南名收芌为叔。式竹切。

【译文】叔，收拾。从又，尗声。汝南地方叫收芌头作叔。从寸。

取 (qǔ)

取，捕取也。从耳。《周礼》："获者取左耳。"《司马法》曰："载献聝①。"聝者耳也。七庾切。

【译文】取，捕获。由又、由耳会意。《周礼》说："被捕获的野兽割取左耳。"《司马法》曰："献上聝。"聝(guó)是(割下的)耳朵。

【注释】①载：助词。

彗 (huì)

彗，扫竹也。从又持甡①。祥岁切。

【译文】彗，扫帚。由"又"持握"甡"会意。

【注释】①从又持甡：徐灏《段注笺》："甡盖象竹篲之形，非甡字，犹鸟足从匕而非匕，鱼尾似火而非火。"

度 (dù)

度，法制也。从又，庶省声。徒故切。

【译文】度，法度。从又，庶省声。

友 (yǒu)

友，同志为友。从二又，相交友也。云久切。

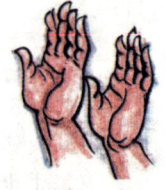

【译文】友，志趣相同是友。由两个"又"（手）字会意，表示相交为友的意思。

史部

史 (shǐ)

史，记事者也。从又持中；中，正也。凡史之属皆从史。疏士切。

【译文】史，记事的人。由"又"（手）持握着"中"字含意。中，是正的意思。大凡史的部属都从史。

支部

支（zhī）

支，去竹之枝也。从手持半竹。凡支之属皆从支。章移切。

【译文】支，离开竹茎的竹枝。由"又"（手）字持握半个"竹"字。大凡支的部属都从支。

聿部

聿（niè）

聿，手之疌巧也。从又持巾。凡聿之属皆从聿。尼辄切。

【译文】聿，形容手的敏捷灵巧。由"又"（手）字持握着"巾"字会意。大凡聿的部属都从聿。

肅（sù）

肅，持事振敬也①。从聿在𣶒上，战战兢兢也。息逐切。

【译文】肅，办事奋勉恭敬。由"聿"字在"𣶒"字上会意，表示"战战兢兢"的意思。

【注释】①振：奋勉。

聿部

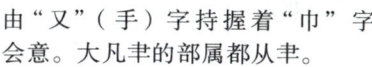

聿（yù）

聿，所以书也。楚谓之聿，吴谓之不律①，燕谓之弗。从聿，一声。凡聿之属皆从聿。余律切。

【译文】聿，用来书写的笔。楚地叫它作聿，吴地叫它作不律，燕地叫它作弗。从聿，一声。大凡聿的部属都从聿。

【注释】①不律："不律"为"笔"之合音。

聿（jīn）

聿，聿饰也。从聿，从彡。俗语以书好为聿。渎若津。将邻切。

【译文】聿，用笔刷饰。由聿、由彡会意。俗话以书写美好为聿。音读像"津"字。

畫部

畫（huà）

畫，界也。象田四界。聿，所以画之。凡画之属皆从画。胡麦切。

【译文】畫，画分界限。（画）像田和四周的界画。聿，是用来画分界限的器具。大凡画的部属都从画。

畫（zhòu）

畫，日之出入，与夜为界。从畫省，从日。陟救切。

【译文】畫，从日出到日入的一段时间，与夜晚为界限。由畫省田、由日会意。

隶部

隶（dài）

隶，及也。从又，从尾省。又持尾者，从后及之也。凡隶之属皆从隶。徒耐切。

【译文】隶，追上去捕获。由又、由尾字省去尸构成。"又"（手）持握着"尾"的意思，表示从后面追上去捕获。大凡隶的部属都从隶。

隶（lì）

隶，附箸也。从隶，柰声。郎计切。

【译文】隶，附箸。从隶，柰声。

臤部

紧（jǐn）

紧，缠丝急也。从臤，从絲省。纠忍切。

【译文】紧，缠丝紧急的状态。由臤字，由絲字省去一半会意

坚（jiān）

坚，刚也。从臤，从土。古贤切。

【译文】坚，刚硬的土。由臤、由土含意。

臣部

臣（chén）

臣，牵也。事君也。象屈服之形。凡臣之属皆从臣。植邻切。

【译文】臣，受牵制者，奉事君王者。像屈服的样子。大凡臣的部属都从臣。

臧（zāng）

臧，善也。从臣，戕声。则郎切。

【译文】臧，善良。从臣，戕声。

殳部

殳（shū）

殳，以杸殊人也。《礼》：殳以积竹，八觚，长丈二尺，建于兵车，车旅贲以先驱。从又，几声。凡殳之属皆从殳。市朱切。

【译文】殳，用杸隔离人。《周礼》说：殳用积竹制成，八条棱，长一丈二尺，树立在兵车上，车上的先锋队拿着它在前面驰驱。从又，几声。大凡殳的部属都从殳。

殴（ōu）

殴，捶毄物也。从殳，區声。乌后切。

【译文】殴，用捶杖击打物体。从殳，區声。

殿（diàn）

殿，击声也。从殳，屍声。堂练切。

【译文】殿，打击声。从殳，屍声。

殹（yì）

殹，击中声也。从殳，医声。于计切。

【译文】殹，被外物击中的声音。从殳，医声。

段（duàn）

段，椎物也①。从殳，耑省声。徒玩切。

【译文】段，用槌锤击物体。从殳，耑省声。

【注释】①椎物：徐灏《段注笺》："段、锻，古今字。段、碬，亦古今字。引申之则为分段。"

殽（xiáo）

殽，相杂错也。从殳，肴声。胡茅切。

【译文】殽，彼此混杂殽乱。从殳，

肴声。

毅（yì）

毅，妄怒也。一曰：有决也。从殳，豙声。鱼既切。

【译文】毅，盛怒。另一义说：有果决能力。从殳，豙声。

几部

㐱（zhěn）

㐱，新生羽而飞也。从几，从彡。之忍切。

【译文】㐱，小鸟新生羽而学飞的样子。由几、由彡会意。

凫（fú）

凫，舒凫，鹜也。从鸟，几声。房无切。

【译文】凫，舒凫，即鹜。从鸟，几声。

寸部

寸（cùn）

寸，十分也。人手却一寸，动䘑，谓之寸口。从又，从一。凡寸之属皆从寸。仓困切。

【译文】寸，十分。人手后退一寸，即动脉之处，叫作寸口。由又、由一会意。大凡寸的部属都从寸。

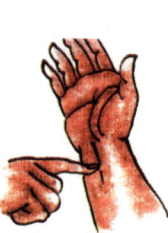

寺（sì）

寺，廷也。有法度者也。从寸，之声。祥吏切。

【译文】寺，官府、朝廷。有法制的地方。从寸，之声。

將（jiàng）

將，帅也。从寸[1]，牆省声。即谅切。

【译文】將，将帅。从寸，牆省酉为声。

【注释】①从寸：《段注》："必有法度而后可以主之、先之。故从寸。"

專（zhuān）

專，六寸簿也[1]。从寸，叀声。一曰：专，纺专。职缘切。

【译文】專，六寸簿。从寸，叀声。另一义说：专，纺专。

【注释】①六寸簿：张舜徽《约注》："《始皇本纪》明云：'数以六为纪，符、法、冠皆六寸。'然则所谓六寸簿者，乃秦法之所在，犹云法经耳。小徐以文簿释簿，是矣。"

尃（fū）

尃，布也。从寸，甫声。芳无切。

【译文】尃，布施。从寸，甫声。

導（dǎo）

導，导引也。从寸，道声。徒皓切。

【译文】導，引导。从寸，道声。

皮部

皮（pí）

皮，剥取兽革者谓之皮。从又，为

省声。凡皮之属皆从皮。符羁切。

【译文】皮，剥取兽皮叫作皮。从又，為省声。大凡皮的部属都从皮。

皰 （pào）

皰，面生气也。从皮，包声。旁教切。

【译文】皰，脸上生的疱。从皮，包声。

皯 （gǎn）

皯，面黑气也。从皮，干声。古旱切。

【译文】皯，皮面黧黑干枯。从皮，干声。

㲉部

㲉 （ruǎn）

㲉，柔韦也。从北，从皮省，从夐省。凡㲉之属皆从㲉。读若耎。一曰：若儒。而兖切。

【译文】㲉，鞣制皮革。由北、由皮省会意，由夐省表声。大凡㲉的部属都从㲉。音读像"耎"字。一说，音读像"儒"字。

攴部

攴 （pū）

攴①，小击也。从又，卜声。凡攴之属皆从攴。普木切。

【译文】攴，小击。从又，卜声。大凡攴的部属都从攴。

【注释】①攴：徐灏《段注笺》："疑本象手有所持之形。故凡举手作事

之意，皆从之，因用为扑击字耳。"

啟 （qǐ）

啟，教也。从攴，启声。《论语》曰："不愤不启。"康礼切。

【译文】啟，教导。从攴，启声。《论语》说："不到他求通而未得的时候，不去开导他。"

徹 （chè）

徹，通也。从彳，从攴，从育。丑列切。

【译文】徹，穿通。由彳、由攴、由育会意。

肇 （zhào）

肇，击也。从攴，肇省声。治小切。

【译文】肇。打击。从攴，肇省戈为声。

敏 （mǐn）

敏，疾也。从攴，每声。眉殒切。

【译文】敏，快速。从攴，每声。

孜 （wù）

孜，强也。从攴，矛声。亡遇切。

【译文】敄，强（qiǎng）勉。从攴，矛声。

整 （zhěng）

整，齐也。从攴，从束，从正①，正亦声。之郢切。

【译文】整，整齐。由攴、由束、由正会意。正也表声。

【注释】①从攴句：徐锴《系传》："（束,）束之；（攴,）又小击之；

（正，）使正。会意。"

效 (xiào)

效，象也。从攴，交声。胡教切。

【译文】效，效法。从攴，交声。

故 (gù)

故，使为之也。从攴，古声。古慕切。

【译文】故，使它成为这样。从攴，古声。

政 (zhèng)

政，正也。从攴，从正，正亦声。之盛切。

【译文】政，正。由攴、由正会意，正也表声。

敷 (fū)

敷，敀也。从攴，尃声。《周书》曰："用敷遗后人。"芳无切。

【译文】敷，施给。从攴，尃声。《周书》说："因此施给后人（幸福）。"

数 (shǔ)

数，计也。从攴，娄声。所矩切。

【译文】数，计数。从攴，娄声。

孜 (zī)

孜，汲汲也。从攴，子声。《周书》曰："孜孜无怠。"子之切。

【译文】孜，勤勉不息。从攴，子声。《周书》说："孜孜不怠。"

敞 (chǎng)

敞，平治高土。可以远望也。从攴，尚声。昌两切。

【译文】敞，平整高土。可以登高望远。从攴，尚声。

改 (gǎi)

改，更也。从攴己。古亥切。

【译文】改，变更。由攴、己会意。

变 (biàn)

变，更也。从攴，䜌声。秘恋切。

【译文】变，改变。从攴，䜌声。

更 (gēng)

更，改也。从攴，丙声。古孟切。又，古行切。

【译文】更，改变。从攴，丙声。

敕 (chì)

敕①，诫也。臿地曰敕。从攴，束声。耻力切。

【译文】敕，告诫。在地中栽插叫敕。从攴，束声。

【注释】①敕：训诫。《史记·乐书》："余每读《虞书》，至于君臣相敕，维是几安。"

敛 (liǎn)

敛，收也。从攴，佥声。良冉切。

【译文】敛，收聚。从攴，佥声。

敌 (dí)

敌，仇也。从攴，啇声。徒历切。

【译文】敌，仇敌。从攴，啇声。

救 (jiù)

救，止也。从攴，求声。居又切。

【译文】救，禁止。从攴，求声。

赦 (shè)

赦，置也①。从攴，赤声。始夜切。

【译文】赦，舍弃，放置。从攴，赤声。

【注释】①置：《段注》："网部曰：'置，赦也。'二字互训。赦与捨音义同，非专谓赦罪也。后捨行而赦废，赦专为赦罪矣。"

攸 (yōu)

攸，行水也。从攴，从人，水省。以周切。

【译文】攸，使水平稳地流行。由攴、由人、由水字的省略会意。

敦 (dūn)

敦，怒也，诋也。一曰：谁何也。从攴，享声。都昆切。

【译文】敦，恼怒，诋毁。另一义说：敦是呵责的意思。从攴，享(chún)声。

败 (bài)

败，毁也。从攴、贝。败、贼皆从贝会意。薄迈切。

【译文】败，毁坏。由攴、贝会意。败、贼都从贝会意。

敼 (luàn)

敼，烦也。从攴，从矞，矞亦声。郎段切。

【译文】敼，烦乱。由攴、由矞会意，矞也表声。

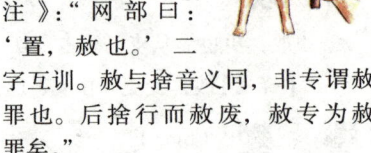

寇 (kòu)

寇，暴也。从攴，从完①。苦候切。

【译文】寇，暴乱。由攴、由完会意。

【注释】①从攴，从完：攴，攴打；完，完固。

收 (shōu)

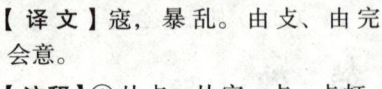

收，捕也①。从攴，丩声。式州切。

【译文】收，逮捕。从攴，丩(jiū)声。

【注释】①捕：捕取罪人。引申为收取、收敛。

鼓 (gǔ)

鼓，击鼓也。从攴，从壴，壴亦声。公户切。

【译文】鼓，击鼓。由攴、由壴会意，壴也表声。

攻 (gōng)

攻，击也。从攴，工声。古洪切。

【译文】攻，攻击。从攴，工声。

敲 (qiāo)

敲，横擿也。从攴，高声。口交切。

【译文】敲，横击。从攴，高声。

畋 (tián)

畋，平田也。从攴、田。《周书》曰："畋尔田。"待年切。

【译文】畋，平治田地。由攴、田会意。《周书》说："平整好你们的田地。"

叙 (xù)

叙，次弟也。从攴，余声。徐吕切。

【译文】叙，次第。从攴，余声。

牧 (mù)

牧,养牛人也。从攴。从牛。《诗》曰:"牧人乃梦。"莫卜切。

【译文】牧,养牛的人。由攴、由牛会意。《诗经》说:"牧人于是做起梦来。"

教部

教 (jiào)

教,上所施下所效也。从攴,从孝。凡教之属皆从教。古孝切。

【译文】教,在上位的施教,在下位的仿效行为。由攴、由孝会意。大凡教的部属都从教。

卜部

卜 (bǔ)

卜,灼剥龟也,象灸龟之形。一曰:象龟兆之从横也。凡卜之属皆从卜。博木切。

【译文】卜,火灼裂龟甲;像火灼龟甲的样子。一说,像龟甲裂纹纵横之形。大凡卜的部属都从卜。

卦 (guà)

卦,筮也。从卜,圭声。古坏切。

【译文】卦,用蓍草占卦。从卜,圭声。

贞 (zhēn)

贞,卜问也。从卜,贝以为贽。一曰:鼎省声。京房所说①。陟盈切。

【译文】贞,卜问。从卜,用贝作为占卜的礼品。一说:(贞,从卜)鼎省声。是京房氏的说法。

【注释】①京房:西汉今文《易》学京氏学的创始人,本姓李。京氏学宣扬"天人感应"。

占 (zhān)

占①,视兆问也。从卜,从口。职廉切。

【译文】占,察兆问疑。由卜、由口会意。

【注释】①占:林义光《文源》:"卜象兆文,从口临其上。"

用部

用 (yòng)

用①,可施行也。从卜,从中。卫宏说。凡用之属皆从用。余讼切。

【译文】用,可以施行。由卜、由中会意。是卫宏的说法。大凡用的部属都从用。

【注释】①用:杨树达《积微居小学述林·释用》:"用者,桶之初也。""凡可以受物之器皆可名桶。"

甫 (fǔ)

甫,男子美称也。从用、父,父亦声。方矩切。

【译文】甫,男子的美称。由用、父会意,父也表声。

庸  (yōng)

庸,用也。从用①,从庚②。庚,更事也③。《易》曰:"先庚三日。"

余封切。

【译文】庸，施行。由用、由庚会意。庚，表示变更其法。《易经》说；"先干三天而后希望变更。"

【注释】①用：行。②庚：变更。谓行事能变为庸。③更事：更，变更。变更方法。

爻部

爻（yáo）

爻，交也。象《易》六爻头交也①。凡爻之属皆从爻。胡茅切。

【译文】爻，交错。象《易》卦六爻相交。大凡爻的部属都从爻。

【注释】①象《易》句：徐灏《段注笺》：交者交错之义。六爻为重体，故作重义象之。"

㸚部

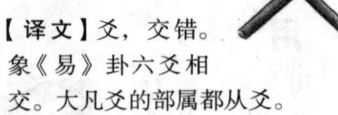

爾（ěr）

爾，丽尔，犹靡丽也。从冂，从㸚，其孔㸚，尒声。此与爽同意。儿氏切。

【译文】爾，丽尔，犹如说空明。由冂、由㸚会意，㸚表示孔格疏朗，尒声。尔与爽都从㸚，构形之意相同。

爽（shuǎng）

爽，明也。从㸚，从大①。疏两切。

【译文】爽，明亮。由㸚、由大会意。

【注释】①从㸚从大：㸚像窗牖之交文。交文宽大，故爽明。

目部

目（mù）

目，人眼。象形。重，童子也。凡目之属皆从目。莫六切。

【译文】目，人的眼睛。象形。（眶内的）重划二，表示瞳仁。大凡目的部属都从目。

眼（yǎn）

眼，目也。从目，艮声。五限切。

【译文】眼，眼睛。从目，艮（gèn）声。

矏（biǎn）

矏，儿初生瞥者。从目，鼎声。邦免切。

【译文】矏，小儿刚生时眼睑（jiǎn）遮蔽眼睛。从目，鼎声。

眩（xuàn）

眩，目无常主也①。从目，玄声。黄绚切。

【译文】眩，眼睛（昏花），（视物摇晃）不定。从目，玄声。

【注释】①目无句：《释名·释疾病》："眩，县也，目视动乱，如县物摇摇然不定也。"

眈（dān）

眈，视近而志远。从目，冘声。《易》曰："虎视眈眈。"丁含切。

【译文】眈，视线近而意志深远。从目，冘声。《易经》说："虎视眈眈。"

盱（xū）

盱，张目也。从目，于声。一曰：朝鲜谓卢童子曰盱。况于切。

瞟 （piǎo）

瞟，瞟也。从目，票声。敷沼切。

【译文】瞟，察视。从目，票声。

睹 （dǔ）

睹，见也。从目，者声。当古切。

【译文】睹，看见。从目，者声。

睦 （mù）

睦，目顺也。从目，坴声。一曰：敬和也。莫卜切。

【译文】睦，目顺。从目，坴声。另一义说：恭敬和顺。

瞻 （zhān）

瞻，临视也。从目，詹声。职廉切。

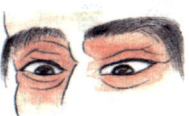

【译文】瞻，向下看。从目，詹声。

瞋 （chēn）

瞋，张目也。从目，真声。昌真切。

【译文】瞋，睁大眼睛。从目，真声。

相 （xiāng）

相，省视也。从目，从木。《易》曰："地可观者莫可观于木。"《诗》曰："相鼠有皮。"息良切。

【译文】相，察看。由目、由木会意。《易经》说："地上可观的东西，没有什么比树木更可观了。"《诗经》说："察看那老鼠，一定有皮。"

眷 （juàn）

眷，顾也。从目，龹声。《诗》曰："乃眷西顾。"居倦切。

【译文】眷，回顾。从目，龹（juàn）声。《诗经》说："于是就回顾着西土。"

督 （dū）

督，察也。一曰：目痛也。从目，叔声。冬毒切。

【译文】督，察看。另一义说，眼睛痛。从目，叔声。

睡 （shuì）

睡，坐寐也。从目垂。是伪切。

【译文】睡，坐着睡。由目、垂二字会意。

看 （kān）

看，睎也。从手下目①。苦寒切。

【译文】看，望。由"手"下加"目"字会意。

【注释】①从手下目：桂馥《义证》："凡物见不审，则手遮目看之，故从手下目。"

瞑 （mián）

瞑，翕目也①。从目冥②，冥亦声。武延切。

【译文】瞑，闭上眼睛。从目、冥会意，冥也表声。

【注释】①翕目：翕，合。入睡则目合。字或作眠。②从目冥：冥，幽暗，无所见。谓眼无所见。

眚 （shěng）

眚，目病，生翳也①。从目，生声。所景切。

【译文】眚，眼睛有病，生了翳。

从目,生声。

【注释】①翳:眼上长的膜。

瞥(piē)

瞥,过目也。又,目翳也。从目,敝声。一曰:财见也。普灭切。

【译文】瞥,眼光掠过。又一义说,眼上的障蔽。从目,敝声。另一义说,才看见。

眀部

眀(jù)

眀,左右视也。从二目。凡眀之属皆从目眀。读若拘,又若良士瞿瞿。九遇切。

【译文】眀,左右瞪视着。由两个"目"字会意。大凡眀的部属都从眀。音读像"拘"字,又像"良士瞿瞿"的"瞿"字。

奭(jū)

奭,目袤也。从眀。从大。大①,人也。举朱切。

【译文】奭,眼睛斜着。由眀、由大会意。大,就是人。

【注释】①大:像人的正面之形。

眉部

眉(méi)

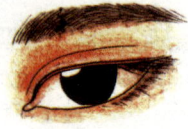

眉,目上毛也。从目,象眉之形,上象额理也。凡眉之属皆从眉。武悲切。

【译文】眉,眼上的眉毛。从目,像眉毛的形状,上面像额上的纹理。大凡眉的部属都从眉。

省(xǐng)

省,视也。从眉省,从中。所景切。

【译文】省,察视。由省省去丿,再加上中会意。

自部

自(zì)

自,鼻也①。象鼻形。凡自之属皆从自。疾二切。

【译文】自,鼻子。像鼻形。大凡自的部属都从自。

【注释】①自:即古鼻字。

白部

皆(jiē)

皆,俱词也。从比,从白。古谐切。

【译文】皆,表示统括的词。由比、由白(zì)会意。

者(zhě)

者,别事词也①。从白,朩声。之也切。

【译文】者,区别事物的词。从白,朩声。

【注释】①别事词:徐锴《系传》:"凡文由'者'字者,所以为分别隔义也。"《段注》:"凡俗语云'者个''者般''者回',皆取别事之意。"

百(bǎi)

百,十十也。从一白。数:十百为一贯。相章也。博陌切。

【译文】百,十个十。由一白会意。数

目:十个百是一贯。这样,就章明不乱。

鼻部

鼻 (bí)

鼻,引气自畀①也。从自②畀。凡鼻之属皆从鼻。父二切。

【译文】鼻,引气以自助。由自、畀会意。大凡鼻的部属都从鼻。

【注释】①畀(bì):助。②自:鼻。

鼾 (hān)

鼾,卧息也。从鼻干声,读若汗。矦干切。

【译文】鼾,睡卧时的鼻息声。从鼻,干声。音读像"汗"字。

皕部

皕 (bì)

皕,二百也①。凡皕之属皆从皕。读若秘。彼力切。

【译文】皕,二百。大凡皕的部属都从皕。音读像"秘"字。

【注释】①二百:《段注》:"即形为义。不言从二百。"

奭 (shì)

奭,盛也。从大,从皕①,皕亦声。此燕召公名。读若郝。《史篇》名丑②。诗亦切。

【译文】奭,盛大的样子。由大、由皕会意,皕也表声。这是燕国召公的名。音读像"郝"字。《史籀篇》说他的名叫作丑。

【注释】①从大,从皕:《段注》:"皕与大皆盛意。"②《史篇》:徐锴《系传》:"《史篇》谓史籀所作仓颉十五篇也。"

羽部

羽 (yǔ)

羽,鸟长毛也。象形。凡羽之属皆从羽。王矩切。

【译文】羽,鸟翅上的长毛。象形。大凡羽的部属都从羽。

翰 (hàn)

翰,天鸡赤羽也。从羽,倝声。《逸周书》曰:"大翰,若翬雉①,一名鷐风。周成王时蜀人献之。"矦干切。

【译文】翰,天鸡的赤色羽毛。从羽,倝声。《逸周书》说:"长着五彩羽毛,像锦鸡,又叫鷐(chén)风。周成王时蜀地人献来的。"

【注释】①翬雉:五彩皆备的山雉,又叫锦鸡。

翟 (dí)

翟,山雉尾长者。从羽,从隹。徒历切。

【译文】翟,长尾野鸡。由羽、由隹会意。

翡 (fěi)

翡,赤羽雀也。出郁林①。从羽,非声。房味切。

【译文】翡,赤色羽毛的小雀。出在郁林。从羽,卒声。

【注释】①郁林：汉代郡名，在今广西省境。

翠（cuì）

翠，青羽雀也。出郁林。从羽，卒声。七醉切。

【译文】翠，青色羽毛的小雀。出在郁林。从羽，非声。

翦（jiǎn）

翦，羽生也。一曰：夭羽。从羽，前声。即浅切。

【译文】翦，新羽初生。另一义说：箭羽。从羽，前声。

翱（áo）

翱，翱翔也①。从羽，皋声。五牢切。

【译文】翱，回旋飞翔。从羽，皋声。

【注释】①翱翔：《释名·释言语》："翱，敖也，言敖游也。"

翔（xiáng）

翔，回飞也。从羽，羊声。似羊切。

【译文】翔，回旋地飞。从羽，羊声。

翳（yì）

翳，华盖也①。从羽，殴声。于计切。

【译文】翳，即华盖。从羽，殴声。

【注释】①华盖：用华丽的羽毛制成，形如车盖。

隹部

隹（zhuī）

隹，鸟之短尾总名也①。象形。凡隹之属皆从隹。职追切。

【译文】隹，短尾鸟的总名。象形。大凡隹的部属都从隹。

【注释】①鸟之短尾句：桂馥《义证》："析言之，则隹、鸟异类，合言之，则隹、鸟通偁。"

雅（yǎ）

雅，楚乌也。一名鸒，一名卑居。秦谓之雅。从隹，牙声。五下切。又，乌加切。

【译文】雅，即楚乌。又叫鸒，又叫卑居。秦地叫它雅。从隹，牙声。

隻（zhī）

隻，鸟一枚也。从又持隹。持一隹曰只，二隹曰双。之石切。

【译文】隻，鸟一只。由"又"（手）持握着"隹"会意。手里拿着一只鸟叫只，两只鸟叫双。

雒（luò）

雒，鵋䳇也。从隹，各声。卢各切。

【译文】雒，鵋䳇鸟。从隹，各声。

䨼（lìn）

䨼，今䨼。似雉鹆而黄。从隹，䘍省声。良刃切。

【译文】䨼，今䨼鸟。像八哥而色黄。从隹，䘍省去二（上）为声。

雀（què）

雀，依人小鸟也。从小隹。读与爵同。即略切。

【译文】雀，依人而宿的小鸟。由小、隹会意。音读与"爵"字同。

雊（gòu）

雊，雄（雌）[雉]鸣①也。雷始动，雉鸣而雊其颈。从隹，从句，句亦声。古候切。

【译文】雊，雄性野鸡叫。（正月）雷才震动，雄野鸡鸣叫，勾着它的颈脖。由隹、由句会意，句也表声。

【注释】①雄雌鸣：当依《段注》作"雄雉鸣"。

雞（jī）

雞①，知时畜也。从隹，奚声。古兮切。

【译文】雞，知道时辰的家畜。从隹，奚声。

【注释】①雞：罗振玉《增订殷墟书契考释》："象鸡形，高冠修尾。"

雕（diāo）

雕，鷻也。从隹，周声。都僚切。

【译文】雕，鷻鸟。从隹，周声。

雁（yàn）

雁①，鸟也。从隹，从人，厂声。读若鴈。五晏切。

【译文】雁，鸟名。由隹、由人会意，厂声。音读像"鴈"字。

【注释】①雁：即鸿雁，候鸟。每年春分后飞往北方，秋分后飞回南方。

雄（xióng）

雄，鸟父也。从隹，厷声。羽弓切。

【译文】雄，公鸟。从隹，厷声。

雌（cí）

雌，鸟母也。从隹，此声。此移切。

【译文】雌，母鸟。从隹，此声。

奞部

奞（suī）

奞，鸟张毛羽自奋也。从大从隹。凡奞之属皆从奞。读若睢。息遗切。

【译文】奞，鸟张毛羽奋起而飞。由大、由隹会意。大凡奞的部属都从奞。

奪（duó）

奪，手持隹失之也①。从又，从奞。徒活切。

【译文】奪，手里持握的鸟失去了。由又、由奞会意。

【注释】①手持句：《段注》："引申为凡失去物之偁。凡手中遗落物当作此字。今乃用脱为之，而用夺为争敓字，相承久矣。"

奮（fèn）

奮，翚也。从奞在田上。《诗》曰："不能奋飞。"方问切。

【译文】奮，大飞。由"奞"在"田"上会意。《诗经》说："不能奋飞。"

萑部

萑 (huán)

萑，鴟屬。从隹，从𦫳，有毛角，所鳴，其民有旤。凡萑之屬皆从萑。讀若和。胡官切。

【译文】萑，鸱鸮之类。由隹、由𦫳会意，𦫳，表示头上有簇毛如角。它鸣叫的那地方，人们将有祸害。大凡萑的部属都从萑。音读像"和"字。

蒦 (huò)

蒦，規蒦，商也。从又持萑。一曰视遽皃。一曰：蒦，度也。乙虢切。

【译文】蒦，规蒦，商量。由"又"持握着"萑"会意。另一义说：看得匆忙的样子。又另一义说：蒦是规度。

雚 (guàn)

雚，小爵也。从萑，吅声。《诗》曰："雚鸣于垤。"工奂切。

【译文】雚，水雀鸟。从萑，吅声。《诗经》说："雚鸟在蚂蚁冢上叫着。"

舊 (jiù)

舊，鵂鶹，旧留也。从萑，臼声。巨救切。

【译文】舊，鵂鶹，即旧留鸟。从萑，臼声。

𦫳部

𦫳 (guǎ)

𦫳，羊角。象形。凡𦫳之属皆从𦫳。读若乖。工瓦切。

【译文】𦫳，羊角。象形。大凡𦫳的部属都从𦫳。音读像"乖"字。

芇 (mián)

芇，相当也。阙。读若宀。母官切。

【译文】芇，相当。构形阙。音读像"宀"字。

苜部

苜 (mò)

苜，目不正也。从𦫳，从目。凡苜之属皆从苜。莧从此。读若末。模结切。

【译文】苜，眼睛不正。由𦫳、由目会意。大凡苜的部属都从苜。莧字从苜。音读像"末"字。

蔑 (miè)

蔑，劳，目无精也。从苜，人劳则蔑然；从戍。莫结切。

【译文】蔑，疲劳，眼睛没有精神。从苜，表示人疲劳就两目无神的样子；从戍。

羊部

羊 (yáng)

羊，祥也。从，象头角足尾之形。孔子曰：牛羊之字以形举也。凡羊之属皆从羊。与章切。

【译文】羊，吉祥。从𦫳，（羊字）像头、角、足、尾的形状。孔子说：牛字、羊字根据形体描绘出来。大凡羊的部属都从羊。

羔 (gāo)

羔①，羊子也。从羊，照省声。古牢切。

【译文】羔，小羊。从羊，照省昭为声。

【注释】①羔：徐灏《段注笺》："疑羔之本义为羊炙，故从火。小羊味美，为炙尤宜，因之羊子谓之羔。"

羋 (mǐ)

羋，羊鸣也。从羊，象声气上出。与牟同意。绵婢切。

【译文】羋，羊叫声。从羊，（羊上的丨）像声音和气向上冒出的样子。与"牟"字构形同意。

羝 (dī)

羝，牡羊也。从羊，氐声。都兮切。

【译文】羝，公羊。从羊，氐声。

羒 (fén)

羒，（牂）[牡]羊①也。从羊，分声。符分切。

【译文】羒，白色公羊。从羊，分声。

【注释】①牂羊：当从《段注》作"牡羊"。

牂 (zāng)

牂，（牡）[牝]羊①也。从羊，爿声。则郎切。

【译文】牂，母羊。从羊，爿声。

【注释】①牡羊：当从《段注》作"牝羊"。《尔雅·释畜》："羊牡羒，牝牂。"

羭 (yú)

羭，夏羊（牡）[牝]曰羭。从羊，俞声。羊朱切。

【译文】羭，黑色母羊叫羭。从羊，俞声。

瞿部

瞿 (qú)

瞿，鹰隼之视也。从隹，从䀠，䀠亦声。凡瞿之属皆从瞿。读若章句之句。九遇切。又音衢。

【译文】瞿，鹰鹞惊视的样子。由隹、由䀠会意，䀠也表声。音读像章句的句字。

矍 (jué)

矍，隹欲逸走也。从又持之，矍矍也。读若《诗》云"穬彼淮夷"之"穬"。一曰：视遽皃。九缚切。

【译文】矍，隹鸟想逃跑，用"又"（手）持握着它，它矍矍然左右惊顾。音读像《诗经》说的"穬彼淮夷"的"穬"字。另一义说：是看得十分急切的样子。

雔部

雔 (chóu)

雔，双鸟也。从二隹。凡雔之属皆从雔。读若酬。市流切。

【译文】雔，成对的鸟。由两个"隹"字含意。大凡雔的部属都从雔。音读像"酬"字。

靃 (huò)

靃，飞声也。雨而双飞者，其声靃然。呼郭切。

【译文】靃，飞的声音。雨中成双成对的鸟疾飞，那声音霍霍地响。

雙 (shuāng)

雙，隹二枚也。从雔，又持之①。所江切。

【译文】雙，鸟两只。从"雔"，"又"(手)持握着它。

【注释】①又持之：徐灏《段注笺》："从又持二隹会意。引申为凡物两两相对之偶。"

雔部

雥 (zá)

雥，群鸟也。从三隹。凡雥之属皆从雥。徂合切。

【译文】雥，群鸟。由三个"隹"字相叠会意。

集 (jí)

雧①，群鸟在木上也。从雥，从木。

【译文】雧，群鸟聚集在树木上。由雥、由木会意。

【注释】①雧：古同"集"。《诗经·周南·葛覃》："黄鸟于飞，集于灌木。"

鳥部

鳥 (niǎo)

鳥，长尾禽总名也。象形。鸟之足似匕①，从匕。凡鸟之属都从鸟。都了切。

【译文】鸟，长尾飞禽的总名。象形。鸟的脚像匕字之形，从匕。大凡鸟的部属都从鸟。

【注释】①似匕：似匕字之形。

鸞 (luán)

鸞，亦神灵之精也。赤色，五采，鸡形。鸣中五音，颂声作则至。从鳥，䜌声。周成王时氐羌献鸾鸟。洛官切。

【译文】鸞，也是神灵的精物。赤色，五彩花纹，像鸡的样子。叫声符合五音，(太平盛世)颂歌起，它就飞来了。从鸟，䜌声。周成王的时候，氐族羌族献来鸾鸟。

鳩 (jiū)

鳩，鶌鳩也①。从鳥，九声。居求切。

【译文】鳩，鶌鳩鸟。从鸟，九声。

【注释】①鶌鳩：一种小鸠。

鴿 (gē)

鴿，鳩属①。从鳥，合声。古沓切。

【译文】鴿，鳩之属。从鸟，合声。

【注释】①鳩属：形似鳩，羽色白、灰或酱紫。飞行力极强，经训练可用来通信。

鴞 (xiāo)

鴞，鴟鴞①，宁鴂也。从鳥，号声。于娇切。

【译文】鴞，鴟鴞鸟，又名宁鴂鸟。从鸟，号声。

【注释】①鴟鴞：《诗经幽风·鴟鴞》毛传："鴟鴞，鸋鳩。"

鴃 (jué)

鴃，宁鴃也。从鸟，夬声。古穴切。

【译文】鴃，鹈鴃鸟。从鸟，夬声。

鹤 (hè)

鹤，鸣九皋①，声闻于天。从鸟，隺声。下各切。

【译文】鹤，它在沼泽鸣叫，声音上达云霄。从鸟，隺声。

【注释】①鸣九皋句：见《诗经·小雅·鹤鸣》。

鹭 (lù)

鹭，白鹭也。从鸟，路声。洛故切。

【译文】鹭，白鹭。从鸟，路声。

鹄 (hú)

鹄，鸿鹄也。从鸟，告声。胡沃切。

【译文】鹄，鸿鹄鸟。从鸟，告声。

鸿 (hóng)

鸿，鸿鹄也。从鸟，江声。户工切。

【译文】鸿，鸿鹄鸟。从鸟，江声。

鹙 (qiū)

鹙，秃鹙也。从鸟，求声。七由切。

【译文】鹙，秃鹙鸟。从鸟，求声。

鸳 (yuān)

鸳，鸳鸯也①。从鸟，夗声。于袁切。

【译文】鸳，鸳鸯鸟。从鸟，夗声。

【注释】①鸳鸯：崔豹《古今注·鸟兽》："鸳鸯，水鸟，凫类也。雌雄未尝相离，人得其一，则一思而至死，故曰匹（配偶）鸟。"

鸯 (yāng)

鸯，鸳鸯也。从鸟，央声。于良切。

【译文】鸯，鸳鸯鸟。从鸟，央声。

鹅 (é)

鹅，䴚鹅也。从鸟，我声。五何切。

【译文】鹅，䴚鹅。从鸟，我声。

雁 (yàn)

雁，䴚也①。从鸟人，厂声。五晏切。

【译文】雁，（家）鹅。由鸟、人会意，厂声。

【注释】①䴚：徐灏《段注笺》："凡远举高飞者，为鸿雁，为䴚鹅；养驯者，为鹅，为舒雁。古多通用。《礼经》单言雁者，即人所畜之䴚。"

鹜 (wù)

鹜，舒凫也。从鸟，敄声。莫卜切。

【译文】鹜，舒凫。从鸟，敄声。

鹥 (yī)

鹥，凫属。从鸟，殹声。《诗》曰："凫鹥在梁。"乌鸡切。

【译文】鹥，凫一类的鸟。从鸟，殹声。《诗经》说："凫鹥在梁。"

鹬 (yù)

鹬，知天将雨鸟也。从鸟，矞声。《礼记》曰①："知天文者冠鹬。"余律切。

【译文】鷸,知道天将下雨的鸟。从鸟,矞声。《礼记》说:"懂得天象的人戴着鷸鸟形的帽子。"

【注释】①《礼记》:礼无此文,见《逸周书》。

鶿 (cí)

鶿,鸬鶿也①。从鸟,兹声。疾之切。

【译文】鶿,鸬鶿鸟。从鸟,兹声。

【注释】①鸬鶿:《段注》:"今江苏人谓之水老鸦,畜以捕鱼。"

鸨 (bǎo)

鸨①,鸟也。肉出尺胾。从鸟,匕声。博好切。

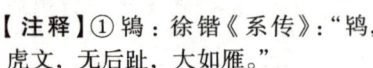

【译文】鸨,鸨鸟。它的肉适合作烤肉。从鸟,匕声。

【注释】①鸨:徐锴《系传》:"鸨,虎文,无后趾,大如雁。"

鸩 (zhèn)

鸩,毒鸟也。从鸟,冘声。一名运日。直禁切。

【译文】鸩,毒鸟。从鸟,冘声。又叫运日。

鷇 (kòu)

鷇,鸟子生哺者。从鸟,㱿声。口豆切。

【译文】鷇,生下来就待母哺食的鸟崽子。从鸟,㱿声。

鸣 (míng)

鸣,鸟声也①。从鸟,从口。武兵切。

【译文】鸣,鸟的叫声。由鸟、由口会意。

【注释】①鸟声:《段注》:"引申之凡出声皆曰鸣。"

騫 (xiān)

騫,飞皃。从鸟,寒省声。虚言切。

【译文】騫,(鸟)飞的样子。从鸟,寒省為声。

鳻 (fēn)

鳻,鸟聚皃。一曰:飞皃。从鸟,分声。府文切。

【译文】鳻,鸟儿聚集的样子。另一义说,鸟儿飞翔的样子。从鸟,分声。

畢 (bì)

畢,田罔也。从华,象畢形。微也。或曰:由声。卑吉切。

【译文】畢,田猎用的长柄网。从华,华像毕网的形状,毕比华微小。有人说,(上面的田是由的讹变)由表声。

棄 (qì)

棄,捐也。从収推华弃之,从㐬。㐬,逆子也。诘利切。

【译文】棄,抛掉。由"収"(双手)推着"华"去抛弃;又,从㐬,㐬是迕逆之子。

冓部

冓 (gòu)

冓,交积材也。象对交之形。凡冓之属皆从冓。古候切。

【译文】冓，交架材料。像相对相交的样子。大凡冓的部属都从冓。

再 (zài)

再，一举而二也。从[一]冓省。作代切。

【译文】再，一举而重复。由一、由省略的冓字会意。

爯 (chēng)

爯，并举也。从爪，冓省。处陵切。

【译文】爯，一手举起两样东西。由爪、由省略的冓字会意。

幺部

幺 (yāo)

幺，小也①。像子初生之形。凡幺之属皆从幺。于尧切。

【译文】幺，小。像婴儿刚刚出生的样子。大凡幺的部属都从幺。

【注释】①小：《段注》："子初生甚小也。俗谓一为幺，亦谓晚生子为幺，皆谓其小也。"

幼 (yòu)

幼，少也。从幺，从力。伊谬切。

【译文】幼，年少。由幺、由力会意。

丝部

丝 (yōu)

丝，微也。从二幺。凡丝之属皆从丝。于虬切。

【译文】丝，细微。由两个幺字会意。大凡丝的部属都从丝。

幽 (yōu)

幽，隐也。从山中丝，丝亦声。于虬切。

【译文】幽，隐蔽。由"山"中有"丝"（幽暗）会意，丝也表声。

幾 (jī)

幾，微也。殆也。从丝，从戍。戍，兵守也。丝而兵守者，危也。居衣切。

【译文】幾，细微。危机。由丝、由戍会意。戍，用兵把守。发现细微的迹象，而用兵把守，是有危机之感。

叀部

惠 (huì)

惠，仁也。从心，从叀。胡桂切。

【译文】惠，仁爱。由心、由叀会意。

疐 (zhì)

疐，碍不行也。从叀，引而止之也。叀者，如叀马[牛]之鼻。从[冂]，此与牵同意。陟利切。

【译文】疐，滞碍，不能行进。从叀，表示牵引而使之停止。叀，像叀牛鼻子的叀。从冂，这与牵字所从的冂为"引牛之縻"同意。

玄部

玄 (xuán)

玄，幽远也。黑而有赤色者为玄。象幽而入覆之也。凡玄之属皆从玄。胡涓切。

【译文】玄,隐蔽而深远。黑而带有赤色,叫玄。像幽暗而有物覆盖着。大凡玄的部属都从玄。

予部

予 (yǔ)

予,推予也。象相予之形。凡予之属皆从予。余吕切。

【译文】予,举物给别人。像用手举物付给别人的样子。大凡予的部属都从予。

舒 (shū)

舒,伸也。从舍,从予,予亦声。一曰:舒,缓也。伤鱼切。

【译文】舒,伸展。由舍、由予会意,予也表声。另一义说:舒是舒缓。

幻 (huàn)

幻,相诈惑也。从反予。《周书》曰:"无或诪张为幻。"胡办切。

【译文】幻,相与欺诈惑乱。由予字反倒过来表示。《周书》说:"不相互欺骗,相互诈惑。"

放部

放 (fàng)

放,逐也。从攴,方声。凡放之属皆从放。甫妄切。

【译文】放,放逐。从攴,方声。大凡放的部属都从放。

敖 (áo)

敖,出游也。从出,从放。五牢切。

【译文】敖,出外遨游。由出、由放会意。

敫 (yuè)

敫,光景流也。从白,从放。读若龠。以灼切。

【译文】敫,光线流散。由白、由放会意。音读像"龠"字。

㕚部

叡 (hè)

叡,沟也。从㕚,从谷。读若郝。呼各切。

【译文】叡,沟壑。由㕚、由谷会意。音读像"郝"字。

叡 (ruì)

叡,深明也;通也。从㕚,从目,从谷省。以芮切。

【译文】叡,深明,通达。由㕚、由目、由"谷"字省去"口"会意。

歺部

歺 (è)

歺,剚骨之残也。从半冎。凡歺之属皆从歺。读若櫱岸之櫱。五割切。

【译文】歺,分解骨肉后的残骨。由冎字的一部分组成。大凡歺的部属都从歺。音读像櫱岸的"櫱"字。

殗 (wēi)

殗,病也。从歺,委声。于为切。

【译文】殗,殗病。从歺,委声。

殙 (hūn)

殙，瞀也。从歹，昏声。呼昆切。

【译文】殙，昏眊。从歹，昏声。

殰 (dú)

殰，胎败也。从歹，賣声。徒谷切。

【译文】殰，胎儿死在腹中。从歹，賣声。

殁 (mò)

殁，终也。从歹，勿声。莫勃切。

【译文】殁，终其一生。从歹，勿声。

殊 (shū)

殊，死也。从歹，朱声。汉令曰："蛮夷长有罪，当殊之。"市朱切。

【译文】殊，杀死。从歹，朱声。汉朝的法令说："蛮夷戎狄之长有罪，判决杀死他们。"

殚 (zú)

殚，大夫死曰殚。从歹，卒声。子聿切。

【译文】殚，大夫死叫作殚。从歹，卒声。

殟 (wēn)

殟，胎败也。从歹，昷声。乌没切。

【译文】殟，胎儿死在腹中。从歹，昷声。

殂 (cú)

殂，往、死也。从歹，且声。《虞书》曰①："勋乃殂。"昨胡切。

殂 (cú 续)

【译文】殂，走了，死了。从歹，且声。《唐书》说："放勋死了。"

【注释】①《虞书》：《段注》："当作《唐书》"。今本《尚书·尧典》作："帝乃殂落。"

殆 (dài)

殆，危也。从歹，台声。徒亥切。

【译文】殆，危险。从歹，台声。

殃 (yāng)

殃，咎也。从歹，央声。于良切。

【译文】殃，灾祸。从歹，央声。

殘 (cán)

殘，贼也①。从歹，戔声。昨干切。

【译文】殘，伤害。从歹，戔声。

【注释】①贼：伤害。朱骏声《通训定声》引《仓颉篇》："残，伤也。"

殄 (tiǎn)

殄，尽也。从歹，㐱声。徒典切。

【译文】殄，尽。从歹，㐱声。

殲 (jiān)

殲，微尽也。从歹，韱声。《春秋传》曰："齐人歼于遂。"子廉切。

【译文】殲，纤微都尽。从歹，韱声。《春秋左传》说："齐人在遂地被歼灭尽。"

殫 (dān)

殫，（殛）[极]尽也①。从歹，單声。都寒切。

【译文】殫，穷极而尽。从歹，單声。

【注释】①殛尽：当依徐锴《系传》作"极尽"。

死部

死 (sǐ)

死,澌也,人所离也。从歺,从人。凡死之属皆从死。息姊切。

【译文】死,精气穷尽,是人们形体与魂魄相离的名称。由歺、由人会意。大凡死的部属都从死。

薨 (hōng)

薨,公侯倅也。从死,瞢省声。呼肱切。

【译文】薨,公侯死亡。从死,瞢省"目"为声。

薧 (hāo)

薧,死人里也。从死,蒿省聲。呼毛切。

【译文】薧,埋死人的地方。从死,蒿省"口"为声。

冎部

冎 (guǎ)

冎,剔人肉置其骨也①。象形。头隆骨也。凡冎之属皆从冎。古瓦切。

【译文】冎,分解人肉,存置其骨头。象形。像头上隆起的骨头。大凡冎的部属都从冎。

【注释】①剔:分解。

剮 (bié)

剮,分解也。从冎,从刀。凭列切。

【译文】剮,用刀切割分解。由冎、由刀会意。

𩨾 (bēi)

𩨾,别也。从冎,卑声。读若罢。府移切。

【译文】𩨾,分裂。从冎,卑声。音读像"罢"字。

骨部

骨 (gǔ)

骨,肉之核也。从冎,有肉。凡骨之属皆从骨。古忽切。

【译文】骨,附肉的核。由"冎"上附有"肉"会意。大凡骨的部属都从骨。

髑 (dú)

髑,髑髅,顶也。从骨,蜀声。徒谷切。

【译文】髑,髑髅,人顶骨。从骨,蜀声。

髅 (lóu)

髅,髑髅也。从骨,娄声。洛侯切。

【译文】髅,髑髅。从骨,娄声。

髆 (bó)

髆,肩甲也。从骨,尃声。补各切。

【译文】髆,肩髆。从骨,尃声。

骿 (pián)

骿,并胁也。从骨,并声。晋文公骿胁。部田切。

【译文】骿,肋骨并合。从骨,并声。晋文公有骿胁。

髀 (bǐ)

髀,股也。从骨,卑声。并弭切。

【译文】髀,大腿。从骨,卑声。

髁 (kē)

髁,髀骨也①。从骨,果声。苦卧切。

【译文】髁,大腿骨。从骨,果声。

【注释】① 髀骨:《段注》:"犹言股骨也。"

髚 (jué)

髚,臀骨也。从骨,厥声。居月切。

【译文】髚,尾脊骨。从骨,厥声。

髋 (kuān)

髋,髀上也。从骨,宽声。苦官切。

【译文】髋,大腿之上。从骨,宽声。

髌 (bìn)

髌,厀端也①。从骨,宾声。毗忍切。

【译文】髌,膝盖骨。从骨,宾声。

【注释】① 厀端:即膝端。

骱 (guā)

骱,骨端也。从骨,昏声。古活切。

【译文】骱,骨端。从骨,昏声。

骹 (qiāo)

骹,胫也。从骨,交声。口交切。

【译文】骹,小腿。从骨,交声。

骸 (hái)

骸,胫骨也①。从骨,亥声。户皆切。

【译文】骸,小腿骨。从骨,亥声。

【注释】① 胫骨:胫骨为骸,引申为凡人骨之称。

骭 (gàn)

骭①,骸也。从骨,干声。古案切。

【译文】骭,小腿骨。从骨,干声。

【注释】① 骭:《淮南子·俶真篇》"易骭之一毛"高注:"骭,自膝以下、胫以上也。"

骼 (tì)

骼,骨间黄汁也。从骨,易声。读若《易》曰"夕惕若厉"。他历切。

【译文】骼,骨头里面的黄骨髓。从骨,易声。音读像《易经》说的"夕惕若厉"的"惕"字。

骾 (gěng)

骾,食骨留咽中也①。从骨,更声。古杏切。

【译文】骾,食时骨头留塞在咽喉之中。从骨,更声。

【注释】① 食骨句:《段注》:"忠言逆耳如食骨在喉,故云骨骾之臣。《汉书》已下皆作骨鲠字。"

肉部

肾 (shèn)

肾,水藏也①。从肉,臤声。时忍切。

【译文】肾，属水的脏器。从肉，臤声。

【注释】①水藏：肾为人的泌尿器官。按今文说五行命名，肾属水，又名水藏。藏，今作脏。

肺 (fèi)

肺，金藏也①。从肉，市声。芳吠切。

【译文】肺，属金的脏器。从肉，市声。

【注释】①金藏：肺为人的呼吸器官。按今文说五行命名，肺属金，又名金藏。

脾 (pí)

脾，土藏也①。从肉，卑声。符支切。

【译文】脾，属土的脏器。从肉，卑声。

【注释】①土藏：按今文说五行命名，脾属土，又名土臟。

肝 (gān)

肝，木藏也①。从肉，干声。古寒切。

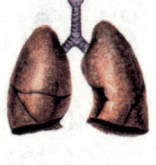

【译文】肝，属木的脏器。从肉，干声。

【注释】①木藏：肝是人的消化器官之一。按今文说五行命名，肝属木，又名本臟。

膽 (dǎn)

膽，连肝之府。从肉，詹声。都敢切。

【译文】膽，连着肝的脏腑。从肉，詹声。

胃 (wèi)

胃，谷府也。从肉，囶象形。云贵切。

【译文】胃，消化谷物的脏腑。囶像胃的形状。

脬 (pāo)

脬，膀光也①。从肉，孚声。匹交切。

【译文】脬，膀胱。从肉，孚声。

【注释】①膀光：今作膀胱，俗称尿脬。

腸 (cháng)

腸①，大小肠也。从肉，昜声。直良切。

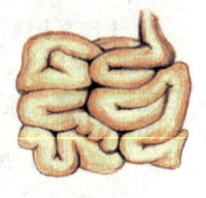

【译文】腸，大小肠。从肉，昜声。

【注释】①腸：肠子。《仪礼·少牢馈食礼》："肠三，胃三，举肺一，祭肺三，实于一鼎。"

腓 (féi)

腓，胫腨也。从肉，非声。符飞切。

【译文】腓，小腿肚子。从肉，非声。

肖 (xiào)

肖，骨肉相似也。从肉，小声。不似其先，故曰"不肖"也。私妙切。

【译文】肖，形体容貌相似。从肉，小声。儿女不像他的父母，所以叫"不肖"。

胤 (yìn)

胤，子孙相承续也。从肉，从八，象其长也；从幺，象重累也。羊晋切。

【译文】胤，子子孙孙递相继承延续。从肉，从八，像世系支分派别的绵长；从幺，像丝的重累继续无穷。

膻 (dàn)

膻，肉膻也。从肉，亶声。《诗》曰："膻裼暴虎。"徒旱切。

【译文】膻，脱衣露出上身。从肉，亶声。《诗经》说："袒露身体，空手打老虎。"

脱 (tuō)

脱，消肉臞也。从肉，兑声。徒活切。

【译文】脱，消尽其肉而变瘦。从肉，兑声。

朓 (tiǎo)

朓，祭也①。从肉，兆声。土了切。

【译文】朓，祭肉。从肉，兆声。

【注释】①祭：《集韵·啸韵》："朓，祭肉。"朓从肉，本义当是祭肉。引申为祭名。

隋 (duò)

隋，裂肉也。从肉，从陲省。徒果切。

【译文】隋，祭余的肉。从肉，从陲省。

肴 (yáo)

肴，啖也。从肉，爻声。胡茅切。

【译文】肴，可吃的熟肉。从肉，爻声。

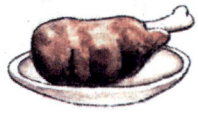

腆 (tiǎn)

腆，设膳腆腆多也。从肉，典声。他典切。

【译文】腆，设置饭菜美且多。从肉，典声。

胡 (hú)

胡，牛顄垂也①。从肉，古声。户孤切。

【译文】胡，牛顄下垂的肉。从肉，古声。

【注释】①牛顄垂：《段注》："顄，颐（yí，面颊）也。牛自颐至颈下垂肥者也。引申之，凡物皆曰胡。如老狼有胡，鹈胡，龙垂胡䫇是也。"

膘 (piǎo)

膘，牛胁后髀前合革肉也。从肉，票声，读若繇。敷绍切。

【译文】膘，牛胁后、大腿前皮肉相合的地方。从肉，票声。音读像"繇"字。

脯 (fǔ)

脯，干肉也。从肉，甫声。方武切。

【译文】脯，干肉。从肉，甫声。

脩 (xiū)

脩，脯也。从肉，攸声。息流切。

【译文】脩，干肉。从肉，攸声。

膊 (pò)

膊，薄脯，膊之屋上。从肉，尃声。匹各切。

【译文】膊,薄薄的肉片,把它贴近在屋上,(让它曝晒干燥。)从肉,専声。

胥 (xū)

胥,蟹醢也。从肉,疋声。相居切。

【译文】胥,蟹酱。从肉,疋声。

胜 (xīng)

胜,犬膏臭也。从肉,生声。一曰:不孰也。桑经切。

【译文】胜,狗油的气味。从肉,生声。另一义说,胜,不熟。

臊 (sāo)

臊,豕膏臭也。从肉,喿声。稣遭切。

【译文】臊,猎脂膏的气味。从肉,喿声。

膮 (xiāo)

膮,豕肉羹也。从肉,堯声。许幺切。

【译文】膮,猪肉作的羹。从肉,堯声。

腥 (xīng)

腥,星见食豕,令肉中生小息肉也。从肉,从星,星亦声。稣佞切。

【译文】腥,星现之时喂猪,会叫猪肉中生长小息肉。由肉、由星会意,星也表声。

脂 (zhī)

脂,戴角者脂,无角者膏。从肉,旨声。旨夷切。

【译文】脂,有角动物的脂肪叫脂,无角动物的脂肪叫膏。从肉,旨声。

膶 (suò)

膶,骉也。从肉,貴声。稣果切。

【译文】膶,解剖猪羊头。从肉,貴声。

膩 (nì)

膩,上肥也①。从肉,貳声。女利切。

【译文】膩,身体表面的油腻。从肉,貳声。

【注释】①上肥:上犹外也。

膜 (mó)

膜,肉闲胲膜也。从肉,莫声。慕各切。

【译文】膜,肉里包裹着的薄皮。从肉,莫声。

散 (sàn)

散,杂肉也。从肉,㪔声。稣旰切。

【译文】散,杂碎的肉。从肉,㪔声。

腐 (fǔ)

腐,烂也。从肉,府声。扶雨切。

【译文】腐,肉腐烂。从肉,府声。

肥 (féi)

肥,多肉也。从肉,从卪①。符非切。

【译文】肥,肥胖多肉。由肉、由卪会意。

【注释】①从肉,从卪:徐铉注:"肉不可过多,故从卪。"

筋部

筋 (jīn)

筋，肉之力也①。从力，从肉，从竹。竹，物之多筋者。凡筋之属皆从筋。居银切。

【译文】筋，肉中的筋。由力、由肉、由竹会意。竹，多筋的物体。大凡筋的部属都从筋。

【注释】①肉之力:《段注》:"力下曰:筋也。筋、力同物。"

刀部

刀 (dāo)

刀①，兵也。象形。凡刀之属皆从刀。都牢切。

【译文】刀，兵器。象形。大凡刀的部属都从刀。

【注释】①刀：用以切、割、砍、削的工具。《礼记·少仪》:"刀却刃授颖，削授拊。"

削 (xuē)

削，鞞也。一曰：析也。从刀，肖声。息约切。

【译文】削，装刀剑的套子。另一义说，(削，)分割。从刀，肖声。

刨 (gōu)

刨，鎌也。从刀，句声。古侯切。

【译文】刨，鎌刀。从刀，句声。

剀 (ái)

剀，大鎌也。一曰：摩也。从刀，豈声。五来切。

【译文】剀，大鎌。另一义说，是磨刀。从刀，豈声。

剞 (jī)

剞，剞劂，曲刀也。从刀，奇声。居绮切。

【译文】剞，剞劂，弯刀。从刀，奇声。

劂 (jué)

劂，剞劂也。从刀，屈声。九勿切。

【译文】劂，剞劂。从刀，屈声。

利 (lì)

利，铦也。从刀。和然后利，从和省。《易》曰："利者，义之和也。"力至切。

【译文】利，锋利，从刀。和顺协调然后有利，所以从和省。《易经》说："利益，是由于义的和协。"

剡 (yǎn)

剡，锐利也。从刀，炎声。以冉切。

【译文】剡，锐利。从刀，炎声。

初 (chū)

初①，始也。从刀，从衣。裁衣之始也。楚居切。

【译文】初，开始。由刀、由衣会意。裁割衣服的开始。

【注释】①初：开始。《史记·平准书》:"初置张掖、酒泉郡。"

前 (jiǎn)

前，齐断也。从刀，歬声。子善切。

【译文】前，整齐地剪断。从刀，

芇声。

則 (zé)

則，等画物也。从刀，从贝。贝，古之物货也。子德切。

【译文】則，按等级区别的物体。由刀、由贝会意。贝是古代的货币。

剛 (gāng)

剛，强断也。从刀，岡声。古郎切。

【译文】剛，强力折断。从刀，岡声。

剬 (duān)

剬，断齐也。从刀，耑声。旨兖切。

【译文】剬，切断齐整。从刀，耑声。

劊 (guì)

劊，断也。从刀，會声。古外切。

【译文】劊，砍断。从刀，會声。

切 (qiē)

切，刌也。从刀，七声。千结切。

【译文】切，切断。从刀，七声。

劌 (guì)

劌，利伤也。从刀，歲声。居卫切。

【译文】劌，刺伤。从刀，歲声。

刻 (kè)

刻，镂也。从刀，亥声。苦得切。

【译文】刻，雕刻。从刀，亥声。

副 (pì)

副，判也。从刀，畐声。《周礼》曰："副辜祭。"芳逼切。

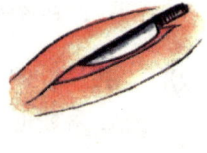

【译文】副，剖分。从刀，畐声。《周礼》说："剖开分裂牲的肢体，来祭祀。"

剖 (pōu)

剖，判也。从刀，咅声。浦后切。

【译文】剖，从中间分开。从刀，咅声。

辧 (biàn)

辧，判也。从刀，辡声。蒲苋切。

【译文】辧，判别。从刀，辡(biàn)声。

判 (pàn)

判，分也。从刀，半声。普半切。

【译文】判，分开。从刀，半声。

刊 (kān)

刊①，剟也。从刀，干声。苦寒切。

【译文】刊，削。从刀，干声。

【注释】① 刊：《段注》："凡有所削去谓之刊。"

劈 (pì)

劈，破也。从刀，辟声。普击切。

【译文】劈，破开。从刀，辟声。

剥 (bō)

剥，裂也。从刀，从彔；彔，刻割也，彔亦声。北角切。

【译文】剥，割裂。由刀、由彔会意；彔，表示刻、割，彔也兼表声。

割 (gē)

割，剥也。从刀，害声。古达切。

【译文】割，割裂。从刀，害声。

刷 (shuā)

刷，刮也。从刀，㕞省声。礼（布）［有］刷巾。所劣切。

【译文】刷，刮削。从刀，㕞省又为声。礼家有"刷巾"之说。

刮 (guā)

刮，掊把也。从刀，昏声。古八切。

【译文】刀，刮摩。从刀，昏声。

制 (zhì)

制，裁也。从刀，从未。未，物成，有滋味，可裁断。一曰：止也。征例切。

【译文】制，裁断。由刀、由未会意。未，树木老成，即有滋味，可以裁断。另一义说，制是禁止。

罰 (fá)

罰，罪之小者。从刀，从詈。未以刀有所贼，但持刀骂詈，则应罚。房越切。

【译文】罰，轻微的犯法行为。由刀、由詈会意。没有用刀对人有所伤害，只拿着刀骂人，就应该处罚。

刺 (cì)

刺，君杀大夫曰刺。刺，直伤也。从刀，从朿，朿亦声。七赐切。

【译文】刺，君主杀死大夫叫刺。刺，直伤。由刀、由朿会意，朿也表声。

剔 (tī)

剔，解骨也。从刀，易声。他历切。

【译文】剔，分解骨肉。从刀，易声。

刃部

刃 (rèn)

刃，刀坚也。象刀有刃之形。凡刃之属皆从刃。而振切。

【译文】刃，刀的坚利部分。像刀有锋刃的形状。大凡刃的部属都从刃。

刅 (chuāng)

刅，伤也。从刃，从一①。楚良切。

【译文】刅，创伤。由刃、由一会意。

【注释】①从一：徐锴《系传》："一，刃所伤，指事也。"

劍 (jiàn)

劍，人所带兵也。从刃，僉声。居欠切。

【译文】劍，人们佩带的兵器。从刃，僉声。

韧部

韧 (qià)

韧，巧韧也。从刀，丰声。凡韧之属皆从韧。恪八切。

【译文】韧，巧妙刻画。从刀，丰声。大凡韧的部属都从韧。

契（jiá）

契，齘契，刮也。从㓞，夬声。一曰：契，画坚也。古黠切。

【译文】契，齘契，刷刮。从夬，㓞声。另一义说，契，（用刀）划坚硬之物。

契（qì）

契，刻也。从㓞，从木。苦计切。

【译文】契，契刻。由㓞、由木会意。

耒部

耒（lěi）

耒，手耕曲木也。从木推丯。古者垂作耒。耜以振民也。凡耒之属皆从耒。卢对切。

【译文】耒，手耕时期的曲木。由"木"推着表示草芥的"丯（jiè）"会意。古时候垂发明了耒和耜，用来举救老百姓。大凡耒的部属都从耒。

耕（gēng）

耕，犁也。从耒，井声。一曰：古者井田。古茎切。

【译文】耕，犁田。从耒，井声。另一种说法是，上古为井田（从井会意）。

耤（jí）

耤，帝耤千亩也。古者使民如借，故谓之耤。从耒，昔声。秦昔切。

【译文】耤，天子亲率百姓耕种的土地千亩。古时候驱使百姓耕种，好像借用民力，所以叫它耤。从耒，昔声。

耦（ǒu）

耦，（耒）[耜]广五寸为伐①，二伐为耦。从耒，禺声。五口切。

【译文】耦，耜宽五寸叫伐，二伐叫耦。从耒，禺声。

【注释】①耒广两句：王筠《句读》："耒当作耜。"耜：耒下端起土的部分，类似后世的铲或锹。

耘（yún）

耘，除苗闲秽也。从耒，员声。羽文切。

【译文】耘，除掉苗间杂草。从耒，员声。

耡（chú）

耡，商人七十而耡。耡，耤，税也。从耒，助声。《周礼》曰："以兴耡利萌。"床倨切。

【译文】耡，商朝人种田七十亩而行"耡"法。耡，就是耤，都是田税。从耒，助声。《周礼》说："发起人民互相佐助，以便利于百姓。"

角部

角（jiǎo）

角，兽角也。象形，角与刀鱼相似。凡角之属皆从角。古岳切。

【译文】角，禽兽的角。象形。小篆角字与刀、鱼二字有相似的地方。大凡角的部属都从角。

觸（chù）

觸，抵也。从角，蜀声。尺玉切。

【译文】觸，用角抵触。从角，

蜀声。

衡 (héng)

衡，牛触，横大木其角。从角，从大，行声。《诗》曰："设其楅衡。"户庚切。

【译文】衡，牛好举角抵触，横绑大木在牛的角上，(以防抵触)。由角、由大会意，行声。《诗经》说："设置那绑在牛角上的横木。"

解 (xiè)

解，判也。从刀判牛角。一曰：解廌，兽也。佳买切。又，户卖切。

【译文】解，分解。由"刀"分解"牛""角"会意。另一义说，解即解廌，兽名。

觳 (hú)

觳，盛觯卮也。一曰：射具。从角，殼声，读若斛。胡谷切。

【译文】觳，盛觯的圆形大器具。另一义说，用来盛箭的器具。从角，殼声。音读像"斛"字。

竹部

竹 (zhú)

竹，冬生艸也。象形。下垂者，箁箬也。凡竹之属皆从竹。陟玉切。

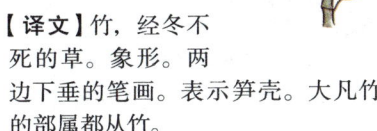

【译文】竹，经冬不死的草。象形。两边下垂的笔画，表示笋壳。大凡竹的部属都从竹。

箭 (jiàn)

箭，矢也。从竹，前声。子贱切。

【译文】箭，可用来作矢的箭竹。

从竹，前声。

箘 (jùn)

箘，箘簬也。从竹，囷声。一曰：博棊也。渠陨切。

【译文】箘，箘簬竹。从竹，囷声。另一义说，箘是棋子。

簬 (lù)

簬，箘簬也。从竹，路声。《夏书》曰："惟箘簬楛。"洛故切。

【译文】簬，箘簬竹。从竹，路声。《夏书》说："箘簬美竹和楛木。"

筱 (xiǎo)

筱，箭属。小竹也。从竹，攸声。先杳切。

【译文】筱，箭竹之类，小竹。从竹，攸声。

簜 (dàng)

簜，大竹也。从竹，湯声。《夏书》曰："瑶琨筱簜。"簜可为干，筱可为矢。徒朗切。

【译文】簜，大竹。从竹，湯声。《夏书》说："美玉、美石、小竹、大竹。"簜可作弓干，筱可用箭杆。

簡 (jiǎn)

簡，牒也。从竹，間声。古限切。

【译文】簡，用于书写的狭长竹片。从竹，間声。

笎 (gāng)

笎，竹列也。从竹，亢声。古郎切。

【译文】笎，竹子的行列。从竹，

亢声。

箁（bù）

箁，满爱也。从竹，部声。薄口切。

【译文】箁，简册。从竹，部声。

等（děng）

等，齐简也。从竹，从寺。寺，官曹之等平也。多肯切。

【译文】等，整齐的竹简。由竹、由寺会意。寺，是官署的竹简整齐的意思。

范（fàn）

范，法也。从竹，竹，简书也；氾声。古法有竹刑。防变切。

【译文】范，法则。从竹，竹表示简册；氾表声。古代法律有竹刑。

笺（jiān）

笺，表识书也。从竹，戋声。则前切。

【译文】笺，表明、识别的文字。从竹，戋声。

符（fú）

符，信也。汉制以竹，长六寸，分而相合。从竹，付声。防无切。

【译文】符，取信之物。汉朝规定用竹，长六寸，分而相合以取信。从竹，付声。

筮（shì）

筮，《易》卦用蓍也。从竹从巫。时制切。

【译文】筮，《易经》占卦用的蓍(shī)草。由竹、由巫会意。

笫（zǐ）

笫，床箦也。从竹，朿声。阻史切。

【译文】笫，竹编的床垫子。从竹，朿声。

筵（yán）

筵，竹席也。从竹，延声。《周礼》曰："度堂以筵。"筵一丈。以然切。

【译文】筵，铺在地面的竹席。从竹，延声。《周礼》说，"用筵为标准量度明堂。"筵长一丈。

簟（diàn）

簟，竹席也。从竹，覃声。徒念切。

【译文】簟，竹席。从竹，覃声。

箸（zhù）

箸，饭欹也。从竹，者声。陟虑切。又，遟倨切。

【译文】箸，吃饭时取物的筷子。从竹，者声。

篓（lǒu）

篓，竹笼也。从竹，娄声。洛侯切。

【译文】篓，竹编的笼子。从竹，娄声。

筤（làng）

筤，篮也。从竹，良声。卢党切。

【译文】筤，竹笼。从竹，良声。

籃（lán）

籃，大篝也。从竹，監声。鲁甘切。

【译文】籃，大烘笼。从竹，監声。

篝 (gōu)

篝，笭也，可熏衣。从竹，冓声。宋楚谓竹篝墙以居也。古侯切。

【译文】篝，竹笼，可用来熏干衣服。从竹，冓声。宋楚地方叫熏笼作墙居。

簋 (guǐ)

簋，黍稷方器也。从竹①，从皿，从皀。居洧切。

【译文】簋，盛黍稷的方形器皿。由竹、由皿、由皀会意。

【注释】①从竹句：此谓用"竹"编的器"皿"盛着"皀"。

竿 (gān)

竿，竹梃也。从竹，干声。古寒切。

【译文】竿，竹子挺直。从竹，干声。

笠 (lì)

笠，簦无柄也。从竹，立声。力入切。

【译文】笠，如簦而没有把。从竹，立声。

箱 (xiāng)

箱，大车牝服也①。从竹，相声。息良切。

【译文】箱，大车的车箱。从竹，相声。

【注释】①牝服：郑玄《周礼·考工记》注引郑司农说："牝服谓车箱，服读为负。"

篚 (fěi)

篚，车笭也。从竹，匪声。敷尾切。

【译文】篚，车笭。从竹，匪声。

箌 (tán)

箌，搔马也。从竹，剡声。丑廉切。

【译文】箌，洗刷马的污垢。从竹，剡声。

策 (cè)

策，马棰也①。从竹，朿声。楚革切。

【译文】策，马鞭。从竹，朿声。

【注释】①棰：即马鞭。

箠 (chuí)

箠，击马也。从竹，垂声。之垒切。

【译文】箠，击马。从竹，垂声。

笞 (chī)

笞，击也。从竹，台声。丑之切。

【译文】笞，鞭打。从竹，台声。

竽 (yú)

竽，管三十六簧也①。从竹，亏声。羽俱切。

【译文】竽，管乐，三十六簧。从竹，亏声。

【注释】①簧：乐器里用以振动发声的薄片。

簧 (huáng)

簧，笙中簧也。从竹，黄声。古者女娲作簧。户光切。

【译文】簧，笙管中用以振动发声的薄叶片。从竹，黄声。古时候女娲造簧。

笙 (shēng)

笙，十三簧。象凤之身也。笙，正月之音。物生，故谓之笙。大者谓之巢，小者谓之和。从竹，生声。古者随作笙。所庚切。

【译文】笙，十三簧。形状像凤鸟的身躯。笙，是正月之音。这时万物生长，所以叫它笙。大的叫作巢，小的叫作和。从竹，生声。古时候，一个名叫随的人制作了笙。

篎 (miǎo)

篎，小管谓之篎。从竹，眇声。亡沼切。

【译文】篎，小的管乐器叫作篎。从竹，眇声。

笛 (dí)

笛，七孔筩也①。从竹，由声。羌笛三孔。徒历切。

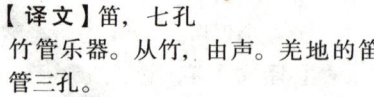

【译文】笛，七孔竹管乐器。从竹，由声。羌地的笛管三孔。

【注释】①筩：竹管。

筑 (zhú)

筑，以竹［击之成］曲①。五弦之乐也。从竹，从巩。巩，持之也。竹亦声。张六切。

【译文】筑。用竹尺敲击出各种乐曲。是五弦的乐器。由竹、由巩会意。巩，持握的意思。竹也表声。

【注释】①以竹：慧林《音义》引《说文》作"以竹击之成曲，五弦之乐。"此有脱文。

筝 (zhēng)

筝，鼓弦（竹）［筑］身乐也①。从竹，争声。侧茎切。

【译文】筝，拨弦的、像筑身的乐器。从竹，争声。

【注释】①鼓弦句："竹"当作"筑"。

算 (suàn)

算，数也。从竹，从具。读若笇①。苏管切。

【译文】算，计数。由竹、由具会意。音读像"笇"字。

【注释】①读若笇：《段注》："笇为算之器，算为笇之用。二字音同而义别。"

丌部

丌 (jī)

丌，下基也。荐物之丌。象形。凡丌之属皆从丌。读若箕同。居之切。

【译文】丌，物体的下基，安放物体的器具。象形。大凡丌的部属都从丌。音读像"箕"字，义同。

辺 (jì)

辺，古之遒人，以木铎记诗言。从辵，从丌，丌亦声。读与记同。居吏切。

【译文】辺，古代宣教之官，摇着木铎，沿途采记诗歌和方言。由辵、由丌会意。丌也表声。音读与“记”字相同。

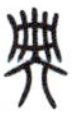

典 （diǎn）

典，五帝之书也[①]。从册在丌上，尊阁之也。庄都说，典，大册也。多殄切。

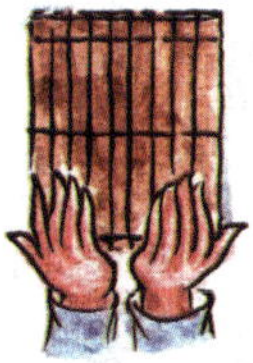

【译文】典，五帝的书册。由“册”在“丌”上会意，把典册高高地搁架在丌上。庄都说：典是大册。

【注释】①五帝：徐锴《系传》：“据《孔子家语》，黄帝、颛顼、尧、舜、禹为五帝。”

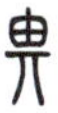

畀 （bì）

畀，相付与之。约在阁上也。从丌[①]，由声。必至切。

【译文】畀，把东西交付给别人。东西捆绑好放在阁板上，所以从丌，由声。

【注释】①从丌：《段注》：“古者物相与必有藉，藉即阁也。故其字从丌。”

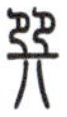

巽 （xùn）

巽，具也。从丌，巳声。苏困切。

【译文】巽，具备。从丌，巳声。

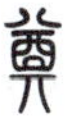

奠 （diàn）

奠，置祭也。从酋。酋，酒也。下其丌也。《礼》有奠祭者。堂练切。

【译文】奠，置酒食祭奠。从酋。酋，就是酒。下面是垫放酒食的几席之类。《礼》经上有以奠为祭的。

左部

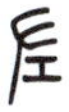

左 （zuǒ）

左[①]，手相左助也。从𠂇工。凡左之属皆从左。则个切。

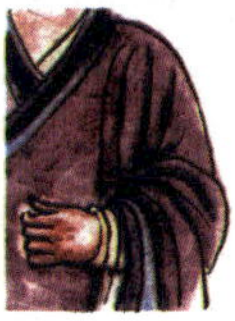

【译文】左，用手相辅佐、帮助。由“𠂇”和“工”会意。大凡左的部属都从左。

【注释】①左：《段注》：“左者，今之佐字。”

差 （chāi）

差，贰也。差不相值也。从左，从𠂹。初牙切，又，楚佳切。

【译文】差，差贰，不相当的意思。由左、由𠂹会意。

工部

工 （gōng）

工，巧饰也。象人有规榘也。与巫同意。凡工之属皆从工。古红切。

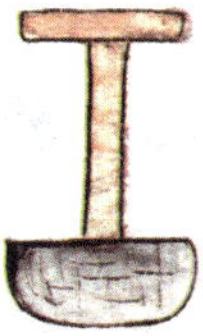

【译文】工，巧于文饰。像人手中有规榘形。与巫字构形从工同意。大凡工的部属都从工。

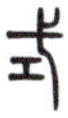

式 （shì）

式，法也。从工，弋声。赏职切。

【译文】式，法式。从工，弋声。

巧 （qiǎo）

巧，技也。从工，丂声。苦绞切。

【译文】巧，技能。从工，丂声。

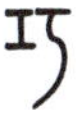

巨 (jù)

巨，规巨也①。从工，象手持之。其吕切。

【译文】巨，规矩的矩。从工，像用手握着矩。

【注释】① 规巨：巨同矩，木工用的方尺。

巫部

巫 (wū)

巫，祝也。女能事无形，以舞降神者也。象人两褎舞形。与工同意。古者巫咸初作巫。凡巫之属皆从巫。武扶切。

【译文】巫，巫祝。女人之能奉事神祇，并能凭借歌舞使神祇降临的人。像人两袖起舞的样子。与"工"字构形同意。古时候，巫咸初作巫术。大凡巫的部属都从巫。

覡 (xí)

覡，能斋肃事神明也。在男曰覡，在女曰巫。从巫，从見。胡狄切。

【译文】覡，能斋戒、恭敬而奉事神明的人。男的叫覡，女的叫巫。由巫、由見会意。

甘部

甘 (gān)

甘，美也①。从口含一；一，道也。凡甘之属皆从甘。古三切。

【译文】甘，美味。由"口"含"一"会意；一，表示味道。大凡甘的部属都从甘。

【注释】① 美：《段注》："羊部曰：'美，甘也。'甘为五味之一，而五位之可口皆曰甘。"

猒 (yàn)

猒，饱也。从甘，从肰。于盐切。

【译文】猒，饱足。由甘、由肰会意。

甚 (shèn)

甚，尤安乐也。从甘，从匹耦也。常枕切。

【译文】甚，异常安乐。由甘、由匹耦之匹字会意。

曰部

曰 (yuè)

曰，词也。从口，乙声，亦象口气出也。凡曰之属皆从曰。王伐切。

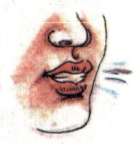

【译文】曰，语助词。从口，乙声，也像口上有气冒出。大凡曰的部属都从曰。

曷 (hé)

曷，何也。从曰，匃声。胡葛切。

【译文】曷，何。从曰，匃(gài)声。

沓 (tá)

沓，语多沓沓也。从水，从曰。辽东有沓县①。徒合切。

【译文】沓，话多沓沓如流水。由水、由曰会意。辽东郡有沓氏县。

【注释】① 沓县：汉属辽东郡。约在

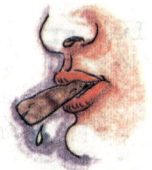

今辽东省金县东南。

曹 （cáo）

曹，狱之两曹也。在廷东。从棘，治事者；从曰。昨牢切。

【译文】曹，打官司的原告和被告。都在法庭的东边。从棘，（棘）是管理打官司的人；从曰。

丂部

丂 （kǎo）

丂，气欲舒出。勹上碍于一也。丂，古文以为亏字，又以为巧字。凡丂之属皆从丂。苦浩切。

【译文】丂，气想舒展出来，勹像欲舒出之气上面为"一"所阻碍。丂，古文借为于字，又借为巧字。大凡丂的部属都从丂。

寧 （nìng）

寧，愿词也①。从丂，寍声。奴丁切。

【译文】寧，表示宁愿的词。从丂，寍声。

【注释】①愿词：徐锴《系传》："今人言宁可如此，是愿如此也。古人云：'宁饮建业水。'是也。"

可部

可 （kě）

可，肯也。从口丂，丂亦声。凡可之属皆从可。肯我切。

【译文】可，肯许。由口、丂会意，丂也表声。大凡可的部属都从可。

奇 （qí）

奇，异也。一曰：不耦。从大，从可。渠羁切。

【译文】奇，殊异。另一义说，不成双数。由大、由可会意。

哿 （gě）

哿，可也。从可，加声。《诗》曰："哿矣富人。"古我切。

【译文】哿，欢乐。从可，加声。《诗经》说："欢乐啊，富人们。"

哥 （gē）

哥，声也。从二可。古文以为謌字。古俄切。

【译文】哥，歌声。由两个可字会意。古文把它作为謌（歌）唱字。

兮部

兮 （xī）

兮，语所稽也。从丂，八象气越亏也。凡兮之属皆从兮。胡鸡切。

【译文】兮，语气停留。从丂，八像气分散而舒扬。大凡兮的部属都从兮。

乎 （hū）

乎，语之余也。从兮，象声上越扬之形也。户吴切。

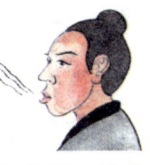

【译文】乎，语句的余声。从兮，（丿）像声气上升越扬的形状。

羲 （xī）

羲，气也。从兮，義声。许羁切。

【译文】羲，气。从兮，義声

号部

号（hào）

号，痛声也。从口，在丂上。凡号之属皆从号。胡到切。

【译文】号，号啕痛哭声。由"口"在"丂"上会意。大凡号的部属都从号。

號（háo）

號，呼也。从号，从虎。乎刀切。

【译文】號，高叫。由号、由虎会意。

丂部

丂（yú）

丂，于也。象气之舒丂。从丂，从一。一者，其气平之也。凡丂之属皆从丂。羽俱切。

【译文】丂，于。像口气的舒展平直。由丂、由一会意。一，表示那口气的平直。大凡丂的部属都从丂。

虧（kuī）

虧，气损也。从丂，雐声。去为切。

【译文】虧，气亏损。从丂，雐（hū）声。

粤（yuè）

粤，丂也。审慎之词者。从丂，从宷。《周书》曰："粤三日丁亥。"王伐切。

【译文】粤，（发语助词）于。是审度慎重的词。由丂、由宷会意。《周书》说："三日丁亥。"

平部

平（píng）

平，语平舒也。从丂，从八。八，分也。爰礼说。符兵切。

【译文】平，语气平直舒展。由丂、由八会意。八，表示分匀。是爰礼的说法。

旨部

旨（zhǐ）

旨①，美也。从甘，匕声。凡旨之属皆从旨。职雉切。

【译文】旨，味美。从甘，匕声。大凡旨的部属都从旨。

【注释】①旨：味美。《诗经·小雅·頍弁》："尔酒既旨，尔肴既嘉。"郑玄笺："旨、嘉，皆美也。"

嘗（cháng）

嘗，口味之也。从旨，尚声。市羊切。

【译文】嘗，口试其味。从旨，尚声。

喜部

喜（xǐ）

喜，乐也。从壴，从口①。凡喜之属皆从喜。虚里切。

【译文】喜，快乐。由壴、由口会意。

大凡喜的部属都从喜。

【注释】①从壴，从口：朱骏声《通训定声》："闻乐则乐，故从壴；乐形于谈笑，故从口。"

憙（xǐ）

憙，说也。从心，从喜，喜亦声。许记切。

【译文】憙，喜悦。由心、由喜会意，喜也表声。

嚭（pǐ）

嚭，大也。从喜，否声。《春秋传》：吴有太宰嚭。匹鄙切。

【译文】嚭，大。从喜，否声。《春秋左传》：吴国有太宰叫嚭。

壴部

尌（shù）

尌，立也。从壴；从寸，持之也。读若驻。常句切。

【译文】尌，树立。由壴、由寸会意，寸表示用手持握着鼓。音读像"驻"字。

彭（péng）

彭①，鼓声也。从壴，彡声。薄庚切。

【译文】彭，鼓声。从壴，彡声。

【注释】①彭：李孝定《甲骨文字集释》："鼓之音读即象伐鼓之声。从壴，即鼓之初字。"

嘉（jiā）

嘉，美也。从壴，加声。古牙切。

【译文】嘉，美善。从壴，加声。

豈部

豈（qǐ）

豈，还师振旅乐也。一曰：欲也，登也。从豆，微省声。凡豈之属皆从豈。墟喜切。

【译文】豈，得胜归来使军队振奋的乐曲。另一义说，是希望之意，是升登之意。从豆，微省去彳为声。大凡豈的部属都从豈。

愷（kǎi）

愷①，康也。从心、豈，豈亦声。苦亥切。

【译文】愷，康乐。由心、豈会意，豈也表声。

【注释】①愷：朱骏声《通训定声》："按：豈愷实同字，后人加心耳。亦作凯，从豈，几声。"

豆部

豆（dòu）

豆，古食肉器也。从口，象形。凡豆之属皆从豆。徒候切。

【译文】豆，古代吃肉盛用的器皿。从口，象形。大凡豆的部属都从豆。

梪（dòu）

梪，木豆谓之梪。从木、豆。徒候切。

【译文】梪，木制的豆器叫作梪。由木、豆会意。

荳（jǐn）

荳，䥯也。从豆，蒸省声。居

隐切。

【译文】䘳,瓠瓢。从豆,蒸省声。

登 (wān)

登,豆饴也。从豆,夗声。一丸切。

【译文】登,芽豆煎成的糖。从豆,夗声。

豋 (dēng)

豋,礼器也。从収持肉在豆上。读若镫同。都滕切。

【译文】豋,礼器。由"収"(双手)持握着"肉"放在"豆"器上。音读与"镫"字相同。

豊部

豊 (lǐ)

豊,行礼之器也。从豆,象形。凡豊之属皆从豊。读与礼同。卢启切。

【译文】豊,祭祀行礼的器皿。从豆,象形。大凡豊的部属都从豊。音读与"礼"字相同。

豑 (zhì)

豑,爵之次弟也①。从豊,从弟②。《虞书》曰:"平豑东作。"直质切。

【译文】豑,爵的次序。由豊、由弟会意。《虞书》说:"辨别并依次测定太阳东升的时刻。"

【注释】①爵:《段注》:"凡酒器皆曰爵。"②从豊,从弟:《段注》:"爵者,行礼之器,故从豊;由次弟,故从弟。"

豐部

豐 (fēng)

豐,豆之丰满者也。从豆,象形。一曰:《乡饮酒》有丰侯者。凡丰之属皆从丰。敷戎切。

【译文】豐,豆器盛物丰满的样子。从豆,象形。另一义说,《乡饮酒礼》上有叫丰的侯国。大凡丰的部属都从丰。

豔 (yàn)

豔,好而长也。从豐。豐,大也。盍声。《春秋传》曰:"美而艳。"以赡切。

【译文】豔,容色美好而又颀长。从豐;豐,表示长大。盍声。《春秋左传》说:"美好而又容色丰满。"

虍部

虛 (xī)

虛,古陶器也。从豆,虍声。凡虛之属皆从虛。许羁切。

【译文】虛,古陶器。从豆,虍(hū)声。大凡虛的部属都从虛。

號 (hào)

號,土鍪也。从虛,号声。读若镐。胡到切。

【译文】號,敞口陶锅。从虛,号声。音读像"镐"字。

虍部

虍 (hū)

虍,虎文也。象形。凡虍之属皆从虍。荒乌切。

【译文】虍,老虎的斑文。象形。大

凡虍的部属都从虍。

虞 (yú)

虞，驺虞也。白虎黑文，尾长于身。仁兽，食自死之肉。从虍，吴声。《诗》曰："于嗟乎，驺虞。"五俱切。

【译文】虞，驺（zōu）虞。白色的老虎，黑色的花纹，尾巴比身体长。是仁爱的野兽，吃自死之兽的肉。从虍，吴声。《诗经》说："唉哟！真是驺虞啊。"

虙 (fú)

虙，虎皃。从虍，必声。房六切。

【译文】虙，老虎的样子。从虍，必声。

虔 (qián)

虔，虎行皃。从虍，文声。读若矜。渠焉切。

【译文】虔，老虎行步坚定的样子。从虍，文声。音读像"矜"字。

虐 (nüè)

虐，残也。从虍，虎足反爪人也。鱼约切。

【译文】虐，残害。从虍，像虎爪翻过来抓人。

虎部

虎 (hǔ)

虎，山兽之君。从虍，虎足象人足。象形。凡虎之属皆从虎。呼古切。

【译文】虎，山中野兽的君长。从虍，虎字的足，像人字的足。像虎蹲踞之形。大凡虎的部属都从虎。

彪 (biāo)

彪，虎文也。从虎，彡象其文也①。甫州切。

【译文】彪，老虎的花纹。从虎，彡像虎身上的花纹。

【注释】①彡：《段注》："彡，毛、饰、画、文也。故虎文之字从之。"

虢 (guó)

虢，虎所攫画明文也①。从虎，寽声。古伯切。

【译文】虢，老虎爪子攫画的清楚的痕迹。从虎，寽声。

【注释】①所攫画明文：所攫所画之明文。

虩 (xì)

虩，《易》："履虎尾，虩虩。"恐惧。一曰：蝇虎也。从虎，䜌声。许隙切。

【译文】虩，《易经》："踩着老虎尾巴，虩虩而惧。"虩虩，恐惧之貌。另一义说，虩是蝇虎。从虎，䜌声。

厜 (sī)

厜，委厜，虎之有角者也。从虎，厂声。息移切。

【译文】厜，委厜，虎中有角的一种。从虎，厂声。

皿部

皿 (mǐn)

皿，饭食之用器也。象形。与豆

同意。凡皿之属皆从皿。读若猛。武永切。

【译文】皿，盛饭食的用器。象形。与豆字构形同意。大凡皿的部属都从皿。音读像"猛"字。

盂（yú）

盂，饭器也。从皿，亏声。羽俱切。

【译文】盂，盛饭的器皿。从皿，亏声。

盛（chéng）

盛，黍稷在器中以祀者也。从皿，成声。氏征切。

【译文】盛，放在器皿里用以祭祀的黍稷。从皿，成声。

盎（àng）

盎，盆也①。从皿，央声。乌浪切。

【译文】盎，盆类器皿。从皿，央声。

【注释】①盆：《急就篇》第三章颜师古注："缶、盆、盎一类耳。缶即盎也，大腹而敛口；盆则敛底而宽上。"

盆（pén）

盆，盎也。从皿，分声。步奔切。

【译文】盆，盎类器皿。从皿，分声。

醯（xī）

醯，酸也。作醓以鬻以酒。从鬻、酒并省，从皿。皿，器也。呼鸡切。

【译文】醯，醋。用粥、用酒作成醋。由鬻、酒一并省成"醓"，再与"皿"组合会意。皿，是器皿。

益（yì）

益，饶也。从水、皿。皿益之意也①。伊昔切。

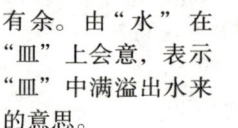

【译文】益，富饶有余。由"水"在"皿"上会意，表示"皿"中满溢出水来的意思。

【注释】①皿益：谓皿水溢出。

盉（hé）

盉，调也。从皿，禾声。户戈切。

【译文】盉，调味。从皿，禾声。

盈（yíng）

盈，满器也。从皿、夃。以成切。

【译文】盈，贮满器皿。由皿、夃会意。

盡（jìn）

盡①，器中空也。从皿，聿声。慈刃切。

【译文】盡，器物中空。从皿，聿声。

【注释】①盡：《左传·宣公二年》："（宣子）使尽之，而为箪食与肉，寘诸橐以与之。"

盅（zhōng）

盅，器虚也。从皿，中声。《老子》曰："道盅而用之。"直弓切。

【译文】盅，器皿空虚。从皿，中声。《老子》说："道虚而使用它。"

盦（ān）

盦，覆盖也。从皿，酓声。乌

合切。①

【译文】盦,覆盖。从皿,舍声。

【注释】①合:《段注》:"合当作含。"

盌 (wēn)

盌,仁也。从皿,以食囚也。官溥说。乌浑切。

【译文】盌,温仁。从皿,用"皿"器让"囚"吃饮。是官溥的说法。

盥 (guàn)

盥,澡手也。从臼水临皿。《春秋传》曰:"奉匜沃盥。"古玩切。

【译文】盥,洗手。由表示两手的"臼"承"水"临于盘"皿"之上会意。《春秋左传》说:"(怀嬴)捧着灌水的匜浇水,(重耳)洗手。"

血部

血 (xuè)

血,祭所荐牲血也。从皿,一象血形。凡血之属皆从血。呼决切。

【译文】血,祭祀时献给神明的牲畜的血。从皿,一象血形。大凡血的部属都从血。

衃 (pēi)

衃①,凝血也。从血,不声。芳杯切。

【译文】衃,淤血。从血,不声。

【注释】①衃:《素问·五藏生成论》:"赤如衃血者死。"王冰注:"衃血,谓败恶凝聚之血,色赤黑也。"

盡 (jīn)

盡①,气液也。从血,聿声。将邻切。

【译文】盡,气血的津液。聿血,穿声。

【注释】①盡:《段注》:"此字各书皆假'津'(渡水)为之。"

衋 (tíng)

衋①,定息也。从血,粤省声。读若亭。特丁切。

【译文】衋,安定、停息。从血,粤省声。音读像"亭"字。

【注释】①衋:王筠《句读》:"停者,衋之俗字。""人劳则息不循其常,小竭以安定之也。"

衄 (nù)

衄,鼻出血也。从血,丑声。女六切。

【译文】衄,鼻出血。从血,丑声。

膿 (nóng)

膿,肿血也①。从血,䢇省声。奴冬切。

【译文】膿,肿块的脓血。从血,䢇省声。

【注释】①肿血:《段注》:"肿,痈(yōng,毒疮)也。停滞之血则为膿。"

卹 (xù)

卹,忧也。从血,卩声。一曰:鲜少也①。辛聿切。

【译文】卹,忧虑。从血,卩声。另一义说,卹是少。

【注释】①鲜少:同义复合。

盡 盡 (xì)

盡，伤痛也。从血、聿①，皕声。《周书》曰②："民（冈）[罔]不盡伤心。"许力切。

【译文】盡，悲伤痛苦。由血、聿会意，皕声。《周书》说："老百姓没有人不悲痛伤心。"

【注释】① 从血、聿：聿，从又持巾。此谓用手持巾洗刷流血的伤口。②《周书》：指《酒诰》。

衉 衉 (kàn)

衉，羊凝血也①。从血，臽声。苦绀切。

【译文】衉，羊的凝结了的血。从血，臽声。

【注释】① 羊凝血：即牲畜的血凝合后切片所作的羹汁。徐锴《系传》："衉，血羹也。"王筠《句读》引《证俗音》说："南方谓凝牛羊鹿血为衉。"

衊 衊 (miè)

衊，污血也。从血，蔑声。莫结切。

【译文】衊，污浊的血。从血，蔑声。

、部

、 (zhǔ)

、，有所绝止，、而识之①。凡、之属皆从、。知庾切。

【译文】、，有断绝、停止的地方，打、号标志它。大凡、的部属都从、。

【注释】① 、而识之：朱骏声《通训

定声》："今诵书，点其句读，亦其一端也。"

主 主 (zhǔ)

主，镫中火主也。从呈，象形。从、①，、亦声。之庾切。

【译文】主，灯中的火炷。从呈，像灯盏、灯架之形；从、；、也表声。

【注释】① 从、：《段注》："、主古今字。主炷亦古今字。"朱骏声《通训定声》："、像火炎上，其形同（表绝止的、），实非、字。"

音 音 (pǒu)

音，相与语，唾而不受也。从、，从否①，否亦声②。天口切③。

【译文】音，一起说话，（一方对另一方）唾弃而不听受。由、、由否会意，、也表声。

【注释】① 从、、从否：《段注》："不部曰：'否，不也。'从、否者，主于不然也。"② 否：当从《段注》作"、"，段氏说"或字从豆声，豆与、同部。"③ 天口切：当音 tǒu，今作"唗"；pǒu 音变为 pēi，今作"呸"。

丹部

丹 丹 (dān)

丹，巴越之赤石也。象采丹井，一象丹形。凡丹之属皆从丹。都寒切。

【译文】丹，巴郡、南越出产的朱砂。像采掘朱砂的井，一像朱砂形。大

凡丹的部属都从丹。

朡 (huò)

朡，善丹也。从丹，蒦声。《周书》曰："惟其敿丹朡。"读若雀［霍］。乌郭切。

【译文】朡，美好的朱砂。从丹，蒦声。《周书》说："应该涂抹好美好的颜料。"音读像"霍"字。

彤 (tóng)

彤，丹饰也。从丹，从彡。彡，其画也。徒冬切。

【译文】彤，用红色涂饰器物。由丹、由彡会意。彡表示涂饰。

青部

青 (qīng)

青，东方色也。木生火，从生、丹。丹青之信，言（象）［必］然①。凡青之属皆从青。仓经切。

【译文】青，代表东方的颜色。木生火，（丹、火都是赤色），所以由生、丹会意。"丹青之信"这句话，是说一定这样。大凡青的部属都从青。

【注释】① 象：段桂王朱钱均作"必"。

静 (jìng)

静，审也。从青，争声。疾郢切。

【译文】静，明审。从青，争声。

井部

井 (jǐng)

井，八家一井，象构韩形，罋之象也。古者

伯益初作井。凡井之属皆从井。子郢切。

【译文】井，八家共汲一井，（井）像四周构架的木栏形，是汲缾的样子。古时候叫伯益的最初作井。大凡井的部属都从井。

阱 (jǐng)

阱，陷也。从𨸏，从井，井亦声。疾正切。

【译文】阱，陷阱。由𨸏、由井会意，井也表声。

刱 (xíng)

刱，罚辠也。从井，从刀。《易》曰："井，法也。"井亦声。户经切。

【译文】刱，惩罚罪过。由井、由刀会意。《易经》说："井水之平，是法律的象征。"井也表声。

刱 (chuàng)

刱，造法刱业也。从井，刃声。读若创。初亮切。

【译文】刱，创造法则，创造事物。从井，刃声。音读像"创伤"的"创"字。

皀部

皀 (xiāng)

皀，谷之馨香也。象嘉谷在裹中之形；匕，所以扱之。或说，皀，一粒也。凡皀之属皆从皀。又读若香。皮及切。

【译文】皀，谷的芬芳的香气。（白）像美好的谷子在谷皮之中的样子；匕，是用来取饭的工具。另一义说，皀是一粒。大凡皀的部属都从皀。又，音读像"香"字。

即 (jí)

即①，即食也。从皀，卪声。子力切。

【译文】即，人就食。从皀，卪声。

【注释】①即：本义是去就、靠近。《周易·鼎》："鼎有实，我仇有疾，不我能即。"孔颖达疏："即，就也。"《诗经·卫风·氓》："匪来贸丝，来即我谋。"郑玄笺："即，就也。"

既 (jì)

既，小食也。从皀，旡声。《论语》曰："不使胜食既。"居未切。

【译文】既，小的食物。从皀，旡声。《论语》说："不使肉食胜过米食。"

鬯部

鬯 (chàng)

鬯，以秬酿郁艹，芬芳（攸服）[条畅]，以降神也。从凵，凵，器也；中象米；匕，所以扱之。《易》曰："不丧匕鬯。"凡鬯之属皆从鬯。丑谅切。

【译文】鬯，用黑黍酒和郁金香草酿在一起，使它芬芳条畅，用以降神。从凵，凵，是盛饭食的器具；中间像米；匕，是取食的勺子。《易经》说："不丧失勺子里的鬯酒。"大凡鬯的部属都从鬯。

爵 (jué)

爵，礼器也。象爵之形，中有鬯酒，又持之也。所以饮。器象爵者，取其鸣节节足足也。即略切。

【译文】爵，行礼用的酒器。像雀之形，中间有鬯酒，"又"表示用手握着。是用来饮酒的器皿。饮器像雀的缘故，是取其注酒声像雀鸣声节节足足。

食部

食 (shí)

食，一米也。从皀，亼声。或说：亼皀也。凡食之属皆从食。乘力切。

【译文】食，聚集的米。从皀，亼声。另一义说，（食）由亼、皀会意。

饴 (yí)

饴，米糵煎也。从食，台声。与之切。

【译文】饴，米芽煎熬而成的糖浆。从食，台声。

饼 (bǐng)

饼，面餈也。从食，并声。必郢切。

【译文】饼，用面粉制成的扁圆形的食品。从食，并声。

籑 (zhuàn)

籑，具食也。从食，算声。士恋切。

【译文】籑，准备或陈列饮食。从食，算声。

養 (yǎng)

养①；供养也。从食，羊声。余两切。

【译文】养，供给养护。从食，羊声。

【注释】①养：本义是养育。《周

易·颐》:"天地养万物。"

飯 (fàn)

飯,食也。从食,反声。符万切。

【译文】飯,煮熟的谷类食物。从食,反声。

餐 (cān)

餐,吞也。从食,奴声。七安切。

【译文】餐,吞吃。从食,奴声。

餔 (bū)

餔,日加申时食也①。从食,甫声。博狐切。

【译文】餔,日头在申时吃晚饭。从食,甫声。

【注释】①日加申:谓日在申时。申时食即夕食。《三苍》:"餔,夕食也。"谓申时食。

鎌 (lián)

鎌,𠮶也。从食,兼声。读若风溓溓。一曰:廉洁也。力盐切。

【译文】鎌,小吃。从食,兼声。音读像"风溓溓"的"溓"字。另一义说:鎌是廉洁。

飽 (bǎo)

飽①,猒也。从食,包声。博巧切。

【译文】飽,吃饱。从食,包声。

【注释】①飽:吃个够。《诗经·秦风·权舆》:"今也每食不飽。"《论语·学而》:"君子食无求飽,居无求安。"

饒 (ráo)

饒,饱也。从食,堯声。如昭切。

【译文】饒,(很)饱。从食,堯声。

餘 (yú)

餘,饶也。从食,余声。以诸切。

【译文】餘,丰足。从食,余声。

館 (guǎn)

館,客舍也。从食,官声。《周礼》:五十里有市,市有馆,馆有积,以待朝聘之客。古玩切。

【译文】館,接待宾客的房屋。从食,官声。《周礼》说:每五十里有集市,集市上有馆舍,馆舍里有聚积的粮草,用以接待朝拜、问候的宾客。

饕 (tāo)

饕,贪也。从食,號声。土刀切。

【译文】饕,贪食。从食,號声。

餮 (tiè)

餮,贪也。从食,殄省声。《春秋传》曰:"谓之饕餮。"他结切。

【译文】餮,贪食。从食,殄省声。《春秋左传》说:"叫它作饕餮。"

饖 (wèi)

饖,饭伤热也。从食,岁声。于废切。

【译文】饖,饭因暑热而臭败。从食,岁声。

饐 (yì)

饐,饭伤湿也。从食,壹声。乙冀切。

【译文】饐,饭因湿郁而腐臭。从食,壹声。

饐 （ài）

饐，饭饐也。从食，壹声。《论语》曰："食饐而餲。"乙例切。又，乌介切。

【译文】饐，饭经久变味。从食，壹声。《论语》说："饭食腐臭而变味。"

饉 （jǐn）

饉，蔬不孰为饉。从食，堇声。渠吝切。

【译文】饉，蔬菜不熟叫饉。从食，堇声。

饑 （jī）

饑①，谷不孰为饑。从食，幾声。居衣切。

【译文】饑，五谷不熟叫饑。从食，幾声。

【注释】①饑：饥荒。《诗经·小雅·雨无正》："降丧饥馑，斩伐四国。"毛亨传："谷不熟曰饥，蔬不熟曰馑。"

飢 （jī）

飢，饿也。从食，几声。居夷切。

【译文】飢，饥饿。从食，几声。

餓 （è）

餓，飢也。从食，我声。五个切。

【译文】餓，饥饿。从食，我声。

亼部

合 （hé）

合，合口也。从亼，从口。候阁切。

【译文】合，两口相合。由亼、由口会意。

今 （jīn）

今，是时也。从亼，从𠃍。𠃍，古文及。居音切。

【译文】今，（目前）这个时候。由亼、由𠃍会意。𠃍，古文及字。

侖 （lún）

侖，思也。从亼，从冊。力屯切。

【译文】侖，思理。由亼、由冊会意。

舍 （shè）

舍，市居曰舍。从亼、屮，象屋也；口象筑也。始夜切。

【译文】舍，宾客居住的房子叫舍。从亼、屮，像屋；口像筑的垣墙。

會部

會 （huì）

會，合也。从亼，从曾省。曾，益也。凡会之属皆从会。黄外切。

【译文】會，会合。由亼、由曾省会意。曾，表示增益。大凡会的部属都从会。

朇 （pí）

朇，益也。从會，卑声。符支切。

【译文】朇，增益。从會，卑声。

入部

入 （rù）

入①，内也。象从上俱下也。凡入

之属皆从入。人
汁切。

【译文】入，进入。像从上面都下来。大凡入的部属都从入。

【注释】①入：《尚书·君陈》："尔有嘉谋嘉猷，则入告尔后于内。"

内 (nèi)

内①，入也。从冂，自外而入也。奴对切。

【译文】内，进入。从冂，（入）像从外面进入。

【注释】①内：里面。《左传·庄公十四年》："国内之民，其谁不为臣！"

仝 (quán)

仝，完也。从入，从工。疾缘切。

【译文】仝，完好。由入、由工会意。

缶部

缶 (fǒu)

缶，瓦器。所以盛酒浆。秦人鼓之以节歌。象形。凡缶之属皆从缶。方九切。

【译文】缶，陶器。用来盛酒浆的器皿。秦地人敲击着它来为唱歌打拍子。象形。大凡缶的部属都从缶。

㲉 (kòu)

㲉，未烧瓦器也。从缶，㱿声。读若筩莩。又苦候切。

【译文】㲉，未经烧制的陶器。从缶，㱿声。音读像竹筒中莩皮的"莩"字。

匋 (táo)

匋，瓦器也。从缶，包省声。古者昆吾作匋。案：《史篇》读与缶同。徒刀切。

【译文】匋，用陶土烧制的器皿。从缶，包省声。古时候名叫昆吾的制作陶器。按：《史籀篇》"陶"的音读与"缶"字同。

罂 (yīng)

罂，缶也。从缶，賏声。乌茎切。

【译文】罂，缶器。从缶，賏(yīng)声。

罃 (yīng)

罃，备火，长颈缾也。从缶，熒省声。乌茎切。

【译文】罃，又叫备火，即长颈瓶。从缶，熒省火为声。

缸 (gāng)

缸，瓦也①。从缶，工声。下江切。

【译文】缸，陶器。从缶，工声。

【注释】①瓦：各本均作"瓨"。此作瓦，误。朱骏声《通训定声》说："缸即瓨之异体。"

缺 (quē)

缺，器破也。从缶，决省声。倾雪切。

【译文】缺，陶器破缺。从缶，决省声。

罅 (xià)

罅，裂也。从缶，虖声。缶烧善裂也。呼迓切。

【译文】罅，陶器裂开。从缶，虖声。陶器烧制，多破裂。

罄 (qìng)

罄，器中空也①。从缶，殸声。殸，古文磬字。《诗》云："缾之罄矣。"苦定切。

【译文】罄，器皿中空。从缶，殸声。殸，古文磬字。《诗经》说："瓶瓮已是空空的了。"

【注释】① 器中空：徐灏《段注笺》："器中空则物尽，故罄有尽义，引申为凡空之偁。"

罊 (qì)

罊，器中尽也。从缶，設声。苦计切。

【译文】罊，器中尽。从缶，設声。

𦈢 (xiàng)

𦈢，受钱器也。从缶，后声。古以瓦，今以竹。大口切。又，胡讲切。

【译文】𦈢，储存钱的器皿。从缶，后声。古代用陶制成，今天用竹制成。

矢部

矢 (shǐ)

矢，弓弩矢也。从入，象镝栝羽之形。古者夷牟初作矢。凡矢之属皆从矢。式视切。

【译文】矢，弓弩用的箭。从入，像箭头、箭末扣弦处、箭羽的样子。古时候，名叫夷牟的人最早制作箭。大凡矢的部属都从矢。

矯 (jiǎo)

矯，揉箭箝也。从矢，喬声。居夭切。

【译文】矯，把箭揉直的箝子。从矢，喬声。

短 (duǎn)

短，有所长短，以矢为正。从矢，豆声。都管切。

【译文】短，有所测量，用箭作标准。从矢，豆声。

知 (zhī)

知，词也①。从口，从矢。陟离切。

【译文】知，识的意思。由口、由矢会意。

【注释】① 词：当依《玉篇》作"识"。

矣 (yǐ)

矣，语已词也。从矢，以声。于已切。

【译文】矣，表示语意已止的虚词。从矢，以声。

高部

高 (gāo)

高，崇也。象台观高之形。从冂，口与仓舍同意。凡高之属皆从高。古牢切。

【译文】高，崇高。像台观高耸的样子。从冂；口，与仓字舍字下部从口，构形同意。大凡高的部属都从高。

亳 (bó)

亳，京兆杜陵亭也①。从高省，乇声。旁各切。

【译文】亳，京兆地方杜陵亭。从高省，乇(zhé)声。

【注释】①京兆：汉代京畿的行政区划名，为三辅之一，即今陕西西安市以东至华县之地。

亭 (tíng)

亭，民所安定也。亭有楼，从高省，丁声。特丁切。

【译文】亭，人们安定的处所。亭上有楼，从高省，丁声。

冂部

冂 (jiōng)

冂，邑外谓之郊，郊外谓之野，野外谓之林，林外谓之冂。象远界也。凡冂之属皆从冂。古荧切。

【译文】冂，国都之外叫作郊，郊外叫作野，野外叫作林，林外叫作冂。冂，像远方的界画。大凡冂的部属都从冂。

市 (shì)

市，买卖所之也①。市有垣，从冂；从㇒，㇒，古文及，象物相及也；之省声。时止切。

【译文】市，买卖时去的处所。集市有垣墙，所以从冂；又从㇒，㇒是古文及字，表示物与物相连及的意思；之省声。

【注释】①买卖所之：之，往。徐灏《段注笺》："古之为市，聚散有常，交易而退，故曰：'买卖所之。'非如今世俗之店铺也。今之墟集犹存古意。"

㞢 (yín)

㞢，淫淫①，行皃。从人出冂。余箴切。

【译文】㞢，淫淫，行走的样子。由"人"走出远界的"冂"会意。

【注释】①淫淫：《文选·羽猎赋》："淫淫与与。"李善注："淫淫、舆舆，皆行皃也。"

雇 (hú)

雇，高至也。从隹上欲出冂①。《易》曰："夫干雇然②。"胡沃切。

【译文】隹，高到了极点。由"隹"向上飞翔想飞出远界的"冂"会意。《易经》说："天高高的。"

【注释】①从隹：《段注》："上翔欲远行也。"②《易》：指《系辞》。"雇"今作"确"。干：代表天。

央 (yāng)

央，中央也。从大在冂之内，大，人也。央㫃同意①。一曰：久也。于良切。

【译文】央，中央。"大"字在"冂"字的内中，大就是正立的人。央、㫃二字构形同意。另一义说：央是久。

【注释】①央㫃同意：央字所从之冂，与㫃字之𠃌，都表示旁边，所以说央旁同意。

京部

京 (jīng)

京，人所为绝高丘也①。从高省，丨象高形。凡京之属皆从京。举卿切。

【译文】京，人工筑起的最高的丘。从高字省，丨像高的样子。大凡京的部属都从京。

【注释】①人所为：朱骏声《通训定声》："对文则人力所作者为京，地体自然者为邱；散文则亦通称也。"

就 （jiù）

就，就高也①。从京，从尤②。尤异于凡也。疾僦切。又，普庚切。又，许庚切。

【译文】就，趋向高地而居住。由京、由尤会意。尤，表示比一般不同的意思。

【注释】①就高：桂馥《义证》："此言人就高以居也。"②从京，从尤：孔广居《疑疑》："京，高丘也。古时洪水横流，故高丘之异于凡者，人就之。"

㐭部

㐭 （hēng）

㐭，献也。从高省，曰象进孰物形。《孝经》曰①："祭则鬼㐭之。"凡㐭之属皆从㐭。许两切。又，普庚切。又，许庚切。

【译文】㐭，献。高字省去冋，曰像进献的熟食之形。《孝经》说："祭祀，鬼神就来享用食物。"大凡㐭的部属都从㐭。

【注释】①《孝经》：指《孝治章》。

筁 （dǔ）

筁，厚也。从㐭，竹声。读若笃。冬毒切。

【译文】筁，厚。从㐭，竹声。音读像"笃"字。

𩫖部

厚 （hòu）

厚，山陵之厚也①。从𩫖，从厂。胡口切。

【译文】厚，山陵的高厚。由𩫖、由厂会意。

【注释】①山陵之厚：王筠《句读》："𩫖是饮食之𩫖，厚则山陵之厚。各有专义也。"今厚、𩫖通用。

靣部

靣 （lǐn）

靣，谷所振入。宗庙粢盛，仓黄靣而取之①，故谓之靣。从入，回象屋形，中有户牖。凡靣之属皆从靣。力甚切。

【译文】靣，百谷收藏的地方。宗庙祭祀的谷物，颜色苍黄之际，小心谨慎地取来，所以叫作靣。从入，回像收藏的屋的样子，内中的口表示有窗户。大凡靣的部属都从靣。

【注释】①靣：饶炯《部首订》："靣者，有谨慎爱惜之意。"

稟 （bǐng）

稟，赐谷也①。从靣，从禾。笔锦切。

【译文】稟，赐给的谷物。由靣、由禾会意。

【注释】①赐谷：《段注》："凡赐谷曰稟，受赐亦曰稟。"

亶 (dǎn)

亶，多谷也①。从㐭，旦声。多旱切。

【译文】亶，谷物多。从㐭，旦声。

【注释】①多谷：《段注》："亶之本义为多谷，故其字从㐭。引伸之义为厚也，信也，诚也。"

嗇部

嗇 (sè)

嗇，爱瀒也。从来，从㐭①。来者，㐭而藏之。故田夫谓之嗇夫。凡嗇之属皆从嗇②。所力切。

【译文】嗇，爱惜。由来、由㐭会意。麦子之类的谷物，用仓廪把它收藏起来。所以农夫叫作嗇夫。大凡嗇的部属都从嗇。

【注释】①从来，从㐭：来，麦。㐭，藏。②嗇：朱骏声《通训定声》："此字本训当为收谷，即穑之古文也。"

牆 (qiáng)

牆，垣蔽也。从嗇，爿声。才良切。

【译文】墙，墙垣蔽障。从嗇，爿声。

來部

來 (lái)

來，周所受瑞麦来麰①。一来二缝②，象芒朿之形。天所来也，故为行来之来③。《诗》曰："诒我来麰。"凡来之属皆从来。洛哀切。

【译文】来，周地所接受的优良麦子——来和麰。一根麦杆两颗麦穗，像麦芒麦刺的形状。(来是)上天赐来的，所以用作往来的来字。《诗经》说："送给我们小麦和大麦。"大凡来的部属都从来。

【注释】①来：来本为麦名，后又加旁作秾。假借为行来之来。②缝：通锋。一来二缝，谓一茎二穗。③行来：往来。《后汉书·陆康传》："不得行来。"章怀注："行来犹往来也。"

麥部

麥 (mài)

麥，芒谷①，秋种厚薶②，故谓之麦。麦，金也。金王而生，火王而死③。从來④，有穗者；从夊⑤。凡麦之属皆从麦。莫获切。

【译文】麦，有芒刺的谷。秋天种下，厚厚地埋着，所以叫它作麦。麦，属金。金旺就生长，火旺就死亡。从来，因麦是有穗的谷物；从夊。大凡麦的部属都从麦。

【注释】①芒谷：《段注》："有芒刺之谷也。"②秋种句：《淮南·地形训》："麦秋生夏死。"薶(埋)、麦，叠韵为训。③王：通旺。金旺，指秋天。火旺，指夏天。五行说，秋属金，夏属火。④从來：《段注》："有穗犹有芒也，有芒故从來，來象芒束也。"⑤从夊(suī)：夊，训行。从夊者，表示自天降下之意。郑樵谓夊像其根，非许意。

麩 (hé)

麩，坚麦也。从麥，气声。乎没切。

【译文】麩，坚硬的麦粒。从麦粒，气声。

麩 (fū)

麩①，小麦屑皮也。从麥，夫声。甫无切。

【译文】麩，小麦的碎屑和麦皮。从麥，夫声。

【注释】①麩：麩子。《齐民要术・大小麦》：" 青稞麦，……石八九斗面，堪作饭及饼饦，甚美，磨，总尽无麩。"

夊部

夊 (cuī)

夊，行迟曳夊夊，象人两胫有所躧也。凡夊之属皆从夊。楚危切。

【译文】夊，行路迟缓、摇曳，绥绥（不能举步），像人的两腿上有所拖曳的样子。大凡夊的部属都从夊。

致 (zhì)

致，送诣也①。从夊，从至。陟利切。

【译文】致，送到。由夊、由至会意。

【注释】①送诣：《段注》："言部曰：'诣，候至也。'送诣者，送而必至其处也。引伸为召致之致。"

㤅 (ài)

㤅，行皃。从夊，㤅声。乌代切。

【译文】㤅，行走的样子。从夊，㤅(ài)声。

夏 (xià)

夏①，中国之人也。从夊，从頁，从臼。臼，两手；夊，两足也。胡雅切。

【译文】夏，中原地区的人。由夊、由頁、由臼会意。臼，表示两只手；夊，表示两只脚。

【注释】①夏：《段注》："以别于北方狄、东北貉、南方蛮闽、西方羌、西南僬侥、东方夷也。"徐灏笺："夏时夷狄始入中国，因谓中国人为夏人，沿旧称也。"

夔 (kuí)

夔，神魖也。如龙，一足，从夊；象有角、手、人面之形。渠追切。

【译文】夔，神奇的怪物。样子像龙，一只脚，所以从夊；像有头角、手、人面的样子。

舛部

舛 (chuǎn)

舛，对卧也。从夊㐄相背。凡舛之属皆从舛。昌兖切。

【译文】舛，相对而卧，由夊、㐄相背会意。大凡舛的部属都从舛。

舞 (wǔ)

舞，乐也。用足相背，从舛，無声。文抚切。

【译文】舞，乐的一种形式。用两足相背（表示起舞踩踏），所以从舛，無声。

舜部

舜 (shùn)

舜①，艸也。楚谓之葍，秦谓之藑。蔓地连华。象形。从舛，舛亦声。凡舜之属皆从舜。舒闰切。

【译文】舜，草名。楚地叫它葍(fú)，秦地叫它蔓(qióng)。蔓延布地，连花而生。象形。从舛，舛也表声。大凡舜的部属都从舜。

【注释】①舜：《段注》："艸部曰：'蔓，茅菅也。一名舜。'是一物三名也。"按：隶省作"舜"，因变为"舜"。

韋部

韋 (wéi)

韋，相背也。从舛，口声。兽皮之韋①，可以束枉戾相韋背②，故借以为皮韋。凡韋之属皆从韋。宇非切。

【译文】韋，相违背。从舛，口(wéi)声。兽皮的熟皮，可用来缠束矫正弯曲相违之物，所以借用为皮韋的"韋"字。大凡韋的部属都从韋。

【注释】①韋：熟皮。《字林》："韋，柔皮也。"②可以句：可以束枉戾而违背的物体。

韎 (mèi)

韎，茅蒐染韋也，一入曰韎。从韋，末声。莫佩切。

【译文】韎，用茅蒐草染熟牛皮，初次染入叫韎。从韋，末声。

韘 (shè)

韘，射决也。所以拘弦，以象骨韋系，着右巨指。从韋，葉声。《诗》曰："童子佩韘。"失涉切。

【译文】韘，射箭用的决。用来钩弦的器具，用象骨制成，用熟牛皮作纽带，附着在右手大拇指上。从韋，葉声。《诗经》说："童子佩带着射箭用的决。"

韜 (tāo)

韜，剑衣也。从韋，舀声。土刀切。

【译文】韜，剑套。从韋，舀声。

韏 (quàn)

韏，革中辨谓之韏。从韋，叅声。九万切。

【译文】韏，皮革中间相交合的皮条叫作韏。从韋，叅(juàn)声。

韏 (jiū)

韏①，收束也。从韋，糕声②。读若酋。即由切。

【译文】韏，收束。从韋，糕声。音读像"酋"字。

【注释】①韏：《方言》二："掔(韏)，细也。敛物而细，秦晋谓之掔。"②糕(zhuō)声：糕从焦声。吴人读如焦。

韓 (hán)

韓，井垣也。从韋，取其匝也；倝声。胡安切。

【译文】韓，井栏。从韋，取其周围的意思；倝(gàn)声。

弟部

弟 (dì)

弟，韋束之次弟也。从古字之象。凡弟之属皆从弟。特计切。

【译文】弟，用牛皮束物的次序。小篆采用古文的样子。大凡弟的部属都从弟。

夂部

夂 (zhǐ)

夂,从后至也。象人两胫后有致之者。凡夂之属皆从夂。读若黹。陟侈切。

【译文】夂,从后面送到。像人的两腿后面有送它的力量。大凡夂的部属都从夂。音读像"黹"字。

夆 (fēng)

夆,啎也。从夂,丰声。读若缝。敷容切。

【译文】夆,相逢。从夂,丰(fēng)声。音读像"缝"字。

夅 (xiáng)

夅,服也。从夂牛相承,不敢并也。下江切。

【译文】夅,降服。由夂、牛二字相承会意,表示不敢相并的意思。

久部

久 (jiǔ)

久,(以)[从]后灸之,象人两胫后有距也。《周礼》曰:"久诸墙以观其桡。"凡久之属皆从久。举友切。

【译文】久,从后面支拒着,像人的两腿后面有抵拒的东西。《周礼》说:"(把矛戟的柄)支拒在两墙之间,看它是否弯曲。"大凡久的部属都从久。

桀部

桀 (jié)

桀,磔也。从舛在木上也。凡桀之属皆从桀。渠列切。

【译文】桀,分张肢体。由"舛"在"木"上会意。大凡桀的部属都从桀。

磔 (zhé)

磔,辜也。从桀,石声。陟格切。

【译文】磔,分裂肢体令其干枯而不收。从桀,石声。

木部

木 (mù)

木,冒也。冒地而生。东方之行①。从中,下象其根。凡木之属皆从木。莫卜切。

【译文】木,冒覆。冒覆土地而生长着。是代表东方的物质。上从中,下面像它的根。大凡木的部属都从木。

【注释】①东方句:古五行说,东方属木。

橘 (jú)

橘,果。出江南。从木,矞声。居聿切。

【译文】橘,果木名。出产在江南。从木,矞声。

橙 (chéng)

橙,橘属。从木,登声。丈庚切。

【译文】橙,橘树一类。从木,登声。

樝 (zhā)

樝①,果似梨而酢。从木,虘声。侧加切。

【译文】樝，果实像梨而味酸。从木，虘声。

【注释】①樝：桂馥《义证》："字又作楂。"

柚（yòu）

柚，条也①。似橙而酢。从木，由声。《夏书》曰："厥包橘柚。"余救切。

【译文】柚，又叫条。像橙子而味酸。从木，由声。《夏书》说："他们包裹着橘、柚（作为贡品）。"

【注释】①条：《埤雅·释木》："柚似橙而大于橘"，"一名条。"

棃（lí）

棃，果名。从木，称声。力脂切。

【译文】棃，果木名。从木，称声。

楟（yǐng）

楟①，枣也，似柿。从木，粤声。以整切。

【译文】楟，楟枣，像柿子。从木，粤声。

【注释】①楟：即楟枣。《玉篇》注："楟枣似柿而小。"

柿（shì）

柿，赤寅果①。从木，朿声。鉏里切。

【译文】柿，赤心果。从木，朿声。

【注释】①赤寅果：《段注》："言果又言实者，寅谓其中也。赤中，与外同也。"

柟（nán）

柟，梅也①。从木，冉声。汝阎切。

【译文】柟，梅树。从木，冉声。

【注释】①柟：桂馥《义证》："字或作楠。"指楠木。

梅（méi）

梅，柟也。可食。从木，每声。莫桮切。

【译文】梅，楠木。又是可吃的酸果。从木，每声。

杏（xìng）

杏，果也。从木，可省声。何梗切。

【译文】杏，果木名。从本，可省声。

柰（nài）

柰，果也。从木，示声。奴带切。

【译文】柰，果木名。从木，示声。

李（lǐ）

李，果也。从木，子声。良止切。

【译文】李，果木名。从木，子声。

枇（pí）

枇，枇杷，木也。从木，比声。房脂切。

【译文】枇，枇杷，树木名。从木，比声。

柞（zuò）

柞①，木也。从木，乍声。在各切。

【译文】柞，树木名。从木，乍声。

【注释】①柞：《本草纲目·木部·柞木》："此木坚韧，可为凿枘，故俗名凿子木。"

桔 (jié)

桔，桔梗①，药名。从木，吉声。一曰：直木。古屑切。

【译文】桔，桔梗，药名。从木，屑声。另一义说：桔是直木。

【注释】①桔梗：《本草经》卷三："桔梗，味辛，微温。主胸胁痛如刀刺、腹满、肠鸣幽幽、惊恐悸气。生山谷。"

梢 (shāo)

梢，木也。从木，肖声。所交切。

【译文】梢，树木名。从木，肖声。

梭 (xùn)

梭①，木也。从木，夋声。私闰切。

【译文】梭，树木名。从木，夋声。

【注释】①梭：徐铉："今人别音稣禾切(suō)，以为机杼之属。"

椑 (bì)

椑，木也。从木，畢声。卑吉切。

【译文】椑，树木名。从木，畢声。

枸 (jǔ)

枸，木也①。可为酱。出蜀。从木，句声。俱羽切。

【译文】枸，树木名。（它的果实）可以制成酱。出产在蜀地。从木，句声。

【注释】①枸：即蒌叶，又名蒟酱、扶留藤。王筠《句读》引《汉书音义》："枸木似谷树，其叶如桑叶，用

其实作酱，酢美，蜀人以为珍味。"

枋 (fāng)

枋，木。可作车。从木，方声。府良切。

【译文】枋，树木名。可用来造车。从木，方声。

檴 (huà)

檴①，木也。以其皮裹松脂。从木，雩声。读若华。乎化切。

【译文】檴，树木名。用它的皮包裹着松脂油，（点燃它当作烛火）。从木，雩声。音读像"华"字。

【注释】①檴：徐锴《系传》："此即今人书桦字。今人以其皮卷之，燃以为烛。裹松脂亦所以为烛也。"

楊 (yáng)

楊①，木也。从木，易声。与章切。

【译文】楊，树木名。从木，易声。

【注释】①楊：《尔雅·释木》："杨，蒲柳。"郭璞注："可以为箭。"按：蒲柳即水杨。朱骏声《通训定声》："杨与柳别。杨，枝劲脆而短，叶圆阔而尖；柳，叶长而狭，枝软而韧。""散文则称柳亦通称耳。"

檉 (chēng)

檉，河柳也①。从木，聖声。敕贞切。

【译文】檉，河柳树。从木，聖声。

【注释】①河柳：《尔雅·释木》："柽，河柳。"郭璞注："今河旁赤茎小杨。"叶细如丝，婀娜可爱。又名雨师、垂丝柳、人柳、观

音柳。

柳 (liǔ)

柳①,小杨也。从木,丣声。丣,古文酉。力九切。

【译文】柳,小杨。从木,丣声。丣,古文"酉"字。

【注释】① 柳:《段注》:"杨之细茎小叶者曰柳。"《本草纲目·木部·柳》:"杨枝硬而扬起,故谓之杨;柳枝弱而垂流,故谓之柳。"按:杨、柳,析言有分,统言无别。今或并称杨柳。

栘 (yí)

栘,棠棣也①。从木,多声。弋支切。

【译文】栘,棠棣。从木,多声。

【注释】① 棠棣:《尔雅·释木》:"唐棣,栘。"郭璞注:"似白杨,江东呼夫栘。"按:棠棣即唐棣。

棣 (dì)

棣①,白棣也。从木,隶声。特计切。

【译文】棣,白棣。从木,隶声。

【注释】① 棣:《尔雅·释木》:"常棣,棣。"郭璞注:"今山中有棣树,子如樱桃,可食。"按:棠棣、白棣之别在于花色。《段注》"栘"字下:"以棠对白,则棠为赤可知。"

枳 (zhǐ)

枳①,木。似橘。从木,只声。诸氏切。

【译文】枳。树木名。像橘树。从木,只声。

【注释】① 枳:枸橘,又称臭橘。有粗刺,果小,味酸,不能食,可入药。未成熟者,中药称为"枳实",成熟而又干制者为"枳壳"。

枫 (fēng)

枫,木也。厚叶,弱枝,善摇。一名欇①。从木,风声。方戎切。

【译文】枫,树木名。厚叶,弱枝,善于摇动。一名欇树。从木,风声。

【注释】① 欇(shè):木叶摇白也。厚叶弱枝,故善摇。善摇,故名为欇。

杞 (qǐ)

杞①,枸杞也。从木,己声。墟里切。

【译文】杞,枸杞。从木,己声。

【注释】① 杞:《广韵·止韵》:"杞,木名,苟杞。春名天精子,夏名苟杞叶,秋名却老枝,冬名地骨根。"

枒 (yá)

枒①,木也。从木,牙声。一曰:车辋会也。五加切。

【译文】枒,树木名。从木,牙声。另一义说,枒(yá)是车轮外辋。

【注释】① 枒:同"椰"。王筠《句读》引《异物志》:"枒树似槟榔,无枝条,高十余丈,叶在其末,如束蒲,实大如瓠,系在树颠,若挂物也。"

檀 (tán)

檀①,木也。从木,亶声。徒干切。

【译文】檀,树木名。从木,亶声。

【注释】① 檀:《本草纲目·木部·檀》:"檀有黄白二种,叶皆如槐,皮青而泽,肌细而腻,体重而坚,状与梓榆筴蒾相似。""檀木宜杵椪锤器之用。"

櫟（lì）

櫟①，木也。从木，樂声。郎击切。

【译文】櫟，树木名。从木，樂声。

【注释】①栎：《本草纲目·果部·橡实》："秦人谓之栎，徐人谓之杼，或谓之栩"，"盖五方通语，皆一物也。"栎，柞木也。实名橡斗，皁斗。"朱骏声《通训定声》："惟木裹理（斜纹），故匠石以为不材之木。"

楝（liàn）

楝①，木也。从木，柬声。郎电切。

【译文】楝，树木名。从木，柬声。

【注释】①楝：又名苦楝。桂馥《义证》引《图经》："木高丈余，叶密如槐而长，三四月开花，红紫色，芬香满庭闲。实如弹丸，生青熟黄。"

檿（yǎn）

檿，山桑也。从木，厭声。《诗》曰："其檿其柘。"于琰切。

【译文】檿，山桑树。从木，厭声。《诗经》说："那山桑树和那柘树。"

柘（zhè）

柘①，桑也。从木，石声。之夜切。

【译文】柘，柘桑。从木，石声。

【注释】①柘：柘桑。《淮南子·时则训》："乃禁野虞，毋伐桑柘。"

梧（wú）

梧，梧桐也①。从木，吾声。一名櫬②。五胡切。

【译文】梧，梧桐树。从木，吾声。又叫櫬树。

【注释】①梧桐：桂馥《义证》引贾思勰说："桐，华而不实者曰白桐，实而皮青者曰梧桐。"今叫青桐。《段注》："其华五出，子如珠，缀于瓢边，瓢如羹匙。"②櫬（chèn）：《本草纲目·木部·梧桐》："《尔雅》谓之櫬，因其可为棺。"本书："櫬，棺也。"

桐（tóng）

桐①，荣也。从木，同声。徒红切。

【译文】桐。荣树。从木，同声。

【注释】①桐：颜师古注《急就篇》："桐即今之白桐木也。一名荣。"

橎（fán）

橎，木也。从木，番声。读若樊。附袁切。

【译文】橎，树木名。从木，番声。音读像"樊"字。

榆（yú）

榆①，榆，白枌。从木，俞声。羊朱切。

【译文】榆，榆树，白枌树。从木，俞声。

【注释】①榆：《本草纲目·木部·榆》："邢昺《尔雅》疏云：'榆有数十种，今人不能尽别，唯知荚榆、白榆、刺榆、榔榆敷者而已。'荚榆、白榆皆大榆也，有赤白二种，白者名枌。"

樵 (qiáo)

樵①,散[木]也②。从木,焦声。昨焦切。

【译文】樵,不中用的木。从木,焦声。

【注释】①樵:徐锴《系传》:"樵,散木也。散木不入于用也。"桂馥《义证》:"既不入用,惟堪作薪焚烧耳。"②散:当依徐锴《系传》作"散木"。

松 (sōng)

松①,木也。从木,公声。祥容切。

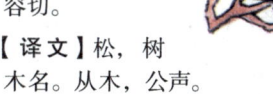

【译文】松,树木名。从木,公声。

【注释】①松:松树(常年乔木,耐寒)。《论语·子罕》:"岁寒,然后知松柏之后凋也。"

樠 (mán)

樠,松心木①。从木,㒼声。莫奔切。

【译文】樠,松心树。从木,㒼声。

【注释】①松心木:王绍兰《段注订补》:"谓樠木之心微赤,故偁松心木。"《段注》:"盖松心微赤。"

檜 (guì)

檜,柏叶松身。从木,會声。古外切。

【译文】檜,柏树的叶,松树的干。从木,會声。

樷 (cōng)

樷,松叶柏身。从木,從声。七恭切。

【译文】樷,松树的叶,柏树的身。从木,從声。

柏 (bǎi)

柏,鞠也①。从木,白声。博陌切。

【译文】柏,椈树。从木,白声。

【注释】①鞠:《尔雅》作"椈"。柏有侧柏、圆柏、刺柏多种。其性耐寒,本质坚硬,纹理致密,是良材。

机 (jī)

机①,木也。从木,几声。居履切。

【译文】机,树木名。从木,几声。

【注释】①机:徐锴《系传》:"《山海经》:'单狐山多机木。'(郭璞)注曰:'似榆,可烧以粪稻田,出蜀中。'"《段注》:"(机)盖即桤木也。今成都桤木树。渎若岂,平声。"

梔 (zhī)

梔①,黄木。可染者。从木,危声。(过委切)[章移切]。

【译文】梔,黄木。是果实可作染料的树。从木,厄声。

【注释】①梔:今之栀子树,实可染黄。

某 (méi)

某①,酸果也。从木,从甘。闕。莫厚切。

【译文】某,酸果。由木、由甘会意。闕其会意之由。

【注释】①某:徐灏《段注笺》:"'某'即今酸果'梅'字。因假借为'谁某',而为借义所专,遂假'梅'

字为之。古文'槑'或省作'呆',皆从木,象形。"

樹 (shù)

樹①,生植之总名。从木,尌声。常句切。

【译文】樹,生物中直立的东西的总称。从木,尌声。

【注释】① 樹:张舜徽《约注》:"生物之直立者,皆谓之树。"《段注》:"植,立也。"

本 (běn)

本,木下曰本。从木,一在其下①。布忖切。

【译文】本,树木下部叫本。从木,记号"一"标志在树木的下部。

【注释】① 一:徐铉:"徐锴曰:'一,记其处也。'本、末、朱皆同义。"

柢 (dǐ)

柢①,木根也。从木,氏声。都礼切。

【译文】柢,树根。从木,氏声。

【注释】① 柢:桂馥《义证》引戴侗说:"凡木命根(指主根、直根)为氏,旁根为根,通曰本。"许以根训柢,是浑言不别。

朱 (zhū)

朱①,赤心木。松柏属。从木,一在其中。章俱切。

【译文】朱,赤心树木。松柏一类。从木,一,标志着树木的中心。

【注释】① 朱:《山海经·大荒西经》:"有树赤皮、支干、青叶,名曰朱木。"

根 (gēn)

根,木株也①。从木,艮声。古痕切。

【译文】根,树兜。从木,艮声。

【注释】① 株:即兜。张舜徽曰:"株字古读兜,湖湘间称株为兜。伐木之余称为树兜。"

株 (zhū)

株,木根也。从木,朱声。陟输切。

【译文】株,树根。从木,朱声。

樱 (jì)

樱①,细理木也。从木,畟声。子力切。

【译文】樱,细纹树木。从木,畟声。

【注释】① 樱:李调元《南越笔记》卷十三:"水松者,樱也。喜生水旁。其干也,得杉十之六,其枝叶得松十之四,故一名水杉。言其干则曰水杉,言其枝叶则曰水松也。"

末 (mò)

末①,木上曰末。从木,一在其上。莫拨切。

【译文】末,树梢叫末。从木,一,标志在树木顶上。

【注释】① 末:树梢。(与本相对)。

樏 (léi)

樏,木实也。从木,纍声。力追切。

【译文】樏,树木的果实。从木,纍声。

果 (guǒ)

果①，木实也。从木，象果形，在木之上。古火切。

【译文】果，树木的果实。从木，⊕像果形，在"木"字的上面。

【注释】①果：《周易·说卦》："(艮) 为果蓏。" 陆德明《经典散文》："应劭云：'木实为果，草实曰蓏'。"

杈 (chā)

杈①，枝也。从木，叉声。初牙切。

【译文】杈，树枝。从木，叉声。

【注释】①杈：《广韵·麻韵》引《方言》："江东言树枝为杈枒也。"

枝 (zhī)

枝，木别生条也。从木，支声。章移切。

【译文】枝，树木（主干）分生的枝条。从木，支声。

朴 (pò)

朴①，木皮也。从木，卜声。匹角切。

【译文】朴，树皮。从木，卜声。

【注释】①朴：徐锴《系传》："今药有厚朴，一名厚皮，是木之皮也。古质朴字多作朴。"

條 (tiáo)

條①，小枝也。从木，攸声。徒辽切。

【译文】條，小的树枝。从木，攸声。

【注释】①條：《段注》："《毛传》曰：'枝曰条。'浑言之也。條为枝之小者，析言之也。"

枚 (méi)

枚，干也。可为杖。从木，从攴①。《诗》曰："施于条枚。"莫桮切。

【译文】枚，树干。可作手杖。由木、由攴会意。《诗经》说："蜿蜒在树枝和树干上。"

【注释】①从攴：《段注》："攴，小击也。因为鞭扑字。杖可以击人者也，故取木、攴会意。"

枯 (kū)

枯，槀也。从木，古声。《夏书》曰①："唯箘輅枯。" 木名也。苦孤切。

【译文】枯，枯槀。从木，古声。《夏书》说："箘竹、簵竹和枯木。"（枯），树木名。

【注释】①《夏书》：指《禹贡》。今本作"唯箘、簵、楛"。枯假为楛。

樸 (pǔ)

樸，木素也①。从木，菐声。匹角切。

【译文】樸，未经加工的木材。从木，菐声。

【注释】①木素：《段注》："素犹质也。以木为质，未雕饰，如瓦器之坯然。"

楨 (zhēn)

楨，刚木也①。从木，贞声。上郡有楨林县②。陟盈切。

【译文】楨，刚硬的树木。从木，贞声。上郡地方有楨林县。

【注释】①刚木：《段注》："此谓木之刚者曰楨，非谓木名也。"②上郡句：张舜徽《约注》："汉时上郡，有今陕西鄜县、宜川以北，吴旗以东，及内蒙古乌审旗南部地。桢林县在今陕西省境内。"

柔 (róu)

柔①，木曲直也。从木，矛声。耳由切。

【译文】柔，树木可曲可直。从木，矛声。

【注释】①柔：《段注》："凡木曲者可直，直者可曲，曰柔。""引伸为凡㮚（软）弱之偁。"

柝 (tuò)

柝，判也。从木，席声。《易》曰："重门击柝。"他各切。

【译文】柝，分判开来。从木，席声。《易经》说："设置重门，击柝巡夜。"

材 (cái)

材，木梃也①。从木，才声。昨哉切。

【译文】材，树干。从木，才声。

【注释】①木梃：王筠《句读》："谓干。干为栋梁，乃是大材；若其枝柯，小材，不足道也。"

朸 (lè)

朸，木之理也。从木，力声①。平原有朸县②。卢则切。

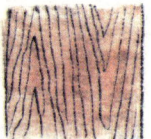

【译文】朸，树木的纹理。从本，力声。平原郡有朸县。

【注释】①力声：《段注》："以形声包会意也。'阞'下曰'地理'，'朸'下曰'木理'，泐下云'水理'，皆从力。力者，筋也，人身之理也。"②朸县：约在今山东省商河县东北。

柴 (chái)

柴①，小木散材。从木，此声。士佳切。

【译文】柴，小的木头，不中用的木材。从木，此声。

【注释】①柴：《礼记·月令》郑玄注："大者可析谓之薪，小者合束谓之柴。薪施炊爨，柴以给燎。"

榑 (fú)

榑，榑桑①，神木，日所出也。从木，尃声。防无切。

【译文】榑，榑桑，神树，太阳出来的地方。从木，尃声。

【注释】①榑桑：即扶桑。

杲 (gǎo)

杲，明也。从日在木上。古老切。

【译文】杲，（日出）明亮。由"日"字在"木"字上会意。

榼 (hé)

榼，角械也。从木，卻声。一曰：木下白也。其逆切。

【译文】榼，角斗的器械。从木，卻声。另一义说，榼是木下白。

杳 (yǎo)

杳①，冥也。从日在木下。乌皎切。

【译文】杳，幽暗。由"日"在"木"下会意。

【注释】①杳：《段注》："莫为日且冥，杳为全冥矣。"此杳与莫（暮）之别。

楹 (yíng)

楹，柱也。从木，盈声。《春秋传》曰①："丹桓宫楹。"以成切。

【译文】楹，屋柱。从木，盈声。《春秋左传》说："把桓公庙的屋柱漆成红色。"

【注释】①《春秋传》：指《左传·庄公二十三年》。桓宫：鲁桓公之庙。

椽 (chuán)

椽①，榱也。从木，象声。直专切。

【译文】椽，椽皮。从木，象声。

【注释】①椽：安在檩子上承接屋面和瓦片的木条。湖湘间称为椽皮，言其木板之薄。李诫《营造法式·大木作制度二·椽》："椽，其名有四：一曰榱，二曰椽，三曰榱，四曰橑。"

楣 (méi)

楣①，秦名屋櫋联也②。齐谓之檐，楚谓之梠。从木，眉声。武悲切。

【译文】楣，秦地叫屋上的櫋联（作楣）。齐地叫作檐，楚地叫作梠。从木，眉声。

【注释】①楣：屋檐口椽木底端的横板。②秦名句：《段注》："秦人名屋櫋联曰楣也。"

植 (zhí)

植，户植也①。从木，直声。常职切。

【译文】植，门（外闭时）用以落锁的中立直木。从木，直声。

【注释】①户植：朱骏声《通训定声》："古门外闭，中竖直木，以铁鸟（门窗搭扣）关之，可加锁者。"

楠 (dí)

楠，户楠也。从木，啻声。《尔雅》曰："檐谓之楠。"读若滴。都历切。

【译文】楠，屋檐。从木，啻声。《尔雅》说："屋檐叫作楠。"音读像"滴"字。

【注释】①户楠：《段注》："谓门檐也。郭注《尔雅》及《篇》《韵》皆云'屋梠'，则不专谓门。"

枢 (shū)

枢，户枢也①。从木，区声。昌朱切。

【译文】枢，门的转轴或承轴臼。从木，区声。

【注释】①户枢：《段注》："户所以转动开闭之枢机也。"

槏 (qiǎn)

槏，户也①。从木，兼声。苦减切。

【译文】槏，斗槏。从木，兼声。

【注释】①户：桂馥《义证》："疑有阙文。《广韵》：'槏，牖旁柱也。'"

楯 (shǔn)

楯，阑楯也①。从木，盾声。食允切。

【译文】楯，栏杆。从木，盾声。

【注释】①阑楯：玄应《一切经音义》卷一："栏楯，殿上临边之饰也，亦所以防人坠堕也，今言钩阑是也。"按：今称栏杆。

枕（zhěn）

枕，卧所荐首者。从木，冘声。章衽切。

【译文】枕，睡卧时用来垫着脑袋的用具。从木，冘声。

梳（shū）

梳，理发也①。从木，疏省声。所菹切。

【译文】梳，梳理头发。从木，疏省声。

【注释】①理发：体、用同训。既指梳理头发，也指理发之器。

柙（gé）

柙①，剑柙也。从木，合声。胡甲切。

【译文】柙，剑鞘。从木，合声。

【注释】①柙：《广雅·释器》："柙，剑削也。"王念孙疏证："凡刀剑室通谓之削，字或作鞘。"

槈（nòu）

槈，薅器也。从木，辱声。奴豆切。

【译文】槈，除草器。从木，辱声。

枷（jiā）

枷①，拂也。从木，加声。淮南谓之柍。古牙切。

【译文】枷，连枷。从木，加声。淮南叫作柍(yàng)。

【注释】①枷：《释名·释用器》："枷，加也。加杖于柄头，以挝穗而出其谷也。"

杵（chǔ）

杵，舂杵也。从木，午声①。昌与切。

【译文】杵，捣粟用的棒槌。从木，午声。

【注释】①午声：徐锴《系传》："舂字注：'午，杵也。'臣以为午者直舂之意。此当言'从午，午亦声。'"

杚（gài）

杚，平也。从木，气声。古没切。

【译文】杚，刮平。从木，气声。

枱（sì）

枱，《礼》有枱。枱①，匕也。从木，四声。息利切。

【译文】枱，《礼经》有"枱"字。枱，匕匙。从木，四声。

【注释】①枱：《仪礼·士冠礼》郑玄注："枱，状如匕，以角为之者，欲滑也。"《段注》："盖常用器曰匕，礼器曰枱。"

桮（bēi）

桮，䣫也。从木，否声。布回切。

【译文】桮，杯。从木，否声。

榹（sī）

榹，盘也。从木，虒声。息移切。

【译文】榹，木盘。从木，虒声。

槃（pán）

槃①，承盘也。从木，般声。薄官切。

【译文】槃，承受

物体的盘子。从木，般声。

【注释】① 槃：商承祚《〈说文〉中之古文考》："盘以木为之，则从木；以金为之，则从金；示其器，则从皿，其意一也。"

案（àn）

案①，几属。从木，安声。乌旰切。

【译文】案，几一类。从木，安声。

【注释】① 案：进食用的短足木盘。徐灏《段注笺》："《急就篇》颜注：'无足曰盘，有足曰案。所以陈举食也。'盖古人席地而坐，置食于器，而以案承之，故曰陈举食也。"

檈（xuán）

檈，圜案也。从木，睘声。似沿切。

【译文】檈，圆形的几案。从木，睘声。

椷（jiān）

椷，箧也。从木，咸声。古咸切。

【译文】椷，箱匣。从木，咸声。

枓（zhǔ）

枓①，勺也。从木，从斗。之庾切。

【译文】枓，勺子。由木、由斗会意。

【注释】① 枓：《玉篇·斗部》："枓，有柄，形如北斗星，用以斟酌也。"

櫑（léi）

櫑，龟目酒尊，刻木作云雷象①，象施不穷也。从木，畾声。鲁回切。

【译文】櫑，饰有龟眼的盛酒容器。刻成为云和雷的样子，象征广施恩泽没有穷尽。从木，畾声。

【注释】① 刻木句：《段注》："刻为龟目，又通体刻为云靁。所以

刻为云靁者，以云靁施泽不穷。"

杓（biāo）

杓，枓柄也①。从木，从勺。甫摇切。

【译文】杓，勺子把。由木、由勺会意。

【注释】① 枓柄：《段注》："枓柄者，勺柄也。勺谓之枓，枓柄谓之杓。"

椑（pí）

椑①，圜榼也。从木，卑声。部迷切。

【译文】椑，（扁）圆形的盛酒器。从木，卑声。

【注释】① 椑：《汉书》颜注云："椑榼，即今之扁榼，所以盛酒者也。"

榼（kē）

榼①，酒器也。从木，盍声。枯蹋切。

【译文】榼，盛酒器。从木，盍声。

【注释】① 朱骏声《通训定声》："此字疑即盍（hé，同盍）之或体。盍为'何不'之词所专，因加木旁耳。"

橢（tuǒ）

橢，车笭中橢橢器也①。从木，隋声。徒果切。

【译文】橢，车箱木格栏内椭圆而狭长的容器。从木，隋声。

【注释】① 椭椭：王筠《句读》："谓车笭中器，其形橢橢然。即以其形为之名也。《众经音义》：'橢，狭长器也。'"

槌 (zhuì)

槌，关东谓之槌，关西谓之㯒。从木，追声。直类切。

【译文】槌，关东叫作槌，关西叫作㯒。从木，追声。

㯒 (zhé)

㯒①，槌也。从木，𥏙省声②。陟革切。

【译文】㯒，蚕槌。从木，𥏙省声。

【注释】①㯒：《玉篇·木部》："㯒，槌，横木也。"按：㯒是蚕箔搁架上的横木，槌是竖木。以"槌"释"㯒"，浑言之。②𥏙省声：唐写本木部残卷也作𥏙省声，未详。

栚 (zhèn)

栚，槌之横者也。关西谓之㰦。从木，灷声。直衽切。

【译文】栚，蚕槌中的横木。关西叫作㰦。从木，灷声。

杼 (zhù)

杼①，机之持纬者。从木，予声。直吕切。

【译文】杼，织布机上夹持纬纱的构件。从木，予声。

【注释】①杼：织布的梭子。《段注》："此与木名之'柔'，以左形右声、下形上声为别。"

核 (gāi)

核，蛮夷以木皮为箧，状如奁尊。从木，亥声。古哀切。

【译文】核，蛮夷等少数民族用核树的皮作成箱箧，样子像镜匣、冠箱之类。从木，亥声。

棚 (péng)

棚①，栈也。从木，朋声。薄衡切。

【译文】棚，即栈。从木，朋声。

【注释】①棚：在上者为棚，在下者为栈。《段注》："许云：'棚，栈也。'浑言之也。今人谓架上以蔽下者，皆曰棚。"

栈 (zhàn)

栈，棚也。竹木之车曰栈①。从木，戋声。士限切。

【译文】栈，即棚。用竹木编成的车也叫栈。从木，戋声。

【注释】①竹木句：《段注》："谓以竹若（或）木散材，编之为箱，如栅（竖编之木）然。"

㯫 (chéng)

㯫，杖也①。从木，长声。一曰：法也。宅耕切。

【译文】㯫，斜柱。从木，长声。另一义说，（挽救倾斜使平正的）方法。

【注释】①杖：持，谓用柱撑持。黄我侃《崟春语》："今吾乡谓门后衺（斜）柱一端当门中、一端鐏地者，曰门㯫。"

杖 (zhàng)

杖，持也①。从木，丈声。直两切。

【译文】杖，持握的木棍。从木，丈声。

【注释】①持：体用同训。《段注》：

"凡可持及人持之皆曰杖。"指手杖。

柭（bā）

柭，棓也。从木，犮声。北末切。

【译文】柭，木杖。从木，犮声。

椎（chuí）

椎，击也。齐谓之终葵①。从木，隹声。直追切。

【译文】椎，捶击之器。齐地叫作"终葵"。从木，隹声。

【注释】①终葵：徐锴《系传》："终葵，椎之别名也。"朱骏声《通训定声》："终葵之合音为椎。"

棓（bàng）

棓，梲也。从木，音声。步项切。

【译文】棓，棍杖。从本，音声。

柯（kē）

柯，斧柄也。从木，可声。古俄切。

【译文】柯，斧头的把。从木，可声。

梲（tuō）

梲，木杖也。从木，兑声。他活切。又，之说切①。

【译文】梲（tuō），木棒。从木，兑声。

【注释】①之说切：其义为梁上的短柱。《论语·公冶长》邢昺疏："梲，梁上短柱也。"

柲（bì）

柲，欑也①。从木，必声。兵媚切。

【译文】柲，戈矛的把。从木，必声。

【注释】①欑(cuán)：《段注》："此即下文'积竹杖也'。""戈戟矛柄皆用积竹杖，不比他柄用木而已。殳则用积竹杖而无刃。柲之引伸为凡柄之偁。"

柄（bǐng）

柄①，柯也。从木，丙声。陂病切。

【译文】柄，斧头的把。从木，丙声。

【注释】①柄：《段注》："柄之本义专谓斧柯，引申为凡柄之偁。"

欑（cuán）

欑，积竹杖也。从木，赞声。一曰：穿也。一曰：丛木。在丸切。

【译文】欑，积合竹青作成的杖。从木，赞声。另一义说，钻穿。又另一义说，聚集的材木。

屎（chì）

屎，籰柄也①。从木，尸声。女履切。

【译文】屎，络丝车的摇把。从木，尸声。

【注释】①籰(yuè)柄：《段注》："籰即络车也。所以转络车者，即屎也。"

榜（bēng）

榜，所以辅弓弩①。从木，旁声。补盲切。

【译文】榜，用来辅正弓弩的器具。从木，旁声。

【注释】①辅弓弩：王绍兰《段注订

补》:"弓弩或有枉戾,缚木辅其旁,矫之令直,谓之榜。"

栝 (kuò)

栝,檃也。从木,昏声。一曰:矢栝筑弦处①。古活切。

【译文】栝,矫正竹木的器具。从木,昏声。另一义说,箭末扣弦的地方。

【注释】①矢栝句:《释名·释兵》:"其(指矢)末曰栝。栝,会也。与弦会也。"筑:犹言着。

棋 (qí)

棋,博棋。从木,其声。渠之切。

【译文】棋,比输赢的棋具。从木,其声。

椄 (jié)

椄,续木也①。从木,妾声。子叶切。

【译文】椄,嫁接花木。从木,妾声。

【注释】①续木:《段注》:"今栽华植果者,以彼枝移接此树。而华果同彼树矣。椄之言接也。后接行而椄废。"

栙 (xiáng)

栙,栙双也①。从木,夆声。读若鸿。下江切。

【译文】栙,栙双。从本,夆声。音读像"鸿"字。

【注释】①栙双:用篾席做的船帆。

栝 (tiǎn)

栝,炊灶木。从木,舌声。他念切。

【译文】栝,在灶里烧煮饭用的木

棍。从木,舌声。

槽 (cáo)

槽,畜兽之食器①。从木,曹声。昨牢切。

【译文】槽,牲畜食用的器具。从木,曹声。

【注释】①畜兽:《段注》改为"嘼"(chù)。唐写本木部残卷也无畜字,段说可信。嘼,六嘼也。

臬 (niè)

臬,射准的也。从木,从自①。五结切。

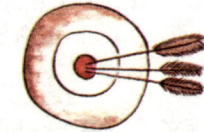

【译文】臬,射箭的靶子。由木、由自会意。

【注释】①朱骏声《通训定声》:"从自者,鼻于面居中特出之形,凡臬似之。"唐写本木部残卷、小徐本、韵会均引作"从木自声"。

桶 (tǒng)

桶,木方[器],受[十]六升。从木,甬声。他奉切。

【译文】桶,木制方形(斛)。容受十六升。从木,甬声。

梁 (liáng)

梁,水桥也①。从木,从水,刅声。吕张切。

【译文】梁,跨水的桥梁。由木、由水会合用木跨水之意,刅(chuāng)声。

【注释】①水桥:《段注》:"梁之字,用木跨水,则今之桥也。"

楫 (jí)

楫①,舟棹也。从木,耳声。子叶切。

146

【译文】楫，船桨。从木，咠声。

【注释】①楫：桂馥《义证》："或作'檝'。《字书》：楫，舟旁拨水者。短曰檝，长曰棹(zhào)。"

校 (jiào)

校，木囚也①。从木，交声。古孝切。

【译文】校，木制的囚系(人的桎梏)。从木，交声。

【注释】①木囚：《段注》："囚，系也。木囚者，以木羁之也。"

巢 (cháo)

巢，泽中守艹楼。从木，巢声。鉏交切。

【译文】巢，泽中守望的草楼。从木，巢声。

采 (cǎi)

采①，捋取也。从木，从爪。仓宰切。

【译文】采，摘取。由木、由爪会意。

【注释】①采：《段注》："《周南·芣苢》传曰：'采，取也。'又曰：'捋，取也。'是采、捋同训也。"

横 (héng)

横，阑木也①。从木，黄声。卢盲切。

【译文】横，拦门的木。从木，黄声。

【注释】①阑木：《段注》："阑，门遮也。引伸为凡遮之偁。凡以木阑之，皆谓之横也。"

梜 (jiā)

梜，检柙也①。从木，夹声。古洽切。

【译文】梜，收藏物品的器具。从木，夹声。

【注释】①检柙：《段注》："检柙皆函物之称，然则梜亦谓函物之器也。"

桄 (guàng)

桄，充也。从木①，光声。古旷切。

【译文】桄，充满。从木，光声。

【注释】①从木：朱骏声《通训定声》："桄字本训当为横木，与横略同。凡床桄梯桄皆是。"

椓 (zhuó)

椓，击也。从木，豖声。竹角切。

【译文】椓，敲击。从木，豖声。

打 (chéng)

打，(橦)[撞]也。从木，丁声。宅耕切。

【译文】打，撞击。从木，丁声。

棱 (léng)

棱，柧也。从木，夌声。鲁登切。

【译文】棱，四方木。从木，夌声。

枰 (píng)

枰，平也①。从木，从平，平亦声。蒲兵切。

【译文】枰，棋盘。由木、由平会意，平也表声。

【注释】①平：《段注》："谓木器之

平。偶枰,如今言棋枰是也。"

柆 (lā)

柆,折木也。从木,立声。卢合切。

【译文】柆,折断树木。从木,立声。

槎 (chá)

槎,衺斫也。从木,差声。《春秋传》曰①:"山不槎。"侧下切。

【译文】槎,斜砍。从木,差声。《春秋国语》说:"山林不砍不伐。"

【注释】①《春秋传》:即指《国语》。《唐写本·木部残卷》作:"《春秋国语》曰:'山不槎枿(即蘖)。'"

柮 (duò)

柮,断也。从木,出声。读若《尔雅》"貀无前足"之貀①。女滑切。

【译文】柮,断。从木,出声。音读像《尔雅》"貀无前足"的"貀"字。

【注释】①《尔雅》:指《释兽》。貀(duò):郭璞注:"似狗,豹文,有角,两脚。"或说:"似虎而黑,前两足。"

析 (xī)

析,破木也。一曰:折也。从木,从斤①。先激切。

【译文】析,劈开木头。另一义说,断折。由木、由斤会意。

【注释】①从木句:桂馥《义证》:"谓以斤(斧头)分木为析也。"

休 (xiū)

休,息止也①。从人依木②。许尤切。

【译文】休,休息。由"人"依傍着"木"会意。

【注释】①息止:同义复合。②人依木:《五经文字》:"休象人息木阴。"

械 (xiè)

械,桎梏也。从木,戒声。一曰:器之緫名。一曰:(持)[治]也。一曰:有盛为械,无盛为器。胡戒切。

【译文】械,木制的束缚手脚的刑具。木,戒声。另一义说,器物的总称。另一义说,治理。另一义说,有盛物的构件叫械,没有盛物的构件叫器。

杽 (chǒu)

杽①,械也。从木,从手,手亦声。敕九切。

【译文】杽,木制刑具。由木、由手会意,手也表声。

【注释】①杽:木制手铐。徐锴《系传》:"义取木在乎手,会意。"《段注》:"杽、杻,古今字。"

桎 (zhì)

桎①,足械也。从木,至声。之日切。

【译文】桎,束缚脚的刑具。从木,至声。

【注释】①桎:《周易·蒙》:"利用

刑人，用说桎梏。"孔颖达疏："在足曰桎，在手曰梏。"

梏（gù）

梏，手械也。从木，告声。古沃切。

【译文】梏，束缚手的刑具。从木，告声。

柙（xiá）

柙，槛也。以藏虎兕。从木，甲声。乌匣切。

【译文】柙，关养禽兽的木笼。可以用来藏养老虎和犀牛。从木，甲声。

棺（guān）

棺，关也，所以掩尸。从木，官声。古丸切。

【译文】棺，关，用来掩埋尸体的器具。从木，官声。

椁（guǒ）

椁，葬有木亭也。从木，亭声。古博切。

【译文】椁，葬有木制的外棺。从木，亭声。

東部

東（dōng）

東，动也①。从木。官溥说，从日在木中。凡東之属皆从東。得红切。

【译文】東，动。从木。官溥说，由"日"在"木"中会意。大凡東的部属都从東。

【注释】①动：这是声训，东动音近。王筠《句读》引《白虎通》："东方者动方也。万物始动生也。"

林部

林（lín）

林，平土有丛木曰林。从二木①。凡林之属皆从林。力寻切。

【译文】林，平地上有丛聚的树木叫林。由两个木字会意。大凡林的部属都从林。

【注释】①从二木：王筠《释例》："林从二木，非云止有二木也，取木与木连属不绝之意也。"

無（wú）

無，丰也。从林奭。或说规模字。从大；卅，数之积也；林者，木之多也。卅与庶同意。《商书》曰："庶草繁無。"文甫切。

【译文】無，丰茂。由林、奭会意。（奭）有人说是规模的模字。从大，卅（xì），表示数目的累积；林，表示树木的多。卅（表多盛）与庶（从炗表盛大）同意。《商书》说："百草繁茂。"

鬱（yù）

鬱，木丛生者。从林，（鬱）[鬱]省声。迂弗切。

【译文】鬱，树木丛生的样子。从林，鬱省声。

楚（chǔ）

楚，丛木。一名荆也。从林，疋声。创举切。

【译文】楚，丛生的树木。另一名称是荆树。从林，疋声。

棽 (chēn)

棽，木枝条棽俪儿。从林，今声。丑林切。

【译文】棽，树木枝条茂密的样子。从林，今声。

楙 (mào)

楙，木盛也。从林，矛声。莫候切。

【译文】楙，树木茂盛。从林，矛声。

棼 (fén)

棼，复屋栋也。从林①，分声。符分切。

【译文】棼，阁楼的栋梁。从林，分声。

【注释】①从林：朱骏声《通训定声》："从林者，从二木也。复屋，故从二木之意。复屋者，如苏俗所云阁，不可居；重屋，如楼，可居。"

麓 (lù)

麓，守山林吏也。从林，鹿声。一曰：林属于山为麓①。《春秋传》曰②："沙麓崩。"卢谷切。

【译文】麓，守山林的小官。从林，鹿声。另一义说，树林连属于山叫麓。《春秋左传》说："沙山山脚崩塌。"

【注释】①属：连接。②《春秋传》：指《春秋经·僖公十四年》。沙麓：沙山之麓。《段注》："盖凡山足皆得称麓。"地在今河北省大名县东。

森 (sēn)

森①，木多儿。从林，从木。读若曾参之参。所今切。

【译文】森，树木众多的样子。出林、由木会意。音读像曾参的"参"字。

【注释】①森：《玉篇》："森，长木儿。"《六书故》："林木高耸茂密也。"

才部

才 (cái)

才，艸木之初也。从丨上贯一①，将生枝叶；一，地也。凡才之属皆从才。昨哉切。

【译文】才，草木初生的样子。由"丨(gǔn)"向上面贯穿"一"，表示(草木发芽抽苗)将生枝叶；"一"，表示地面。大凡才的部属都从才。

【注释】①一：指地。地下之一象根荄之状。

之部

之 (zhī)

之，出也。象艸过中，枝茎益大，有所之。一者，地也。凡之之属皆从之。止而切。

【译文】之，长出。像草经过了中的阶段，枝和茎渐渐长大了，有滋长而出的样子。一，表示地。大凡之的部属都从之。

帀部

帀（zā）

帀，周也。从反之而帀也。凡帀之属皆从帀。周盛说。子苔切。

【译文】帀，环绕周遍。把"之"字倒过来就成了"帀"。大凡帀的部属都从帀。这是周盛的说法。

师（shī）

师，二千五百人为师①。从帀，从𠂤②。𠂤，四帀，众意也。疏夷切。

【译文】师，二千五百人成为一师。由帀、由𠂤会意。𠂤，四帀，都表示众多的意思。

【注释】①师：徐锴《系传》："周制也。"②从帀，从𠂤(duī)：孔广居《疑疑》："𠂤，俗作堆，积聚也。聚则众，散则寡，故自有众意。帀，俗作匝，周徧也。众则周，寡则不周，故匝亦有众意。"

出部

出（chū）

出，进也。象艸木益滋，上出达也①。凡出之属皆从出。尺律切。

【译文】出，长进。像草木渐渐滋生，向上长出来。大凡出的部属都从出。

【注释】①出达：同义连用。《礼记·月令》："句者毕出，萌者尽达。"

敖（áo）

敖，游也。从出，从放。五牢切。

【译文】敖，出游。由出、由放会意。

𥝋部

𥝋（tiào）

𥝋，出谷也。从出，从耀，耀亦声。他吊切。

【译文】𥝋，卖出谷物。由出、由耀会意，耀也表声。

賣（mài）

賣，出物货也。从出，从買①。莫邂切。

【译文】賣，出卖物货。由出、由買会意。

【注释】①从出，从買：《段注》："出而与人买之也。"

宋部

索（suǒ）

索，艹有茎叶，可作绳索。从宋系①。杜林说：宋亦朱（木）[市]字。苏各切。

【译文】索，草有茎和叶，可用来作绳索。由宋、系会意。杜林说：宋也是朱市的"市"字。

【注释】①从宋系：王筠《句读》："字从系者，系篆本象纠结之形，纠艹为索，故从系，比象之义。"②朱木：当依徐锴《系传》"木"作"市"(fú)。市即韨。朱市：熟牛皮作的朱红色的蔽膝，用于祭祀。

孛（bèi）

孛，𡧧也①，从宋；人色也，从子，《论语》曰："色孛如也。"蒲妹切。

【译文】孛，草木盛美，故从宋；人容色（勃然壮盛），故从子，《论语》说："面色勃然庄重。"

【注释】①寏(wèi)：王筠《句读》："寏下云'寏字'，明其为叠韵连语也。此云'寏'者，又明其独字使成义也。"

南 (nán)

南，艹木至南方①，有枝任也。从米，羊声。那含切。

【译文】南，草木到南方（其叶畅茂），有枝杈可胜任。从米，羊声。

【注释】①南方：徐锴《系传》："南方主化育。"

生部

生 (shēng)

生，进也①。象艹木生出土上。凡生之属皆从生。所庚切。

【译文】生，长进。像草木从土上生出。大凡生的部属都从生。

【注释】①进：徐灏《段注笺》："《广雅》曰：'生，出也。'生與出同义，故皆训为进。"

產 (chǎn)

產，生也。从生，彦省声。所简切。

【译文】產，生长。从生，彦省声。

丰 (fēng)

丰，艸盛半半也。从生，上下达也①。敷容切。

【译文】丰，草木丰盛。从生，（生的中竖向下延伸）表示上下通达。

【注释】①上下达：徐锴《系传》："察草之生，上其盛者，其下必深根也。"

隆 (lóng)

隆，丰、大也。从生，降声。力中切。

【译文】隆，丰盛，高大。从生，降声。

乇部

乇 (zhé)

乇，艹叶也。从垂穗①，上贯一，下有根。象形。凡乇之属皆从乇。陟格切。

【译文】乇，草叶。（丿）像下垂的穗，（丨）向上穿"一"，（表示草茎长出地面，）（㇄）表示地下有根。象形。大凡乇的部属都从乇。

【注释】①垂穗：《段注》："直者，茎也。斜垂者，华之采（穗）也。"

㲋部

㲋 (chuí)

㲋，艹木华叶㲋。象形。凡㲋之属皆从㲋。是为切。

【译文】㲋，草木的花和叶下垂。象形。大凡㲋的部属都从㲋。

華部

華 (huā)

華①，荣也。从艹，从㪉。凡华之属皆从华。户瓜切。

【译文】华,花朵。由艸、由等会意。大凡华的部属都从华。

【注释】①華:花朵。《诗经·周南·桃夭》:"逃之夭夭,灼灼其华。"引申为开花,有文采,华丽。

皣 (yè)

皣,艹木白华也。从華,从白。筠辄切。

【译文】皣,草木的白花。由華(花)、由白会意。

禾部

禾 (jī)

禾,木之曲头。止不能上也。凡禾之属皆从禾。古兮切。

【译文】禾,像树木弯曲的梢头。受物碍止不能上长。大凡禾的部属都从禾。

稽部

稽 (jī)

稽,留止也。从禾,从尤,旨声。凡稽之属皆从稽。古兮切。

【译文】稽,停留。由禾、由尤会意,旨声。大凡稽的部属都从稽。

巢部

巢 (cháo)

巢,鸟在木上曰巢,在穴曰窠。从木,象形。凡巢之属皆从

巢。鉏交切。

【译文】巢,鸟在树上的窝叫巢,在洞中的窝叫窠。从木,像鸟在巢中之形。大凡巢的部属都从巢。

桼部

桼 (qī)

桼,木汁。可以髹物。象形。桼如水滴而下。凡桼之属皆从桼。亲吉切。

【译文】桼,树汁。可用来漆饰物体。象树木形。表示桼像水滴而下。大凡桼的部属都从桼。

麴 (pào)

麴,桼垸已①,复桼之。从桼,包声。匹皃切。

【译文】麴,用漆掺合骨灰揉抹器物完毕,(干后磨平)再漆。从桼,包声。

【注释】①桼垸(huán)两句:王筠《句读》:"作桼器者,以木片为骨,灰桼涂之,暴之旷日,故曰'桼垸已'也。石磨令平,乃复以桼,发其光也。"垸:土部:"以桼如灰而髹也。"桼垸:同义连用。

束部

束 (shù)

束,缚也。从囗木①。凡束之属皆从束。书玉切。

【译文】束,捆缚。由囗、木会意。大凡束的部属都从束。

【注释】①从口木：徐锴《系传》："束薪也。口音围，象缠。"

柬 (jiǎn)

柬，分别简之也①。从束，从八。八，分别也。古限切。

【译文】柬，分开捆缚的东西来选择。由束、由八会意。八，表示分开。

【注释】①分别句：徐锴《系传》："开其束而柬之也。"简：拣选。王筠《句读》："以简说柬，发明假借也。"

剌 (là)

剌，戾也①。从束，从刀②。刀者，剌之也。卢连切。

【译文】剌，违背。由束、由刀会意。刀，表示乖戾不容。

【注释】①戾：《段注》："违背之意。"②从束从刀：王筠《句读》："刀性坚强，虽束之，不能互相附属如薪也。"

橐部

橐 (gǔn)

橐①，囊也②。从束，圂声。凡橐之属皆从橐。胡本切。

【译文】橐，捆缚囊橐。从束，圂（hùn）声。大凡橐的部属都从橐。

【注释】①橐：徐锴《系传》："束缚囊橐之名。"②橐（tuó）：宋育仁《部首笺正》："橐从束，束缚也，即今语之捆。捆物者，韬其中身，露其两端；囊为无底之囊，用以韬物，形正与捆物类，故说橐为橐。"按：囊、橐以有底、无底为别，诸家说法各异，宋说只是其中之一。

橐 (tuó)

橐①，囊也。从橐省，石声。他各切。

【译文】橐，袋子。橐省豕为形旁，石声。

【注释】①橐：朱骏声《通训定声》："小而有底曰橐，大而无底曰囊。"按：析言有分，浑言无别。

囊 (náng)

囊①，橐也。从橐省，襄省声。奴当切。

【译文】囊，袋子。橐省豕为形旁，襄省声。

【注释】①囊：黄以周《囊橐考》："囊之两端无底"，"中实其物，括其两端内物不出。""橐之两端皆有底，其口在旁，既实其物，中举之，物在两端，可以担之于肩。""（囊、橐）对文有异"，"浑言无别"。

橐 (gāo)

橐，车上大橐。从橐省，告声。《诗》曰："载橐弓矢。"古劳切。

【译文】橐，车上盛物的大袋子。橐省豕为形旁，告声。《诗经》说："用袋子收藏弓和箭。"

口部

囗 (wéi)

囗①，回也。象回帀之形。凡囗之属皆从囗。羽非切。

【译文】囗，回绕。像回转一周的样子。大凡囗的部属都从囗。

【注释】①囗：《段注》："围绕、周

围字当用此。围行而囗废矣。"

圜 (yuán)

圜①，天体也。从囗，睘声。王权切。

【译文】圜，天体圆环。从囗，睘（huán）声。

【注释】①圜：《段注》："许书圆圜圆三字不同。""言天当作圜，言平圆当作圆，言浑圆当作圆。"

圓 (yuán)

圓，圜全也。从囗，员声。读若员。王问切。

【译文】圆，浑圆无缺。从囗，员声。音读像"员"字。

回 (huí)

回，转也。从囗①，中象回转形。户恢切。

【译文】回，绕圈运转。从囗，中间的囗像回旋运转的样子。

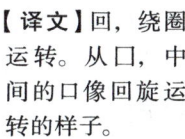

【注释】①从囗两句：《段注》："外为大囗，内为小囗，皆回转之形也。"钱桂森："此就古文为说，而于篆文亦合。"

圖 (tú)

圖，画计难也①。从囗，从啚。啚，难意也。同都切。

【译文】图，谋画而苦其难。由囗、由啚会意。啚表示困难的意思。

【注释】①画计难：《段注》："谋之而苦其难也。"王筠《句读》："画计乃汉之恒言。"乃同义连用。

圛 (yì)

圛，回行也。从囗，睪声。《尚书》："曰圛"。圛，升云半有半无。读若驿。羊益切。

【译文】圛，回曲而行。从囗，睪声。《尚书》说："（有的）叫作圛。"圛，云气升腾，半有半无。音读像"驿"字。

國 (guó)

國，邦也①。从囗，从或。古惑切。

【译文】国，封地。由囗、由或会意。

【注释】①邦：《段注》："邦、国互训，浑言之也。《周礼》注曰：'大曰邦，小曰国。''邦之所居亦曰国。'析言之也。"

囷 (qūn)

囷，廪之圜者。从禾在囗中。圜谓之囷，方谓之京。去伦切。

【译文】囷，圆形的仓廪。由"禾"在"囗"中会意。圆形的叫作囷，方形的叫作京。

壼 (kǔn)

壼，宫中道。从囗，象宫垣、道、上之形。《诗》曰："室家之壼。"苦本切。

【译文】壼，宫中的道路。从囗，像宫中的矮墙、道路、屋顶的样子。《诗经》说："房屋是那么广大。"

圈 (juàn)

圈，养畜之闲也。从囗，卷声。渠篆切。

【译文】圈，养牲畜的栅栏。从囗，卷声。

囿（yòu）

囿，苑有垣也。从囗，有声。一曰：禽兽曰囿。于救切。

【译文】囿，园苑有矮墙护卫。从囗，有声。另一义说，养禽兽的地方叫囿。

园（yuán）

园，所以树果也。从囗，袁声。羽元切。

【译文】园，用来种植果木的地方。从囗，袁声。

圃（pǔ）

圃，种菜曰圃。从囗，甫声。博古切。

【译文】圃，种菜的地方叫圃。从囗，甫声。

因（yīn）

因，就也。从囗大。于真切。

【译文】因，依凭。由囗、大会意。

囹（líng）

囹，狱也。从囗，令声。郎丁切。

【译文】囹，牢狱。从囗，令声。

圄（yǔ）

圄，守之也。从囗，吾声。鱼举切。

【译文】圄，守御。从囗，吾声。

固（gù）

固，四塞也。从囗，古声。古慕切。

【译文】固，四周阻塞。从囗，古声。

囚（qiú）

囚，系也。从人在囗中①。似由切。

【译文】囚，拘系。由"人"在"囗"中会意。

【注释】①从人句：桂馥《义证》：《风俗通》："'礼，罪人寘诸圜土（牢狱）。'故囚字为'囗'守'人'。"

困（kùn）

困，故庐也。从木在囗中。苦闷切。

【译文】困，因衰败而倒塌的房屋。由"木"在"囗"中会意。

员部

员（yuán）

员，物数也。从贝，囗声。凡员之属皆从员。王横切。

【译文】员，物的数量。从贝，囗声。大凡员的部属都从员。

贝部

贝（bèi）

贝，海介虫也。居陆名猋，在水名蜬。象形。古者货贝而宝龟，周而有泉，至秦废只行钱。凡贝之属皆从贝。博盖切。

【译文】员，海中有甲壳的软骨动物。在陆上叫猋，在水中叫蜬。像贝壳之形。古时候，以贝壳为财富，以龟甲为珍宝。周朝（币制）有泉（而不废贝），到了秦时朝，废除贝而通行钱。大凡贝的部属都从贝。

贿 (huì)

贿，财也①。从贝，有声。呼罪切。

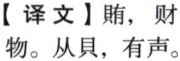

【译文】贿，财物。从贝，有声。

【注释】①财：《段注》："《周礼注》曰：'金玉曰货，布帛曰贿。'析言之也。许浑言之，货贿皆释曰财。"

货 (huò)

货，财也①。从贝，化声。呼卧切。

【译文】货，财物。从贝，化声。

【注释】①财：《汉书·食货志》："货谓布帛可衣，及金刀龟贝，所以分财布利、通有无者也。"按：货本指金玉。

财 (cái)

财①，人所宝也。从贝，才声。昨哉切。

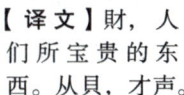

【译文】财，人们所宝贵的东西。从贝，才声。

【注释】①财：物资和货币的总称。《玉篇·贝部》："财，谓食谷也、货也、赂也。"

贮 (zhù)

贮①，积也。从贝，宁声。直吕切。

【译文】贮，积藏。从贝，宁声。

【注释】①贮：罗振玉《增订殷墟书契考释》："象内（纳）贝于宁中形，或贝在宁下，与许书作贮贝在宁旁意同。又宁、贮古为一字。"

贰 (èr)

贰，副、益也。从贝，弍声。弍，古文二。而至切。

【译文】贰，居于次要地位者，增益。从贝，弍声。弍，古文二字。

赊 (shē)

赊，贳买也。从贝，余声。式车切。

【译文】赊，用亏欠的方式买物。从贝，余声。

赘 (zhuì)

赘，以物质钱。从敖贝。敖者，犹放；贝，当复取之也。之芮切。

【译文】赘，用物抵押钱。由敖、贝会意。从"敖"，好比说"发放（诸物）"；从贝，是说应当用钱贝再赎取它回来。

质 (zhì)

质，以物相赘。从贝，从所。阙。之日切。

【译文】质，用物相抵押。由贝、由所会意。阙其从所的意思。

贸 (mào)

贸，易财也。从贝，卯声。莫候切。

【译文】贸，交换财物。从贝，卯声。

赎 (shú)

赎，贸也。从贝，卖声。殊六切。

【译文】赎，（用财物）交换回（抵押品）。从贝，卖（yù）声。

费 (fèi)

费，散财用也。从贝，弗声。房

未切。

【译文】费，散去钱财。从贝，弗声。

責（zé）

責，求也。从貝，束声。侧革切。

【译文】責，索求。从貝，束声。

販（fàn）

販，买贱卖贵者。从貝，反声。方愿切。

【译文】販，用低价买进来，用高价卖出去的商人。从貝，反声。

買（mǎi）

買，市也。从网貝。《孟子》曰："登垄断而网市利。"莫蟹切。

【译文】買，购进。由网、貝会意。《孟子》说："登上独立的高地（窥视），（企图）网罗买卖的好处。"

賤（jiàn）

賤，贾少也。从貝，戔声。才线切。

【译文】賤，价格低少。从貝，戔声。

賦（fù）

賦①，敛也。从貝，武声。方遇切。

【译文】賦，征敛。从貝，武声。

【注释】①赋：《段注》："敛之曰赋，班（分布）之亦曰赋。经传中凡言以物班布与人曰赋。"

貪（tān）

貪，欲物也。从貝，今声。他含切。

【译文】貪，想要得到财物。从貝，今声。

貶（biǎn）

貶，损也。从貝，从乏。方敛切。

【译文】貶，减损。由貝、由乏会意。

貧（pín）

貧，财分少也。从貝，从分，分亦声。符巾切。

【译文】貧，财物因分散而少。由貝、由分会意，分也表声。

賃（lìn）

賃，庸也。从貝，任声。尼禁切。

【译文】賃，受雇佣。从貝，任声。

購（gòu）

購，以财有所求也①。从貝，冓声。古候切。

【译文】購，用钱财有所征求。从貝，冓声。

【注释】①以财句：《段注》："县（悬）重价以求得其物也。"

貲（zī）

貲，小罚以财自赎也。从貝，此声。汉律：民不繇，貲钱二十二。即夷切。

【译文】貲，轻微地罚其用钱财自我赎补罪过。从貝，此声。汉律规定：百姓不供徭役，罚缴人头钱二十二。

貴（guì）

貴，物不贱也。从貝，臾声。臾，古文蕢。居胃切。

【译文】貴，物价不低贱。从貝，臾声。臾，古文蕢字。

賣 (yù)

賣，衒也。从貝，㕯声。读若育。余六切。

【译文】賣，边走边叫卖。从目，㕯声。音读像"育"字。

邑部

邑 (yì)

邑，国也①。从囗；先王之制尊卑有大小，从卪。凡邑之属皆从邑。于汲切。

【译文】邑，国。从囗；先王的制度，（公侯伯子男）尊卑（不同），有（不同）大小的（疆域），所以从卪。大凡邑的部属都从邑。

【注释】①国：《段注》："凡称人曰大国，凡自称曰敝邑。古国、邑通称。"

邦 (bāng)

邦，国也。从邑，丰声。博江切。

【译文】邦，诸侯封国之偁。从邑，丰声。

都 (dū)

都，有先君之旧宗庙曰都①。从邑，者声。周礼②：距国五百里为都。当孤切。

【译文】都，有已故君王的旧宗庙的城邑叫都。从邑，者声。周朝的礼制：离王城五百里之地叫都。

【注释】①有先句：《左传·庄公二十八年》："凡邑有宗庙先君之主（神主牌位）曰都，无曰邑。"②周礼：王筠《句读》："周礼者，谓周制也，非谓语出《周官》。《周礼·载师》注引《司马法》曰：'王国百里为郊……五百里为都。'"

鄰 (lín)

鄰，五家为邻①。从邑，粦声。力珍切。

【译文】鄰，五家（比连）叫作邻。从邑，粦声。

【注释】①五家句：《段注》："见《周礼·遂人职》。按引伸为凡亲密之称。"《释名·释州国》："邻，连也，相接连也。"

鄙 (bǐ)

鄙，五酇为鄙。从邑，啚声。兵美切。

【译文】鄙，五百家叫鄙。从邑，啚声。

郊 (jiāo)

郊，距国百里为郊。从邑，交声。古肴切。

【译文】郊，离都城百里叫作郊。从邑，交声。

郛 (fú)

郛①，郭也。从邑，孚声。甫无切。

【译文】郛，外城。从邑，孚声。

【注释】①郛：徐锴《系传》："郛犹柎也。草木华房为柎，在外苞裹之也。"

邸 (dǐ)

邸①，属国舍。从邑，氐声。都礼切。

【译文】邸，天子所隶属的诸侯国（为朝见而设置在京城的）馆舍。从邑，氐声。

【注释】①邸：《段注》引颜师古《汉

书》注:"郡国朝宿之舍在京师者,率名邸。邸,至也。言所归至也。"

邮 (yóu)

邮①,境上行书舍。从邑垂。垂,边也。羽求切。

【译文】邮,国境上传递文书的客舍。由邑、垂会意。垂是边境的意思。

【注释】①邮:王筠《句读》引《汉书·黄霸传》注:"邮亭书舍,谓传送文书所止处,亦如今之驿馆矣。"

郙 (shào)

郙,国甸,大夫稍。稍,所食邑。从邑,肖声。《周礼》曰:"任郙地。"在天子三百里之内。所教切。

【译文】郙,京城的郊外,是大夫的稍地。稍,是大夫(受封后收赋税而)享食的土地。从邑,肖声。《周礼》说:"任用郙地(作为大夫食邑的田地)。"(郙地)指距天子京畿三百里之内的地面。

鄯 (shàn)

鄯,鄯善,西胡国也。从邑,从善,善亦声。时战切。

【译文】鄯,鄯善,西域国名。由邑、由善会意,善也表声。

邰 (tāi)

邰,炎帝之后,姜姓所封,周弃外家国。从邑,台声。右扶风斄县是也。《诗》曰:"[即]有邰家室。"土来切。

【译文】邰,炎帝的后裔,姜嫄氏的封国,周始祖后稷外祖家的领地。从邑,台声。右扶风郡的斄县就是这里。《诗经》说:"(封后稷)到邰

地安家立业。"

郂 (qí)

郂,周文王所封。在右扶风美阳中水乡。从邑,支声。巨支切。

【译文】郂,周文王的邦国。在右扶风郡美阳县中水乡。从邑,支声。

邠 (bīn)

邠,周太王国。在右扶风美阳。从邑,分声。补巾切。

【译文】邠,周太王的诸侯国。在右扶风郡美阳县。从邑,分声。

郿 (méi)

郿,右扶风县。从邑,眉声。武悲切。

【译文】郿,右扶风郡的县名。从邑,眉声。

扈 (hù)

扈,夏后同姓所封,战于甘者。在鄠,有扈谷、甘亭。从邑,户声。胡古切。

【译文】扈,夏后氏同姓诸侯(有扈氏)的封地,是(与夏启)战于甘地之野的部落。(夏朝的有扈)在(汉朝的)鄠县,这里有扈谷、甘亭。从邑,户声。

郁 (yù)

郁,右扶风郁夷也。从邑,有声。于六切。

【译文】郁,右扶风郡郁夷县。从邑,有声。

郝 (hǎo)

郝,右扶风鄠、盩厔乡。从邑,赤声。呼各切。

【译文】郝，右扶风郡鄠县、盩厔县的乡名。从邑，赤声。

酆（fēng）

酆，周文王所都。在京兆杜陵西南①。从邑，豐声。敷戎切。

【译文】酆，周文王的国都。在京兆尹郡杜陵县的西南。从邑，豐声。

【注释】①京兆：汉代京畿的行政区划名。为三辅（三个职官。武帝时为京兆尹、左冯翊、右扶风。也称三辅所辖地区）之一，即今陕西西安市以东至华县之地。杜陵：在今陕西西安市东南。

鄭（zhèng）

鄭，京兆县。周厉王子友所封。从邑，奠声。宗周之灭，鄭徙溱洧之上，今新郑是也。直正切。

【译文】鄭，京兆尹郡的县名。周厉王的儿子友的封地。从邑，奠声。西周灭亡的时候，鄭（武公）迁徙到溱水、洧水一带，今天的新郑县就是这个地方。

郃（hé）

郃，左冯翊合阳县。从邑，合声。《诗》曰："在合之阳。"候合切。

【译文】郃，左冯翊郡合阳县。从邑，合声。《诗经》说："在合水的北面。"

邮（yóu）

邮，左冯翊高陵（亭）。从邑，由声。徒历切。

【译文】邮，左冯翊郡高陵县（的亭名）。从邑，由声。

邽（guī）

邽，陇西上邽也。从邑，圭声。古畦切。

【译文】邽，陇西郡上邽县。从邑，圭声。

部（bù）

部①，天水狄部。从邑，音声。蒲口切。

【译文】部，天水郡狄部。从邑，音声。

【注释】①部：汉地名，约在今甘肃省天水、清水、秦安、两当、礼县、徽县一带。《段注》："《地理志》天水无狄部，未详。"

邵（shào）

邵，晋邑也。从邑，召声。寔照切。

【译文】邵，（春秋）晋国城邑。从邑，召声。

郇（hóu）

郇，晋之温地。从邑，侯声。《春秋传》曰："争郇田。"胡遘切。

【译文】郇，（春秋）晋国温地。从邑，侯声。《春秋左传》说："（晋国郤至与周王朝）争郇城的田地。"

邲（bì）

邲，晋邑也。从邑，必声。《春秋传》曰："晋楚战于邲。"毗必切。

【译文】邲，晋国的城邑。从邑，必声。《春秋左传》说："晋国和楚国在邲地作战。"

郤 (xì)

郤，晋大夫叔虎邑也。从邑，谷声。绮戟切。

【译文】郤，晋国大夫叔虎的城邑。从邑，谷声。

邢 (xíng)

邢，周公子所封，地近河内怀。从邑，开声。户经切。

【译文】邢，周公之子的封国。地方挨近河内郡怀县。从邑，开声。

鄔 (wū)

鄔，太原县。从邑，乌声。安古切。

【译文】鄔，太原郡的县名。从邑，乌声。

祁 (qí)

祁，太原县。从邑，示声。巨支切。

【译文】祁，太原郡的县名。从邑，示声。

邯 (hán)

邯，赵邯郸县。从邑，甘声。胡安切。

【译文】邯，赵国邯郸县。从邑，甘声。

郇 (xún)

郇，周（武）[文]王子所封国，在晋地。从邑，旬声。读若泓。相伦切。

【译文】郇，周文王之子所封的诸侯园，在晋国的土地上。从邑，旬声。音读像"泓"字。

鄲 (dān)

鄲，邯郸县。从邑，單声。都寒切。

【译文】鄲，邯郸县。从邑，單声。

鄱 (pó)

鄱，鄱阳，豫章县。从邑，番声。薄波切。

【译文】鄱，鄱阳，豫章郡的县名。从邑，番声。

那 (nuó)

那，西夷国。从邑，冄声。安定朝那县。诺何切。

【译文】那，西方少数民族的诸侯国。从邑，冄声。安定郡有朝那县。

郴 (chēn)

郴，桂阳县。从邑，林声。丑林切。

【译文】郴，桂阳郡的县名。从邑，林声。

郎 (láng)

郎，鲁亭也。从邑，良声。鲁当切。

【译文】郎，（春秋）鲁国的亭名。从邑，良声。

邳 (pī)

邳，奚仲之后，汤左相仲虺所封国。在鲁薛县。从邑，丕声。敷悲切。

【译文】邳，奚仲的后裔，商汤左相仲虺分封的诸侯国。在（汉代）鲁国的薛县。从邑，丕声。

鄣 (zhāng)

鄣，纪邑也。从邑，章声。诸良切。

【译文】鄣，（春秋）纪国的城邑名。从邑，章声。

邗 (hán)

邗，国也，今属临淮。从邑，干声。一曰：邗本属吴。胡安切。

【译文】邗，国名，当朝属临淮郡。从邑，干声。或说，邗地本属吴国。

邪 (yé)

邪，琅邪①。从邑，牙声。以遮切。

【译文】邪，琅邪郡。反邑，牙声。

【注释】①琅邪：也作"琅玡""琅琊"。《段注》："许从前汉之制，故曰郡。"前汉琅玡郡治东武，即今山东省诸城县治。

䢔部

䢔 (xiàng)

䢔①，邻道也。从邑，从邑②。凡䢔之属皆从䢔。阙。胡绛切。

【译文】䢔，巷道。由邑、由邑会意。大凡䢔的部属都从䢔。阙其音。

【注释】①䢔：《甲骨文编》："䢔，象二人相向之形。"②从邑，从邑：王筠《句读》："从二邑相向。""两邻望衡对宇，中央阙然为道，故曰邻道。居南者北向，居北者南向，故反一邑以见意。"

巷 (xiàng)

巷，里中道①。从䢔，从共②。（皆）

[言] 在邑中所共也。胡绛切。

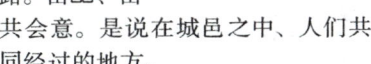

【译文】巷，街里中的道路。由䢔、由共会意。是说在城邑之中、人们共同经过的地方。

【注释】①里：《段注》："言里可该邑也。"②从共：《段注》："共亦声也。"共、巷上古同属东部。

日部

日 (rì)

日，实也。太阳之精不亏。从口一。象形。凡日之属皆从日。人质切。

【译文】日，（光明）盛实。太阳的精华不亏损。由口、一会意。象形。大凡日的部属都从日。

旻 (mín)

旻，秋天也。从日，文声。《虞书》曰①："仁闵覆下，则称旻天。"武巾切。

【译文】旻，秋天。从日，文声。《虞书》的（解说）说："（上天）仁慈，怜悯覆佑天下，就称为旻天。"

【注释】①《虞书》曰：徐锴《系传》："当言'《虞书》说'也。"汪宪《系传考异》："是锴所谓虞书说者，欧阳说也。欧阳本说《书》而其语又见于《诗传》也。"

时 (shí)

时，四时也①。从日，寺声。市

之切。

【译文】时，四时。从日，寺声。

【注释】①四时：《段注》："本春、夏、秋、冬之称。引伸之为凡岁、月、日、刻之用。"

早 （zǎo）

早，晨也。从日在甲上。子浩切。

【译文】早，早晨。由"日"在"甲"上会意。

昒 （hū）

昒，尚冥也①。从日，勿声。呼骨切。

【译文】昒，还在昏暗之际。从日，勿声。

【注释】①尚冥：《段注》："冥者，窈也，幽也。自日入至于此，尚未出也。"即指天将明而未明之时。

晄 （huǎng）

晄，明也。从日，光声。胡广切。

【译文】晄，明晃。从日，光声。

曠 （kuàng）

曠，明也。从日，廣声。苦谤切。

【译文】曠，明朗。从日，廣声。

旭 （xù）

旭，日旦出兒。从日，九声。[读]若勖①。一曰：明也。许玉切。

【译文】旭，太阳在天明时出来的样子。从日，九声。音读像"勖"字。另一义说：旭是阳光明亮。

【注释】①若勖："若"上当依《续古逸丛书》影印之北宋本增"读"字。

暘 （yáng）

暘，日出也。从日，易声。《虞书》曰："暘谷。"与章切。

【译文】暘，太阳出来。从日，易声。《虞书》说："太阳出来的山谷。"

啓 （qǐ）

啓，雨而昼姓也。从日，啟省声。康礼切。

【译文】啓，下雨而白天放晴。从日，啟省声。

晹 （yì）

晹，日覆云，暂见也。从日，易声。羊益切。

【译文】晹，太阳被云彩覆盖着，迅速出没。从日，易声。

昫 （xù）

昫，日出温也。从日，句声。北地有昫衍县。火于切。又，火句切。

【译文】昫，太阳出来的温暖。从日，句声。（秦朝）北地郡有昫衍县。

晛 （xiàn）

晛，日见也。从日，从见，见亦声。《诗》曰："见晛曰消。"胡甸切。

【译文】晛，太阳显现出来。由日、由见会意，见也表声。《诗经》说："（下雪瀌瀌盛大，）见到太阳热气就消融了。"

晏 （yàn）

晏，天清也。从日，安声。乌谏切。

【译文】晏，天空清朗。从日，安声。

景 （jǐng）

景，光也。从日，京声。居影切。

【译文】景，日光。从日，京声。

皓 （hào）

皓，日出皃。从日，告声。胡老切。

【译文】皓，太阳出来的样子。从日，告声。

暤 （hào）

暤，皓旰也。从日，皋声。胡老切。

【译文】暤，皓旰。从日，皋声。

旰 （gàn）

旰，晚也。从日，干声。《春秋传》曰①："日旰君劳。"古案切。

【译文】旰，天晚。从日，干声。《春秋左传》说："天色晚了。国君勤劳了。"

【注释】①《春秋传》：指《左传·昭公十二年》。

暉 （huī）

暉，光也。从日，軍声。许归切。

【译文】暉，日光。从日，軍声。

暑 （guǐ）

暑，日景也。从日，咎声。居洧切。

【译文】暑，日影。从日，咎声。

昃 （zè）

昃，日在西方时。侧也。从日，仄声。《易》曰："日昃之离。"阻力切。

【译文】昃，太阳在西方的时候。偏侧在一边了。从日，仄声。《易经》说："太阳偏西时的山神兽。"

晚 （wǎn）

晚，莫也。从日，免声。无远切。

【译文】晚，日暮。从日，免声。

昏 （hūn）

昏，日冥也。从日，氏省。氏者①，下也。一曰：民声。呼昆切。

【译文】昏，太阳落土的时候。由日、由氏省会意。氏是降下的意思。另一说，（昏）从民声。

【注释】①氏：《段注》："氏部曰：'氏者至也。'其引申之义则为下。"

晻 （ǎn）

晻，不明也。从日，奄声。乌感切。

【译文】晻，不明亮。从日，奄声。

暗 （àn）

暗，日无光也。从日，音声。乌绀切。

【译文】暗，太阳没有光亮。从日，音声。

晦 （huì）

晦，月尽也。从日，每声。荒内切。

【译文】晦，月终的一天。从日，每声。

昌 (chāng)

昌,美言也。从日,从曰。一曰:日光也。《诗》曰:"东方昌矣。"尺良切。

【译文】昌,美善的言辞。由日、由曰会意。另一义说,昌是太阳的光明。《诗经》说:"东方明亮了。"

昄 (bǎn)

昄,大也。从日,反声。补绾切。

【译文】昄,大。从日,反声。

昱 (yù)

昱,明日也。从日,立声。余六切。

【译文】昱,明天。从日,立声。

暑 (shǔ)

暑,热也①。从日,者声。舒吕切。

【译文】暑,炎热。从日,者声。

【注释】①热:《段注》:"暑与热,浑言则一。故许以热训暑。析言则二……暑之义主谓湿,热之义主谓燥。"

曬 (shì)

曬,暴也。从日,麗声。所智切。

【译文】曬,晒干。从日,麗声。

暵 (hàn)

暵,干也。耕暴田曰暵。从日,堇声。《易》曰:"燥万物者莫暵于离。"呼旰切。

【译文】暵,干燥。翻耕后再曝晒田地叫暵。从日,堇声。《易经》说:"使万物干燥的东西没有什么比火更易干枯。"

晞 (xī)

晞①,干也。从日,希声。香衣切。

【译文】晞,干燥。从日,希声。

【注释】①晞:本义是日出,天明。《诗经·齐风·东方未明》:"东方未晞,颠倒衣裳。"毛亨传:"晞,明之始升。"

昔 (xī)

昔,干肉也。从残肉,日以晞之。与俎同意①。思积切。

【译文】昔,干肉。(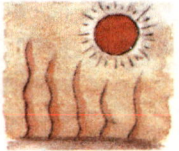表示)残余、零星的肉,(日表示)用太阳来晒干它。与"俎"字从"仌"的构形同意。

【注释】①与俎句:《段注》:"俎,从半肉(指仌),且(进献礼品的器具)荐(垫)之;昔,从残肉,日晞之。其作字之恉同也,故曰同意。"

昵 (nì)

昵,日近也。从日,匿声。《春秋传》曰:"私降昵燕。"尼质切。

【译文】昵,一天天亲近。从日,匿声。《春秋左传》说:"私下里减少与亲近者宴饮之乐。"

昆 (kūn)

昆,同也。从日,从比。古浑切。

【译文】昆,同。由日、由比会意。

晐 (gāi)

晐，兼晐也。从日，亥声。古哀切。

【译文】晐，（日光）全面覆照。从日，亥声。

普 (pǔ)

普，日无色也。从日，从並。滂古切。

【译文】普，太阳没有光色。由日、由从並会意。

曉 (xiǎo)

曉，明也。从日，堯声。呼鸟切。

【译文】曉，光明，从日，堯声。

昕 (xīn)

昕，旦明，日将出也。从日，斤声。读若希。许斤切。

【译文】昕，天明，太阳将要出来了。从日，斤声。音读像"希"字。

旦部

旦 (dàn)

旦，明也。从日见一上①。一，地也。凡旦之属皆从旦。得案切。

【译文】旦，天明。由"日"出现在"一"之上。一，表示地。大凡旦的部属都从旦。

【注释】①从日句：徐灝《段注笺》："日初出地平线也。"

暨 (jì)

暨，日颇见也。从旦，既声。其异切。

【译文】暨，旭日略微呈现（在地平线上）。从旦，既声。

㫃部

㫃 (yǎn)

㫃，旌旗之游，㫃蹇之皃。从中，曲而下；垂㫃，相出入也。读若偃。古人名㫃、字子游。凡㫃之属皆从㫃。于幰切。

【译文】㫃，旌旗的飘带，随风飘舞的样子。从中，弯曲而下伸，（表示旗竿）；（右边）下垂的飘带，（像随风）一出一入。音读像"偃"字。古人名叫㫃，字就叫（子）游。大凡㫃的部属都从㫃。

旗 (qí)

旗，熊旗（五）[六]游①，以象罚星。士卒以为期。从㫃，其声。《周礼》曰："率都建旗。"渠之切。

【译文】旗，画有熊的旗帜有六根飘带，用来象征罚星。士卒把熊旗的竖立当作聚集的时间。从㫃，其声。《周礼》说："将帅和都主竖立熊旗。"

【注释】①五：当依《舜工纪·考人》作"六"。

旆 (pèi)

旆，继旐之旗也，沛然而垂。从㫃，巿声。蒲盖切。

【译文】旆，接连镶在旐旗边幅上的旗饰，沛然而下垂。从㫃，巿（pò）声。

旌 (jīng)

旌，游车载旌，析羽注旄首，所以精进士卒。从㫃，生声。子盈切。

【译文】旌，木辂车上竖建着旌旗，

剪下鸟羽附箸在饰有旄牛尾的旗竿上端，是用以激励士卒精锐前进的一种旗帜。从㫃，生声。

旂（qí）

旂，旗有众铃，以令众也。从㫃，斤声。渠希切。

【译文】旂，旗上有许多铃铛，用以命令士众。从㫃，斤声。

施（shī）

施，旗皃。从㫃，也声。齐栾施字子旗，知施者旗也。武支切。

【译文】施，旗帜（飘动）的样子。从㫃，也声。齐国栾施字子旗，知道施就是旗。

游（yóu）

游，旌旗之流也。从㫃，汓声。以周切。

【译文】游，旌旗的飘带。从㫃，汓声。

旋（xuán）

旋，周旋，旌旗之指麾也。从㫃，从疋；疋，足也。似沿切。

【译文】旋，转动，随着旌旗的指挥。由㫃、由疋会意，疋是足的意思。

旄（máo）

旄，幢也。从㫃，从毛，毛亦声。莫袍切。

【译文】旄，像幢幡一类的旗帜。由㫃、由毛会意，毛也表声。

旛（fān）

旛，幅胡也。从㫃，番声。孚袁切。

【译文】旛，长幅下垂的旗帜。从㫃，番声。

族（zú）

族，矢锋也。束之族族也。从㫃，从矢。昨木切。

【译文】族，箭头。一捆箭聚在一起。由㫃、由矢会意。

晶部

晶（jīng）

晶，精光也①。从三日。凡晶之属皆从晶。子盈切。

【译文】晶，精华的光亮。由三个"日"字会意。大凡晶的部属都从晶。

【注释】①精光：王筠《句读》："物之精者必有光。"

曟（chén）

曟，房星；为民田时者。从晶，辰声。所今切。

【译文】曟，房星，又是农民下田耕种之时。从晶，辰声。

月部

月（yuè）

月，阙也①。太阴之精。象形。凡月之属皆从月。鱼厥切。

【译文】月，亏阙。太阴的精华。像（不满之）形。大凡月的部属都从月。

【注释】①阙：徐锴《系传通论》："亏阙也。"《释名·释天》："月，阙也。满则阙也。"

朔 (shuò)

朔①，月一日始苏也。从月，屰声。所角切。

【译文】朔，月亮在初一开始复生。从月，屰声。

【注释】①朔：《释名·释天》："朔，月初之名也。朔，苏也。月死复苏生也。"按：朔，月相名。这是指：夏历每月初一，月亮运行到太阳和地球之间，跟太阳同时出没，地球上看不到月光。

朏 (pěi)

朏①，月未盛之明。从月出。《周书》曰："丙午朏。"普乃切。又，芳尾切。

【译文】朏，月光未盛之明。由月、出会意。《周书》说："丙午那天月光初现光明。"

【注释】①朏：徐灏《段注笺》："月朔（初一）初生明，至初三乃可见。故三日曰朏。从月、出会意，出亦声。"

霸 (pò)

霸，月始生，霸然也。承大月，二日；承小月，三日。从月，䨣声。《周书》曰："哉生霸。"普伯切。

【译文】霸，月亮开始呈现，旁有微光似的。上承大月，初二（生霸）；上承小月，初三（生霸）。从月，䨣声。《周书》说："开始出现月光。"

朗 (lǎng)

朗，明也。从月，良声。卢党切。

【译文】朗，明亮。从月，良声。

期 (qī)

期，会也。从月，其声。渠之切。

【译文】期，约会。从月，其声。

有部

有 (yǒu)

有，不宜有也。《春秋传》曰①："日月有食之。"从月，又声。凡有之属皆从有。云九切。

【译文】有，不应当有。《春秋左传》说："日月有日蚀、月蚀现象。"从月，又声。大凡有的部属都从有。

【注释】①《春秋传》：指《春秋经·隐公三年》。今本无"月"字。《段注》："此引经释'不宜有'之恉。"按：古以日蚀月蚀为不祥之兆，故曰"不宜有"。

龓 (lóng)

龓，兼有也。从有，龍声。读若聋。卢红切。

【译文】龓，笼统。从有，龍声。音读像"聋"字。

朙部

朙 (míng)

朙①，照也。从月，从囧。凡朙之属皆从朙。武兵切。

【译文】朙，照耀。由月、由囧会意。大凡朙的部属都从朙。

【注释】①朙：今字体作"明"。明亮。

萌 (huāng)

萌，翌也①。从明，亡声。呼光切。

【译文】萌，明日。从明，亡声。

【注释】①翌：《段注》："当作昱。昱，明也。"

囧部

囧 (jiǒng)

囧，窗牖丽廔闿明。象形。凡囧之属皆从囧。读若犷。贾侍中说，读与明同。俱永切。

【译文】囧，窗牖格格交错而敞亮。象形。大凡囧的部属都从囧。音读像"犷"字。贾侍中说，音读与"明"同。

夕部

夕 (xī)

夕，莫也。从月半见。凡夕之属皆从夕。祥易切。

【译文】夕，傍晚。由月字现出一半来表意。大凡夕的部属都从夕。

夜 (yè)

夜，舍也。天下休舍也。从夕，亦省声。羊谢切。

【译文】夜，止息。是天下休息之时。从夕，亦省声。

夗 (yuàn)

夗，转卧也。从夕，从卪。卧有卪也。于阮切。

【译文】夗，转身侧卧。由夕、由卪会意。侧卧就曲膝。

夢 (mèng)

夢，不明也。从夕，瞢省声。莫忠切。又，亡贡切。

【译文】夢，不明。从夕，瞢省声。

外 (wài)

外，远也。卜尚平旦，今夕卜，于事外矣①。五会切。

【译文】外，疏远。占卜崇尚平明日出之时，今在夜晚占卜，就卜筮之事而言是例外了。

【注释】①于事句：《段注》："此说从夕卜之意。"

多部

多 (duō)

多，重也。从重夕。夕者，相绎也①，故为多。重夕为多，重日为叠。凡多之属皆从多。得何切。

【译文】多，重复。由重叠的夕字构成。夕的意思，是相抽引而无穷尽，所以叫多。重叠夕字叫多，重叠日字叫叠（疊）。大凡多的部属都从多。

【注释】①相绎：段注："相绎者，相引于无穷也。抽丝曰绎。"张舜徽《约注》引宋育人说："夕而又朝，朝而又夕，相引无穷。"

毌部

毌 (guān)

毌，穿物持之也。从一横贯，象宝货之形。凡毌之属皆从毌。读若冠。

古丸切。

【译文】毌，贯穿物体、持握着它。由"一"横着贯穿，(㕣)像钱贝之形。大凡毌的部属者从毌。音读像"冠"字。

貫 （guàn）

貫，钱贝之贯。从毌贝。古玩切。

【译文】貫，（贯穿）钱贝的绳索。由毌、贝会意。

虜（lǔ）

虜，获也。从毌，从力，虍声。郎古切。

【译文】虜，俘获。由毌、由力会意，虍声。

𠧪部

甬 （yǒng）

甬①，𡴀木华甬甬然。从𠧪，用声。余陇切。

【译文】甬，草木之花含苞欲放的样子。从𠧪，用声。

【注释】① 甬：王筠《句读》引《广雅》：" 甬，草木花欲发皃。"

㮛部

㮛 （hàn）

㮛，木垂华实。从木、𠧪，𠧪亦声。凡㮛之属皆从㮛。胡感切。

【译文】㮛，树木悬挂花和果实。由木、𠧪会意，𠧪也表声。大凡㮛的部属都从㮛。

卤部

卤 （tiáo）

卤，𡴀木实垂卤卤然。象形。凡卤之属皆从卤。读若调。徒辽切。

【译文】卤，草木之实，下垂卤卤的样子。像果实下垂之形。大凡卤的部属都从卤。音读像"调"

齊部

齊 （qí）

齊①，禾麦吐穗上平也。象形。凡齐之属皆从齐。徂兮切。

【译文】齊，禾麦吐穗，其上平整。象形。大凡齐的部属都从齐。

【注释】① 齊：《段注》："从二者，象地有高下也。禾麦随地之高下为高下，似不齐而实齐。参差其上者，盖明其不齐而齐也。"

朿部

朿 （cì）

朿①，木芒也②。象形。凡朿之属皆从朿。读若刺。七赐切。

【译文】朿，树木的刺。象形。大凡朿的部属都从朿。音读像"刺"字。

【注释】①朿：今作刺。②芒：《段注》："艹屮（草端）也。"

棗（zǎo）

棗，羊枣也①。从重朿②。子皓切。

【译文】棗，羊矢枣。由重叠两个朿字会意。

【注释】①羊枣：《尔雅·释木》郭璞注："实小而员，紫黑色，今俗呼之为羊矢枣。"②重朿：王筠《句读》："枣高，故重之。"

棘（jí）

棘①，小枣丛生者。从并朿。己力切。

【译文】棘，丛生的低小的酸枣树。由两个朿字并列会意。

【注释】①棘：《急就篇》："棘，酸枣之树也。"

片部

片（piàn）

片，判木也①。从半木②。凡片之属皆从片。匹见切。

【译文】片，已分剖的木。由小篆木字的右半构成。大凡片的部属都从片。

【注释】①判木：《段注》："谓一分为二之木。"②半木：徐锴《系传》："木字之半也。"

版（bǎn）

版①，判也。从片，反声。布绾切。

【译文】版，分剖（的木板）。从片，反声。

【注释】①版：《段注》："凡施于宫室器用者皆曰版，今字作板。"

牗（pì）

牗，判也①。从片，畐声。芳逼切。

【译文】牗，分剖（的木板）。从片，畐声。

【注释】①判：王筠《句读》："与版同训，即与版同物。""吾乡于版之薄削者，谓之牗片。"

牘（dú）

牘，书版也。从片，賣声。徒谷切。

【译文】牘，写字的木板。从片，賣声。

牒（dié）

牒，札也。从片，枼声。徒叶切。

【译文】牒，书写用的木片。从片，枼声。

牑（biān）

牑，床版也。从片，扁声。读若边。方田切。

【译文】牑，床板。从片，扁声。音读像"边"字。

牏（tóu）

牏，筑墙短版也。从片，俞声。读若俞。一曰若纽。度侯切。

【译文】牏，筑墙（用于两端的）短木板。从片，俞声。音读像"俞"字。一说像"纽"字。

牖（yǒu）

牖，穿壁以木为交窗也。从片、户、甫。谭长以为甫上日也，非户也。牖，所以见日。与久切。

【译文】牖，凿穿墙壁，用木板作

成横直相交的窗棂。由片、户、甫会意。谭长认为："甫"字之上是"日"字，不是"户"字，窗牖是用来照见阳光的地方。

克部

克（kè）

克，肩也；象屋下刻木之形。凡克之属皆从克。苦得切。

【译文】克，肩任，（又，）像屋下刻割木头的样子。大凡克的部属都从克。

彔部

彔（lù）

彔，刻木彔彔也。象形。凡彔之属皆从彔。卢谷切。

【译文】彔，刻镂木头历历可数。象形。大凡彔的部属都从彔。

禾部

禾（hé）

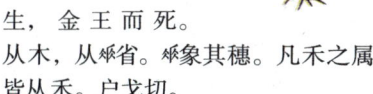

禾，嘉谷也。二月始生，八月而孰，得时之中，故谓之禾。禾，木也①。木王而生，金王而死。从木，从𠂹省。象其穗。凡禾之属皆从禾。户戈切。

【译文】禾，美好的谷子。二月开始发芽生长，到八月成熟，得四时中和之气，所以叫它禾。禾是木属。春天木旺就生长，秋天金旺就死去。由木、由𠂹省构成。下垂的像它的谷穗。大凡禾的部属都从禾。

【注释】①禾，木也：《淮南子·地形篇》："木胜土，土胜水，水胜火，火胜金，金胜木，故禾春生秋死。"高诱注："禾者木，春木王而生，秋金王而死。"按：此以五行生、克之理释禾的荣枯。五行中木代表春，金代表秋。禾是春天发芽生长，所以说"木也"。此"木"本非树木，而是五行之"木"。但从字的构形而言，又"为从木张本"（王筠《句读》）。

秀（xiù）

秀①，上讳②。息救切。

【译文】秀，已故汉光武帝之名。

【注释】①秀：徐锴《系传》："禾实也。有实之象，下垂也。"②讳：封建社会称死去了的帝王或尊长的名。

稼（jià）

稼，禾之秀实为稼，茎节为禾。从禾，家声。一曰：稼，家事也。一曰：在野曰稼。古讶切。

【译文】稼，禾的穗实叫稼，秸秆叫禾。从禾，家声。另一义说：（种植五谷）叫稼，就像嫁女之事。另一义说：在田野中（的作物）叫稼。

穑（sè）

穑，谷可收曰穑。从禾，啬声①。所力切。

【译文】穑，五谷（成熟）可以收敛叫穑。从禾，啬声。

【注释】①啬声：徐锴《系传》："啬，收也。""当言啬亦声。"

稙（zhí）

稙，早穜也。从禾，直声。《诗》曰："稙稚尗麦。"常职切。

【译文】稙，早种。从禾，直声。《诗经》说："先种的稙，后种的稚，以及菽豆和麦蘖。"

種 （chóng）

種，先穜后孰也。从禾，重声。直容切。

【译文】種，早种晚熟（的谷物）。从禾，重声。

稑 （lù）

稑，疾孰也。从禾，坴声。《诗》曰："黍稷种稑。"力竹切。

【译文】稑，迅速成熟（的谷物）。从禾，坴声。《诗经》说："黍米、稷米、早种晚熟的谷物和晚种早熟的谷物。"

稺 （zhì）

稺，幼禾也。从禾，犀声。直利切。

【译文】稺，幼小的禾。从禾，犀声。

穦 （zhěn）

穦，穜概也。从禾，真声。《周礼》曰："穦理而坚。"之忍切。

【译文】穦，种植稠密。从禾，真声。《周礼》说："稠密的文理，坚固（的木质）。"

稠 （chóu）

稠，多也。从禾，周声。直由切。

【译文】稠，多密。从禾，周声。

穊 （jì）

穊，稠也。从禾，既声。几利切。

【译文】穊，稠密。从禾，既声。

稀 （xī）

稀，疏也。从禾，希声。香依切。

【译文】稀，稀疏。从禾，希声。

穆 （mù）

穆①，禾也。从禾，㝃声。莫卜切。

【译文】穆，禾名。从禾，㝃声。

【注释】①穆：一种禾的名字。《段注》："盖禾有名穆者也。"

私 （sī）

私①，禾也。从禾，厶声。北道名禾主人曰私主人。息夷切。

【译文】私，禾名。从禾，厶声。北方叫禾主人作私主人。

【注释】①私：今借为公厶（私）字。

稷 （jì）

稷，齋也。五谷之长。从禾，畟声。子力切。

【译文】稷，粟米。五谷的首领。从禾，畟声。

秫 （shú）

秫，稷之黏者。从禾；朮，象形。食聿切。

【译文】秫，有黏性的粟米。从禾；朮，象形。

穄 （jì）

穄，䵖也。从禾，祭声。子例切。

【译文】穄，似黍而不黏的谷物。从禾，祭声。

稻 (dào)

稻,稌也。从禾,舀声。徒皓切。

【译文】稻,稻谷的通称。从禾,舀声。

穬 (gǒng)

穬,芒粟也①。从禾,廣声。古猛切。

【译文】穬,有芒刺的谷物。从禾,廣声。

【注释】①芒粟:指稻麦。《段注》:"稻麦得評粟者,从嘉谷之名也。"

秜 (lí)

秜①,稻今年落,来年自生,谓之秜。从禾,尼声。里之切。

【译文】秜,稻谷今年落地,至来年自生,叫作秜。从禾,尼声。

【注释】①秜:《段注》:"谓不种而自生者也。"

稗 (bài)

稗,禾别也。从禾,卑声。琅邪有稗县。旁卦切。

【译文】稗,似禾而别于禾。从禾,卑声。琅玡郡有稗县。

移 (yí)

移,禾相倚移也①。从禾,多声。一曰:禾名。弋支切。

【译文】移,禾(从风)而相阿那。从禾,多声。另一义说:是禾名。

【注释】①倚移:朱骏声《通训定声》:"倚移,叠韵连语。犹旖旎、旖施、橢施、猗儺、阿那也。'禾名'当为此字本训。"

穎 (yǐng)

穎,禾末也。从禾,顷声。《诗》曰:"禾穎穟穟。"余顷切。

【译文】穎,禾穗的末端。从禾,顷声。《诗经》说:"禾穗美好。"

秒 (miǎo)

秒①,禾芒也。从禾,少声。亡沼切。

【译文】秒,禾谷的芒刺。从禾,少声。

【注释】①秒:谷子芒儿。《汉书·叙传》:"产气黄钟,造计秒忽。"颜师古注引刘德曰:"秒,禾芒也。"

穖 (jǐ)

穖,禾穖也。从禾,幾声。居狶切。

【译文】穖,禾穗籽实如成串珠玑。从禾,幾声。

稿 (gǎo)

稿①,秆也。从禾,高声。古老切。

【译文】稿,禾秆,从禾,高声。

【注释】①稿:谷类植物的茎秆。《汉书·贡禹传》:"已奉谷租,又出稿税。"引申义为诗文的草稿。《汉书·孔光传》:"时有所言,辄削草稿。"

秕 (bǐ)

秕,不成粟也。从禾,比声。卑履切。

【译文】秕,不成粟米(的瘪谷)。从

禾,比声。

稍 (juān)

稍,麦茎也。从禾,肙声。古玄切。

【译文】稍,麦茎。从禾,肙声。

梨 (liè)

梨,黍穰也①。从禾,列声。良薛切。

【译文】梨,黍秆。从禾,列声。

【注释】①穰:已脱粒的黍秆。

秧 (yāng)

秧,禾(若)[苗]秧穰也①。从禾,央声。于良切。

【译文】秧,禾苗叶多的样子。从禾,央声。

【注释】①若:当依《玉篇》作"苗"。

穀 (gǔ)

穀,续也。百谷之总名。从禾,殳声。古禄切。

【译文】穀,继续。百谷总名。从禾,殳声。

稔 (rěn)

稔,谷孰也。从禾,念声。《春秋传》曰:"鲜不五稔。"而甚切。

【译文】稔,百谷成熟。从禾,念声。《春秋左传》说:"少不止五年。"

租 (zū)

租,田赋也。从禾,且声。则吾切。

【译文】租,按田亩收敛谷税。从禾,且声。

税 (shuì)

税,租也。从禾,兑声。输芮切。

【译文】税,按田亩收敛谷物。从禾,兑声。

秋 (qiū)

秋,禾谷孰也①。从禾,䎉省声。七由切。

【译文】秋,百谷成熟。从禾,䎉(jiāo)省声。

【注释】①禾谷:《段注》:"言禾复言谷者,晐百谷也。"

穌 (sū)

穌,(把)[杷]取禾若也①。从禾,魚声。素孤切。

【译文】穌,杷取禾秆之皮。从禾,魚声。

【注释】①把:当依徐错《段注》作"杷"。

稍 (shào)

稍,出物有渐也。从禾,肖声。所教切。

【译文】稍,谷物长出而渐进。从禾,肖声。

秦 (qín)

秦①,伯益之后所封国。地宜禾。从禾、舂省。一曰:秦,禾名。匠邻切。

【译文】秦,伯益的后裔被封的国名。此地适宜禾谷的生长。由

禾、舂字省去臼会意。另一义说，秦，禾名。

【注释】①秦：《段注》引《诗谱》："秦者，陇西谷名。"

程 （chéng）

程，品也①。十发为程，十程为分，十分为寸。从禾，呈声。直贞切。

【译文】程，程品。十根毛发并排起来叫一程，十程叫一分，十分叫一寸。从禾，呈声。

【注释】①品：《段注》："品者，众庶也。因众庶而立之法，则斯谓之程品。"程品：为众多事物确立的程度等级。

科 （kē）

科，程也。从禾，从斗。斗者，量也。苦禾切。

【译文】科，程品等级。由禾、由斗会意。斗，是量器。

秝部

秝 （lì）

秝，稀疏适也。从二禾。凡秝之属皆从秝。读若历。郎击切。

【译文】秝，稀疏适宜。由两个禾字会意。大凡秝的部属都从秝。音读像"历"字。

兼 （jiān）

兼，并也。从又持秝。兼持二禾，秉持一禾。古甜切。

【译文】兼，同时涉及（两件或两件以上的事物）。由（手）持握着秝（二禾）会意。兼是（同时）持握两把禾。秉是持握一把禾。

黍部

黍 （shǔ）

黍，禾属①而黏者也。以大暑而（穜）[孰]②，故谓之黍。从禾，雨省声。孔子曰③："黍可为酒，禾入水也。"凡黍之属皆从黍。舒吕切。

【译文】黍，禾一类而性黏的谷物。因在大暑时成熟，所以叫作黍。从禾，雨省声。孔子说："黍子可以酿酒，（所以'黍'字）由禾、入、水三字会意。"大凡黍的部属都从黍。

【注释】①禾属：张舜徽《约注》引米育仁说："禾者，黍稻之大名。析言则禾属之不黏者谓之稻，禾属黏者谓之黍。"②穜：王筠《句读》："穜当作孰。""大暑乃六月之气，即晚孰者已登场矣。"按：黍、暑上古声韵同。③孔子《段注》："此说字形这异说也。凡云'孔子曰'者，通人所传。""今隶书则从'禾、入、水'。"

黏 （nián）

黏，相箸也。从黍，占声。女廉切。

【译文】黏，糊物使相胶着。从黍，占声。

黏 （hú）

黏①，黏也。从黍，古声。户吴切。

【译文】黏，黏糊。从黍，古声。

【注释】①黏：《段注》："俗作糊。"

177

糜 糜（méi）

糜，穄也。从黍，麻声。靡为切。

【译文】糜，黍类而性不黏的谷物。从黍，麻声。

香部

香 香（xiāng）

香，芳也。从黍，从甘。《春秋传》曰①："黍稷馨香。"凡香之属皆从香。许良切。

【译文】香，芬芳。由黍、由甘会意。《春秋左传》说："黍、稷气味芬芳。"大凡香的部属都从香。

【注释】①《春秋传》：指《左传·僖公十五年》。

馨 馨（xīng）

馨，香之远闻者。从香，殸声。呼形切。

【译文】馨，香气远闻。从香，殸声。

米部

米 米（mǐ）

米①，粟实也。象禾实之形。凡米之属皆从米。莫礼切。

【译文】米粟的籽实。像禾籽实的形状。大凡米的部属都从米。

【注释】①罗振玉《增订殷虚书契考释》："象米粒琐碎纵横之状。"

粱 粱（liáng）

粱①，米名也。从米，梁省声。吕张切。

【译文】粱，粟米名。从米，梁省声。

【注释】①粱：即粟。

粲 粲（càn）

粲，稻重一秅，为粟二十斗①，为米十斗，曰毇②；为米六斗太半斗，曰粲。从米，奴声。仓案切。

【译文】粲，稻子重量一担，合粟二十斗，舂成米十斗，叫作糙米；舂成米六斗又大半斗，叫作粲米。从米，奴声。

【注释】①为：折合。秅言重量，斗言容量。②毇：徐灏《段注笺》："乃糲之误。"糲米：今俗称糙米。

精 精（jīng）

精①，择也。从米，青声。子盈切。

【译文】精，拣择米粒。从米，青声。

【注释】①精：司马彪《庄子》注说："简（拣）米曰精。"

粺 粺（bài）

粺，毇也。从米，卑声。旁卦切。

【译文】粺，半熟米。从米，卑声。

粗 粗（cū）

粗，疏也。从米，且声。徂古切。

【译文】粗，糙米。从米，且声。

粒 粒（ài）

粒，糂也①。从米，立声。力入切。

【译文】粒，米粒。从米，立声。

【注释】①糂：《段注》："此当作米粒也。米粒是常语。"

糜 （mí）

糜[1]，糁也。从米，麻声。靡为切。

【译文】糜，稠粥。从米，麻声。

【注释】①糜：《释名·释饮食》："糜，煮火使烂也。"《尔雅·释言》注："粥之稠者曰糜。"

糟 （zāo）

糟，酒滓也[1]。从米，曹声。作曹切。

【译文】糟，带滓的酒。从米，曹声。

【注释】①酒滓：朱骏声《通训定声》："古以带滓之酒为糟，今谓漉酒所弃之粕为糟。"

糗 （qiǔ）

糗，熬米麦也[1]。从米，臭声[2]。去九切。

【译文】糗，炒熟的米麦。从米，臭声。

【注释】①熬米麦：徐锴《系传》："熇干米麦也。"②臭声：声中有义。桂馥《义证》："米麦火干之乃有香气，故谓之糗。"

糈 （xǔ）

糈，粮也。从米，胥声。私吕切。

【译文】糈，粮食。从米，胥声。

糧 （liáng）

糧，谷也。从米，量声。吕张切。

【译文】糧，谷物。从米，量声。

粹 （suì）

粹，不杂也[1]。从米，卒声。虽遂切。

【译文】粹，无杂质（的米）。从米，卒声。

【注释】①不杂：《段注》："粹本是精米之偁。引申为凡纯美之称。"

氣 （xì）

氣，馈客刍米也。从米，气声。《春秋传》曰："齐人来气诸侯。"许既切。

【译文】氣，赠送客人饲料和粮食。从米，气声。《春秋左传》说："齐国人来赠给各诸侯国军队以饲料和粮食。"

粉 （fěn）

粉[1]，傅面者也。从米，分声[2]。方吻切。

【译文】粉，傅布在脸上的粉末。从米，分声。

【注释】①粉：徐锴《系传》："古傅面亦用米粉。"②分声：声中有义。《释名·释首饰》："粉，分也，研米使分散也。"

臼部

臼 （jiù）

臼，舂也[1]。古者掘地为臼，其后穿木石。象形。中，米也。凡臼之属皆从臼。其九切。

【译文】臼，舂米的臼。古时候在地上掘坎成臼，后来挖穿木头或石头（作臼）。∪像臼形，中间的⺀是米。大凡臼的部属都从臼。

【注释】①舂：饶炯《部首订》："盖以事诂物。因器为人所共解，不必通之以名，但言用而亦识之故也。"

舂（chōng）

舂，捣粟也。从廾持杵临臼上。午①，杵省也。古者雝父初作舂②。书容切。

【译文】舂，舂捣粟米一类谷物。由"廾"（双手）持握着"午"在"臼"上会意。午是杵的省略。古时候雝父开始制作舂。

【注释】①午：徐灏《段注笺》："即古杵字。"②雝父：王筠《句读》引《郡国志》："许州雍城，即皇帝臣雝父始作杵臼处。"

舀（yǎo）

舀，抒臼也①。从爪臼。《诗》曰②："或簸或舀。"以沼切。

【译文】舀，从臼里舀出来。由爪、臼会意。《诗经》说："时而簸去糠皮，时而把米从臼里舀出来。"

【注释】①抒臼：《段注》："抒，挹也。既舂之，乃于臼中挹出之。今人凡酌彼注此皆曰舀，其引申之语也。"②《诗》：指《诗经·大雅·生民》。原文："或舂或揄，或簸或蹂（脚踏）。"《段注》："毛传云：'揄，抒臼也。'然则揄者，舀之假借字也。"

臽（xiàn）

臽，小阱也①。从人在臼上②。户猪切。

【译文】臽，小陷阱。由"人"在"臼"上会意。

【注释】①阱：《段注》："阱者陷也。臽谓阱之小者。"②从人句：《段注》："古者掘地为臼，从人臼会意。臼犹坑也。"徐锴《系传》："舂地坎可臽人。""若今人作坑以臽虎也。"

凶部

凶（xiōng）

凶，恶也①。象地穿交陷其中也。凡凶之属皆从凶。许容切。

【译文】凶，险恶（之地）。象穿地为坑，有物交相陷入其中。大凡凶的部属都从凶。

【注释】①恶：徐锴《系传》："恶不可居，象地之堑也。恶可以陷人也。"

兇（xiǒng）

兇，扰恐也①。从人在凶下。《春秋传》曰："曹人凶惧。"许拱切。

【译文】兇，喧扰恐惧（之声）。由"人"在"凶"下会意。《春秋左传》说："曹国人恐惧。"

【注释】①扰恐：王筠《句读》："扰，其状也；恐，其意也。加声字而凶之声情始备。"

朩部

朩（pìn）

朩，分枲茎皮也。从屮，八象枲之皮茎也。凡朩之属皆从朩。读若髌。匹刃切。

【译文】朩，分剥麻秆的皮。中象麻秆，八象剥离的麻皮。大凡朩的部属都从朩。音读像"髌（bìn）"字。

枲 （xǐ）

枲①，麻也。从朩，台声。胥里切。

【译文】枲，麻。从朩，台声。

【注释】①枲：朱骏声《通训定声》："牡（雄）麻无实者也。夏至开花，荣而不实，亦曰夏麻。""（引申）为凡麻之大名。"

麻部

麻 （má）

麻①，与朩同。人所治，在屋下。从广，从朩。凡麻之属皆从麻。莫遐切。

【译文】麻，与朩字意义相同。是人们刮治的植物，在敞屋之下。由广、由朩会意。大凡麻的部属都从麻。

【注释】①麻：《段注》："未治谓之枲，治之谓之麻。以治之称加诸未治，则统谓之麻也。"

尗部

尗 （shú）

尗，豆也①。象尗豆生之形也。凡尗之属皆从尗。式竹切。

【译文】尗，豆。像菽豆生长的样子。大凡尗的部属都从尗。

【注释】①豆：朱骏声《通训定声》："古谓之尗，汉谓之豆。今字作菽。菽者，众豆之总名。"

豉 （shì）

豉①，配盐幽尗也。从尗，支声。是义切②。

【译文】豉，用盐调配大豆，把大豆放在幽暗潮湿的地方。从尗，支声。

【注释】①豉：张舜徽《约注》："俗称腊八豆，晒干后可久藏不变，即古人所谓豉也。"②当读shì，今音chǐ。

耑部

耑 （duān）

耑，物初生之题也①。上象生形，下象其根也。凡耑之属皆从耑。多官切。

【译文】耑，植物初生的顶。上（ ）像生长的形状，下（ ）像它的根。大凡耑的部属都从耑。

【注释】①题：徐锴《系传》："题犹额也，端也。古发端之端直如此而已。一，地也。"

韭部

韭 （jiǔ）

韭，菜名。一种而久者，故谓之韭。象形，在一之上。一，地也。此与耑同意。凡韭之属皆从韭。举友切。

【译文】韭，菜名。一经种下，就长久生长，所以叫它韭。（ ）像韭菜之形，在一的上面。一，表示地。这与耑的中间一横表示地同意。大凡韭的部属都从韭。

䪜 (fán)

䪜，小蒜也。从韭，番声。附袁切。

【译文】䪜，小蒜、从韭，番声。

瓜部

瓜 (guā)

瓜，（𤓰）[蓏]也①。象形②。凡瓜之属皆从瓜。古华切。

【译文】瓜，瓜蓏。象形。大凡瓜的部属都从瓜。

【注释】①𤓰：当依段注作"蓏"。②象形：《段注》："瓜者，滕生布于地者也。"

瓣 (bàn)

瓣，瓜中实。从瓜，辡声。蒲苋切。

【译文】瓣，瓜中的子实。从瓜，辡声。

瓠部

瓠 (hù)

瓠①，匏也。从瓜，夸声。凡瓠之属皆从瓠。胡误切。

【译文】瓠，匏(páo)瓜。从瓜，夸声。大凡瓠的部属都从瓠。

【注释】①瓠：王筠《句读》："今人以细长者为瓠，圆而大者为壶卢，古无此别也。"按：湖湘间称前者为护瓜，后者为瓢瓜。

瓢 (piáo)

瓢①，蠡也。从瓠省，票声。符

宵切。

【译文】瓢，剖瓠瓜作成的瓢。从瓠省，票声。

【注释】①瓢：朱骏声《通训定声》："一瓠劙为二曰瓢。"

宀部

宀 (mián)

宀，交覆深屋也①。象形。凡宀之属皆从宀。武延切。

【译文】宀，交相覆盖的深邃的屋子。象形。大凡宀的部属都从宀。

【注释】①交覆句：《段注》："古者屋四注(屋檐滴水处)，东西与南北，皆交覆也。有堂有室，是为深屋。"

家 (jiā)

家①，居也。从宀，豭省声②。古牙切。

【译文】家，居处的地方。从宀，豭省声。

【注释】①家：家庭。《诗经·周南·桃夭》："之子于归，宜其室家。"②豭：公猪。

宅 (zhái)

宅，所托也。从宀，乇声。场伯切。

【译文】宅，寄托身躯的地方。从宀，乇(zhé)声。

室 (shì)

室，实也①。从宀，从至。至，所止也。式质切。

【译文】室，内室。由宀、由至会意。至表示止息之地。

【注释】① 实：《段注》："以叠韵为训，古者前堂后室。《释名》："室，实也。人物实满其中也。"

向 （xiàng）

向，北出牖也①。从宀，从口。《诗》曰："塞向墐户。"许谅切。

【译文】向，朝北开出的窗子。由宀、由口会意。《诗经》说："塞住朝北的窗子，用泥巴涂住门缝。"

【注释】① 牖(yǒu)：徐灏《段注笺》："古者前堂后室，室之前为牖，后为向，故曰北出牖。"

宣 （xuān）

宣，天子宣室也①。从宀，亘声。须缘切。

【译文】宣，天子宽大的正室。从宀，亘声。

【注释】① 宣室：《段注》："盖谓大室。"徐锴《系传》引《汉书音义》："未央（殿）前正室也。"

宛 （wǎn）

宛，屈草自覆也。从宀，夗声。于阮切。

【译文】宛，把草弯曲用以覆盖自身。从宀，夗声。

宸 （chén）

宸①，屋宇也。从宀，辰声。植邻切。

【译文】宸，屋檐。从宀，辰声。

【注释】① 宸：屋边。《国语·越语》："君若不忘周室，而为弊邑宸宇。"韦昭注："宸，屋溜。"

寷 （fēng）

寷，大屋也。从宀，豐声。《易》："寷其屋。"敷戎切。

【译文】寷，大屋。从宀，豐声。《易经》说："扩大他的房屋。"

宇 （yǔ）

宇①，屋边也。从宀，于声。《易》曰："上栋下宇。"王榘切。

【译文】宇，屋的边檐。从宀，于声。《易经》说："上有栋梁下有屋檐。"

【注释】① 宇：《周易·系辞下》："后世圣人易之以宫室，上栋下宇，以待风雨。"

寏 （yuàn）

寏，周垣也。从宀，奐声。胡官切。又，爰眷切。

【译文】寏。围墙。从宀，奐声。

宏 （hóng）

宏，屋深响也①。从宀，厷声。户萌切。

【译文】宏，房屋幽深而有回响。从宀，厷声。

【注释】① 屋深响：朱骏声《通训定声》："深大之屋，凡声如有应响。"

定 （dìng）

定，安也。从宀，从正。徒径切。

【译文】定，安定。由宀、由正会意。

寔 （shí）

寔，止也。从宀，是声。常支切。

【译文】寁，止息。从宀，是声。

安（ān）

安，（静）[竫]也①。从女在宀下②。乌寒切。

【译文】安，安宁。由"女"在"宀"下会意。

【注释】①静：当依《段注》作"竫"，注："静者审也，非其义。""竫者亭安也，与此为转注。"②从女句：桂馥《义证》引《六书故》："室家之内，女所安也。"

宓（mì）

宓，安也。从宀，必声。美毕切。

【译文】宓，安定。从宀，必声。

寔（yì）

寔，静也。从宀，契声。于计切。

【译文】寔，安静。从宀，契声。

宴（yàn）

宴，安也。从宀，旻声。于甸切。

【译文】宴，安息。从宀，旻（yàn）声。

宋（jì）

宋，无人声。从宀，未声。前历切。

【译文】宋，没有人的声音。从宀，未声。

察（chá）

察，覆也①。从宀，祭[声]②。初八切。

【译文】察，屋檐向下覆盖。从宀，祭声。

【注释】①覆：郑知同《商义》："乃屋宇下覆之名。""覆之义引伸为自上审下，察义亦然。"②祭：当依徐锴《系传》作"祭声"。

完（huán）

完，全也。从宀，元声。古文以为宽字。胡官切。

【译文】完，完全。从宀，元声。古文把它假借为"宽"字。

富（fù）

富，备也。一曰：厚也。从宀，畐声①。方副切。

【译文】富，完备。另一义说：富是多、厚。从宀，畐声。

【注释】①畐声：桂馥《义证》："本书：'畐，象高厚之形。'"声中有义。

實（shí）

實，富也。从宀，从贯①。贯，货贝也。神质切。

【译文】實，富裕。由宀、由贯会意。贯，表示货贝。

【注释】①从宀，从贯：会货贝充满屋内之意。

宿（sù）

宿①，止也。从宀，佰声。息逐切。

【译文】宿，止宿。从宀，佰声。

【注释】①宿：本义为住宿，过夜。《荀子·儒效》："暮宿于百泉。"引申为住的地方。《周礼·地官·遗人》："三十里有宿，宿有路室。

寢（qǐn）

寢，卧也。从宀，叟声。七荏切。

【译文】寢，躺卧。从宀，叟声。

寬 (kuān)

寬,屋寬大也。从宀,莧声。苦官切。

【译文】寬,房屋寬敞。从宀,莧声。

寡 (guǎ)

寡,少也。从宀,从頒。頒,分賦也,故为少。古瓦切。

【译文】寡,少。由宀、由頒会意。頒,表示分授(房屋),所以有"少"义。

客 (kè)

客,寄也①。从宀,各声。苦格切。

【译文】客,寄居。从宀,各声。

【注释】①寄:王筠《句读》:"偶寄于是,非久居也。"

寄 (jì)

寄,託也。从宀,奇声。居义切。

【译文】寄,托付。从宀,奇声。

寓 (yù)

寓①,寄也。从宀,禺声。牛具切。

【译文】寓,寄居。从宀,禺声。

【注释】①寓:寄托。《庄子·齐物论》:"唯达者知通为一,为是不用而寓诸庸。"

㝱 (jiù)

㝱,贫病也。从宀,久声。《诗》曰:"煢煢在㝱。"居又切。

【译文】㝱,贫穷,疾病。从宀,久声。《诗经》说:"煢煢孤立啊又在害病。"

寒 (hán)

寒①,凍也。从人在宀下,以茻薦覆之,下有仌。胡安切。

【译文】寒,冷冻。由"人"在"宀"下,用"艹"(草)垫着盖着,下面有"仌"来会意。

【注释】①寒:王筠《句读》:"此冻之别义也。"

害 (hài)

害,伤也。从宀,从口。宀口,言从家起也。丯声。胡盖切。

【译文】害,伤害。由宀、由口会意。宀口,是说伤害之言,从家中发起。丯(jiè)为声。

宄 (guǐ)

宄,奸也①。外为盗,内为宄。从宀,九声。读若轨。居洧切。

【译文】宄,奸诈。起自外部,为盗;起自内部,为宄。从宀,九声。音读像"轨"字。

【注释】①奸:《段注》:"奸宄者通偁,内外者析言之也。凡盗起外为奸,中出为宄。"

宕 (dàng)

宕,过也。一曰:洞屋。从宀,碭省声。汝南项有宕乡。徒浪切。

【译文】宕,放荡不拘。另一义说,石洞如屋。从宀,碭省声。汝南郡项县有宕乡。

宋 (sòng)

宋,居也。从宀,从木。读若送。

苏统切。

【译文】宋,居住。由宀、由木会意。音读像"送"字。

䆣 (diàn)

䆣,屋倾下也。从宀,執声。都念切。

【译文】䆣,房屋倾斜下陷。从宀,執声。

宗 (zōng)

宗,尊、祖庙也。从宀,从示。作冬切。

【译文】宗,尊崇的先人;祖庙。由宀、由示会意。

宔 (zhǔ)

宔,宗庙宔祏。从宀,主声。之庚切。

【译文】宔,宗庙中藏神主的石函。从宀,主声。

宙 (zhòu)

宙,舟舆所极、覆也。从宀,由声。直又切。

【译文】宙,舟车所到的地方,屋宇覆盖的栋梁。从宀,由声。

宫部

宫 (gōng)

宫,室也①。从宀,躳省声。凡宫之属皆从宫。居戎切。

【译文】宫,宫室。从宀,躳省声。大凡宫的部属都从宫。

【注释】①室:《段注》:"宫言其外之围绕,室言其内。析言则殊,统

言不别也。"

吕部

吕 (lǚ)

吕,脊骨也。象形。昔太岳为禹心吕之臣,故封吕侯。凡吕之属皆从吕。力与切。

【译文】吕,脊椎骨。象形。过去太岳官是大禹像心脏和脊骨一样的臣子,所以封为吕侯。大凡吕的部属都从吕。

躬 (gōng)

躬,身也。从身,从吕。居戎切。

【译文】躬,身体。由身、由吕会意。

穴部

穴 (xué)

穴,土室也。从宀,八声。凡穴之属皆从穴。胡决切。

【译文】穴,土室。从宀,八声。大凡穴的部属都从穴。

窅 (mǐng)

窅,北方谓地空,因以为土穴,为窅户。从穴,皿声。读若猛。武永切。

【译文】窅,北方叫作地孔,凭借孔用作土室,用作洞窟。从穴,皿声。音读像"猛"字。

窨 (yìn)

窨,地室。从穴,音声。于禁切。

【译文】窨,地室。从穴,音声。

窯（yáo）

窯，燒瓦灶也。从穴，羔聲。余招切。

【译文】窯，烧制陶器的灶。从穴，羔声。

復（fù）

復①，地室也。从穴，復聲。《詩》曰："陶復陶穴。"芳福切。

【译文】復，土室。从穴，復声。《诗经》说："横掏出土室，直掏出地穴。"

【注释】①復：朱骏声《通训定声》："凡直穿曰穴，旁穿曰復。地覆于上，故曰復也，"

穿（chuān）

穿，通也。从牙在穴中①。昌缘切。

【译文】穿，穿透。由"牙"在"穴"中会意。

【注释】①从牙句：意谓用牙齿啮物成洞穴，使之通透。

窠（kē）

窠，空也；穴中曰窠，樹上曰巢。从穴，果聲。苦禾切。

【译文】窠，孔穴，（鸟类）穴中居住的地方叫窠，树上的叫巢。从穴，果声。

空（kōng）

空，窍也。从穴，工声。苦红切。

【译文】空，孔穴。从穴，工声。

窖（jiào）

窖，地藏也。从穴，告聲。古孝切。

【译文】窖，地下储藏物品的洞穴。从穴，告声。

窺（kuī）

窺，小視也。从穴，規聲。去隓切。

【译文】窺，从小孔隙中偷看。从穴，規声。

窺（chēng）

窺，正視也。从穴中正見也，正亦聲。敕貞切。

【译文】窺，直视。由"穴"中"正""見"会意，正也表声。

突（tū）

突①，犬从穴中暫出也。从犬在穴中。一曰：滑也。徒骨切。

【译文】突，狗在洞中突然而出。由"犬"在"穴"中会意。另一义说，挑抉。

【注释】①突：徐锴《系传》："犬匿于穴中伺人，人不意之，突然而出也。"

窘（jiǒng）

窘，迫也①。从穴，君聲。渠隕切。

【译文】窘，困迫。从穴，君声。

【注释】①迫：徐锴《系传》："人于穴，窘迫也。"因洞穴局促狭隘的缘故。

窣（sū）

窣，从穴中卒出。从穴，卒声。苏骨切。

【译文】窣，从洞穴中突然出来。从穴，卒声。

窕（tiǎo）

窕，深肆极也①。从穴，兆声。读若挑。徒了切。

【译文】窕，深邃之极。从穴，兆声。音读像"挑"字。

【注释】①深肆：《尔雅·释言》："窕，肆也。"王引之《述闻》："窕、肆，皆谓深之极也。"可见"深肆"是同义复合。王筠《句读》："深肆，盖即深邃。"

穹（qiōng）

穹，穷也。从穴，弓声。去弓切。

【译文】穹，穷尽。从穴，弓声。

究（jiū）

究①，穷也。从穴，九声。居又切。

【译文】究，穷尽。从穴，九声。

【注释】①究：《汉书·司马迁传》："当年不能究其礼。"颜师古注："究，尽也。"

窈（yǎo）

窈，深远也。从穴，幼声。乌皎切。

【译文】窈，深远。从穴，幼声。

窀（zhūn）

窀，葬之厚夕。从穴，屯声。《春秋传》曰："窀穸从先君于地下。"陟伦切。

【译文】窀，葬在长夜。从穴，屯声。《春秋左传》说："追随先君埋葬在地下。"

穸（xī）

穸，窀穸也①。从穴，夕声。词亦切。

【译文】穸，窀穸。从穴，夕声。

【注释】①窀穸：长夜。喻埋葬。人埋葬了，好比进入漫漫长夜，因谓窀穸为长夜。

疒部

疒（nè）

疒①，倚也。人有疾病，象倚箸之形。凡疒之属皆从疒。女厄切。

【译文】疒，倚靠。人有疾病，像靠着、挨着的样子。大凡疒的部属都从疒。

【注释】①疒：徐灏《段注笺》："疒即古床字。"饶炯《部首订》："而以一象倚箸之形……指其义为疾病。"

痛（tòng）

痛，病也。从疒，甬声。他贡切。

【译文】痛，病痛。从疒，甬声。

疾（jí）

疾，病也①。从疒，矢声②。秦悉切。

【译文】疾，疾病。从疒，矢声。

【注释】①病：《段注》："析言之则病为疾加（重病），浑言之则疾亦病也。"②矢声：上古属脂部，疾属质部。

病（bìng）

病，疾加也。从疒，丙声。皮命切。

【译文】病，轻病加重。从疒，丙声。

瘀（yù）

瘀，积血。从疒，於声。依倨切。

【译文】瘀，积血。从疒，於声。

疛（fǔ）

疛，俛病也①。从疒，付声。方榘切。

【译文】疛，俯伏的病。从疒，付声。

【注释】①俛病：余岩《古代疾病名候疏义》卷四："(疛偻)，盖即今之脊椎后弯也，亦名龟背。"

痀（qú）

痀，曲脊也。从疒，句声①。其俱切②。

【译文】痀，驼背。从疒，句声。

【注释】①句声：声中有义。句部："句，曲也。"②今读依《广韵》举朱切。

瘚（jué）

瘚，屰气也。从疒，从屰，从欠。居月切。

【译文】瘚，气逆。由疒、由屰、由欠会意。

痵（jì）

痵①，气不定也。从疒，季声。其季切。

【译文】痵，气喘不定。从疒，季声。

【注释】①痵：《广韵·至韵》："痵，病中恐也。"痵是因心中恐惧而气喘不定。

痱（bèi）

痱，风病也。从疒，非声。蒲罪切。

【译文】痱，中风病。从疒，非声。

瘤（liú）

瘤①，肿也。从疒，留声。力求切。

【译文】瘤，肿瘤。从疒，留声。

【注释】①瘤：《释名·释疾病》："瘤，流也。血流聚而生瘤肿也。"

痤（cuó）

痤，小肿也。从疒，坐声。一曰族絫①。昨禾切。

【译文】痤，小的肿疖。从疒，坐声。又叫族絫。

【注释】①族絫：王筠《句读》："谓痤一名族絫也。"《左传》释文：蠡，力果切，絫之音当如是。痤絫叠韵。短言之为痤，长言之为絫。"

疽（jū）

疽①，痈也。从疒，且声。七余切。

【译文】疽，痈疽。从疒，且声。

【注释】①疽：深陷的块状恶疮。徐锴《系传》："久痈也。"《正字通·疒部》："痈之深者曰疽，疽深而恶。痈浅而大。"

痉（jìng）

痉①，强急也。从疒，巠声。其颈切。

【译文】痉，僵硬坚直。从疒，巠声。

【注释】①痉：徐锴《系传》："中寒体强（jiàng，僵硬）急（坚）也。"

痋 (tóng)

痋①,动(病)[痛]也。从疒,蟲省声。徒冬切。

【译文】痋,因跳动而痛。从疒,蟲省声。

【注释】①痋:《段注》:"即疼字。"

疢 (chèn)

疢,热病也。从疒,从火。丑刃切。

【译文】疢,热病。由疒、由火会意。

瘅 (dàn)

瘅,劳病也①。从疒,單声。丁干、丁贺二切。

【译文】瘅,因疲劳而出现的病态。从疒,單声。

【注释】①劳病:王筠《句读》:"凡《诗》《书》言瘅,未有真是疾病者也。"故译为"病态"。

疸 (dàn)

疸,黄病也①。从疒,旦声。丁干切。

【译文】疸,黄疸病。从疒,旦声。

【注释】①黄病:张舜徽《约注》:"今俗称黄胆病。"凡患是疾者,目黄、面黄、溲溺黄,故总名之曰黄病。"

痰 (qiè)

痰,病[小]息也①。从疒,夾声。苦叶切。

【译文】痰,病人气息微弱。从疒,夾声。

【注释】①病息:当依徐锴《系传》作"病小息"。王筠《句读》:"小息即少气之谓也。"

痞 (pǐ)

痞①,痛也。从疒,否声。符鄙切。

【译文】痞,(因腹内结块而)痛。从疒,否声。

【注释】①痞:朱骏声《通训定声》:"腹内结滞而痛。"

瘍 (yì)

瘍,胍瘍也①。从疒,易声。羊益切。

【译文】瘍,发狂的病。从疒,易声。

【注释】①胍瘍:王念孙《广雅疏证》:"胍瘍,犹辟易也。《吴语》:'称疾辟易。'韦昭注云:'辟易,狂疾。'"

疲 (pí)

疲,劳也。从疒,皮声。符羁切。

【译文】疲,劳累。从疒,皮声。

疧 (qí)

疧,病也①。从疒,氏声。渠支切。

【译文】疧,病(不止)。从疒,氏声。

【注释】①病:徐锴《系传》作"病不翅"。徐灏《段注笺》:"病不翅犹言病不止。"

疫 (yì)

疫①,民皆疾也。从疒,役省声。营只切。

【译文】疫,人们都传染成疾。从疒,役省声。

【注释】①疫:急性传染病。王筠《句读》引《字林》:"病流行也。"

冖部

冖（mì）

冖，覆也。从一下垂也。凡冖之属皆从冖。莫狄切。

【译文】冖，覆盖。由一向两边下垂。大凡冖的部属都从冖。

冠（guān）

冠，絭也。所以絭发，弁冕之总名也。从冖，从元，元亦声。冠有法制，从寸。古丸切。

【译文】冠，卷束。是用来卷束头发的东西，是帽子的总名。由冖、由元会意，元也表声。戴帽子有尊卑法制，所以从寸。

冃部

冃（mǎo）

冃，重覆也。从冖、一。凡冃之属皆从冃。读若艹苺苺。莫保切。

【译文】冃，重复。由"冖"又重加"一"表示。大凡冃的部属都从冃。音读像草"苺"字。

同（tóng）

同，合会也。从冃，从口。徒红切。

【译文】同，会合。由冃、由口会意。

冃部

冃（mào）

冃，小儿蛮夷头衣也。从冂；二，其饰也。凡冃之属皆从冃。莫报切。

【译文】冃，小孩、蛮夷等少数民族头上的便帽。从冂，（表示覆盖的帽子）；二，帽子上的装饰物。大凡冃的部属都从冃。

冕（miǎn）

冕①，大夫以上冠也。邃延、垂瑬、紞纩。从冃，免声。古者黄帝初作冕。亡辡切。

【译文】冕，大夫以上官员的礼帽。覆版长长，垂下玉瑬，又悬着充塞两耳的瑱玉。从冃，免声。古时候黄帝最初制作冕。

【注释】①冕：朱骏声《通训定声》："冕尊于弁，其制以木为干，广八寸，长倍之，前圆后方，前下后高，差一寸二分，有俛伏之形，故谓之冕。衣以三十升布，上元下纁，前后各十二旒，长六寸，饰以玉。"

胄（zhòu）

胄，兜鍪也①。从冃，由声。直又切。

【译文】胄，头盔。从冃，由声。

【注释】①兜鍪：《段注》："兟部兜下曰：'兜鍪，首铠也。'按：古谓之胄，汉谓之兜鍪，今谓之盔。"

冒（mào）

冒，冢而前也。从冃，从目。莫报切。

【译文】冒，蒙覆着前进。由冃、由目会意。

最 (zuì)

最，犯而取也，从冃，从取。祖外切。

【译文】最，冒犯而取之。由冃、由取会意。

冈部

冈 (liǎng)

冈，再也。从冂，㓞。《易》曰："参天冈地。"凡冈之属皆从冈。良奖切。

【译文】冈，两次。从冂，（㐱的构形）㓞。《易经》说："用'三'一类的奇数为天数，用'冈'一类的偶数为地数。"大凡冈的部属都从冈。

两 (áiǎng)

两，二十四铢为一两。从一；冈，平分，亦声。良奖切。

【译文】两，二十四铢重为一两。从一，冈，表示从中平分，也表声。

网部

网 (wǎng)

网，庖牺所结绳，以渔。从冂，下象网交文。凡网之属皆从网。文纺切。

【译文】网，庖牺氏结绳编织的工具，用以捕鱼。从冂，（表示蒙覆；）下面的㸚，像绳网交织的花纹。大凡网的部属都从网。

罩 (zhào)

罩①，捕鱼器也。从网，卓声。都教切。

【译文】罩，捕鱼竹笼。从网，卓声。

【注释】①罩：郝懿行《尔雅义疏》："今鱼罩皆以竹，形似鸡罩，渔人以手抑按于水中以取鱼。"

罾 (zēng)

罾，鱼网也。从网，曾声。作腾切。

【译文】罾，鱼网。从网，曾声。

罪 (zuì)

罪，捕鱼竹网。从网、非。秦以罪为辠字。徂贿切。

【译文】罪，捕鱼的竹网。由网、非会意。秦始皇用罪字代替辠字。

罽 (jì)

罽，鱼网也。从网，𠛱声。居例切。

【译文】罽，鱼网。从网，𠛱声。

罛 (gū)

罛，鱼罟也。从网，瓜声。《诗》曰："施罛濊濊。"古胡切。

【译文】罛，鱼网。从网，瓜声。《诗经》说："撒下鱼网，张目濊濊。"

罟 (gǔ)

罟①，网也。从网，古声。公户切。

【译文】罟，网罟。从网，古声。

【注释】①罟：网的通称。《周

易·系辞下》："(庖牺氏)作结绳而为网罟,以佃以渔。"陆德明《经典释文》:"取兽曰网,取鱼曰罟。"

羅 (luó)

羅,以丝罟鸟也①。从网,从维。古者,芒氏初作罗。鲁何切。

【译文】羅,用丝网络缚鸟。由网、由维会意。古时候芒氏开始制作罗网。

【注释】①以丝句：丝指丝网。罟用作动词。

罘 (fú)

罘,兔罟也。从网,否声。缚牟切。

【译文】罘,捕兔网。从网,否声。

罦 (hù)

罦,[兔]罟也①。从网,互声。胡误切。

【译文】罦,(捕兔)网。从网,互声。

【注释】①罦：王筠《句读》:"据上'罟'下'罦'补'兔'字。"《广韵·暮韵》："罦,兔网。"

罝 (jū)

罝①,兔网也。从网,且声。子邪切②。

【译文】罝,捕兔网。从网,且声。

【注释】①罝：捕兔网。《诗经·周南·兔罝》:"肃肃兔罝,椓之丁丁。"②今读依《集韵》子余切。

羀 (wǔ)

羀,牖中网也。从网,舞声。文甫切。

【译文】羀,窗牖中的网络。从网,舞声。

署 (shǔ)

署,部署,有所网属。从网,者声。常恕切。

【译文】署,按部居处,各有系联、分属的地方。从网,者声。

罷 (bà)

罷,遣有辠也。从网能,言有贤能而入网,而贳遣之。《周礼》曰:"议能之辟。"薄蟹切。

【译文】罷,放遣有罪的人。由网、能会意,是说有贤能人进入法网,而赦免放遣他。《周礼》说:"商议关于有才能的人的刑法。"

置 (zhì)

置,赦也。从网直①。陟吏切。

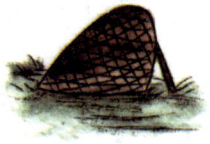

【译文】置,赦免。由网、直会意。

【注释】①从网直：直指正直人。网直与网能同。

罨 (ǎn)

罨,覆也。从网,音声。乌感切。

【译文】罨,覆盖。从网,音声。

詈 (lì)

詈,骂也。从网,从言。网辠人①。力智切。

【译文】詈,骂。由网、由言会意,表示搜罗罪人般的语言(骂人)。

【注释】①网辠人：网取包罗、搜罗义。一说,疑有缺误。

襾部

襾 (xià)

襾，覆也。从冂，上下覆之。凡襾之属皆从襾①。呼讶切。

【译文】襾，包覆。从冂，上（冂）下（凵）互相覆盖着。大凡襾的部属都从襾。

【注释】①襾，王筠《句读》："冂是正冂，自上覆乎下；凵是倒冂，自下覆乎上。"《释例》："上又加一，如包物者重复裹之也。重复裹之，斯反覆矣。故部中字皆取反覆之义。"

覆 (fù)

覆，覂也。一曰：盖也。从襾，復声。敷救切。

【译文】覆，翻覆。另一义说，是覆盖。从襾，復声。

巾部

巾 (jīn)

巾，佩巾也①。从冂，丨象糸也。凡巾之属皆从巾。居银切。

【译文】巾，佩带的巾帛。从巾形的冂，丨像系佩的绳索。大凡巾的部属都从巾。

【注释】①佩巾：徐灝《段注笺》："巾以覆物……亦用拭物"，"因系于带，谓之佩巾。"

帥 (shuài)

帥，佩巾也。从巾自[声]①。所律切。

【译文】帥，佩带的巾帛。从巾，自声。

【注释】①自：当依徐锴《系传》作"自声"，注："自即堆字。"

帨 (shuì)

帨，礼巾也。从巾，从执。输芮切。

【译文】帨，行礼所执巾帛。由巾、由执会意。

帗 (bō)

帗，一幅巾也①。从巾，友声。读若拨。北末切。

【译文】帗，一幅宽的巾帛。从巾，友声。音读像"拨"字。

【注释】①一幅巾：王筠《句读》："帛幅（宽）二尺四寸，比一幅为之，故曰一幅巾。"

帒 (rèn)

帒，枕巾也。从巾，刃声。而振切。

【译文】帒，枕巾。从巾，刃声。

槃 (pán)

槃，覆衣大巾。从巾，般声。或以为首鬘。薄官切。

【译文】槃，覆盖在衣上的大巾帛。从巾，般声。有人认为槃是指头巾。

帤 (rú)

帤，巾帤也。从巾，如声。一曰：（币）[敝]巾①。女余切。

【译文】帤，巾帛。从巾，如声。另一义说，破旧的巾帛。

【注释】①币：当依《段注》作"敝"。

幣 (bì)

幣①，帛也。从巾，敝声。毗祭切。

【译文】幣，帛。从巾，敝声。

【注释】① 币：徐灏《段注笺》："币，本缯帛之名。因车马玉帛同为聘享之礼，故浑言之称币，引申之，贷帛亦曰币。"

幅 (fú)

幅①，布帛广也。从巾，畐声。方六切。

【译文】幅，布帛的宽度。从巾，畐声。

【注释】① 幅：王筠《句读》引《汉书·食货志》："布帛广二尺四寸为幅。"

帻 (zé)

帻，发有巾曰帻。从巾，责声。侧革切。

【译文】帻，发有头巾包裹叫帻。从巾，责声。

帔 (pèi)

帔，弘农谓帬帔也①。从巾，皮声。披义切。

【译文】帔，弘农郡叫裙作帔。从巾，皮声。

【注释】① 弘农：汉代郡名。管今河南的一部分和陕西的一部分。

常 (cháng)

常，下帬也①。从巾②，尚声。市羊切。

【译文】常，下身的裙子。从巾，尚声。

【注释】① 下帬：王筠《句读》："汉谓裳为帬，而冠之以下者，帬亦为在上者之名，故言下以别之。" ② 从巾：徐锴《系传》："裳下直而垂，象巾，故从巾。"

帙 (zhì)

帙，书衣也①。从巾，失声。直质切。

【译文】帙，书的封套。从巾，失声。

【注释】① 书衣：《段注》："谓用裹书者，亦谓之幒，……今人曰函。"

幡 (fān)

幡，书儿拭觚布也①。从巾，番声。甫烦切。

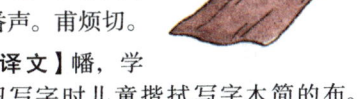

【译文】幡，学习写字时儿童揩拭写字木简的布。从巾，番声。

饰 (shì)

饰，㕞也①。从巾，从人，食声。读若式。一曰：橡饰。赏只切。

【译文】饰，刷拭。由巾、由人会意，食表声。音读像"式"字。另一义说，是首饰。

【注释】① 㕞：《段注》："凡物去其尘垢，即所以增其光采，故㕞者，饰之本义。而凡踵事增华皆谓之饰，则其引申之义也。"

帣 (juàn)

帣，囊也。今盐官三斛为一帣。从巾，𢍏声。居倦切。

【译文】帣，囊袋。当今汉朝盐官之法，三斛为一帣。从巾，𢍏声。

帚 (zhǒu)

帚，粪也。从又持巾埽门内。古者少康初作箕、帚、秫酒。少康，杜康也，葬长垣。支手切。

【译文】帚，扫除。由"又"（手）持握"巾"扫除"门"界之内会意。古时候少康开始制作箄箕、扫帚和秫酒。少康,就是杜康,葬在长垣。

席(xí)

席,籍也。《礼》:天子、诸侯席,有黼绣纯饰。从巾,庶省[声]。祥易切。

【译文】席,铺垫(的席子)。《周礼》说:天子、诸侯的席子,有用黑白斧形图案绣边的装饰物。从巾,庶省声。

布(bù)

布,枲织也。从巾,父声。博故切。

【译文】布,麻织品。从巾,父声。

帑(nú)

帑,金币所藏也。从巾,奴声。乃都切。

【译文】帑,金帛收藏的地方。从巾,奴声。

辄(zhé)

辄,领端也。从巾,耴声。陟叶切。

【译文】辄,衣领端。从巾,耴声。

帛部

帛(bó)

帛,缯也。从巾,白声。凡帛之属皆从帛。旁陌切。

【译文】帛,缯帛。从巾,白声。大凡帛的部属都从帛。

锦(jǐn)

锦,襄(邑)[色]织文。从帛,金声。居饮切。

【译文】锦,用五彩色织出各种花纹。从帛,金声。

白部

白(bái)

白,西方色也。阴用事,物色白。从入合二;二,阴数。凡白之属皆从白。旁陌切。

【译文】白,西方的颜色。在阴暗处用事,物体的颜色容易剥落为白色。字形由"入"字包合着"二"字构成;二,表示阴数。大凡白的部属都从白。

皎(jiǎo)

皎,月之白也。从白,交声。《诗》曰:"月出皎兮。"古了切。

【译文】皎,月光洁白。从白,交声。《诗经》说:"月亮出来真皎洁啊。"

皢(xiǎo)

皢,日之白也。从白,尧声。呼鸟切。

【译文】皢,阳光的洁白。从白,尧声。

皙(xī)

皙,人色白也。从白,析声。无击切。

【译文】皙,人的肤色洁白。从白,析声。

皤(pó)

皤,老人白也。从白,番声。《易》曰:"贲如皤如。"薄波切。

【译文】皤，老人须发白。从白，番声。《易经》说："（马儿）有斑文，而又洁白。"

皬 (hú)

皬，鸟之白也。从白，隺声。胡沃切。

【译文】皬，鸟羽的洁白。从白，隺声。

皑 (ái)

皑，霜雪之白也。从白，豈声。五来切。

【译文】皑，霜雪的洁白。从白，豈声。

皅 (pā)

皅，艸华之白也。从白，巴声。普巴切。

【译文】皅，草花的洁白。从白，巴声。

皦 (jiǎo)

皦，玉石之白也。从白，敫声。古了切。

【译文】皦，玉石的洁白。从白，敫声。

㿯 (xì)

㿯，际见之白也。从白，上下小见。起戟切。

【译文】㿯，隙缝里露现的光线洁白。由"白"字，由"白"字上下的"小"字体现。

皛 (yǎo)

皛，显也。从三白。读若皎。乌皎切。

【译文】皛，显明。由三个"白"字

会意。音读像"皎"字。

㡀部

㡀 (bì)

㡀，败衣也。从巾，象衣败之形。凡㡀之属皆从㡀。毗祭切。

【译文】㡀，破旧的衣服。从巾，（八）像衣服破败的样子。大凡㡀的部属都从㡀。

敝 (bì)

敝，帔也①。一曰：败衣。从攴，从㡀，㡀亦声。毗祭切。

【译文】敝，一幅巾。另一义说，破败的衣服。由攴、由㡀会意，㡀也表声。

【注释】①帔也：《段注》："帔者，一幅巾也。"

黹部

黹 (zhǐ)

黹，箴缕所紩衣。从㡀，丵省。凡黹之属皆从黹。陟几切。

【译文】黹，针线所缝的衣服。由㡀，由丵省而会意。大凡黹的部属都从黹。

黼 (chǔ)

黼，合五采鲜色。从黹，虘声。《诗》曰："衣裳黼黼。"创举切。

【译文】黼，会合五彩鲜明的颜色。从黹，虘声。《诗经》说："衣裳楚楚鲜明。"

黼 (fǔ)

黼，白与黑相次文。从黹，甫声。

方榘切。

【译文】黼，白色与黑色相间为序的花纹。从黹，甫声。

黻（fú）

黻，黑与青相次文。从黹，犮声。分勿切。

【译文】黻，黑色与青色相间为序的花纹。从黹，犮声。

黪（zuì）

黪，会五采缯（色）[也]。从黹，綷省声。子对切。

【译文】黪，会集五彩的缯帛。从黹，卒声。

人部

人（rén）

人，天地之性最贵者也①。此籀文。象臂胫之形。凡人之属皆从人。如邻切。

【译文】人，天地中生物的最可宝贵的东西。这是籀文。像手臂腿胫的样子。

【注释】①性：《段注》："性，古文以为生字。"

保（bǎo）

保①，养也。从人，从采省。博衺切。

【译文】保，养育。由人，由采省会意。

【注释】①保：小儿被，后来写作"褓"。《尚书·召诰》："夫知保抱携持厥妇子。"

仁（rén）

仁，亲也。从人，从二。如邻切。

【译文】仁，亲爱。由人、由二会意。

企（qǐ）

企，举踵也。从人，止声①。去智切。

【译文】企，踮起脚跟。从人，止声。

【注释】①止声：声中有义。

仞（rèn）

仞，伸臂一寻，八尺。从人，刃声。而震切。

【译文】仞，伸直两臂叫一寻，长八尺。从人，刃声。

仕（shì）

仕，学也①。从人，从士。鉏里切。

【译文】仕，学习（仕宦的事）。由人、由士会意。

【注释】①学：徐灝《段注笺》："宀部：'宦，仕也。'此云'仕，学也。'是仕宦皆学习之义。学职事为宦。"

儒（rú）

儒，柔也。术士之偁。从人，需声。人朱切。

【译文】儒，性格柔和的人。又是道术之士的名称。从人，需声。

伉（kàng）

伉①，人名。从人，亢声。《论语》有陈伉②。苦浪切。

【译文】伉，人名。从人，亢声。《论语》中有陈伉这个人。

【注释】①伉：敌对，对抗。《战国策·秦策》："天下莫之能优。"高诱注："优，对也。"② 陈优：字子禽。见《学而篇》。今本"优"作"亢"。

佗（tuó）

佗①，负何也。从人，它声。徒何切。

【译文】佗，用背负载物体。从人，它声。

【注释】①佗：朱骏声《通讯定声》："本训为人负物，故畜产载负亦曰佗。俗字作驼，作馱。"《段注》："隶变佗为他，用为彼之称。"

何（hé）

何，儋也。从人，可声。胡歌切。

【译文】何，担荷。从人，可声。

供（gōng）

供，设也。从人，共声。一曰：供给。俱容切。

【译文】供，摆设。从人，共声。另一义说，（供）是供给。

位（wèi）

位，列中庭之左右谓之位①。从人立。于备切。

【译文】位，排列在朝廷中的左右位置叫作位。由人立会意。

【注释】①庭：《段注》作"廷"。《段注》："中廷犹言廷中。古者朝不屋，无堂阶，故谓之朝廷。"

倫（lún）

倫，辈也。从人，侖声。一曰：道也。（田）[力] 屯切①。

【译文】倫，辈。从人，侖声。另一义说，伦是道理。

【注释】①田：乃"力"之误。

儕（chái）

儕，等辈也。从人，齊声。《春秋传》曰："吾儕小人。"仕皆切。

【译文】儕，等同之辈。从人，齊声。《春秋左传》说："我们这辈小人。"

侔（móu）

侔，齐等也。从人，牟声。莫浮切。

【译文】侔，均齐等同。从人，牟声。

偕（xié）

偕，强也。从人，皆声。《诗》曰："偕偕士子。"一曰：俱也。古谐切。

【译文】偕，强壮。从人，皆声。《诗经》说："强壮啊，那些在职的官员。"另一义说，偕是共同。

俱（jù）

俱，偕也。从人，具声。举朱切。

【译文】俱，共同。从人，具声。

儹（zǎn）

儹，（最）[冣]也①。从人，赞声。作管切。

【译文】儹，聚集。从人，赞声。

【注释】①最：当依《段注》作"冣"。《广韵·缓韵》曰："儹，聚也。"冣、聚，古通用。

傅（fù）

傅，相也。从人，尃声。方遇切。

【译文】傅，辅佐。从人，尃声。

伿 (chì)

伿，惕也。从人，式声。《春秋国语》曰："于其心伿然。"耻力切。

【译文】伿，惊恐不安。从人，式声。《春秋国语》说："在他的心里总是惊恐不安的。"

倚 (yǐ)

倚，依也。从人，奇声。于绮切。

【译文】倚，依靠（物体）。从人，奇声。

佰 (bǎi)

佰，相什伯也。从人百。博陌切。

【译文】佰，以百户或百人为单位，（相互担保。）由人、百会意。

作 (zuò)

作①，起也。从人，从乍。则洛切。

【译文】作，起立。由人、由乍会意。

【注释】①作：站起来。《论语·先进》："鼓瑟希，铿尔舍瑟而作。"

假 (gé)

假，非真也。从人，叚声。一曰：至也。《虞书》曰①："假于上下。"古额切。

【译文】假，不真实。从人，叚声。另一义说：假是到。《虞书》说："到达天地。"

【注释】①《虞书》：指《尧典》。

借 (jiè)

借，假也。从人，昔声。资昔切。

【译文】借，借用（非己真有的物品）。从人，昔声。

儥 (yù)

儥，卖也。从人，賣声。余六切。

【译文】儥，出卖。从人，賣声。

侵 (qīn)

侵，渐进也。从人又持帚。若埽之进；又，手也。七林切。

【译文】侵，渐进。由"人""又"（手）持握着"帚"会意。（帚）好像用扫帚清埽而前进；又，表示手。

候 (hòu)

候，伺望也。从人，矦声。胡遘切。

【译文】候，观察守望。从人，矦声。

償 (cháng)

償，还也。从人，賞声。食章切。

【译文】償，归还。从人，賞声。

僅 (jǐn)

僅，材能也。从人，堇声。渠吝切。

【译文】僅，才能够。从人，堇声。

代 (dài)

代，更也。从人，弋声。徒耐切。

【译文】代，更替。从人，弋声。

儀 (yí)

儀，度也。从人，義声。鱼羁切。

【译文】儀，法度。从人，義声。

傍 (bàng)

傍，近也。从人，旁声。步光切。

【译文】傍，靠近。从人，旁声。

侣 (sì)

侣，象也。从人，吕声。详里切。

【译文】侣，相像。从人，吕声。

任 (rén)

任，（符）[保]也①。从人，壬声。如林切。

【译文】任，保举。从人，壬声。

【注释】① 符：当依徐锴《系传》作"保"。徐注："相保任也。"

便 (pián)

便，安也。人有不便，更之。从人更。房连切。

【译文】便，安适。人有不安适之处，就变更它。由人、更会意。

倩 (qiàn)

倩，譬谕也。一曰："间见。从人，从见。《诗》曰："倩天之妹。"苦甸切。

【译文】倩，譬喻。另一义说，从空隙中（乍然）看见。由人、由见会意。《诗经》说："（大国有女儿，）好像上天的妹妹。"

優 (yōu)

優，饶也。从人，憂声。一曰：倡也。于求切。

【译文】優，宽裕。从人，憂声。另一义说，是俳优。

儉 (jiǎn)

儉，约也。从人，僉声。巨险切。

【译文】儉，行为约束。从人，僉声。

俗 (sú)

俗，习也。从人，谷声。似足切。

【译文】俗，习惯，从人，谷声。

俾 (bǐ)

俾，益也。从人，卑声。一曰：俾，门侍人。并弭切。

【译文】俾，增益。从人，卑声。另一义说，俾是守门人。

偭 (miàn)

偭，乡也。从人，面声。《少仪》曰："尊壶者偭其鼻。"弥箭切。

【译文】偭，面向。从人，面声。《少仪》说："酒尊和酒壶都将它们的巴鼻面向（设尊的人）。"

倪 (ní)

倪，俾也。从人，兒声。五鸡切。

【译文】倪，裨益。从人，兒声。

億 (yì)

億，安也。从人，意声。于力切。

【译文】億，安。从人，意声。

使 (shǐ)

使，伶也。从人，吏声。疏士切。

【译文】使，命令。从人，吏声。

伶 (líng)

伶，弄也。从人，令声。益州有建伶县。郎丁切。

【译文】伶，戏弄。从人，令声。益州郡有建伶县。

儷 (lí)

儷，棽儷也。从人，麗声。吕支切。

【译文】儷，棽儷。从人，麗声。

傳 (zhuàn)

傳，遽也。从人，專声。直恋切。

【译文】傳，传车驿马。从人，

201

専声。

倌 (guàn)

倌,小臣也。从人,从官。《诗》曰:"命彼倌人。"古患切。

【译文】倌,地位低下的臣仆。由人、由官会意。《诗经》说:"命令那主管车马的臣仆。"

价 (jiè)

价,善也。从人,介声。《诗》曰:"价人惟藩。"古拜切。

【译文】价,善。从人,介声。《诗经》说:"善人就是国家的藩篱。"

仔 (zī)

仔,克也。从人,子声。子之切。

【译文】仔,肩任。从人,子声。

伸 (shēn)

伸,屈伸。从人,申声。失人切。

【译文】伸,弯曲和伸展的伸。从人,申声。

僭 (jiàn)

僭,假也。从人,朁声。子念切。

【译文】僭,(下级)假冒(上级的职权)。从人,朁声。

倍 (bèi)

倍,反也。从人,咅声。薄亥切。

【译文】倍,违反。从人,咅声。

傿 (yàn)

傿,引为贾也。从人,焉声。于建切。

【译文】傿,夸大成价。从人,焉声。

偏 (piān)

偏,颇也。从人,扁声。芳连切。

【译文】偏,偏斜。从人,扁声。

佃 (diàn)

佃,中也。从人,田声。《春秋传》曰:"乘中佃。"一辕车。堂练切。

【译文】佃,中等车乘(shèng)。从人,田声。《春秋左传》说:"驾着中等车乘。"(中等车乘)是一辕夹在两马之中的车。

僻 (pì)

僻,避也。从人,辟声。《诗》曰:"宛如左僻。"一曰:从旁牵也。普击切。

【译文】僻,避开。从人,辟声。《诗经》说:"宛转地回避。"另一义说,从旁边牵掣。

侈 (chǐ)

侈,掩胁也。从人,多声。一曰:奢也。尺氏切。

【译文】侈,蒙蔽在上位的,胁迫控制其他人。从人,多声。另一义说,是奢侈。

伪 (wèi)

伪,诈也。从人,为声。危睡切。

【译文】伪,欺诈。从人,为声。

倡 (chàng)

倡,乐也。从人,昌声。尺亮切。

【译文】倡,(歌舞)乐人。从人,昌声。

俳 (pái)

俳,戏也。从人,非声。步皆切。

【译文】俳，杂戏。从人，非声。

俄 (é)

俄，行顷也。从人，我声。《诗》曰："仄弁之俄。"五何切。

【译文】俄，行步而头倾侧。从人，我声。《诗经》说："歪戴着的帽子是那样倾斜。"

侮 (wǔ)

侮，（伤）[傷] 也。从人，每声。文甫切。

【译文】侮，轻慢。从人，每声。

僵 (jiāng)

僵，偾也。从人，畺声。居良切。

【译文】僵，倒地。从人，畺声。

仆 (pú)

仆，顿也。从人，卜声。芳遇切。

【译文】仆，以头叩地。从人，卜声。

偃 (yǎn)

偃，僵也。从人，匽声。于幰切。

【译文】偃，仰卧。从人，匽声。

侉 (kuā)

侉，备词。从人，夸声。苦瓜切。

【译文】侉，表示疲惫的虚词。从人，夸声。

催 (cuī)

催，相（俌）[擣]也。从人，崔声。《诗》曰："室人交遍催我。"仓回切。

【译文】催，相迫促。从人，崔声。《诗经》说："家里的人一个接着一个都来讥刺我。"

伏 (fú)

伏①，司也②。从人，从犬③。房六切。

【译文】伏，伺候。由人、由犬会意。

【注释】①伏：埋伏。《周易·同人》："九三，伏戎于莽，升其高陵。"②司：今伺字。③从人，从犬：《段注》："小徐本有'犬司人'，谓犬伺人而吠之。"

俑 (yǒng)

俑，痛也。从人，甬声。他红切。又，余陇切。

【译文】俑，痛。从人，甬声。

係 (xì)

係①，絜束也。从人，从系，系亦声。胡计切。

【译文】係，用麻绳围束。由人、由系会意，系也表声。

【注释】①係：捆绑。《左传·僖公二十五年》："秦人过析隈，入而系舆人。"杜预注："系，缚也。"

伐 (fá)

伐，击也。从人持戈。一曰：败也。房越切。

【译文】伐，击杀。由"人"持握"戈"会意。另一义说，是败坏。

促 (cù)

促，迫也。从人，足声。七玉切。

【译文】促，急迫。从人，足声。

例 (lì)

例，比也。从人，列声。力制切。

【译文】例，类。从人，列声。

七部

七 (huà)

七，变也。从到人。凡七之属皆从七。呼跨切。

【译文】七，变化。由倒着的人字表示。大凡七的部属都从七。

化 (huà)

化，教行也①。从七，从人，七亦声。呼跨切。

【译文】化，教化实行。由七、由人会意，七也表声。

【注释】① 教行：《段注》："教行于上则化成于下。"徐灏笺："教化者，移风易俗之义。"

真 (zhēn)

真，僊人变形而登天也。从七，从目，从乚；八，所乘载也。侧邻切。

【译文】真，长生不死的人变化形体而升天。由七、由目、由乚会意；八，是乘坐的风云之类的工具。

匕部

匕 (bǐ)

匕，相与比叙也。从反人。匕，亦所以（用比）取饭，一名柶。凡匕之属皆从匕。卑履切。

【译文】匕，一起比较而排列次第。由反向的人字表示。匕，也是用来舀取饭食的勺匙，又叫柶。大凡匕的部属都从匕。

匙 (chí)

匙，匕也。从匕，是声。是支切。

【译文】匙，匕勺。从匕，是声。

頃部

頃 (qīng)

頃，头不正也。从匕，从頁。去营切。

【译文】頃，头不正。由匕、由頁会意。

卬 (áng)

卬，望，欲有所庶及也。从匕，从卪。《诗》曰："高山卬止。"伍冈切。

【译文】卬，仰望，希望有可能达到这种境界。由匕、由卪会意。《诗经》说："高山，要仰望啊。"

卓 (zhuó)

卓，高也。早匕为卓，匕卪为卬，皆同义。竹角切。

【译文】卓，高。早、匕成卓字，匕、卪成卬字，从匕都同义。

艮 (gèn)

艮，很也。从匕目。匕目，犹目匕，不相下也。《易》曰："艮其限。"匕目为艮，七目为真也。古恨切。

【译文】艮，互不听从，停滞不前。由匕目会意。"匕目"的意思，好比两人怒目相视，互不相让。《易经》说："目光停止在腰部的界限上。"匕、目会意成艮字，匕、目会意成真字。

从部

从 (cóng)

从，相听也①。从二人。凡从之属都从从。疾容切。

【译文】从，相听从。由两个人字相随会意。大凡从

的部属都从从。

【注释】① 相听也：犹相从。

從（cóng）

從，随行也。从辵，从从，从亦声。慈用切。

【译文】從，跟随行走。由辵、由从会意，从也表声。

并（bìng）

并，相从也。从从，开声。一曰：从持二为并①。府盈切。

【译文】并，相跟随。从从，开(jiān)声。另一义说，"从"持握着"二"为并。

【注释】① 从持句：《段注》："二人持二竿，是人持一竿，并合之意。"

比部

比（bǐ）

比，密也。二人为从，反从为比。凡比之属皆从比。毗至切。

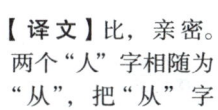

【译文】比，亲密。两个"人"字相随为"从"，把"从"字反过来成了"比"。大凡比的部属都从比。

毖（bì）

毖，慎也。从比，必声。《周书》曰："无毖于卹。"兵媚切。

【译文】毖，谨慎。从比，必声。《周书》说："不要被忧患吓倒。"

北部

北（běi）

北，乖也①。从二人相背。凡北之属皆从北。博墨切。

【译文】北，违背。由两个"人"字背靠背表示。大凡北的部属都从北。

【注释】① 乖：相违背。

冀（jì）

冀，北方州也。从北，異声。几利切。

【译文】冀，北方的州名。从北，異声。

丘部

丘（qiū）

丘，土之高也，非人所为也。从北，从一。一，地也，人居在丘南，故从北。中邦之居，在昆崙东南。一曰：四方高，中央下为丘。象形。凡丘之属皆从丘。去鸠切。

【译文】丘，高高的土堆，不是人力堆造的。由北、由一会意。一表示地。人们住在丘南面，所以由"北"字表意。中国的集居，在昆崙山的东南。另一说说，四方高而中央低下叫丘。象形。大凡丘的部属都从丘。

虚（xū）

虚，大丘也。昆崙丘谓之昆崙虚。古者九夫为井，四井为邑，四邑为丘。丘谓之虚。从丘，虍声。丘如

205

切。又，朽居切。

【译文】虚，大丘。昆崙丘叫作昆崙虚。古时候，九个成年男子成一井，四井成一邑，四邑成一丘。丘又叫作虚。从丘，虍声。

似部

似（yín）

似，众立也。从三人。凡似之属皆从似。读若钦崟。鱼音切。

【译文】似众人并立。由三个"人"字并立。大凡似的部属都从似。音读像"钦崟"的"崟"字。

聚（jù）

聚，会也。从似，取声。邑落云聚。才句切。

【译文】聚，会合。从似，取声。乡邑中村落叫作聚。

眾（zhòng）

眾[1]，多也。从似、目，眾意。之仲切。

【译文】眾，多。由似、目会合众多的意思。

【注释】①眾：许多人。《左传·襄公十年》："众怒难犯。"

壬部

壬（tǐng）

壬，善也。从人士；士，事也。一曰：象物出地，挺生也。凡壬之属皆从壬。他鼎切。

【译文】壬，善好。由人、士会意，士就是办事。另一义说，像植物长出地面，挺然而生的样子。大凡壬的部属都从壬。

徵（zhēng）

徵，召也。[从壬，]从微省，壬为徵。行于微而（文）[闻]达者，即征之。陟陵切。

【译文】徵，征召。由壬、由微省会意。壬是古征字。行为隐蔽而声望显达挺著于外的人，就征召他。

重部

重（zhòng）

重，厚也[1]。从壬，東声。凡重之属皆从重。柱用切。

【译文】重，厚重。从壬，東声。大凡重的部属都从重。

【注释】①厚：《段注》："厚斯重矣。引申之为郑重、重叠。

量（liáng）

量，称轻重也。从重省，曏省声。吕张切。

【译文】量，称轻重。由重省彳为形旁，曏省乡为声旁。

卧部

卧（wò）

卧，休也。从人臣，取其伏也。凡卧之属皆从卧。吾货切。

【译文】卧，休息。由人、臣会意，取"臣"字屈伏之意。大凡卧的部属都从卧。

監（jiān）

監[1]，临下也。从卧，䘓省声。古

衔切。

【译文】监，居上视下。从卧，衉省声。

【注释】①监：《书·酒诰》："古人有言曰：'人无于水监，当于民监。'"

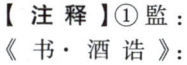

臨 （lín）

臨①，监临也。从卧，品声。力寻切。

【译文】臨，临下监视。从卧，品声。

【注释】① 臨：从高处往下看。《诗经·小雅·小旻》："战战兢兢，如临深渊。"

身部

身 （shēn）

身①，躬也。象人之身。从人，厂声。凡身之属皆从身。失人切。

【译文】身，全身躯。像人的身躯。从人，厂声。大凡身的部属都从身。

【注释】① 身：有了身子。《诗经·大雅·大明》："大任有身，生此文王。"

軀 （qū）

軀，体也。从身，區声。岂俱切。

【译文】軀，身体。从身，區声。

月部

月 （yī）

月，归也。从反身。凡月之属皆从月。于机切。

【译文】月，归依。由身字反向表示。大凡月的部属都从月。

殷 （yīn）

殷，作乐之盛称殷。从月，从殳。《易》曰："殷荐之上帝。"于身切。

【译文】殷，制作盛大乐舞叫殷。由月、由殳会意。《易经》说："用这盛大的乐舞奉献给上帝。"

衣部

衣 （yī）

衣，依也。上曰衣，下曰裳。象覆二人之形。凡衣之属皆从衣。于稀切。

【译文】衣，（人们）依赖（其遮体身体）。上身穿的叫衣，下身穿的叫裳。像（用"人"）覆盖两个"人"字的形状。大凡衣的部属都从衣。

裁 （cái）

裁，制衣也。从衣，𢦏声。昨哉切。

【译文】裁，剪裁衣服。从衣，𢦏声。

袞 （gǔn）

袞，天子享先王，卷龙绣于下幅，一龙蟠阿上乡。从衣，公声。古本切。

【译文】袞，天子用食物供奉先王之灵，卷曲的龙绣在龙衣的下面一幅，一条龙弯弯曲曲昂首向上。从衣，公声。

襁 （jiǎng）

襁，负儿衣。从衣，强声。居两切。

【译文】襁，背负婴儿的衣物。从衣，强声。

衽 (rěn)

衽，衣襝也①。从衣，壬声。如甚切。

【译文】衽，衣襟。从衣，壬声。

【注释】①襝：后作襟，指衣服胸前交领部分，也指衣的两旁掩盖下裳与上衣交际的地方。

袪 (qū)

袪，衣袂也。从衣，去声。一曰：袪，褱也；褱者，袌也。袪，尺二寸。《春秋传》曰："披斩其袪。"去鱼切。

【译文】袪，衣袖。从衣，去声。另一义说，袪，怀；怀，怀抱。袖（口直径），长一尺二寸。《春秋左传》说："（宦官）披斩断他的衣袖。"

褍 (duò)

褍，无袂衣谓之褍。从衣，惰省声。徒卧切。

【译文】褍，无袖衣叫作褍。从衣，惰省声。

裾 (jū)

裾，衣（袍）[袌]也。从衣，居声。读与居同。九鱼切。

【译文】裾，衣服的前襟。从衣，居声。音读与"居"同。

複 (fú)

複，重衣皃。从衣，复声。一曰：袷衣。方六切。

【译文】複，夹衣的样子。从衣，复声。另一义说，夹层里面装铺丝棉的衣服。

褆 (tí)

褆，衣厚褆褆。从衣，是声。杜兮切。

【译文】褆，衣厚褆褆的样子。从衣，是声。

襛 (róng)

襛，衣厚皃。从衣，農声。《诗》曰："何彼襛矣。"汝容切。

【译文】襛，衣服厚的样子。从衣，農声。《诗经》说："为什么它那么浓艳呢？"

裻 (dú)

裻，新衣声。一曰：背缝。从衣，叔声。冬毒切。

【译文】裻，穿新衣的声音。另一义说，是衣背缝。从衣，叔声。

裔 (yì)

裔，衣裾也。从衣，冏声。余制切。

【译文】裔，衣边。从衣，冏（nè）声。

褭 (diāo)

褭，短衣也。从衣，鸟声。《春秋传》曰："有空褭。"都僚切。

【译文】褭，短衣。从衣，鸟声。《春秋左传》说："有空褭。"

袳 (chǐ)

袳，衣张也。从衣，多声。《春秋传》曰："公会齐侯于袳。"尺氏切。

【译文】袳，衣服（因宽大而）张开。从衣，多声。《春秋左传》说："鲁桓公在袳地与齐侯会盟。"

袁 (yuán)

袁，长衣皃。从衣，叀省声。羽元切。

【译文】袁，长衣的样子。从衣，叀省声。

衯 (fēn)

衯①，长衣皃。从衣，分声。抚文切。

【译文】衯，长衣的样子。从衣，分声。

【注释】①衯：衣服长大的样子。《史记·司马相如列传》："衯衯裶裶，扬袘恤削。"《类篇》："衣大谓之衯。"

襦 (rú)

襦，短衣也①。从衣，需声。一曰䈅衣。人朱切。

【译文】襦，短袄。从衣，需声。又叫䈅衣。

【注释】①短衣：朱骏声《通训定声》："其长及郄，若今之短袄。"

襄 (xiāng)

襄，汉令：解衣耕谓之襄。从衣，𤕎声。息良切。

【译文】襄，汉朝的律令说：解脱衣服耕种田地叫作襄。从衣，𤕎声。

褊 (biǎn)

褊，衣小也。从衣，扁声。方沔切。

【译文】褊，衣服狭小。从衣，扁声。

袷 (jiā)

袷，衣无絮。从衣，合声。古洽切。

【译文】袷，衣中不装铺绵絮。从衣，合声。

被 (bèi)

被，寝衣，长一身有半。从衣，皮声。平义切。

【译文】被，被子，长度为身体的一又二分之一。从衣，皮声。

衾 (qīn)

衾，大被。从衣，今声。去音切。

【译文】衾，大被。从衣，今声。

衷 (zhōng)

衷，里亵衣。从衣，中声。《春秋传》曰："皆衷其袒服。"陟弓切。

【译文】衷，里面贴肉穿的私居之衣。从衣，中声。《春秋左传》说："（陈灵公与孔宁、仪行父）都贴肉穿着夏姬天天常穿的汗衣。"

亵 (xiè)

亵，私服。从衣，埶声。《诗》曰："是亵袢也。"私列切。

【译文】亵，私居在家的衣服。从衣，埶声。《诗经》说："这贴身的内衣无色泽了。"

襍 (zá)

襍，五彩相会①。从衣，集声。徂合切。

【译文】襍，各种彩色，相互配合（来制作衣服）。从衣，集声。

【注释】①五彩句：《段注》："所谓五采彰施于五色作服也。引伸为凡参错之偁。"

裕 (yù)

裕,衣物饶也。从衣,谷声。《易》曰:"(有)[罔]孚,裕无咎。"羊孺切。

【译文】裕,衣物富余。从衣,谷声。《易经》说:"没有见信于人,暂且宽裕待时,就没有祸害。"

裂 (liè)

裂,缯余也。从衣,列声。良薛切。

【译文】裂,缯帛的残余。从衣,列声。

袽 (ná)

袽,弊衣。从衣,奴声。女加切。

【译文】袽,破旧的衣服。从衣,奴声。

袒 (zhàn)

袒,衣缝裂开。从衣,旦声。丈苋切。

【译文】袒,衣缝裂开。从衣,旦声。

襭 (xié)

襭①,以衣衽扱物谓之襭。从衣,頡声。胡结切。

【译文】襭,把衣襟(插在腰带上)收盛东西叫作襭。从衣,頡声。

【注释】①襭:朱骏声《通训定声》:"今苏俗谓之衣兜。按:兜而扱(chā,插)于带间曰襭。"

袤 (xié)

袤,(褒)也。从衣,牙声。似嗟切。

【译文】袤,回邪乖僻。从衣,牙声。

装 (zhuāng)

装,裹也。从衣,壮声。侧羊切。

【译文】装,包裹。从衣,壮声。

裹 (guǒ)

裹,缠也。从衣,果声。古火切。

【译文】裹,缠束。从衣,果声。

褐 (hè)

褐,编枲袜。一曰:粗衣。从衣,曷声。胡葛切。

【译文】褐,编织粗麻而成的袜子。另一义说,用兽毛或粗麻织成的衣服。从衣,曷声。

襜 (yǎn)

襜,褴谓之襜。从衣,奄声。依检切。

【译文】襜,衣领叫作襜。从衣,奄声。

卒 (zú)

卒,隶人给事者衣为卒。卒,衣有题识者。臧没切。

【译文】卒,隶役供给差事的人的衣服叫卒。卒,指衣上有标记的符号。

衰 (suō)

衰①,草雨衣。秦谓之草。从衣,象形。稣禾切。

【译文】衰,草作的避雨衣。秦地叫作草。从衣,像雨衣之形。

【注释】①衰:徐灏《段注笺》:"衰

本象艹雨衣之形，假借为衰经字。而艹雨衣加艹作蓑。其后衰经字又加纟作缞。"按衰又借为盛衰字。

褚（chǔ）

褚，卒也。从衣，者声。一曰：（制）[装]衣。丑吕切。

【译文】褚，士卒。从衣，者声。另一义说，（用丝绵）装铺衣服。

制（zhì）

制，裁也。从衣，从制。征例切。

【译文】制，剪裁。由衣、由制会意。

裘部

裘（qiú）

裘，皮衣也。从衣，求声。一曰：象形，与衰同意。凡裘之属皆从裘。巨鸠切。

【译文】裘，皮衣。从衣，求声。另一说，（求）像衣之形，与"衰"字像草雨衣之形，是同一构形原则。大凡裘的部属都从裘。

老部

老（lǎo）

老，考也。七十曰老。从人毛匕，言须发变白也。凡老之属皆从老。卢皓切。

【译文】老，老年人。七十岁叫老。由人、毛、匕会意。是说髭须毛发变白。大凡老的部属都从老。

耊（dié）

耊，年八十曰耊。从老省，从至①。徒结切。

【译文】耊。年岁八十叫耊。由老省、由至会意。

【注释】①从至：徐锴《繫传》作"至声"。按至是意兼声。

薹（mào）

薹，年九十曰薹。从老，从蒿省。莫报切。

【译文】薹，年岁九十叫薹。由老、由蒿省会意。

耆（qí）

耆①，老也。从老省，旨声。渠脂切。

【译文】耆，老年。由老省匕，旨声。

【注释】①耆：《释名·释长幼》："六十曰耆。耆，指也，不从力役，指事使人也。"

壽（shòu）

壽①，久也。从老省，疇声。殖酉切。

【译文】壽，长久。从老省，疇声。

【注释】①壽：长命，长寿。《诗经·小雅·天保》："如南山之寿，不骞不崩。"

考（kǎo）

考，老也。从老省，丂声。苦浩切。

【译文】考，老年人。从老省，丂声。

孝（xiào）

孝，善事父母者。从老省，从子；子承老也。呼教切。

【译文】孝，善于奉侍父母的人。由老省、由子会意，表示子女承奉父老。

毛部

毛（máo）

毛，眉发之属及兽毛也。象形。凡毛之属皆从毛。莫袍切。

【译文】毛，眉毛须发之类以及禽兽的毛。像毛之形。大凡毛的部属都从毛。

毪（rǒng）

毪，毛盛也。从毛，隼声。《虞书》曰："鸟兽毪髦。"而尹切。又，人勇切。

【译文】毪，毛茂盛。从毛，隼声。《虞书》说："鸟兽长出了茂密的毛。"

毨（xiǎn）

毨，仲秋，鸟兽毛盛，可选取以为器用。从毛，先声。读若选。稣典切。

【译文】毨，中秋时，鸟和兽的毛茂盛，可选取制作器具用品。从毛，先声。音读像"选"字。

毣（hàn）

毣①，兽豪也。从毛，倝声。侯干切。

【译文】毣，兽的鬃毛。从毛，倝声。

【注释】①毣：古书作翰。

毳部

毳（cuì）

毳，兽细毛也。从三毛①。凡毳之属皆从毳。此芮切。

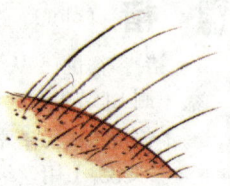

【译文】毳，鸟兽的细毛。由三个毛字会意。大凡毳的部属都从毳。

【注释】①从三毛：《段注》："毛细则丛密，故从三毛，众意也。"

尸部

尸（shī）

尸①，陈也。象卧之形。凡尸之属皆从尸。式脂切。

【译文】尸，陈列。像人卧的样子。大凡尸的部属都从尸。

【注释】①尸：古代祭祀时，代表死者受祭的人。《仪礼·士虞礼》："祝迎尸。"

展（zhǎn）

展①，转也。从尸，袤省声。知衍切。

【译文】展，展转。从尸，袤（zhàn）省声。

【注释】①展：朱骏声《通训定声》："单言之曰展，絫言之曰辗转。""辗转者，忽屈忽伸，不适之意态也。"

居（jū）

居①，蹲也②。从尸古者，居从古。九鱼切。

【译文】居，蹲踞。由尸、古会意的缘故，是说蹲踞是从古而来的习俗。

【注释】①居：今作踞。②蹲：《段注》："蹲则足底着地而下其臀，耸其䯊曰蹲。"

尼 (ní)

尼，从后近之①。从尸，匕声。女夷切。

【译文】尼，从后面接近他。从尸，匕声。

【注释】①从后句：王筠《句读》："从后者，于字形得之。尸是卧人，匕是反人。匕者，比也。人与人比，是相近也。人在人下，是从后也。"

㞋 (rǎn)

㞋，届㞋也。从尸，乏声。直立切。

【译文】㞋，届㞋。从尸，乏声。

㞒 (xī)

㞒，㞒遟也①。从尸，辛声。先稽切。

【译文】㞒，栖迟。从尸，辛声。

【注释】①㞒遟：《段注》："即《陈风》之'栖遟'也。《毛传》曰'栖遟，游息也。'"即滞留不进。

屝 (fèi)

屝，履也。从尸，非声。扶沸切。

【译文】屝，鞋履。从尸，非声。

屠 (tú)

屠，刳也。从尸，者声。同都切。

【译文】屠，刳剥。从尸，者声。

屋 (wū)

屋，居也。从尸①，尸，所主也。一曰：尸，象屋形。从至，

至，所至止。室、屋皆从至。乌谷切。

【译文】屋，人们居处的地方。从尸，尸，表示人为屋主。另一说，尸像屋子（上有覆盖，旁有墙壁）的样子。从至，至，表示到了应该休止的地方。室字、屋字都从至。

【注释】①从尸：《段注》："凡尸皆得训主，屋从尸者，人为屋主也。"

屧 (xiè)

屧，履中荐也。从尸，枽声。稣叶切。

【译文】屧，木制鞋履挖空中间而用以垫脚的底板。从尸，枽声。

屏 (bǐng)

屏，屏蔽也。从尸，并声。必郢切。

【译文】屏，隐蔽的（屋室）。从尸，并声。

層 (céng)

層，重屋也①。从尸，曾声。昨棱切。

【译文】層，重叠的楼屋。从尸，曾声。

【注释】①重屋：《段注》："曾之言重也。曾祖、曾孙皆是也。故从曾之层为重屋。"

尺部

尺 (chǐ)

尺，十寸也。人手却十分动脉为寸口。十寸为尺。尺，所以指㞢尺榘事也。从尸，从乙。乙，所识也。周制，寸、尺、咫、寻、常、仞诸度量，皆以人之体为法。凡尺之属皆从尺。昌石切。

【译文】尺，十寸。人手后退十分，得动脉之处，就是寸口。十寸是一尺。尺（一类的长度），是用来标明方圆一类事物的标准。由尺、由乙会意。乙，是标志的符号。周朝的制度，寸、尺、咫、寻、常、仞各长度单位，都用人的身体作标准。大凡尺的部属都从尺。

咫（zhǐ）

咫，中妇人手长八寸①，谓之咫。周尺也。从尺，只声。诸氏切。

【译文】咫，长短适中的妇人手长八寸，叫作咫。这是周朝的尺度。从尺，只声。

【注释】① 中：王筠《句读》："中者，长短适中也。"

尾部

尾（wěi）

尾，微也。从到毛在尸后。古人或饰系尾，西南夷亦然。凡尾之属皆从尾。无斐切。

【译文】尾，微细的（尾巴）。由倒着的"毛"字在"尸"字之后会意。古人有的装饰着尾巴，西南少数民族也是这样。大凡尾的部属都从尾。

屬（zhǔ）

屬，连也。从尾，蜀声。之欲切。

【译文】屬，连续。从尾，蜀声。

屈（jué）

屈，无尾也。从尾，出声。九勿切。

【译文】屈，（衣服短得好像）没有尾巴。从尾，出声。

尿（niào）

尿，人小便也。从尾，从水。奴吊切。

【译文】尿，人的小便。由尾、由水会意。

履部

履（lǐ）

履，足所依也。从尸，从彳，从夂，舟象履形。一曰：尸声。凡履之属皆从履。良止切。

【译文】履，脚所依托的用具。由尸、由彳、由夂会意，舟像鞋履的样子。另一说，尸表声。大凡履的部属都从履。

屨（jù）

屨，履也。从履省，婁声。一曰：鞻也。九遇切。

【译文】屨，鞋履。由履省作形符，婁声。另一义说，屨是皮鞋。

屐（jī）

屐，屩也。从履省，支声。奇逆切。

【译文】屐，木屐。由履省为形符，支声。

舟部

舟（zhōu）

舟，船也。古者，共鼓、货狄，刳木为舟，剡木为楫，以济不通。象形。凡舟之属皆从舟。职流切。

【译文】舟，船。古时候，共鼓、货

狄两人,把木挖空作船,把木削作桨,来渡过不能通过的水流。像船的形状。大凡舟的部属都从舟。

俞（yú）

俞,空中木为舟也。从亼,从舟,从巜。丨,水也。羊朱切。

【译文】俞,用中间空了的树木作船。由亼、由舟、由巜会意。巜,表示水。

船（chuán）

船,舟也。从舟,鉛省声。食川切。

【译文】船,舟的今名。从舟,鉛省声。

舳（zhú）

舳,艫也。从舟,由声。汉律名船方（长）[丈]为舳艫。一曰:舟尾。直六切。

【译文】舳,舳艫。从舟,由声。汉朝的律令叫船只的计量单位每一方丈作舳艫。另一义说,舳是船尾。

朕（zhèn）

朕,我也。阙。直禁切。

【译文】朕,我。阙其构形。

舫（fàng）

舫①,船师也。《明堂月令》曰"舫人"。习水者。从舟,方声。甫妄切。

【译文】舫,船师。《明堂月令》曰"舫人"。（舫人）是熟悉水性的捕鱼的人。从舟,方声。

【注释】①舫：本指相并联的两只船。

《尔雅·释言》:"舫,舟也。"郭璞注:"并两船。"

般（bān）

般,辟也。象舟之旋,从舟;从殳,殳,所以旋也。北潘切。

【译文】般,盘旋。像船的旋转,所以从舟;从殳,殳是使之旋转的篙类工具。

服（fú）

服,用也。一曰：车右騑,所以舟旋。从舟,𠬝声。房六切。

【译文】服,使用。另一义说,车右边的骖马,是用来（向右边）周旋的马。从舟,𠬝(fú)声。

方部

方（fāng）

方,并船也。象两舟省、緫头形。凡方之属皆从方。府良切。

【译文】方,相并的两只船。（下）像两个舟字省并为一个的形状,（上）像两个船头用绳索总缆在一起的形状。大凡方的部属都从方。

斻（háng）

斻,方舟也。从方,亢声。礼：天子造舟,诸侯维舟,大夫方舟,士特舟。胡郎切。

【译文】斻,两船相并。从方,亢声。礼制规定：天子（渡水），船连着船一直到对岸,诸侯用绳索连着四只船,大夫并连两只船,士人用一只船。

儿部

儿（rén）

儿，仁人也。古文奇字人也。象形。孔子曰："在人下，故诘屈。"凡儿之属皆从儿。如邻切。

【译文】儿，仁爱的人。是古文"人"字的异体。象形。孔子说："儿在字的下部，所以形体弯曲。"大凡儿的部属都从儿。

兀（wù）

兀，高而上平也。从一在儿上。读若夐。茂陵有兀桑里①。五忽切。

【译文】兀，高而上面平坦。由"一"在"儿"上会意。音读像"夐"字。茂陵县有兀桑里。

【注释】①茂陵：《汉书·地理志》："右扶风有茂陵县。"在今陕西省兴平市东北。

兒（ér）

兒，孺子也①。从儿，象小头囟(xìn)未合。汝移切。

【译文】兒，婴儿。从儿,（曰）像小孩脑盖顶门没有合拢来。

【注释】①孺子：《段注》："子部曰：'孺，乳子也。乳子，乳下子也。《（礼记）·杂纪》谓之婴儿。"

允（yǔn）

允，信也。从儿，㠯声。乐准切。

【译文】允，诚信。从儿，㠯声。

兑（duì）

兑，说也。从儿，㕣声。大外切。

【译文】兑，喜悦。从儿，㕣(yǎn)声。

充（chōng）

充，长也；高也。从儿，育省声。昌终切。

【译文】充，长，高。从儿，育省声。

兄部

兄（xiōng）

兄，长也①。从儿，从口。凡兄之属皆从兄。许荣切。

【译文】兄，滋长。由儿、由口会意。大凡兄的部属都从兄。

【注释】①长：《段注》："兄之本义训益，许所谓长也。许不云'兹'者，许意言长则可晐长幼之义也。"

競（jīng）

競，竞也。从二兄；二兄，竞意。从丯声。读若矜。一曰：競，敬也。居陵切。

【译文】競，强劲。由两个兄字会意，两个兄字，表示竞相滋长的意思。丯表声。音读像"矜"字。另一义说，競，小心谨慎。

先部

先（zēn）

先，首笄也。从人，匕象簪形。凡先之属皆从先。侧岑切。

【译文】先，头上的簪子。从人，匕像簪子的形状。大凡先的部属都从先。

兜部

兜 (mào)

兜，颂仪也。从人，白象人面形。凡兜之属皆从兜。莫教切。

【译文】兜，容貌。从人，白像人的面部的形状。大凡兜的部属都从兜。

先部

先 (xiān)

先，前进也。从儿，从之①。凡先之属皆从先。稣前切。

【译文】先，前进。由儿、由之会意。大凡先的部属都从先。

【注释】①从儿，从之：王筠《句读》："之，出也。出人头地。是先也。"

兟 (shēn)

兟，进也。从二先。赞从此。阙。所臻切。

【译文】兟，进。由两个先字会意。赞字从这个兟字。阙其音读。

秃部

秃 (tū)

秃，无发也。从儿，上象禾（粟）[秀]之形，取其声。凡秃之属皆从秃。王育说：苍颉出见秃人伏禾中，因以制字。未知其审。他谷切。

【译文】秃，没有头发。从儿，上面的禾，像谷物开花吐穗的样子，又取秀表声。大凡秃的部属都从秃。王育说：（造字的圣人）仓颉外出看见秃顶的人伏在禾中，于是就用（人、禾会意）制秃字。不知其详细情况如何。

穨 (tuí)

穨，秃皃。从秃，贵声。杜回切。

【译文】穨，没有头发的样子。从秃，贵声。

見部

見 (jiàn)

見，视也①。从儿，从目。凡見之属皆从見。古甸切。

【译文】見，看见，由儿、由目会意。大凡見的部属都从見。

【注释】①视：《段注》："析言之，有视而不见者。""浑言之，则视与见一也。"

視 (shì)

視，瞻也。从見，示[声]。神至切。

【译文】視，看。从見，示声。

觀 (guàn)

觀，谛视也。从見，雚声。古玩切。

【译文】觀，仔细看。从見，雚声。

覽 (lǎn)

覽，观也。从見監，監亦声。卢敢切。

【译文】覽，观察。由見、監会意，監也表声。

覰 (qù)

覰，拘覰，未致密也。从見，虘声。七句切。

【译文】覰，拘覰，不细致周密的意

思。从見,盧声。

覺（jué）

覺,寤也。从見,學省声。一曰:发也。古岳切。

【译文】覺,睡醒。从見,學省声。另一义说,是发觉。

覢（jì）

覢,目赤也。从見,智省声。才的切。

【译文】覢,眼睛红赤。从見,智省声。

靚（jìng）

靚,召也。从見,青声。疾正切。

【译文】靚,召见。从見,青声。

覲（jìn）

覲,诸侯秋朝曰覲,劳王事①。从見,堇声。渠吝切。

【译文】覲,诸侯秋天朝见天子叫覲,意思是为天子之事而勤劳。从見,堇声。

【注释】①劳王事:《段注》作"勤劳王事也",注:"郑(玄)曰:'覲之言勤也,欲其勤王之事。'"

親（qīn）

親,至也。从見,亲声。七人切。

【译文】親,密切之至。从見,亲声。

覞部

覞（yào）

覞,并视也。从二見。凡覞之属皆

从覞。弋笑切。

【译文】覞,两人相对而视。由两个見字会意。大凡覞的部属都从覞。

䙸（qiān）

䙸,很视也。从覞,肩声。齐景公之勇臣有成䙸者。苦闲切。

【译文】䙸,凶狠地注视。从覞,肩声。齐景公的勇敢的臣子有叫成䙸的人。

覤（xì）

覤,见雨而比息。从覞,从雨。读若欷。虚器切。

【译文】覤,遇雨（急行）而呼吸急促。由覞、由雨会意。音读像"欷"字。

欠部

欠（qiàn）

欠,张口气悟也。象气从人上出之形。凡欠之属皆从欠。去剑切。

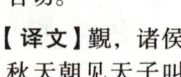

【译文】欠,张开口,(壅塞、阻滞的)气伸散而出。像"气"从"人"上部出去的样子。大凡欠的部属都从欠。

欽（qīn）

欽,欠兒。从欠,金声。去音切。

【译文】欽,打呵欠的样子。从欠,金声。

吹（chuī）

吹,出气也。从欠,从口。昌垂切。

【译文】吹,(撮起嘴唇急促地)吐出气流。由欠、由口会意。

歑 (hū)

歑，温吹也。从欠，歑声。虎乌切。

【译文】歑，（缓缓）呵气使温暖。从欠，歑声。

歇 (xiē)

歇，息也。一曰：气越泄。从欠，曷声。许谒切。

【译文】歇，休息。另一义说：气散发、泄漏。从欠，曷声。

欢 (huān)

欢，喜乐也。从欠，雚声。呼官切。

【译文】欢，喜悦欢乐。从欠，雚声。

欣 (xīn)

欣，笑喜也。从欠，斤声。许斤切。

【译文】欣，欣笑喜悦。从欠，斤声。

弞 (shěn)

弞，笑不颜曰弞。从欠，引省声。式忍切。

【译文】弞，微笑而不改变面容的常态叫弞。从欠，引省声。

款 (kuǎn)

款，意有所欲也。从欠，窾省。苦管切。

【译文】款，（内中空空，）思想上有（向外羡慕、追求的）欲望。由欠、由窾省会意。

歌 (gē)

歌，咏也。从欠，哥声。古俄切。

【译文】歌，（依旋律）咏唱。从欠，哥声。

歂 (chuán)

歂，口气引也。从欠，耑声。读若车辁。市缘切。

【译文】歂，张口出气连续不绝。从欠，耑声。音读像车辁的"辁(quán)"字。

歔 (xū)

歔，欷也。从欠，虚声。一曰：出气也。朽居切。

【译文】歔，抽泣。从欠，虚声。另一义说，歔是出气。

㱃部

㱃① (yǐn)

㱃，歠也。从欠，酓声。凡㱃之属皆从㱃。于锦切。

【译文】㱃，喝。从欠，酓声。大凡㱃的部属都从㱃。

【注释】①㱃：《段注》："水流入口为饮，引申之可饮之物谓之饮。"

次部

次 (xián)

次，慕欲口液也。从欠，从水。凡次之属皆从次。叙连切。

【译文】次，因羡慕、因想要得到而流口水。由欠、由水会意。大凡次的部属都从次。

羨 (xiàn)

羨，贪欲也。从次，从羑省。羑呼之羑，文王所拘羑里。似面切。

【译文】羨，贪婪，想要得到。由次、由羑省会意。（羨，）是羑呼的羑字；或是文王被关押的羑里城的羑字。

欨 (yí)

欨，歠也。从次，厂声。读若移。以支切。

【译文】欨，饮。从次，厂声。音读像"移"字。

盗 (dào)

盗，私利物也。从次，次欲皿者。徒到切。

【译文】盗，把对他人有利的物体窃为己有。从次，表示对别人的器皿羡慕得流着口水，想要得到。

旡部

旡 (jì)

旡，饮食气屰不得息曰旡。从反欠。凡旡之属皆从旡。居未切。

【译文】旡，吃喝时气向上逆进、不能顺利通过咽喉叫旡。由欠字反过来表示。大凡旡的部属都从旡。

㱃 (huò)

㱃，屰恶惊词也。从旡，咼声。读若楚人名多夥。乎果切。

【译文】㱃，遇到可恶的或令人惊诧的事物所发出的呼声。从旡，咼声。音读像楚地人多为伙的"伙"字。

琼 (liàng)

琼，事有不善言琼也。《尔雅》："琼，薄也。"从旡，京声。力让切。

【译文】琼，对不好的事情（表示鄙薄意思）的词叫琼。《尔雅》说："琼，薄。"从旡，京声。

頁部

頁 (yè)

頁，头也。从百①，从儿②。凡頁之属皆从頁。胡结切。

【译文】頁，头。由百、由儿会意。大凡頁的部属都从頁。

【注释】①百(shǒu)：本书百部："头也，象形。"②儿(rén)："人"的古文奇字。

頭 (tóu)

頭，首也。从頁，豆声。度侯切。

【译文】頭，头脑的总称。从頁，豆声。

項 (xiàng)

項，(头)[颈]后也。从頁，工声。胡讲切。

【译文】項，脖子的后部。从頁，工声。

碩 (shuò)

碩，头大也。从頁，石声。常只切。

【译文】碩，头大。从頁，石声。

頒 (bān)

頒，大头也。从頁，分声。一曰：

鬓也。《诗》①曰："有颁其首。"布还切。

【译文】颁，大头。从頁，分声。另一义说，鬓发。《诗经》说："多么大啊那脑袋。"

【注释】①《诗》：指《诗经·小雅·鱼藻》。有：语词。

顒（yóng）

顒，大头也。从頁，禺声。《诗》曰①："其大有顒。"鱼容切。

【译文】顒，大头。从頁，禺声。《诗经》说："它们的大脑袋多么大。"

【注释】①《诗》：指《诗经·小雅·鱼藻》。顒：毛传："大皃。"

頑（wán）

頑，梡头也。从頁，元声。五还切。

【译文】頑，难劈的囫囵木头。从頁，元声。

䠠（guī）

䠠，小头䠠䠠也。从頁，枝声。读若规。又，己恚切。

【译文】䠠，头小而圆的样子。从頁，枝声。音读像"规"字。

顆（kě）

顆，小头也。从頁，果声。苦惰切。

【译文】顆，小头。从頁，果声。

頢（kuò）

頢，短面也。从頁，昏声。五活切。又，下括切。

【译文】頢，短脸型。从頁，昏声。

頲（tǐng）

頲，狭头頲也。从頁，廷声。他挺切。

【译文】頲，削狭的头頲頲而长。从頁，廷声。

頠（wěi）

頠，头闲习也。从頁，危声。语委切。

【译文】頠，头俯仰自如。从頁，危声。

頷（hàn）

頷，面黄也。从頁，含声。胡感切。

【译文】頷，面色黄。从頁，含声。

顧（gù）

顧，还视也。从頁，雇声。古慕切。

【译文】顧，回头而视。从頁，雇声。

順（shùn）

順，理也。从頁，从巛。食闰切。

【译文】順，梳理头发。由頁、由巛会意。

顓（zhuān）

顓，头顓顓谨皃。从頁，耑声。职缘切。

【译文】顓，头顓顓而拘谨的样子。从頁，耑声。

頊（xū）

頊，头頊頊谨皃。从頁，玉声。许玉切。

【译文】頊。头頊頊而拘谨的样子。从頁，玉声。

221

頫 (fǔ)

頫，低头也。从頁，逃省。太史卜书，俯仰字如此。杨雄曰：人面俯。方矩切。

【译文】頫，低头。由頁、由逃省会意。史官卜筮的字，俯仰字像这个样子。杨雄说：人的面部俯伏。

頓 (dùn)

頓，（下）[顿]首也。从頁，屯声。都困切。

【译文】頓，以头叩地。从頁，屯声。

頣 (shěn)

頣，举目视人儿。从頁，臣声。式忍切。

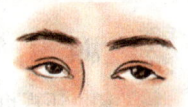

【译文】頣，抬起眼睛看人的样子。从頁，臣声。

顛 (zhǎn)

顛，倨视人也。从頁，善声。旨善切。

【译文】顛，傲视别人。从頁，善声。

頡 (xié)

頡，直项也。从頁，吉声。胡结切。

【译文】頡，僵直的颈项。从頁，吉声。

頗 (pō)

頗，头偏也。从頁，皮声。滂禾切。

【译文】頗，头偏。从頁，皮声。

顫 (chàn)

顫，头不（正）[定]①也。从頁，亶声。之缮切。

【译文】顫，头摇动不定。从頁，亶声。

【注释】①正：当依《段注》作"定"。

煩 (fán)

煩，热头痛也。从頁，从火。一曰：焚省声。附袁切。

【译文】煩，（身）热头痛。由頁、由火会意。另一说，焚省林为声。

百部

百 (shǒu)

百，头也。象形。凡百之属皆从百。书九切。

【译文】百，头。象形。大凡百的部属都从百。

脜 (róu)

脜，面和也。从百，从肉。读若柔。耳由切。

【译文】脜，面色温和。由百、由肉会意。音读像"柔"字。

面部

面 (miàn)

面，颜前也。从百，象人面形。凡面之属皆从面。弥箭切。

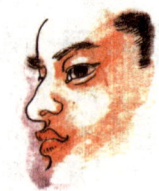

【译文】面，颜额前的部分。从百，（囗）像人的面孔与脑后分界之形。

大凡面的部属都从面。

靦（tiǎn）

靦，面见也。从面见，见亦声。《诗》曰："有靦面目。"他典切。

【译文】靦，面目可见的样子。由面见会意，见也表声。《诗经》说："是那样（清晰）可见啊，你那面目。"

𦣻部

𦣻（shǒu）

𦣻，百同。古文百也。巛象髪，谓之鬈，鬈即巛也。凡𦣻之属皆从𦣻。书九切。

【译文】𦣻，与百字同。是百的古文。巛象头髮，髮又叫作鬈，鬈就是巛字。大凡𦣻的部属都从𦣻。

県部

県（jiāo）

県，到首也。贾侍中说，此断首到县県字。凡県之属皆从県。古尧切。

【译文】県，倒悬首级。贾侍中说，这是断首倒悬的県字。大凡県的部属都从県。

縣（xuán）

縣，系也。从系持県①。胡涓切。

【译文】縣，悬挂。由"系"持挂着"県"会意。

【注释】①从系持県：张舜徽《约注》："犹云从系持倒人耳。"

須部

須（xū）

須，面毛也①。从頁，从彡。凡須之属皆从須。相俞切。

【译文】須，脸上的须毛。由頁、由彡会意。大凡須的部属都从須。

【注释】①面毛：徐灏《段注笺》："许云面毛，统言之也。"

頿（zī）

頿，口上须也。从须，此声。即移切。

【译文】頿，口的上面的胡须。从须，此声。

䫇（rán）

䫇，颊须也。从须，从冄，冄亦声。汝盐切。

【译文】䫇，面颊上的胡须。由须、由冄会意。冄也表声。

彡部

彡（shān）

彡，毛饰画文也。象形。凡彡之属皆从彡。所衔切。

【译文】彡，毛发、彩饰、笔画、花纹。象形。大凡彡的部属都从彡。

形（xíng）

形，象形也。从彡，开声。户经切。

【译文】形，描画成物体的形状。从彡，开声。

修（xiū）

修，饰也。从彡，攸声。息流切。

【译文】修,文饰。从彡,攸声。

彰 (zhāng)

彰,文彰也。从彡,从章,章亦声。诸良切。

【译文】彰,彩色花纹。由彡、由章会意,章也表声。

彫 (diāo)

彫,琢文也。从彡,周声。都僚切。

【译文】彫,雕琢成文。从彡,周声。

弱 (ruò)

弱,桡也。上象桡曲,彡像毛牦桡弱也。弱物并①,故从二弓。而勺切。

【译文】弱,柔曲。上面的弓,象弯曲的样子;彡,像毛牦柔弱。柔弱的东西并存(而不独立),所以弱字由两个"弓(juàn)"构成。

【注释】①并:《段注》:"不能独立。"

文部

文 (wén)

文,错画也①。象交文。凡文之属皆从文。无分切。

【译文】文,交错刻画(以成花纹)。像交错的花纹的样子。大凡文的部属都从文。

【注释】①错画:王筠《句读》:"交错而画之,乃成文也。"

斐 (fěi)

斐,分别文也。从文,非声。《易》曰:"君子豹变,其文斐也。"敷尾切。

【译文】斐,用以分别的文彩。从文,非声。《易经》说:"君子像豹一样变化,他的文彩分明。"

辬 (bān)

辬,驳文也。从文,辡声。布还切。

【译文】辬,驳杂的花纹。从文,辡(biàn)声。

嫠 (lí)

嫠,微画也。从文,犛声。里之切。

【译文】嫠,细微笔画的花纹。从文,犛声。

髟部

髟 (biāo)

髟,长发猋猋。从長,从彡。凡髟之属皆从髟。必凋切。又,所衔切。

【译文】髟,长发猋猋下垂的样子。由長、由彡会意。大凡髟的部属都从髟。

髮 (fà)

髮,根也。从髟,犮声。方伐切。

【译文】髮,(像草木的)根。从髟,犮声。

鬢 (bìn)

鬢,颊发也。从髟,賓声。必刃切。

【译文】鬢,脸旁(靠近耳朵)的头发。从髟,賓声。

鬈 (quán)

鬈,发好也。从髟,卷声。《诗》曰:"其人美且鬈。"衢员切。

【译文】鬈，头发美好。从彡，卷声。《诗经》说："那个人体态优美而且须发美好。"

髦（máo）

髦，发也。从彡，从毛。莫袍切。

【译文】髦，头发。由彡、由毛会意。

后部

后（hòu）

后，继体君也。象人之形。施令以告四方，故厂之。从一口，发号者，君后也。凡后之属皆从后。胡口切。

【译文】后，继承王位的君主。（厂）像人字的形状。（君王）发布命令来告白四方，所以用厂字来表示发施命令牵引四方的意思。由一、口会意，表示发布号令的人，只是君后一人。大凡后的部属都从后。

后（hǒu）

后，厚怒声。从口后，后亦声。呼后切。

【译文】后，盛怒的声音。由口、后会意，后也表声。

司部

司（sī）

司，臣司事于外者。从反后。凡司之属皆从司。息兹切。

【译文】司，在外办事的官吏。由"后"字反过来表示。大凡司的部属都从司。

詞（cí）

詞，意内而言外也。从司，从言。似兹切。

【译文】詞，意义寄托在语词之内而通过声音表达在外。由司、由言会意。

卮部

卮（zhī）

卮，圜器也。一名觛。所以节饮食。象人，卪在其下也。《易》曰："君子节饮食。"凡卮之属皆从卮。章移切。

【译文】卮，圆形酒器。又叫觛。（同时）也是用来节制饮食的东西。（卩）像人字，卪字在它下面。《易经》说："君子节制饮食。"大凡卮的部属都从卮。

䘺（zhuǎn）

䘺，小卮也。从卮，耑声。读若捶击之捶。旨沇切。

【译文】䘺，小而圆的酒器。从卮，耑（zhuān）声。音读像捶击的"捶"字。

卪部

卪（jié）

卪，瑞信也。守国者用玉卪，守都鄙者用角卪，使山邦者用虎卪，土邦者用人卪，泽邦者用龙卪，门关者用符卪，货贿用玺卪，道路用旌卪。象相合之形。凡卪之属皆从卪。子结切。

【译文】卪，信验凭证。把守邦园的诸侯（在境内）用玉作的节，把守都城和边界的大夫（在境内）用犀牛角作的节，出使山陵之国用刻有虎形的铜节，出使平土之国用刻有人形的铜节，出使湖泽之国用刻有龙形的铜节，管门守关的用竹作的节，管理货贝和财物交换的用刻有印章的节，管理道路交通的用装饰有五色羽毛的节。（卩）像（中分）而能相互吻合的形状。

令 （lìng）

令，发号也。从亼卩①。力正切。

【译文】令，发出命令。由亼、卩会意。

【注释】①从亼卩：徐灝《段注笺》："令者，持节以号召于人也。故从卩，从亼。亼者，集也。"

厄 （ě）

厄，科厄，木节也。从卩，厂声。贾侍中说以为：厄，裹也。一曰：厄，盖也。五果切。

【译文】厄，科厄，是树木的结巴。从卩，厂(hǎn)声。贾侍中的说法认为：厄，是裹。另一义说，厄是盖。

郄 （xī）

郄，胫头卩也。从卩，郄声。息七切。

【译文】郄，小腿上头的骨节。从卩，郄声。

卷 （juǎn）

卷，郄曲也。从卩，关声。居转切。

【译文】卷，膝曲。从卩，关(juàn)声。

卸 （xiè）

卸，舍车解马也。从卩止，午[声]。读若汝南人写书之写。司夜切。

【译文】卸，停车后解去套在焉身上的东西。由卩、止会意，午声。音读像汝南地方人们说"写书"的"写"字。

卻 （què）

卻，节（欲）[卻]也。从卩，谷声。去约切。

【译文】卻，节制它并使它退却。从卩，谷(jué)声。

印部

印 （yìn）

印，执政所持信也①。从爪，从卩。凡印之属皆从印。于刃切。

【译文】印，执政的人所持的印章。由爪、由卩会意。大凡印的部属都从印。

【注释】①执政句：《段注》："凡有官守者，皆曰执政，其所持之卩信曰印，古上下通曰玺。"

归 （yì）

归，按也。从反印。于棘切。

【译文】归，按压。由"印"字反过来表示。

色部

色 （sè）

色，颜气也。从人，从卩。凡色之

属皆从色。所力切。

【译文】色，脸上的颜色、气色。由人、由卪会意。大凡色的部属都从色。

艴（bó）

艴，色艴如也。从色，弗声。《论语》曰："色艴如也。"蒲没切。

【译文】艴，脸色甚为矜庄的样子。从色，弗声。《论语》说："脸色矜庄的样子。"

艵（pīng）

艵，缥色也。从色，并声。普丁切。

【译文】艵，丝织物的青白色。从色，并声。

卯部

卯（qīng）

卯，事之制也。从卪卪。凡卯之属皆从卯。阙。去京切。

【译文】卯，办事的制度。由卪（jié）、卪（zòu）会意。大凡卯的部属都从卯。缺其音读。

卿（qīng）

卿，章也。六卿：天官冢宰、地官司徒、春官宗伯、夏官司马、秋官司寇、冬官司空。从卯，皂声。去京切。

【译文】卿，表彰真善、明辨事理（的人）。(《周礼》的）六卿有：天官冢宰、地官司徒、春官宗伯、夏官司马、秋官司寇、冬官司空。从卯，皂声。

辟部

辟（bì）

辟，法也。从卪，从辛，节制其辠也；从口，用法者也。凡辟之属皆从辟。必益切。

【译文】辟，法度。由卪、由辛会意，表示节制人们犯罪的意思；由口表示执法的人。大凡辟的部属都从辟。

勹部

勹（bāo）

勹，裹也。象人曲形，有所包裹。凡勹之属皆从勹。布交切。

【译文】勹，包裹。像人字弯曲的样子，（字中空,）像有所包裹的样子。大凡勹的部属都从勹。

匊（jū）

匊，在手曰匊。从勹、米。居六切。

【译文】匊,（满满捧握）在手叫作匊。由勹、米会意。

匐（fú）

匐，伏地也。从勹，畐声。蒲北切。

【译文】匐，趴伏在地上。从勹，畐声。

匍（pú）

匍，手行也。从勹，甫声。簿乎切。

【译文】匍，用手爬行。从勹，甫声。

勻 (yún)

勻,少也。从勹、二。羊倫切。

【译文】勻,(物因两分而)少。由勹、二会意。

冢 (zhǒng)

冢,高坟也。从勹,豖声。知陇切。

【译文】冢,高大的坟墓。从勹,豖(chù)声。

勼 (jiū)

勼①,聚也。从勹,九声。读若鸠。居求切。

【译文】勼,聚集。从勹,九声。音读像"鸠"字。

【注释】①勼:邵瑛《群经正字》:"今经典统借用鸠字。"

旬 (xún)

旬,徧也。十日为旬。从勹、日。详遵切。

【译文】旬,周遍。十天是一旬。由勹、日会意。

勹 (bào)

勹,覆也。从勹覆人。薄皓切。

【译文】勹,庇覆。由"勹"字覆盖"人"字会意。

匈 (xiōng)

匈①,(声)[膺]也。从勹,凶声。许容切。

【译文】匈,胸膛。从勹,凶声。

【注释】①匈:《段注》:"今胸行而匈废矣。"

匔 (jiù)

匔,饱也。从勹,殷声。民祭,祝曰:"厌匔。"己又切。又,乙庚切。

【译文】匔,吃饱。从勹,殷声。臣民祭祀,祝愿说:"(愿鬼神)吃饱。"

匐 (fù)

匐,重也。从勹,復声。扶富切。

【译文】匐,重复。从勹,復声。

包部

包 (bāo)

包,象人裹妊,巳在中,象子未成形也。元气起于子。子,人所生也。男左行三十,女右行二十,俱立于巳,为夫妇。裹妊于巳,巳为子,十月而生。男起巳至寅,女起巳至申。故男年始寅,女年始申也。凡包之属皆从包。布交切。

【译文】包,像人怀着孕。"巳"字在"勹"的中间,像胎儿尚未成形的样子。阳气从地支以"子"为代表的夏历十一月滋生。子,是人们生育的婴儿。男子(从"子"位起),从右往左数三十位,女子从左往右数二十位,都在"巳"位上迄止,(所以,男子三十而娶,女子二十而嫁,)成为夫妇。女人在巳位上怀孕,所以"巳"表示没有成形的胎儿,怀孕十月才能生下。男从巳位起,(从右往左数十位,)到寅位止;女从巳位起,(从左往右数十位,)到申位止。所以算命时,男的小运从寅开始,女的小运从申开始。大凡包的部属都从包。

匏 (páo)

匏，瓠也。从包，从夸声。包，取其可包藏物也。薄交切。

【译文】匏，葫芦。由包、由瓠省会意。之所以从包，是取它可用来包藏物体的意思。

胞 (bāo)

胞，儿生裹也。从肉，从包。匹交切。

【译文】胞，胎儿生活时包裹的胎衣。由肉、由包会意。

苟部

苟 (jì)

苟，自急敕也。从羊省，从包（省）、（从）口。[包] 口犹慎言也。从羊，羊与义、善、美同意。凡苟之属皆从苟。己力切。

【译文】苟，自己赶紧警诫自己。由羊省、由包口会意。包口好比说（包封其口），谨慎说话。从羊，羊与义字、善字、美字所从的羊表示吉祥之意相同。大凡苟的部属都从苟。

敬 (jìng)

敬，肃也。从攴苟。居庆切。

【译文】敬，严肃。由攴、苟会意。

鬼部

鬼 (guǐ)

鬼，人所归为鬼。从人，象鬼头。鬼阴气贼害，从厶。凡鬼之属皆从鬼。居伟切。

【译文】鬼，人归向天地，变成了鬼。从人，甶像鬼的脑袋。鬼的阴滞之气伤害人们，所以又从厶。大凡鬼的部属都从鬼。

魂 (hún)

魂，阳气也。从鬼，云声。户昆切。

【译文】魂，阳气。从鬼，云声。

魄 (pò)

魄，阴神也。从鬼，白声。普百切。

【译文】魄，阴神。从鬼，白声。

魃 (bá)

魃，旱鬼也。从鬼，犮声。《周礼》有赤魃氏，除墙屋之物也。《诗》曰："旱魃为虐。"蒲拨切。

【译文】魃，造成干旱的鬼。从鬼，犮声。《周礼》有赤魃氏，（主管）清除墙中、屋内的精怪鬼物。《诗经》说："旱鬼肆行暴虐。"

魖 (xū)

魖，耗神也。从鬼，虚声。朽居切。

【译文】魖，损耗财物的鬼神。从鬼，虚声。

魅 (mèi)

魅，老精物也①。从鬼彡；彡，鬼毛。密秘切。

【译文】魅，物老而变成的精怪。由鬼、彡会意。彡，表示鬼毛。

【注释】①老精物：《段注》作"老物精"，注："《论衡》曰：'鬼者，老物之精也。'"

醜 醜（chǒu）

醜，可恶也。从鬼，酉声。昌九切。

【译文】醜，（丑陋）可恶。从鬼，酉声。

甶部

甶（fú）

甶①，鬼头也。象形。凡甶之属皆从甶。敷勿切。

【译文】甶，鬼头。象形。大凡甶的部属都从甶。

【注释】①甶：徐灏《段注笺》："此字不见经传，惟释氏书有之。"

禺（yù）

禺①，母猴属②。头似鬼。从甶，从禸③。牛具切。

【译文】禺，猕猴一类。脑袋像鬼头。由甶、由禸会意。

【注释】①禺：《段注》引《山海经传》："禺似猕猴而大，赤目长尾。"②母猴：犹称沐猴、猕猴，语之转也。③从禸：徐锴《系传》："禸，禽兽迹也。"

畏（wèi）

畏，恶也。从甶，虎省。鬼头而虎爪，可畏也。于胃切。

【译文】畏，（因可怕而）厌恶。由甶、由虎省而会意。鬼的头，虎的爪子，真可怕。

厶部

厶（sī）

厶，奸衺也。韩非曰："苍颉作字，自营为厶。"凡厶之属皆从厶。息夷切。

【译文】厶，奸邪。韩非说："苍颉造字，自己围绕自己，是厶。"大凡厶的部属都从厶。

篡（cuàn）

篡，屰而夺取曰篡①。从厶，算声。初官切。

【译文】篡，违背常理而强力夺取叫篡。从厶，算声。

【注释】①屰而句：张舜徽《约注》："谓于理不应得而强取之也。"

厹（yòu）

厹，相誶呼也①。从厶，从羑。与久切。

【译文】厹，诱导、招呼别人。由厶、由羑会意。

【注释】①誶呼：誶，诱也。《段注》："今人以手相招而口言厹，正当作此字。"

嵬部

嵬（wéi）

嵬①，高不平也。从山，鬼声。凡嵬之属皆从嵬。五灰切。

【译文】嵬，高而不平。从山，鬼声。大凡嵬的部属都从嵬。

【注释】①嵬：《段注》："此篆可入山部，而必立为部首者，巍从此也。"

巍（wēi）

巍①，高也。从嵬，委声。牛威切。

【译文】巍，高大。从嵬，委声。

【注释】① 巍：《段注》："后人省山作魏。分别其义与意。"

山部

山 (shān)

山，宣也。宣气散，生万物，有石而高。象形。凡山之属皆从山。所间切。

【译文】山，宣畅。使地气宣通，散布各方，产生万物，有石构成而又高峻。象形。大凡山的部属都从山。

嶽 (yuè)

嶽，东，岱；南，霍；西，华；北，恒；中，泰室。王者之所以巡狩所至。从山，獄声。五角切。

【译文】嶽，东岳岱山，南岳衡山，西岳华山，北岳恒山，中岳嵩山。是王者巡视所到的地方。从山，獄声。

岱 (dài)

岱，太山也。从山，代声。徒耐切。

【译文】岱，泰山。从山，代声。

嵎 (yú)

嵎，封嵎之山，在吴（楚）[越]之间，汪芒之国。从山，禺声。噳俱切。

【译文】嵎，封嵎山，在吴国、越国之间，是汪芒氏的封地。从山，禺声。

岑 (cén)

岑，山小而高。从山，今声。鉏箴切。

【译文】岑，山小而又高。从山，今声。

崟 (yín)

崟，山之岑崟也。从山，金声。鱼音切。

【译文】崟，山势岑崟。从山，金声。

巒 (luán)

巒，山小而锐。从山，䜌声。洛官切。

【译文】巒，山小而又锐峭。从山，䜌声。

密 (mì)

密，山如堂者。从山，宓声。美毕切。

【译文】密，形状像堂室的山。从山，宓声。

岫 (xiù)

岫，山穴也。从山，由声。似又切。

【译文】岫，山的洞穴。从山，由声。

陵 (jùn)

陵，高也。从山，陵声。私闰切。

【译文】陵，高。从山，陵声。

崒 (zú)

崒，崒危，高也。从山，卒声。醉绥切。

【译文】崒，崒危，高峻的意思。从山，卒声。

棧 (zhàn)

棧，尤高也。从山，棧声。士限切。

【译文】棧，山特别高。从山，棧声。

崛（jué）

崛，山短高也。从山，屈声。衢勿切。

【译文】崛，山短而又高。从山，屈声。

巖（yán）

巖，岸也。从山，嚴声。五缄切。

【译文】巖，崖岸。从山，嚴声。

嵯（cuó）

嵯，山皃。从山，差声。昨何切。

【译文】嵯，山的样子。从山，差声。

屵部

屵（è）

屵，岸高也。从山厂，厂亦声。凡屵之属皆从屵。五葛切。

【译文】屵，岸边高。由山厂会意，厂也表声。大凡屵的部属都从屵。

岸（àn）

岸，水厓而高者。从屵，干声。五旰切。

【译文】岸，水边而高出的地方。从屵，干声。

崖（yá）

崖，高边也。从屵，圭声。五佳切。

【译文】崖，高陗的山边。从屵，圭声。

广部

广（yǎn）

广，因（广）[厂]为屋，象对剌高屋之形。凡广之属皆从广。读若俨然之俨。鱼俭切。

【译文】广，依傍岩岸架屋，像高耸的房屋的样子。大凡广的部属都从广。音读像俨然的"俨"字。

府（fǔ）

府，文书藏也。从广，付声。方矩切。

【译文】府，文书储藏的地方。从广，付声。

庠（xiáng）

庠，礼官养老。夏曰校，殷曰庠，周曰序。从广，羊声。似阳切。

【译文】庠，掌管礼仪的官敬养老人的地方。夏代叫校，殷代叫庠，周代叫序。从广，羊声。

庭（tíng）

庭，宫中也。从广，廷声。特丁切。

【译文】庭，房室之中。从广，廷声。

庖（páo）

庖，厨也。从广，包声。薄交切。

【译文】庖，厨房。从广，包声。

廚（chú）

廚，庖屋也。从广，尌声。直株切。

【译文】廚，厨屋。从广，尌声。

廦 (bì)

廦，墙也。从广，辟声。比激切。

【译文】廦，墙壁。从广，辟声。

庫 (kù)

庫，兵车藏也。从車在广下。苦故切。

【译文】庫，兵甲车马收藏的处所。由"車"字在"广"会意。

序 (xù)

序，东西墙也。从广，予声。徐吕切。

【译文】序，（堂屋的）东西墙。从广，予声。

廣 (guǎng)

廣，殿之大屋也。从广，黄声。古晃切。

【译文】廣，四周无壁的大屋。从广，黄声。

厕 (cì)

厕，清也。从广，则声。初吏切。

【译文】厕，清除不洁的处所。从广，则声。

庾 (yǔ)

庾，水槽仓也。从广，臾声。一曰：仓无屋者。以主切。

【译文】庾，储存水路转运粮食的仓库。从广，臾声。另一义说，上面没有覆盖物的粮舍。

廛 (chán)

廛，（一）[二]亩半，一家之居。从广里八土。直连切。

【译文】廛，两亩半土地，一家居住的房地。由广、里、八、土会意。

廉 (lián)

廉，仄也。从广，兼声。力兼切。

【译文】廉，（堂屋的）侧边。从广，兼声。

底 (dǐ)

底，（山）[止]居也。一曰：下也。从广，氐声。都礼切。

【译文】底，止息、居住的地方。另一义说，是下面。从广，氐声。

庶 (shù)

庶，屋下众也[1]。从广、炗；炗，古文光字。商署切。

【译文】庶，屋下光彩众多。由广、炗会意，炗是古文光字。

【注释】[1]屋下众：朱骏声《通训定声》："屋下光多也。"按：引申为泛指众多。

庤 (zhì)

庤，储置屋下也。从广，寺声。直里切。

【译文】庤，储藏放置在屋下。从广，寺声。

庇 (bì)

庇，荫也。从广，比声。必至切。

【译文】庇，遮蔽。从广，比声。

廢 (fèi)

廢，屋顿也。从广，發声。方肺切。

【译文】廢，房屋倒塌。从广，發声。

厂部

厂（hǎn）

厂，山石之厓岩，人可居。象形。凡厂之属皆从厂。呼旱切。

【译文】厂，山上石头形成的边岸，（它们下面的洞穴是）人们可以居住的地方。象形。大凡厂的部属都从厂。

厓（yá）

厓，山边也。从厂，圭声。五佳切。

【译文】厓，山边。从厂，圭声。

厥（jué）

厥，发石也。从厂，欮声。俱月切。

【译文】厥，发射石块。从厂，欮声。

厝（cù）

厝，厉石也。从厂，昔声。《诗》曰："他山之石，可以为厝。"仓各切。

【译文】厝，磨刀石。从厂，昔声。《诗经》说："别的山上的石头，可以用来作磨刀石。"

丸部

丸（wán）

丸，圜，倾侧而转者。从反仄。凡丸之属皆从丸。胡官切。

【译文】丸，圆体，倾侧而圆转无碍的东西。由仄字反过来表示。大凡丸的部属都从丸。

危部

危（wēi）

危，在高而惧也。从厃，自卪止之。凡危之属皆从危。鱼为切。

【译文】危，人在高处，心情恐惧。由厃、（由卪）表示自己节制、抑止这种临危而惧的心情。大凡厃的部属都从厃。

石部

石（shí）

石，山石也。在厂之下；口，象形。凡石之属皆从石。常只切。

【译文】石，山上的石头。在"厂"之下；口（wéi）像方、圆的石头的形状。大凡石的部属都从石。

磺（kuàng）

磺，铜铁朴石也。从石，黄声。读若穬。古猛切。

【译文】磺，铜铁之类的金属矿石。从石，黄声。音读像"穬"字。

碭（dàng）

碭，文石也。从石，易声。徒浪切。

【译文】碭，有花纹的石头。从石，易声。

碝（ruǎn）

碝，石次玉者。从石，耎声。而沇切。

【译文】碝，比玉次一等的石头。

从石，臭声。

碣 (jié)

碣，特立之石。东海有碣石山。从石，曷声。渠列切。

【译文】碣，高耸独立的石头。东海郡有碣石山。从石，曷声。

磏 (lián)

磏，厉石也。一曰：赤色。从石，兼声。读若鎌。力盐切。

【译文】磏，磨刀石。另一义说，是红色。从石，兼声。音读像"鎌"字。

碬 (xiá)

碬，厉石也。从石，叚声。《春秋传》曰："郑公孙碬字子石。"乎加切。

【译文】碬，磨刀石。从石，叚声。《春秋左传》说："郑国公孙碬的字叫子石。"

礫 (lì)

礫，小石也。从石，樂声。郎击切。

【译文】礫，细小的石头。从石，樂声。

磧 (qì)

磧，水陼有石者。从石，責声。七迹切。

【译文】磧，水边滩头中有石头的地方。从石，責声。

碑 (bēi)

碑，竖石也。从石，卑声。府眉切。

【译文】碑，竖立的石头。从石，卑声。

磕 (kài)

磕，石声。从石，盍声。口太切。又，苦盖切。

【译文】磕，石声。从石，盍声。

硻 (kēng)

硻，余坚者。从石，坚省。口茎切。

【译文】硻，（除石头之外的）其余坚固的物体。由石，由堅省会意。

磿 (lì)

磿，石声也。从石，厤声。郎击切。

【译文】磿，石声。从石，厤声。

磛 (chán)

磛，礹，石（也）[皃]。从石，斬声。巨衔切。

【译文】磛，磛礹，是石头的样子。从石，斬声。

礹 (yán)

礹，石山也。从石，嚴声。五衔切。

【译文】礹，石山。扶石，嚴声。

磬 (kè)

磬，坚也。从石，毃声。楷革切。

【译文】磬，坚硬。从石，毃声。

确 (què)

确，磬石也。从石，角声。胡角切。

【译文】确，坚硬的石头。从石，角声。

礅（qiāo）

礅，磬石也。从石，堯声。口交切。

【译文】礅，坚硬的百头。从石，堯声。

嵒（yán）

嵒，礊（嵒）[嵒]也。从石、品。《周书》曰："畏于民嵒。"读与岩同。五衔切。

【译文】嵒，礊嵒。由石、品会意。《周书》说："对于民心的险恶十分畏惧。"音读与"岩"字同。

磬（qìng）

磬，乐石也。从石、殸。象县虡之形。殳，击之也。古者毋句氏作磬。苦定切。

【译文】磬，可奏打击乐的石器。由石、殸会意。（声）像悬挂石磬的架子的样子。殳，表示用器具敲击石磬。古时候毋句氏制作石磬。

砮（chè）

砮，上摘岩空青、珊瑚堕之。从石，折声。《周礼》有砮蔟氏。丑列切。

【译文】砮，上山摘采山岩上的空青石、珊瑚石，让它坠落下来。从石，折声。《周礼》有砮蔟氏。

硪（é）

硪，石岩也。从石，我声。五何切。

【译文】硪，石头形成的山的边岸。从石，我声。

長部

長（cháng）

長，久远也。从兀，从匕。兀者，高远意也。久则变化。兀声。亻者，倒亻也。凡长之属皆从长。直良切。

【译文】長，长久；长远。由兀、由匕（huà）含意。兀是高而又远的意思。（匕）表示长久就变化。亡声。长字上部的亻，是倒写着的亡字。大凡长的部属都从长。

肆（sì）

肆，极、陈也。从长，隶声。息利切。

【译文】肆，穷极，陈列。从长，隶声。

镻（dié）

镻，蛇恶毒长。从长，失声。徒结切。

【译文】镻，蛋蛇，蛇毒深长。从长，失声。

勿部

勿（wù）

勿，州里所建旗。象其柄，有三游。杂帛，幅半异。所以趣民，故遽，称勿勿。凡勿之属皆从勿。文弗切。

【译文】勿，大夫、士所树立的旗帜。（丿）像旗的竿子，（彡）表示有三条缕在旗帜边缘上飘悬的游。游帛上颜色杂驳不纯，正幅上半赤半白而不同。是用以催促百姓集合的信号，所以有表示急遽的意思，（急遽）又称作勿勿。

昜

昜（yáng）

昜，开也。从日一勿。一曰：飞扬。一曰：长也。一曰：强者众皃。与章切。

【译文】昜，光明。由日、一、勿会意。另一义说，是飞举。又另一义说，是生长。又另一义说，是有很多强大的东西的样子。

冄部

冄（rǎn）

冄，毛冄冄也。象形。凡冄之属皆从冄。而琰切。

【译文】冄，毛冉冉下垂的样子。象形。大凡冄的部属都从冄。

而部

而（ér）

而，颊毛也。象毛之形。《周礼》曰："作其鳞之而。"凡而之属皆从而。如之切。

【译文】而，脸两旁的毛。像毛的样子。《周礼》说："振作起它的鳞和面颊的毛。"大凡而的部属都从而。

耏（nài）

耏，罪不至髡也。从而，从彡。奴代切。

【译文】耏，判刑（只剃除颊须，）而不到剃除头发的地步。由而、由彡会意。

豕部

豕（shǐ）

豕，彘也。竭其尾，故谓之豕。象（毛）[头四]足而后有尾。读与豨同。按：今世字，误以豕为（彘）[豕]，以（彘）[象]为豕。何以明之？为（啄）[啄]（琢）[琢]从（豕）[豕]，蠡从（彘）[豕]。皆取其声，以是明之。凡豕之属皆从豕。式视切。

【译文】豕，猪。（猪发怒时）直竖着它的尾巴，所以叫作豕。像头、四只脚，而身后有尾巴的样子。音读与"豨"字同。按：当今的字，错误地把豕当作彘，把彖当作豕。怎么知道的呢？因为啄、琢本从豕（而常写作啄、琢），蠡本从豕（而常写作蠡）。（本来）都（分别）取用豕、豕作声，所以明白这个错误。大凡豕的部属都从豕。

豬（zhū）

豬，豕而三毛丛居者。从豕，者声。陟鱼切。

【译文】豬，又叫豕，是三根毛丛生在同一毛孔的动物。从豕，者声。

豰（bó）

豰，小豚也。从豕，㱿声。步角切。

【译文】豰，小猪。从豕，㱿声。

豯（xī）

豯，生三月豚，腹豯豯兒也。从豕，奚声。胡鸡切。

【译文】豯，出生三个月的猪，肚子

猭猭而大的样子。从豕，奥声。

豵 (zōng)

豵，生六月豚。从豕，從声。一曰：一岁豵，尚丛聚也。子红切。

【译文】豵，出生六个月的小猪。从豕，從声。另一义说，一岁的猪，喜爱成群地聚居。

豧 (fū)

豧，豕息也。从豕，甫声。芳无切。

【译文】豧，猪喘息。从豕，甫声。

豢 (huàn)

豢，以谷圈养豕也。从豕，关声。胡惯切。

【译文】豢，用谷在围栏中喂养猪。从豕，关声。

豠 (chú)

豠，豕属。从豕，且声。疾余切。

【译文】豠，猪一类。从豕，且声。

豨 (xī)

豨，豕走豨豨。从豕，希声。古有封豨修蛇之害。虚岂切。

【译文】豨，猪边跑边嬉戏的样子。从豕，希声。又一义为猪。上古有大野猪长毒蛇的危害。

豲 (huán)

豲，（逸）[豕属]也。从豕，原声。《周书》曰："豲有爪而不敢以撅。"读若桓。胡官切。

【译文】豲，猪一类。从豕，原声。《周书》说："豲有爪子却不敢用来爬掘。"音读像"桓"字。

豖 (chù)

豖，豕绊足行豖豖。从豕系二足。丑六切。

【译文】豖，猪被绳子绊着脚而行走艰难的样子。由"豕"字捆系着两只脚表示。

豛 (yì)

豛，豕怒毛竖。一曰：残艾也。从豕辛。鱼既切。

【译文】豛，猪发怒而毛竖起。另一义说，是删夷。由豕辛会意。

豩 (huān)

豩，二豕也。豳从此。阙。伯贫切。又，呼关切。

【译文】豩，两个"豕"字。豳字从豩。阙其音义。

彑部

彑 (yì)

彑，修豪兽。一曰：河内名豕也。从彑，下象毛足。凡彑之属皆从彑。读若弟。羊至切。

【译文】彑，长毛野兽。另一义说，河内郡叫猪（作彑）。从彑，下面的彑像毛和脚。大凡彑的部属都从彑。音读像"弟"字。

彖 (hū)

彖，豕属。从彑，昏声。呼骨切。

【译文】彖，猪一类。从彑，昏声。

彚 (wèi)

彚，虫，似豪猪者。从彑，胃省声。

于贵切。

【译文】𪏥，蟲名，像豪猪的野兽。从㲋，胃省声。

彑部

彑 (jì)

彑，豕之头。象其锐，而上见也。凡彑之属皆从彑。读若罽。居例切。

【译文】彑，猪的头。像猪嘴长锐，而彑字的上画乚能体现这一特点。大凡彑的部属都从彑。音读像"罽"字。

彘 (zhì)

彘，豕也。后蹏（发）[废]谓之彘。从彑，矢声；从二匕，彘足与鹿足同。直例切。

【译文】彘，猪。后脚废退叫作彘。从彑，矢声；又从二匕，彘的脚和鹿的脚都同用二匕表示。

豕 (chǐ)

豕①，豕也。从彑，从豕。读若弛。式视切。

【译文】豕，猪。由彑、由豕会意。音读像"弛"字。

【注释】①豕：当依徐锴《系传》作"豕"。王筠《释例》："彑字，疑即豕字重文，音义皆同。"

叚 (xiá)

叚，豕也。从彑，下象其足。读若瑕。乎加切。

【译文】叚，猪。（上）从彑，下面的交象猪的脚。音读像"瑕"字。

豚部

豚 (tún)

豚，小豕也。从彖省，象形。从又持肉，以给祠祀。凡豚之属皆从豚。徒魂切。

【译文】豚，小猪。从彖省，象猪形。又由"又"（手）持握着"肉"，表示供给祭祀之用。大凡豚的部属都从豚。

豸部

豸 (zhì)

豸，兽长脊，行豸豸然，欲有所司杀形。凡豸之属皆从豸。池尔切。

【译文】豸，有着长长脊骨的猛兽，行走时突然豸豸地伸直脊背，像有所窥伺而加以格杀的形状。大凡豸的部属都从豸。

貆 (huān)

貆，野豕也。从豸，亘声。呼官切。

【译文】貆，野生小兽样子像猪。从豸，亘声。

貁 (yòu)

貁，鼠属。善旋。从豸，穴声。余救切。

【译文】貁，鼬鼠一类。善于旋转。从豸，穴声。

貒 (tuān)

貒，兽也。从豸，耑声。读若湍。他端切。

【译文】貒，貒兽。从豸，耑声。音读像"湍"字。

犴 (àn)

犴，胡地野狗①。从豸，干声。《诗》曰："宜犴宜狱。"五旰切。

【译文】犴，北方少数民族地区的野狗。从豸，干声。《诗经》说："（可悲啊，我们这些穷苦少钱的人，）大概将要陷入地方的牢狱，或将陷入朝廷的牢狱。"

【注释】①胡地：北方少数民族地区。

貂 (diāo)

貂，鼠属。大而黄黑，出胡丁零国①。从豸，召声。都僚切。

【译文】貂，鼠一类。躯体大，色黄黑，出产在北方少数民族地区的丁零国。从豸，召声。

【注释】①胡：王筠《句读》："胡，其总名。丁零，其一国之名也。"张舜徽《约注》："古丁零国，在今西北利亚叶尼塞河上游，至贝尔加湖以南诸地。"

象部

象 (xiàng)

象，长鼻牙①，南越大兽②，三年一乳③，象耳牙四足之形。凡象之属皆从象。徐两切。

【译文】象，长鼻长牙，南越一带的大野兽，每三年产子一次，像耳朵、牙齿、四只脚的样子。大凡象的部属都从象。

【注释】①长鼻牙：《段注》："有长鼻长牙。"②南越：今广东广西一带。③三年：王筠《句读》："《太平广记》引古训云：'象孕五岁始产。'"

豫 (yù)

豫，象之大者。贾侍中说①："不害于物。"从象，予声。羊茹切。

【译文】豫，大象。贾侍中说："（豫象虽大但）对别的物体没有害处。"从象，予声。

【注释】①贾侍中：《段注》："贾侍中名逵，许所从受古学者也。侍中说：豫虽大，而不害于物。故宽大舒缓之义取此字。"

馬部

馬 (mǎ)

馬，怒也；武也。象马头髦尾四足之形。凡馬之属皆从馬。莫下切。

【译文】馬，是昂首怒目的动物，是勇武的动物。像马的头部、鬃毛、尾巴、四只脚的样子。大凡马的部属都从馬。

騭 (zhì)

騭，牡马也。从馬，陟声。读若郅。之日切。

【译文】騭，公马。从馬，陟声。音读像"郅"(zhì)字。

馵 (huán)

馵，马一岁也。从馬；一，绊其足。读若弦；一曰：若环。户关切。

【译文】馵，马一岁。从馬，一，表示用绳子系绊马脚。音读像"弦"字，一说，音读像"环"字。

駒 (jū)

駒，马二岁曰駒①，三岁曰駣。从馬，句声。举朱切。

【译文】驹，马两岁叫作驹，三岁叫作駣。从馬，句声。

【注释】①二岁：徐锴《段注笺》：驹为二岁马，浑言之则为儿马方壮之偁。"

馴 （bā）

馴，马八岁也。从馬，从八。博拔切。

【译文】馴，马八岁。由馬、由八会意。

騽 （xián）

騽，马一目白曰騽，二目白曰鱼。从馬，閒声。户闲切。

【译文】騽，马一只眼睛（病得）发白叫作騽，两只眼睛（病得）发白叫作鱼目。从馬，閒声。

騏 （qí）

騏，马青骊，文如博棊也。从馬，其声。渠之切。

【译文】騏，马青黑色，花纹像棋盘一样。从馬，其声。

驪 （lí）

驪，马深黑色。从馬，麗声。吕支切。

【译文】驪，马深黑色。从馬，麗声。

駽 （xuān）

駽，青骊马。从馬，肙声。《诗》曰："駜彼乘駽。"火玄切。

【译文】駽，青黑色的马。从馬，肙声。《诗经》说："多么肥壮而又力量强大啊，那一车驾的四匹青黑色的马。"

騩 （guī）

騩，马淺黑色。从馬，鬼声。俱位切。

【译文】騩，马浅黑色。从馬，鬼声。

騢 （xiá）

騢，马赤白杂毛。从馬，叚声。谓色似鰕鱼也。乎加切。

【译文】騢，马（有着）红色、白色杂乱相间的毛。从馬，叚声。是说马的毛色像鰕鱼。

騅 （zhuī）

騅，马苍黑杂毛。从馬，隹声。职追切。

【译文】騅，马（有着）青苍色与黑色杂乱相间的毛。从馬，隹声。

騮 （liú）

騮，赤马黑（毛）[髦]尾也。从馬，留声。力求切。

【译文】騮，红色的马身，黑色的鬃毛和尾巴。从馬，留声。

駱 （luò）

駱，马白色黑鬛尾也。从馬，各声。卢各切。

【译文】駱，马白色的身子，黑色的鬃毛和尾巴。从馬，各声。

駰 （yīn）

駰，马阴白杂毛。黑。从馬，因声。《诗》曰："有駰有騢。"于真切。

【译文】駰，马（有着）浅黑色和白

色相间的毛。从馬，因声。《诗经》说："有毛色黑白相间的骊马，有毛色红白相间的騢马。"

驄 (cōng)

驄，马青白杂毛也。从馬，悤声。仓红切。

【译文】驄，马（有着）青色、白色杂乱相间的毛。从馬，悤声。

騥 (yù)

騥，骊马白胯也。从馬，矞声。《诗》曰："有騥有騜。"食聿切。

【译文】騥，深黑色的马，大腿之间是白色。从馬，矞声。《诗经》说："有黑身白胯的騥马，有荧白色的騜马。"

駹 (máng)

駹，马面颡皆白也。从馬，龙声。莫江切。

【译文】駹，马（只有）面部、额部都是白色。从馬，龙声。

騧 (guā)

騧，黄马，黑喙。从馬，咼声。古华切。

【译文】騧，黄色的马，黑色的嘴。从馬，咼声。

駓 (pī)

駓，黄马白毛也。从馬，丕声。敷悲切。

【译文】駓，马有着黄色、白色杂乱相间的毛。从馬，丕声。

驖 (tiě)

驖，马赤黑色。从馬，㦰声。《诗》曰："四驖孔阜。"他结切。

【译文】驖，马（有着）黑中带红的颜色。从馬，㦰声。《诗经》说："四匹黑中带红的马非常肥大。"

騤 (àn)

騤，马头有发赤色者。从馬，岸声。五旰切。

【译文】騤，马有起着红色斑纹的头。从馬，岸声。

駒 (dí)

駒，马白额也。从馬，的省声。一曰：骏也。《易》曰："为的颡。"都历切。

【译文】駒，马（有着）白色的额头。从馬，的省声。另一义说，駒是骏马。《易经》说："（震卦对于马来说，）是白色额头（的象征）。"

驒 (diàn)

驒，骊马黄脊。从馬，覃声。读若簟。徒玷切。

【译文】驒，深黑色的马，黄色的脊梁。从馬，覃声。音读像"簟"字。

驠 (yàn)

驠，马白州也。从馬，燕声。于甸切。

【译文】驠，马（有着）白色的臀部。从馬，燕声。

駁 (bó)

駁，马色不纯。从馬，爻声。北角切。

【译文】駁，马的毛色不纯。从馬，爻声。

騽（xí）

騽，馬豪骬也。从馬，習声。似入切。

【译文】騽，马的膝头和小腿之间有长毛。从馬，習声。

駿（jùn）

駿，馬之良材者。从馬，夋声。子峻切。

【译文】駿，马中间有良好素质的马。从馬，夋声。

騛（fēi）

騛，馬逸足也。从馬，从飛。《司馬法》："飛衛斯輿。"甫微切。

【译文】騛，马跑得飞快。由馬、由飛会意。《司馬法》说："飛衛斯輿。"

騎（qí）

騎，跨馬也①。从馬，奇声。渠羈切。

【译文】騎，（两腿分张）跨在马上。从馬，奇声。

【注释】①跨马：《段注》："两髀跨马谓之骑，因之人在马上谓之骑。"

駫（jiōng）

駫，馬盛肥也。从馬，光声。《诗》曰："四牡駫駫。"古荧切。

【译文】駫，马十分肥壮。从馬，光声。《诗经》说："四匹公马多么肥壮。"

駕（jià）

駕，馬在軛中。从馬，加声。古訝切。

【译文】駕，马套在车轭之中。从馬，加声。

馻（àng）

馻，馻馻，马怒儿。从馬，卬声。吾浪切。

【译文】馻，馻馻，马发怒的样子。从馬，卬声。

駉（jiōng）

駉，牧馬苑也。从馬，冋声。《诗》曰："在駉之野。"古荧切。

【译文】駉，牧马的苑囿。从馬，冋声。《诗经》说："（高大肥壮的公马，）在可供牧马的野外。"

駃（jué）

駃，駃騠，馬父骡子也。从馬，夬声。古穴切。

【译文】駃，駃騠，以马为父，（以驴为母，杂交所生的）骡崽。从馬，夬声。

騠（tí）

騠，駃騠也。从馬，是声。杜兮切。

【译文】騠，駃騠。从馬，是声。

驘（luó）

驘①，驴父马母。从馬，羸声。洛戈切。

【译文】驘，以驴为父，以马为母，

（杂交所生的骡崽。）从马，羸声。

【注释】①羸：骡子（公驴和母马杂交所生）。今作"骡"。《楚辞·九叹·忧苦》："同驽羸与乘驵兮。"

驢 (lú)

驢，似马，长耳。从馬，盧声。力居切。

【译文】驢，像马，长长的耳朵。从馬，盧声。

廌部

廌 (zhì)

廌，解廌兽也，似山牛，一角。古者决讼，令触不直。象形，从豸省。凡廌之属皆从廌。宅买切。

【译文】廌，獬豸兽，像野牛，一只角。古时候判决官司，叫廌去抵触那不正直的一方。⺋像其头和角的形状，⺈是豸的省略。大凡廌的部属都从廌。

鹿部

鹿 (lù)

鹿，兽也。象头角四足之形。鸟鹿足相似，从匕。凡鹿之属皆从鹿。卢谷切。

【译文】鹿，兽名。像头、角和四只脚的样子。鸟、鹿的脚相像，所以都从匕。大凡鹿的部属都从鹿。

麟 (lín)

麟，大牝鹿也。从鹿，㷠声。力珍切。

【译文】麟，大母鹿。从鹿，㷠声。

麋 (mí)

麋，鹿属。从鹿，米声。麋冬至解其角。武悲切。

【译文】麋，鹿一类。从鹿，米声。麋，冬至左右脱落它的角。

麈 (zhǔ)

麈，麋属。从鹿，主声。之庾切。

【译文】麈，麋鹿一类。从鹿，主声。

麗 (lì)

麗，旅行也。鹿之性，见食急则必旅行。从鹿，丽声。礼：丽皮纳聘。盖鹿皮也。郎计切。

【译文】麗，结伴而行。鹿的特性是，发现食物虽情势紧急却也一定结伴而行。从鹿，丽声。礼制规定，把两张鹿皮交纳订婚。（丽）大概是鹿皮。

麀 (yōu)

麀，牝鹿也。从鹿，从牝省。于虬切。

【译文】麀，母鹿。由鹿、由牝省会意。

麤部

麤 (cū)

麤，行超远也。从三鹿。凡麤之属皆从麤。仓胡切。

【译文】麤，鹿行走时跳跃很远。由三个鹿字会意。大凡麤的部属都从麤。

麆 (chén)

麆，鹿行扬土也①。从麤，从土。直珍切。

【译文】麆，群鹿疾行使尘土飞扬。由麤、由土会意。

【注释】①扬土：《段注》："群行则扬土甚。"

怠部

怠 (chuò)

怠，兽也。似兔，青色而大。象形。头与兔同，足与鹿同。凡怠之属皆从怠。丑略切。

【译文】怠，兽名。像兔子，全身青色，却比兔子大。象形。表示头的⺈与兔字的头部相同，表示足的比与鹿字的足部相同。大凡怠的部属都从怠。

毚 (chán)

毚，狡兔也，兔之骏者。从怠、兔。士咸切。

【译文】毚，少壮的兔子，兔中的良才。由怠、兔会意。

兔部

兔 (tù)

兔，兽名。象踞，后其尾形。兔头与怠头同。凡兔之属皆从兔。汤故切。

【译文】兔，兽名。像蹲坐的样子，后面的是它的尾巴的形状。兔字的头部⺈与怠字的头部相同。大凡兔的部属都从兔。

逸 (yì)

逸，失也。从辵、兔。兔漫訑善逃也。夷质切。

【译文】逸，逃跑。由辵、兔会意。兔性欺诈、善于逃逸。

冤 (yuān)

冤，屈也。从兔，从冖。兔在冖下，不得走，益屈折也。于袁切。

【译文】冤，屈缩不伸。由兔、由冖会意。兔字在冖字下，表示兔在覆罩之下不能跑，多屈折不伸。

㜫 (fàn)

㜫，兔子也。㜫，疾也。从女兔。芳万切。

【译文】㜫，兔崽。㜫，迅疾。由女、兔会意。

萈部

萈 (huán)

萈，山羊细角者。从兔足，首声。凡萈之属皆从萈。读若丸。宽字从此。胡官切。

【译文】萈，细角的山羊。从兔足，首声。大凡萈的部属都从萈。音读像"丸"字。宽字从萈。

犬部

犬 (quǎn)

犬，狗之有县蹄者也。象形。孔子曰："视犬之字如画狗也。"凡犬之属皆从犬。苦泫切。

【译文】犬，狗中有悬空而不着地的蹄趾的一种。象形。孔子说："看犬字像画狗的样子。"大凡犬的部属都从犬。

狗 (gǒu)

狗，孔子曰："狗，叩也。叩气吠以守。"从犬，句声。古厚切。

【译文】狗，孔子说："狗，扣击。狗声硁硁如扣击，出气而吠叫，用以守御。"从犬，句声。

尨 (máng)

尨，犬之多毛者。从犬，从彡。《诗》曰："无使尨也吠。"莫江切。

【译文】尨，多毛的狗。由犬、由彡会意。《诗经》说："不要让那狮毛狗啊叫起来。"

狡 (jiǎo)

狡，少狗也。从犬，交声。匈奴地有狡犬，巨口而黑身。古巧切。

【译文】狡，少壮的狗。从犬，交声。（又，）匈奴地方有一种大狗，巨大的嘴巴，黑色的身子。

獫 (xiǎn)

獫，长喙犬。一曰：黑犬，黄头。从犬，佥声。虚检切。

【译文】獫，长嘴巴狗。另一义说，是黑色的狗，黄色的头。从犬，佥声。

猈 (bài)

猈①，短胫狗。从犬，卑声。薄蟹切。

【译文】猈，短脚狗。从犬，卑声。

【注释】①猈：王筠《句读》："即今之（哈）巴狗也。"

狃 (niǔ)

狃①，犬性骄也②。从犬，丑声。女久切。

【译文】狃，狗性骄横。从犬，丑声。

【注释】①狃：本义为狗爱亲近人。②骄：《段注》作"忕"。徐锴《系传》："忕，惯习也。"存参。

犯 (fàn)

犯，侵也。从犬，㔾声。防险切。

【译文】犯，侵犯。从犬，㔾声。

猛 (měng)

猛，健犬也。从犬，孟声。莫杏切。

【译文】猛，健壮的狗。从犬，孟声。

犺 (kàng)

犺，健犬也。从犬，亢声。苦浪切。

【译文】犺，健壮的狗。从犬，亢声。

猜 (cāi)

猜①，恨贼也。从犬，青声。仓才切。

【译文】猜，嫉恨以至残害别人。从犬，青声。

【注释】①猜：徐锴《系传》："犬性多猜。"

倏 (shū)

倏，走也。从犬，攸声。读若叔。

式竹切。

【译文】倏,(狗)奔跑。从犬,攸声。音读像"叔"字。

戾（lì）

戾,曲也。从犬出户下。戾者,身曲戾也。郎计切。

【译文】戾,弯曲。由"犬"出于门"户"之下会意。戾,身体弯曲的意思。

獨（dú）

獨,犬相得而斗也。从犬,蜀声。羊为群,犬为独也。一曰：北嚻山有独狢兽,如虎,白身,豕鬣,尾如马。徒谷切。

【译文】獨,狗相遇就争斗。从犬,蜀声。羊喜群居,狗爱独处。另一义说,北嚻山上有名叫独狢的野兽,样子像虎,白色的身子,像猪一样的鬣毛,尾巴像马一样。

狢（yù）

狢,独狢兽也。从犬,谷声。余蜀切。

【译文】狢,名叫独狢的野兽。从犬,谷声。

狩（shòu）

狩,犬田也。从犬,守声。《易》曰："明夷于南狩。"书究切。

【译文】狩,用狗田猎。从犬,守声。《易经》说："叫着的鹈鹕鸟在（人们）南去打猎的时候（受伤）。"

獵（liè）

獵,（放）[畋]猎逐禽也。从犬,鼠声。良涉切。

【译文】獵,打猎追逐禽兽。从犬,鼠声。

獠（liáo）

獠,猎也。从犬,尞声。力昭切。

【译文】獠,打猎。从犬,尞声。

臭（xiù）

臭,禽走,臭而知其迹者,犬也。从犬,从自。尺救切。

【译文】臭,禽兽跑了,嗅其气味而知道其逃跑的踪迹的,是狗。由犬、由自会意。

獟（yào）

獟,骁犬也。从犬,堯声。五吊切。

【译文】獟,骁勇的狗。从犬,堯声。

獻（xiàn）

獻,宗庙犬名羹献。犬肥者以献之。从犬,鬳声。许建切。

【译文】獻,宗庙祭祀所用的狗叫作"羹献"。狗肥大的用以作为敬献的礼品。从犬,鬳声。

狾（zhì）

狾,狂犬也。从犬,折声。《春秋传》曰："狾犬入华臣氏之门。"征例切。

【译文】狾,疯狗。从犬,折声。《春秋左传》说："疯狗进入华臣家的门。"

狂（kuáng）

狂,狾犬也。从犬,㞷声。巨王切。

【译文】狂,疯狗。从犬,㞷声。

類 (lèi)

類，种类相似，唯犬为甚。从犬，頪声。力遂切。

【译文】类，同一种属、类别的事物相像，只有狗体现得最分明。从犬，頪声。

狄 (dí)

狄，赤狄，本犬种。狄之为言淫辟也。从犬，亦省声。徒历切。

【译文】狄，赤狄族，本与犬戎族同种。狄作为词语是表示邪恶乖辟的意思。从犬，亦省声。

狻 (suān)

狻，狻麑，如虥猫，食虎豹者。从犬，夋声。见《尔雅》。素官切。

【译文】狻，狻麑，像浅毛虎，是吃虎豹的野兽。从犬，夋声。

狙 (jū)

狙，玃属。从犬，且声。一曰：狙，犬也，暂啮人者。一曰：犬不啮人也。亲去切。

【译文】狙，狝猴一类。从犬，且声。另一义说，狙，是狗，是伺机突然出来咬人的狗。另一义说，狗不咬人叫狙。

玃 (jué)

玃，母猴也。从犬，矍声。《尔雅》云："玃父善顾。"玃持人也。俱缚切。

【译文】玃，大狝猴。从犬，矍声。《尔雅》说："大狝猴善于左右顾盼。"又喜欢用爪抓取、把持人。

猴 (hóu)

猴①，夒也。从犬，侯声。乎沟切。

【译文】猴，一种长臂猿。从犬，侯声。

【注释】①猴：朱骏声《通训定声》："一名为，一名母猴，声转曰沐猴，曰猕猴，其大者曰玃，其愚者曰禺，其静者曰猨，亦作猨，作猿。"

狼 (láng)

狼，似犬，锐头，白颊，高前，广后。从犬，良声。鲁当切。

【译文】狼，像狗，尖锐的头，白色的脸颊，身子前部高，后部宽。从犬，良声。

獌 (màn)

獌，狼属。从犬，曼声。《尔雅》曰①："貙、獌，似狸。"舞販切。

【译文】獌，狼一类。从犬，曼声。《尔雅》说："貙和獌，都像野猫。"

【注释】①《尔雅》：指《释兽》。

猋 (biāo)

猋，犬走皃。从三犬。甫遥切。

【译文】猋，狗跑的样子。由三个"犬"字会意。

獭 (tǎ)

獭，如小狗也。水居食鱼。从犬，赖声。他达切。

【译文】獭，像小狗。在水里生活，吃鱼。从犬，赖声。

猵 (biān)

猵，獭属。从犬，扁声。布（兹）[玄]切。

【译文】猵，獭一类。从犬，扁声。

犾部

犾 (yín)

犾，两犬相啮也。从二犬。凡犾之属皆从犾。语斤切。

【译文】犾，两只狗相互咬。由两个犬字会意。大凡犾的部属都从犾。

獄 (yù)

獄，确也。从犾，从言。二犬，所以守也。鱼欲切。

【译文】獄，（监狱）坚牢。由犾、由言会意。两个犬字，表示用以守备的警犬。

鼠部

鼠 (shǔ)

鼠，穴虫之总名也。象形。凡鼠之属皆从鼠。书吕切。

【译文】鼠，住在洞穴里的虫兽的总名。象形。大凡鼠的部属都从鼠。

鼢 (fén)

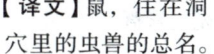

鼢，地[中]行鼠，伯劳所（作）[化]也。一曰偃鼠。从鼠，分声。芳吻切。

【译文】鼢，在地中穿行的老鼠，是伯劳鸟化成的。一名偃鼠。从鼠，分声。

鼬 (yòu)

鼬，如鼠，赤黄而大，食鼠者。从鼠，由声。余救切。

【译文】鼬，像老鼠，红黄色，比老鼠大，是吃老鼠的野兽。从鼠，由声。

能部

能 (néng)

能。熊属。足似鹿。从肉，㠯声。能兽坚中，故称贤能；而强壮，称能杰也。凡能之属皆从能。奴登切。

【译文】能。熊一颊。能字表示足的㠯像鹿字表示足的比。从肉，㠯声。能兽里面的骨节坚实，所以引申作贤能；能兽强壮，所以引申作能杰。大凡能的部属都从能。

熊部

熊 (xióng)

熊，兽。似豕，山居，冬蛰。从能，炎省声。凡熊之属皆从熊。羽弓切。

【译文】熊，兽名。像猪，在山中生活，冬天不吃不动。从能，炎省声。大凡熊的部属都从熊。

羆 (pí)

羆，如熊①，黄白文。从熊，罷省声。彼为切。

【译文】羆，像熊，黄白色的花纹。从熊，罷省声。

【注释】①如熊二句：系《尔雅·释

兽》文。郭璞注："似熊而长头高脚，猛憨多力，能拨树木。"俗称人熊或马熊。

火部

火（huǒ）

火，毁也。南方之行，炎而上①。象形。凡火之属皆从火。呼果切。

【译文】火，（齐人叫）毁。表示南方的一种物质，火光旺盛而向上。象形。大凡火的部属都从火。

【注释】①炎而上：王筠《句读》："炎者，火光盛也。上者，其性上行，不能下也。"

炟（dá）

炟，上讳。当割切。

【译文】炟，已故孝章皇帝之名。

然（rán）

然①，烧也。从火，肰声。如延切。

【译文】然，燃烧。从火，肰声。

【注释】①然：今作"燃"。

燒（shāo）

燒，爇也。从火，堯声。式昭切。

【译文】燒，焚烧。从火，堯声。

烈（liè）

烈，火猛也。从火，列声。良辥切。

【译文】烈，火势猛烈。从火，列声。

烝（zhēng）

烝，火气上行也。从火，丞声。煑仍切。

【译文】烝，火气向上升。从火，丞声。

熯（hàn）

熯，干皃。从火，漢省声。《诗》曰："我孔熯矣。"人善切。

【译文】熯，干燥的样子。从火，漢省声。《诗经》说："我是非常恭敬的了。"

煦（xù）

煦，烝也。一曰：赤皃。一曰：温润也。从火，昫声。香句切。

【译文】煦，（日出）地气向上升。另一义说，是（日出时）红色的样子。另一义说，是温暖湿润。从火，昫声。

熹（xī）

熹①，炙也。从火，喜声。许其切。

【译文】熹，用火烤（肉）。从火，喜声。

【注释】①熹：本义为烤肉。引申义为光明。《归去来辞》："问征夫以前路，恨晨光之熹微。"

煎（jiān）

煎，熬也。从火，前声。子仙切。

【译文】煎，（有汁而）熬干。从火，前声。

熬（áo）

熬，干煎也。从火，敖声。五牢切。

【译文】熬，用火煎炒致干。从火，

敖声。

炮 (páo)

炮，毛炙肉也。从火，包声。薄交切。

【译文】炮，连毛在一起烧烤肉。从火，包声。

灸 (jiǔ)

灸，灼也。从火，久声。举友切。

【译文】灸，烧灼（龟甲）。从火，久声。

灼 (zhuó)

灼，（炙）〔灸〕也。从火，勺声。之若切。

【译文】灼，（点燃荆条，）炙烧（龟甲）。从火，勺声。

煉 (liàn)

煉，铄治金也。从火，柬声。郎电切。

【译文】煉，销熔并纯净金属。从火，柬声。

燭 (zhú)

燭，庭燎，（火）〔大〕烛也。从火，蜀声。之欲切。

【译文】燭，指插在斗内庭院中的火炬，也指插在门外的火炬。从火，蜀声。

熜 (zǒng)

熜，然麻蒸也。从火，悤声。作孔切。

【译文】熜，点燃麻秆捆扎而成的火炬。从火，悤声。

炧 (xiè)

炧，烛衰也。从火，也声。徐野切。

【译文】炧，灯烛烧过后的灰烬。从火，也声。

焠 (cuì)

焠，坚刀刃也。从火，卒声。七内切。

【译文】焠，（从火中取出后又浸入水中），使刀刃坚硬。从火，卒声。

燓 (fán)

燓，烧田也。从火棥，棥亦声。附袁切。

【译文】燓，用火烧（山林宿草）而田猎。由火、棥会意，棥也表声。

煣 (rǒu)

煣，屈申木也。从火、柔，柔亦声。人久切。

【译文】煣，（用火烘烤）使木条弯曲或伸直。由火、柔会意，柔也表声。

燎 (liǎo)

燎，放火也。从火，尞声。力小切。

【译文】燎，放火（烧）。从火，尞声。

烖 (zāi)

烖[1]，天火曰烖。从火，𢦏声。祖才切。

【译文】烖，天地自然发生的火灾叫烖。从火，𢦏声。

【注释】[1] 烖：火灾。《左传·宣公十六年》："凡火，人火曰火，天火曰灾。"

251

煙 (yān)

煙，火气也。从火，垔声。乌前切。

【译文】煙，燃烧时产生的气状物。人火，垔声。

炳 (bǐng)

炳，明也。从火，丙声。兵永切。

【译文】炳，光明。从火，丙声。

照 (zhào)

照①，明也。从火，昭声。之少切。

【译文】照，光明照耀。从火，昭声。

【注释】①照：照耀。《周易·恒》："日月得天而能久照。"

光 (guāng)

光①，明也。从火在人上，光明意也。古皇切。

【译文】光，光明。由"火"字在"人"字之上，会合光明的意义。

【注释】①光：光明，明亮。《周易·大畜》："刚健笃实辉光。"

炯 (jiǒng)

炯，光也。从火，同声。古迥切。

【译文】炯，光明。从火，同声。

炫 (xuàn)

炫，(耀)[爓]耀也。从火，玄声。胡畎切。

【译文】炫，光耀。从火，玄声。

熾 (chì)

熾，盛也。从火，戠声；昌志切。

【译文】熾，火旺盛。从火，戠声。

炅 (jiǒng)

炅，见也。从火日。古迥切。

【译文】炅，光芒外现。由火、日会意。

熱 (rè)

熱，湿也。从火，埶声。如列切。

【译文】熱，湿暖。从火，埶声。

炕 (kàng)

炕，干也①。从火，亢声。苦浪切。

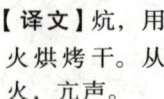

【译文】炕，用火烘烤干。从火，亢声。

【注释】①干：《段注》："谓以火干之也。"

燥 (zào)

燥，干也。从火，喿声。稣到切。

【译文】燥，用火烘烤干。从火，喿声。

熙 (xī)

熙，燥也。从火，巸声。许其切。

【译文】熙，曝晒并使干燥。从火，巸声。

炎部

炎 (yán)

炎，火光上也。从重火。凡炎之属皆从炎。于廉切。

【译文】炎，火光向上升腾。由重叠

的两个火字构成。大凡炎的部属都从炎。

焱 (yàn)

焱，火行微焰焰也。从炎，臽声。以冉切。

【译文】焱，火（刚）点燃、火苗微弱却愈燃愈旺的样子。从火，名声。

烕 (yǎn)

烕①，火光也。从炎，舌声。以冉切。

【译文】烕，火光。从炎，舌声。

【注释】① 烕：徐灏《斠诠》："些后人光烕万丈字。"

炶 (shǎn)

炶①，火行也。从炎，占声。舒赡切。

【译文】炶，火燃烧闪烁的样子。从炎，占声。

【注释】① 炶：徐灏《段注笺》："此即今之闪字。"

燅 (xián)

燅，于汤中爓肉。从炎，从熱省。徐盐切。

【译文】燅，在热水中把肉温热。由炎、由熱省会意。

燮 (xiè)

燮，大熟也。从又持炎辛；辛者，物熟味也。苏侠切。

【译文】燮，十分成熟。由"又"（手）持握着"炎"、"辛"会意；"辛"这个构件，表示食物成熟的味道。

黑部

黑 (hēi)

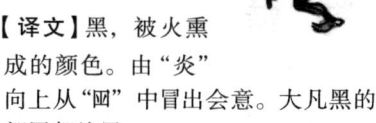

黑①，火所熏之色也。从炎上出𡆧。凡黑之属皆从黑。呼北切。

【译文】黑，被火熏成的颜色。由"炎"向上从"𡆧"中冒出会意。大凡黑的部属都从黑。

【注释】① 黑：火熏之色。《庄子·天运》："夫鹄不日浴而白，乌不日黔而黑。"

黯 (àn)

黯，深黑色。从黑，音声。乙减切。

【译文】黯，深黑色。从黑，音声。

黝 (yǒu)

黝，微青黑色①。从黑，幼声。《尔雅》曰："地谓之黝。"于纠切。

【译文】黝，微青黑色。从黑，幼声。《尔雅》说："（用黑色涂饰）地面叫作黝。"

【注释】① 微青黑色：《段注》："谓微青之黑也，微轻于浅矣。"

點 (diǎn)

點，小黑也。从黑，占声。多忝切。

【译文】點，细小的黑点。从黑，占声。

黔 (qián)

黔，黎也。从黑，今声。秦谓民为黔首，谓黑色也。周谓之黎民。《易》曰①："为黔喙。"巨淹切。

【译文】黔，黎黑。从黑，今声。秦

朝叫民众作"黔首",是说黑色的肌肤。周朝叫民众作"黎民"。《易经》说:"(艮)代表黑色的鸟嘴(一类的猛禽)。"

【注释】①《易》:指《说卦》。原文:"为黔喙之属。"

黠 (xiá)

黠,坚黑也①。从黑,吉声②。胡八切。

【译文】黠,坚牢的黑色。从黑,吉声。

【注释】①坚黑:《段注》:"黑之坚者也。"②吉声:王筠《句读》:"从吉声之字有坚义也。字在黑部,故谓之黑。实则古籍用黠字,只有坚义也。"

黕 (dǎn)

黕,滓垢也①。从黑,冘声。都感切。

【译文】黕,渣滓和污垢。从黑,冘声。

【注释】①滓垢:《段注》:"滓者,淀也;垢者,浊也。"

黵 (dǎng)

黵,不鲜也。从黑,尚声。多朗切。

【译文】黵,不鲜明。从黑,尚声。

黜 (chù)

黜,贬下也。从黑,出声。丑律切。

【译文】黜,贬抑下等(的色彩)。从黑,出声。

囱部

囱 (chuāng)

囱①,在墙曰牖,在屋曰囱②。象形。凡囱之属皆从囱。楚江切。

【译文】囱,在墙壁上的叫牖,在屋顶上的叫囱。象形。大凡囱的部属都从囱。

【注释】①囱:潘鸿《窗牖考》:"(囱、牖)对文则别,散文亦或通用也。"②屋:《段注》:"屋在上者也。"

悤 (cōng)

悤,多遽悤悤也。从心囱,囱亦声。仓红切。

【译文】悤,繁多急速,忽忽忙忙。由心、囱会意,囱亦表声。

焱部

焱 (yàn)

焱,火华也。从三火。凡焱之属皆从焱。以冉切。

【译文】焱,火花。由三个火字会意。大凡焱的部属都从焱。

熒 (yìng)

熒,屋下灯烛之光。从焱冂。户扃切。

【译文】熒,屋子底下灯烛的光亮。由焱、冂会意。

燊 (shēn)

燊,盛皃。从焱在木上。读若《诗》"莘莘征夫"。一曰:役也。所臻切。

【译文】燊，旺盛的样子。由"焱"在"木"上会意。音读像"莘莘众多啊使者随从"的"莘"字。另一义说，燊是服役的意思。

炙部

炙（zhì）

炙，炮肉也。从肉在火上。凡炙之属皆从炙。之石切。

【译文】炙，（把肉串在火上）烧烤。由"肉"（夕）在"火"上会意。大凡炙的部属都从炙。

赤部

赤（chì）

赤，南方色也。从大，从火。凡赤之属皆从赤。昌石切。

【译文】赤，南方的颜色。由大、由火会意。大凡赤的部属都从赤。

赧（nǎn）

赧，面惭赤也。从赤，㞋声。周失天下于赧王。女版切。

【译文】赧，脸因羞惭而发红。从赤，㞋（niǎn）声。周朝在周赧王时代失去天下。

赭（zhě）

赭，赤土也。从赤，者声。之也切。

【译文】赭，红土。从赤，者声。

赫（hè）

赫，火赤皃。从二赤。呼格切。

【译文】赫，火红的样子。由两个赤字会意。

大部

大（dà）

大，天大，地大，人亦大。故大象人形。古文大（他达切）也。凡大之属皆从大。徒盖切。

【译文】大，天大，地大，人也大。所以大字像人的形状。大是古文大字。大凡大的部属都从大。

奄（yǎn）

奄，覆也。大有余也。又，欠也。从大，从申；申，展也。依检切。

【译文】奄，覆盖。（又，）人有余盈。又，哈欠。由大、由申会意，申是舒展的意思。

奎（kuí）

奎，两髀之间。从大，圭声。苦圭切。

【译文】奎，两条大腿之间。从大，圭声。

夾（jiā）

夾，持也。从大俠二人①。古狎切。

【译文】夾，（左右）相扶持。由"大"字被左右两个"人"字挟持着会意。

【注释】①从大句：王筠《句读》："大，受持者也；二人，持之者也。"

夸（kuā）

夸，奢也。从大，于声。苦瓜切。

255

【译文】夸,张开两大腿。从大,于声。

契 (qì)

契,大约也。从大,从㓞。《易》曰:"后(代)[世]圣人易之以书契。"苦计切。

【译文】契,邦国之间的契约。由大、由㓞含意。《易经》说:"后代的圣人用契券来更替它。"

夷 (yí)

夷,平也。从大,从弓。东方之人也。以脂切。

【译文】夷,平。由大、由弓会意。夷又指东方各族的人。

亦部

亦 (yì)

亦,人之臂亦也①。从大,象两亦之形。凡亦之属皆从亦。羊益切。

【译文】亦,人的腋窝。从大,八像两个腋窝位于臂下的形状。大凡亦的部属都从亦。

【注释】①臂亦:由"亦"连类而及"臂"。

矢部

矢 (zè)

矢,倾头也。从大,象形。凡矢之属皆从矢。阻力切。

【译文】矢,倾侧着头。从矢,𠃊像头部倾侧的样子。大凡矢的部属都从矢。

吴 (wú)

吴,姓也①。亦郡也。一曰:吴,大言也。从矢口。五乎切。

【译文】吴,姓,也是郡名。另一义说,吴是大声喧哗。由矢、口会意。

【注释】①姓:《姓解·口部》:"周太伯始封于吴,因以命氏姓。"

夭部

夭 (yāo)

夭,屈也。从大,象形。凡夭之属皆从夭。于兆切。

【译文】夭,弯曲。从大,(丿)像头弯曲的样子。大凡夭的部属都从夭。

乔 (qiáo)

乔,高而曲也。从夭,从高省。《诗》曰:"南有乔木。"巨娇切。

【译文】乔,高而(上部)弯曲。由夭、由高省会意。《诗经》说:"南方有高而上部弯曲的树木。"

奔 (bēn)

奔,走也。从夭,贲省声。与走同意,俱从夭。博昆切。

【译文】奔,快跑。从夭,贲省声。与走(㞟)构形原则相同,都从夭字。

交部

交 (jiāo)

交,交胫也。从大①,象交形。凡交之属皆从交。古爻切。

【译文】交，交互着小腿。从大，义像两腿相交的样子。大凡交的部属都从交。

【注释】①从大：王筠《句读》："矢、夭变大字之首，交、尢变大字之足。"

尢部

尢（wāng）

尢，㝿，曲胫也。从大，象偏曲之形。凡尢之属皆从尢。

【译文】尢，就是跛，就是一腿屈曲的意思。从大，右笔像一腿偏跛屈曲的样子。大凡尢的部属都从尢。

壺部

壺（hú）

壺，昆吾①，圜器也。象形。从大，象其盖也。凡壺之属皆从壺。户吴切。

【译文】壺，又叫昆吾，一种圆形器皿。像壺的形状。上部从大，像壺的盖。大凡壺的部属都从壺。

【注释】①昆吾：王筠《句读》："昆吾者，壺之别名也。昆读入浑，与壺双声；吾与壺叠韵。"张舜徽《约注》："盖急言曰壺，缓言则曰昆吾耳。"

壼（yūn）

壼，壹壼。从凶，从壺。不得泄，凶也。《易》曰①："天地壹壼。"于云切。

【译文】壼，絪缊。由凶、由壺会意。(气在壺中,)不能泄露出去，向上升腾的样子。《易经》说："天地的元气絪缊凝聚。"

【注释】①《易》：《周易·系辞下》。

壹部

懿（yì）

懿，专久而美也。从壹，从恣省声。乙冀切。

【译文】懿，专一而长久，因而美好。从壹，由恣省表声。

㚔部

圉（yǔ）

圉，囹圄，所以拘罪人。从㚔，从囗。一曰：圉，垂也。一曰：圉人，掌马者。鱼举切。

【译文】圉，又叫囹圄，是用来拘禁罪人的牢狱。由㚔、由囗会意。另一义说，圉是边境。另一义说，(圉)指圉人，是主管养马的人。

執（zhí）

執，捕罪人也。从丮，从㚔①，㚔亦声。之入切。

【译文】執，拘捕罪人。由丮、由㚔会意，㚔也表声。

【注释】①从㚔：手铐一类的刑具。

睪（yì）

睪，目视也。从横目，从㚔。令吏将目捕罪人也。羊益切。

【译文】睪，伺察。由横着的目字、

由卒会意。叫吏人带领眼目去拘捕罪人。

報 (bào)

報，当罪人也①。从卒，从㞋。㞋，服罪也。博号切。

【译文】報，判决罪人。由卒、由㞋会意。㞋，适合其罪来定刑。

【注释】①当：判处罪犯。《段注》："当者汉人语，报亦汉人语。"

鰲 (zhōu)

鰲，引击也。从卒、攴，见血也。扶风有鰲厔县。张流切。

【译文】鰲，牵引而又扑打。由卒、攴会意，还能看见血。右扶风郡有鰲厔县。

奢部

奢 (shē)

奢，张也。从大，者声。凡奢之属皆从奢。式车切。

【译文】奢，张大。从大，者声。大凡奢的部属都从奢。

亢部

亢 (kàng)

亢，人颈也①。从大省，象颈脉形。凡亢之属皆从亢。古郎切。

【译文】亢，人的颈项。（人）由大省去人，（几）像颈动脉的样子。大凡亢的部属都从亢。

【注释】①人颈：徐灏《段注笺》："颈为头颈之大名。其前曰亢，亢之内为喉。浑言则颈亦谓之亢。"

㢧 (hàng)

㢧，直项莽㢧皃。从亢，从夋①。夋，倨也。亢亦声。冈朗切。又，胡朗切。

【译文】㢧，倔强不屈、自大傲慢的样子。由亢、由夋会意。夋，傲慢的意思。亢也表声。

【注释】①从亢，从夋(qūn)：从亢，取高义；从夋，取傲义。

夲部

夲 (gǎo)

夲，放也。从大而八分也。凡夲之属皆从夲。古老切。

【译文】夲，放散。从大，而八表示分散。大凡夲的部属都从夲。

昦 (hào)

昦，春为昦天，元气昦昦。从日，夲，夲亦声。胡老切。

【译文】昦，春叫昊天，（天地是）元气浩浩广大。由日、夲会意，夲也表声。

亣部

亣 (dà)

亣，籀文大，改古文。亦象人形。凡亣之属皆从亣。他达切。

【译文】亣，籀文大字，是古文大字的改写。也象人的形状。大凡亣的部属都从亣。

奕 (yì)

奕，大也。从大，亦声。《诗》曰："奕奕梁山。"羊益切。

【译文】奕，大。从大，亦声。《诗经》说："多么高大啊梁山。"

奘（zàng）

奘，驵大也①。从大，从壮，壮亦声。徂朗切。

【译文】奘，粗大。由大、由壮会意，壮也表声。

【注释】①驵：犹粗。

奚（xī）

奚①，大腹也。从大，繇省声。胡鸡切。

【译文】奚，大肚子。从大，繇省。

【注释】①奚：奴隶。《周礼·天官·冢宰》："酒人奄十人，女酒三十人，奚三百人。"

耎（ruǎn）

耎，稍前大也。从大，而声。读若畏偄。而沇切。

【译文】耎，渐渐地、前面大于后面。从大，而声。音读像畏懦偄（ruǎn）弱的"偄"字。

夫部

夫（fū）

夫，丈夫也。从大，一以象簪也。周制以八寸为尺，十足为丈。人长八尺，故曰丈夫。凡夫之属皆从夫。甫无切。

【译文】夫，成年男子。从大，一用以像（成年男子头发上的）簪子。周朝的制度用八寸作一尺，十尺作一丈。（今成）人身长八尺，（合周制为一丈），所以叫丈夫。大凡夫的部属都从夫。

规（guī）

规，有法度也。从夫，从见。居随切。

【译文】规，有法度。由夫、由见会意。

立部

立（lì）

立，住也。从大立一之上。凡立之属皆从立。力入切。

【译文】立，站住。由"大"字站立在"一"的上面会意。大凡立的部属都从立。

埭（lì）

埭，临也。从立，从隶。力至切。

【译文】埭，莅临（看视）。由立、由隶会意。

竴（duì）

竴，磊竴，重聚也。从立，享声。丁罪切。

【译文】竴，磊竴，重叠堆聚。从立，享声。

端（duān）

端，直也。从立，耑声。多官切。

【译文】端，直。从立，耑声。

竱（zhuǎn）

竱，等也。从立，專声。《春秋国语》曰："竱本肇末。"旨兖切。

【译文】竴，等齐。从立，專声。《春秋国语》说："使其根本等齐，使其末梢平正。"

竫 (jìng)

竫，亭安也。从立，争声。疾郢切。

【译文】竫，安静。从立，争声。

竦 (sǒng)

竦，敬也。从立，从束。束，自申束也。息拱切。

【译文】竦，肃敬。由立、由束会意。束，自我约束。

靖 (jìng)

靖，立竫也。从立，青声。一曰：细皃。疾郢切。

【译文】靖，伫立时仪容安静。从立，青声。另一义说，是细小的样子。

竢 (sì)

竢，待也。从立，矣声。床史切。

【译文】竢，等待。从立，矣声。

竘 (qǔ)

竘，健也。一曰：匠也。从立，句声。读若龋。《逸周书》有竘匠。丘羽切。

【译文】竘，健壮。另一义说，是匠人。从立，句声。音读像"龋（qǔ）"字。《逸周书》有"竘匠"。

竣 (jùn)

竣，偓竣也。从立，夋声。《国语》曰："有司已事而竣。"七伦切。

【译文】竣，蹲伏。从立，夋声。《国语》说："有关的官员完成了工作就退伏。"

竭 (jié)

竭，负举也。从立，曷声。渠列切。

【译文】竭，背举（在肩背上）。从立，曷声。

竝部

竝 (bìng)

竝，并也。从二立。凡竝之属皆从竝。蒲迥切。

【译文】竝，并肩而立。由两个立字会意。大凡竝的部属都从竝。

普 (tì)

普，废①，一偏下也。从竝，白声。他计切。

【译文】普，废弃，（两人并立，）其中一个废退而下。

【注释】①废：《段注》："废者，邸屋也。邸屋，言空屋，人所不居。"

囟部

囟 (xìn)

囟，头会，䐉盖也。象形。凡囟之属皆从囟。息进切。

【译文】囟，头骨会合的地方，大脑的盖。象形。大凡囟的部属都从囟。

甾 (liè)

甾，毛甾也。象发在囟上及毛发甾之形。良涉切。

【译文】甾，毛发。像头发长在脑门顶上以及毛发颤动的形状。

毗 (pí)

毗，人脐也。从囟，囟，取气通也；从比声。房脂切。

【译文】毗，人的肚脐。从囟，囟，（是说肚脐像囟门一样，）取其通气之功；从比声。

思部

思 (sī)

思，容也。从心①，囟声。凡思之属皆从思。息兹切。

【译文】思，（思想）包容（万物）。从心，囟声。大凡思的部属都从思。

【注释】①从心：古以心为思维器官，故从心。《孟子·告子上》："心之官则思。"

慮 (lǜ)

慮，谋思也。从思，虍声。良据切。

【译文】慮，图谋周密的思考。从思，虍(hū)声。

心部

心 (xīn)

心，人心，土藏，在身之中。象形。博士说，以为火藏。凡心之属皆从心。息林切。

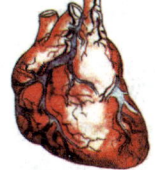

【译文】心，人的心脏。属土的脏器，在身躯的中部。象形。依博士的学说，把心当作属火的脏器。大凡心的部属都从心。

息 (xī)

息，喘也。从心，从自，自亦声。相即切。

【译文】息，气息。由心、由自会意，自也表声。

情 (qíng)

情，人之阴气有欲者。从心，青声。疾盈切。

【译文】情，人们有所欲求的从属于阴的心气。从心，青声。

性 (xìng)

性，人之阳气性善者也。从心，生声。息正切。

【译文】性，人的本性善良的从属于阳的心气。从心，生声。

志 (zhì)

志，意也。从心，之声。职吏切。

【译文】志，意念。从心，之声。

意 (yì)

意，志也。（从）[以]心察言而知意也①。从心，从音。于记切。

【译文】意，意向。用心去考察别人的言语就知道他的意向。由心、由音会意。

【注释】①从心句：王筠《句读》："'从'者，'以'之讹。'以心'者，说字之从心也。'察言'者，说字之从音也。'知意'者，又出全字也。纯是以形解义。"

惥（zhǐ）

惥，意也。从心，旨声。职雉切。

【译文】惥，意旨。从心，旨声。

悟（wù）

悟，觉也。从心，吾声。五故切。

【译文】悟，觉悟。从心，吾声。

憮（wǔ）

憮①，爱也。韩郑曰怃。一曰：不动。从心，無声。文甫切。

【译文】憮，爱抚。韩地、郑地叫爱抚作怃。另一义说，怅然失意的样子。从心，無声。

【注释】①憮：《尔雅·释言》："怃，抚也。"郭璞注："怃，爱抚也。"

懋（mào）

懋，勉也。从心，楙声。《虞书》曰："时惟懋哉。"莫候切。

【译文】懋，勤勉。从心，楙声。《虞书》说："这（百揆官）职务应该勤勉努力啊。"

悛（quān）

悛，止也。从心，夋声。此缘切。

【译文】悛，停止。从心，夋声。

憺（dàn）

憺，安也。从心，詹声。徒敢切。

【译文】憺，安静。从心，詹声。

怕（pà）

怕，无为也。从心，白声。匹白切。又，葩亚切。

【译文】怕，（恬淡）不作。从心，白声。

恤（xù）

恤，忧也；收也。从心，血声。辛聿切。

【译文】恤，忧虑，救济。从心，血声。

急（jí）

急，褊也。从心，及声。居立切。

【译文】急，狭窄（的心）。从心，及声。

懁（juàn）

懁，急也。从心，睘声。读若绢。古县切。

【译文】懁，急性。从心，睘声。音读像"绢"字。

悻（xìng）

悻，恨也。从心，巠声。胡顶切。

【译文】悻，怨恨。从心，巠声。

慈（xián）

慈，急也。从心，从弦，弦亦声。河南密县有慈亭。胡田切。

【译文】慈，心急。由心、由弦会意，弦也表声。河南郡密县有慈亭。

慓（piào）

慓，疾也。从心，票声。敷沼切。

【译文】慓，心性迅疾。从心，票声。

懦（nuò）

懦，驽弱者也。从心，需声。人朱切。

【译文】懦，像劣等马一样软弱的性情。从心，需声。

恁 (rèn)

恁，下赍也。从心，任声。如甚切。

【译文】恁，志气低下。从心，任声。

忒 (tè)

忒，更也。从心，弋声。他得切。

【译文】忒，变更。从心，弋声。

愉 (yú)

愉，薄也。从心，俞声。《论语》曰："私觌，愉愉如也。"羊朱切。

【译文】愉，浅薄。从心，俞声。《论语》说："私下会见，他颜色和悦似的。"

愚 (yú)

愚，戆也。从心，从禺。禺，猴属，兽之愚者。麌俱切。

【译文】愚，愚笨。由心、由禺会意。禺，猴一类，是野兽中愚蠢的东西。

悍 (hàn)

悍，勇也。从心，旱声。侯旰切。

【译文】悍，勇敢。从心，旱声。

態 (tài)

態，意也。从心，从能。他代切。

【译文】態，意态。由心、由能会意。

怪 (guài)

怪，异也。从心，圣声。古坏切。

【译文】怪，奇异。从心，圣(kū)声。

憓 (dàng)

憓，放也。从心，象声。徒朗切。

【译文】憓，放荡。从心，象声。

慢 (màn)

慢[1]，惰也。从心，曼声。一曰：慢，不畏也。谋晏切。

【译文】慢，怠惰。从心，曼声。另一义说，慢，（骄而）不惧。

【注释】①慢：懈怠，懒惰。《出师表》："若无兴德之言，则责攸之、祎、允等之慢，以彰其咎。"

懝 (ài)

懝，駭也。从心，从疑，疑亦声。一曰：惶也。五溉切。

【译文】懝，痴呆。由心、由疑会意，疑也表声。另一义说，是惶恐。

怠 (dài)

怠，慢也。从心，台声。徒亥切。

【译文】怠，怠慢。从心，台声。

懈 (xiè)

懈，怠也。从心，解声。古隘切。

【译文】懈，懈怠。从心，解声。

憜 (duò)

憜，不敬也。从心，墯省。《春秋左传》曰："执玉憜。"徒果切。

【译文】憜，（轻侮）不敬。由心，由墯省会意。《春秋左传》说："拿着玉显出怠慢不敬的神色。"

怫 (fú)

怫，郁也。从心，弗声。符弗切。

【译文】怫，抑郁。从心，弗声。

忿 (xiè)

忿，忽也。从心，介声。《孟子》曰："孝子之心不若是忿。"呼介切。

【译文】忝,忽略。从心,介声。《孟子》说:"孝子的心,不会像这样的忽略。"

忽 (hū)

忽,忘也。从心,勿声。呼骨切。

【译文】忽,恍忽而不记。从心,勿声。

㦖 (mán)

㦖,忘也;㦖兜也。从心,萬声。(毋)[母]① 官切。

【译文】㦖,忘记,糊涂不晓事理。从心,萬声。

【注释】①毋字误,据《段注》校改。

忘 (wàng)

忘,不识也①。从心,从亡,亡亦声。武方切。

【译文】忘,不记得。由心、由亡会意,亡也表声。

【注释】①识:张舜徽《约注》:"识即记也,亦读同志。"

恣 (zì)

恣,纵也。从心,次声。资四切。

【译文】恣,放纵。从心,次声。

愓 (dàng)

愓,放也。从心,易声。一曰:平也。徒朗切。

【译文】愓,放荡。从心,易声。另一义说,是荡平。

憧 (chōng)

憧,意不定也。从心,童声。尺容切。

【译文】憧,心意不定。从心,童声。

悝 (kuī)

悝,啁也。从心,里声。《春秋传》有孔悝。一曰:病也。苦回切。

【译文】悝,诙谐嘲笑。从心,里声。《春秋左传》有个叫孔悝的。另一义说,是疾病。

悸 (jì)

悸,心动也。从心,季声。其季切。

【译文】悸,心慌而动。从心,季声。

愠 (yùn)

愠,怒也。从心,昷声。于问切。

【译文】愠,蕴怒。从心,昷声。

惡 (è)

惡,过也。从心,亞声。乌各切。

【译文】惡,罪过。从心,亞声。

憎 (zēng)

憎,恶也。从心,曾声。作滕切。

【译文】憎,恨恶。从心,曾声。

怖 (pèi)

怖,恨怒也。从心,巿声。《诗》曰:"视我沛沛。"蒲昧切。

【译文】怖,恨怒(不悦)。从心,巿(pó)声。《诗经》说:"对我恨怒不悦。"

㤎 (xié)

㤎，怨恨也。从心，（彖）[象]声。读若膎。户佳切。

【译文】㤎，怨恨。从心，像声。音读像"膎(xié)"字。

恨 (hèn)

恨，怨也。从心，艮声。胡艮切。

【译文】恨，怨恨。从心，艮声。

懟 (duì)

懟，怨也。从心，對声。丈泪切。

【译文】懟，怨恨。从心，對声。

悔 (huǐ)

悔，悔恨也。从心，每声。荒内切。

【译文】悔，悔恨。从心，每声。

怏 (yàng)

怏，不服怼也。从心，央声。于亮切。

【译文】怏，因心不服而怨恨。从心，央声。

懣 (mèn)

懣，烦也。从心，从滿。莫困切。

【译文】懣，烦闷。由心、由滿会意。

懆 (cǎo)

懆，愁不安也。从心，喿声。《诗》曰："念子懆懆。"七早切。

【译文】懆，忧愁不安。从心，喿声。《诗经》说："思念您思念得忧愁不安。"

憤 (fèn)

憤，懑也。从心，賁声。房吻切。

【译文】憤，愤怒之气充满。从心，賁声。

悵 (chàng)

悵，望恨也。从心，長声。丑亮切。

【译文】悵，望其归还却不到，引以为遗憾。从心，長声。

愾 (xì)

愾，大息也。从心，从氣，氣亦声。《诗》曰："愾我寤叹。"许既切。

【译文】愾，叹息。由心、由氣会意，氣也表声。《诗经》说："唉，我醒过来就叹气啊。"

愴 (chuàng)

愴，伤也。从心，倉声。初亮切。

【译文】愴，悲伤。从心，倉声。

悶 (mèn)

悶，懑也。从心，門声。莫困切。

【译文】悶，烦闷。从心，門声。

惆 (chóu)

惆，失意也。从心，周声。敕鸠切。

【译文】惆，失意。从心，周声。

怛 (dá)

怛，憯也。从心，旦声。得案切。又，当割切。

【译文】怛，痛苦。从心，旦声。

憯 (cǎn)

憯，痛也。从心，朁声。七感切。

【译文】憯，痛苦。从心，朁声。

惨 (cǎn)

惨，毒也。从心，参声。七感切。

【译文】惨，毒害。从心，参声。

悽 (qī)

悽，痛也。从心，妻声。七稽切。

【译文】悽，悲痛。从心，妻声。

恫 (tōng)

恫，痛也。一曰：呻吟也。从心，同声。他红切。

【译文】恫，痛苦。另一义说，是呻吟。从心，同声。

悲 (bēi)

悲，痛也。从心，非声。府眉切。

【译文】悲，悲痛。从心，非声。

惜 (xī)

惜，痛也。从心，昔声。思积切。

【译文】惜，哀痛。从心，昔声。

愍 (mǐn)

愍，痛也。从心，敃声。眉殒切。

【译文】愍，悲痛。从心，敃声。

感 (gǎn)

感，动人心也。从心，咸声。古禫切。

【译文】感，使人心动。从心，咸声。

忧 (yōu)

忧，(不)[心]动也。从心，尤声。读若祐。于救切。

【译文】忧，心动。从心，尤声。音读像"祐"字。

忉 (yōu)

忉，忧皃。从心，幼声。于虬切。

【译文】忉，忧愁的样子。从心，幼声。

惴 (zhuì)

惴，忧惧也。从心，耑声。《诗》曰："惴惴其栗。"之瑞切。

【译文】惴，忧惧。从心，耑声。《诗经》说："惴惴恐惧而战栗。"

怲 (bǐng)

怲，忧也。从心，丙声。《诗》曰："忧心怲怲。"兵永切。

【译文】怲，忧愁。从心，丙声。《诗经》说："忧愁的心十分深重。"

忦 (jiá)

忦，忧也。从心，介声。五介切。

【译文】忦，忧惧。从心，介声。

恙 (yàng)

恙，忧也。从心，羊声。余亮切。

【译文】恙，忧愁。从心，羊声。

惙 (chuò)

惙，忧也。从心，叕声。《诗》曰："忧心惙惙。"一曰：意不定也。陟劣切。

【译文】惙，忧愁。从心，叕声。《诗经》说："忧愁的心惙惙不断。"另一义说，惙是心意不定的意思。

愁 (chóu)

愁，忧也。从心，秋声。士尤切。

【译文】愁，忧愁。从心，秋声。

惄 (nì)

惄，忧皃。从心，弱声。读与恧同。奴历切。

【译文】惄，忧愁的样子。从心，弱声。音读与"恧(nì)"同。

悠 (yōu)

悠，忧也。从心，攸声。以周切。

【译文】悠，忧思。从心，攸声。

悴 (cuì)

悴①，忧也。从心，卒声。读与《易》萃卦同。秦醉切。

【译文】悴，忧愁。从心，卒声。音读与《易经》的萃卦的"萃"字相同。

【注释】①悴：忧伤。《文子·上德》："有荣华者，必有愁悴。"

忡 (chōng)

忡，忧也。从心，中声。《诗》曰："忧心忡忡。"敕中切。

【译文】忡，忧愁。从心，中声。《诗经》说："忧愁之心忡忡不宁。"

悄 (qiǎo)

悄，忧也。从心，肖声。《诗》曰："忧心悄悄。"亲小切。

【译文】悄，忧愁。从心，肖声。《诗经》说："忧愁之心悄悄深沉。"

患 (huàn)

患①，忧也。从心贯吅，吅亦声。胡丱切。

【译文】患，忧虑。由"心"字向上贯穿

"吅(xuān)"字，吅也表声。

【注释】①患：忧虑，担忧。《论语·学而》："不患人之不己知，患不知人也。"

惮 (dàn)

惮，忌难也。从心，單声。一曰：难也。徒案切。

【译文】惮，因忌恶(wù)而认为艰难。从心，單声。另一义说，惮是畏惧的意思。

悼 (dào)

悼，惧也。陈楚谓惧曰悼。从心，卓声。徒到切。

【译文】悼，恐惧。陈地和楚地叫恐惧作悼。从心，卓声。

恐 (kǒng)

恐，惧也。从心，巩声。丘陇切。

【译文】恐，畏惧。从心，巩声。

怵 (chù)

怵，恐也。从心，术声。丑律切。

【译文】怵，恐惧。从心，术声。

惕 (tì)

惕，敬也。从心，易声。他历切。

【译文】惕，恭敬。从心，易声。

惶 (huáng)

惶，恐也。从心，皇声。胡光切。

【译文】惶，恐惧。从心，皇声。

恥 (chǐ)

恥，辱也。从心，耳声。敕里切。

【译文】恥，羞辱。从心，耳声。

慙 (cán)

慙（惭），媿也。从心，斬声。昨甘切。

【译文】慙（惭），羞愧。从心，斬声。

怍 (zuò)

怍，慙也。从心，作省声。在各切。

【译文】怍，慙愧。从心，作省声。

忍 (rěn)

忍，能也。从心，刃声。而轸切。

【译文】忍，忍耐。从心，刃声。

憐 (lián)

憐，哀也。从心，㷠声。落贤切。

【译文】憐，哀怜。从心，㷠声。

懲 (chéng)

懲，忕也。从心，徵声。直陵切。

【译文】懲，改正（以前的过失）。从心，徵声。

憬 (jǐng)

憬，觉寤也。从心，景声。《诗》曰："憬彼淮夷。"俱永切。

【译文】憬，觉悟。从心，景声。《诗经》说："已经觉悟了，那淮河一带的夷族。"

惢部

惢 (suǒ)

惢，心疑也。从三心。凡惢之属皆从惢。读若《易》"旅琐琐"。又，才规、才累二切。

【译文】惢，心疑。由三个心字会意。大凡惢的部属都从惢。音读像《易经》"旅琐琐"的"琐"字。

蕊 (ruǐ)

蕊，垂也。从惢，糸声。如垒切。

【译文】蕊，下垂。从惢，糸声。

水部

水 (shuǐ)

水，准也。北方之行。象众水并流，中有微阳之气也。凡水之属皆从水。式轨切。

【译文】水，平。代表北方的一种物质。像许多水一同流去；中间的丨，表示有深隐在内的阳气。大凡水的部属都从水。

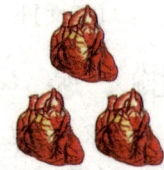

河 (hé)

河，水。出（焞）[敦]煌塞外昆仑山，发原注海。从水，可声。乎哥切。

【译文】河，水名。出自敦煌、边塞之外的昆仑山，从水源出发，注入渤海。从水，可声。

涷 (dōng)

涷，水。出发鸠山，入于河。从水，東声。德红切。

【译文】涷，水名。从发鸠山流出，注入黄河。从水，東声。

潼 (tóng)

潼，水。出广汉梓潼北界，南入垫江。从水，童声。徒红切。

【译文】潼，水名。从广汉郡梓潼北面边界流出，向南注入垫江。从水，童声。

涪 (fú)

涪，水。出广汉刚（邑）[氏]道徼外，南入汉。从水，音声。缚牟切。

【译文】涪，水名。从广汉郡刚氏道边塞之外流出，向南注入汉水。从水，音声。

江 (jiāng)

江，水。出蜀湔氐徼外崏山，入海。从水，工声。古双切。

【译文】江，水名。从蜀郡湔氐道边塞之外的岷山流出，注入大海。从水，工声。

沱 (tuó)

沱，江别流也。出崏山，东，别为沱。从水，它声。徒何切。

【译文】沱，长江的支流。从岷山流出，向东流去，另外成为沱水。从水，它声。

浙 (zhè)

浙，江。水东至会稽山阴为浙江。从水，折声。旨热切。

【译文】浙，江名。水向东流到会稽郡山阴县叫浙江。从水，折声。

海 (hǎi)

海，天池也。以纳百川者。从水，每声。呼改切。

【译文】海，天然的大池泽。用以接纳百川的的水流。从水，每声。

濥 (yǐn)

濥，水脉行地中濥濥也①。从水，寅声。弋刃切②。

【译文】濥，水系在地中穿行伏流不见的样子。从水，寅声。

【注释】①脉：比喻像血管一样连贯而成系统的水流。②今读依《广韵》余忍切。

洪 (hóng)

洪，洚水也。从水，共声。户工切。

【译文】洪，大水。从水，共声。

衍 (yǎn)

衍，水朝宗于海也。从水，从行。以浅切。

【译文】衍，水流（循着河道）像诸侯朝见天子一样奔向大海。由水、由行会意。

滔 (tāo)

滔，水漫漫大儿。从水，舀声。土刀切。

【译文】滔，水弥漫盛大的样子。从水，舀声。

混 (hùn)

混，丰流也。从水，昆声。胡本切。

【译文】混，盛大的水流。从水，昆声。

涣 (huàn)

涣，流散也。从水，奂声。呼贯切。

【译文】涣，水流分散。从水，奂声。

泌 (bì)

泌，侠流也。从水，必声。兵媚切。

【译文】泌，像侠士般轻快地流去。从水，必声。

湝 (jiē)

湝，水流湝湝也。从水，皆声。一曰：湝湝，寒也。《诗》曰："风雨湝湝。"古谐切。

【译文】湝(jiē)，水流众多的样子。从水，皆声。另一义说，湝湝(xié)，寒冷。《诗经》说："风雨寒冷。"

漻 (liáo)

漻，清深也。从水，翏声。洛箫切。

【译文】漻，清而又深。从水，翏声。

泫 (xuān)

泫，湝流也。从水，玄声。上党有泫氏县。胡畎切。

【译文】泫，清寒的水流。从水，玄声。上党郡有泫氏县。

滮 (biāo)

滮，水流皃。从水，彪省声。《诗》曰："滮沱北流。"皮彪切。

【译文】滮，水流的样子。从水，彪省声。《诗经》说："滮池的水向北流去。"

淢 (yù)

淢，疾流也[1]。从水，或声。于逼切。

【译文】淢，疾速的水流。从水，或声。

【注释】①疾流：《段注》："急疾之流也。"

滂 (pāng)

滂，沛也。从水，旁声。普郎切。

【译文】滂，水广大奔流的样子。从水，旁声。

汪 (wāng)

汪，深广也。从水，㞷声。一曰：汪，池也。乌光切。

【译文】汪，深而又广。从水，㞷声。另一义说，汪是污浊的水池。

沖 (chōng)

沖，涌摇也。从水中。读若动[1]。直弓切。

【译文】沖，动摇。从水，中声。音读像"动"字。

【注释】①读若动：沖、动上古都属定纽。

泚 (cǐ)

泚，清也。从水，此声。千礼切。

【译文】泚，清澈。从水，此声。

况 (kuàng)

况，寒水也。从水，兄声。许访切。

【译文】况，寒冷的水。从水，兄声。

汎 (fàn)

汎，浮皃。从水，凡声。孚梵切。

【译文】汎，浮游的样子。从水，凡声。

沄 (yún)

沄，转流也。从水，云声。读若混。王分切。

【译文】沄，水旋转而流。从水，云声。音读像"混"字。

沆 (hàng)

沆，莽沆，大水也。从水，亢声。一曰：大泽皃。胡朗切。

【译文】沆，莽沆，广大的水域。从水，亢声。另一义说，广大的湖泽的样子。

沉 (jué)

沉，水从孔穴疾出也。从水，从穴，穴亦声。呼穴切①。

【译文】沉，水从孔穴中疾速流出。由水、由穴会意，穴也表声。

【注释】① 今读依《集韵》古穴切。

濞 (pì)

濞，水暴至声。从水，鼻声。匹备切。

【译文】濞，水迅猛而至的声音。从水，鼻声。

灂 (zhuó)

灂，水小声。从水，爵声。士角切。

【译文】灂，水流细小的响声。从水，爵声。

潝 (xī)

潝，水疾声。从水，翕声。许及切。

【译文】潝，水流迅疾的声音。从水，翕声。

滕 (téng)

滕，水超涌也。从水，朕声。徒登切。

【译文】滕，水像跳跃一样向上涌。从水，朕声。

洸 (guāng)

洸，水涌光也。从水，从光，光亦声。《诗》曰①："有洸有溃。"古黄切。

【译文】洸，水波涌动而闪光。由水、由光会意，光也表声。《诗经》说："你是那么粗暴啊那么愤怒。"

【注释】①《诗》：指《诗经·邶风·谷风》。

波 (bō)

波，水涌流也。从水，皮声。博禾切。

【译文】波，水面汹涌而又流动。从水，皮声。

沄 (yún)

沄，江水大波谓之沄。从水，雲声。王分切。

【译文】沄，长江之水的大波叫作沄。从水，雲声。

澜 (lán)

澜，大波为澜。从水，闌声。洛干切。

【译文】澜，大波叫作澜。从水，闌声。

漂 (piào)

漂，浮也。从水，票声。匹消切。又，匹妙切。

【译文】漂，浮游。从水，票声。

浮 (fú)

浮，（泛）[汎]也。从水，孚声。缚牟切。

【译文】浮,漂在水面。从水,孚声。

濫 （làn）

濫,泛也。从水,監声。一曰:濡上及下也。《诗》曰:"虋沸濫泉。"一曰:清也。卢瞰切。

【译文】濫,大水延漫。从水,監声。另一义说,沾湿上面一直湿到下面。《诗经》说:"那喷涌而上出、从上湿到下的泉水翻腾着。"另一义说,濫是清的意思。

測 （cè）

測,深所至也。从水,則声。初侧切。

【译文】測,测量深度所到的地方。从水,則声。

泓 （hóng）

泓,下深皃。从水,弘声。乌宏切。

【译文】泓,下面很深的样子。从水,弘声。

淪 （lún）

淪,小波为沦。从水,侖声。《诗》曰:"河水清且沦漪。"一曰:没也。力迍切。

【译文】淪,小波纹叫沦。从水,侖声。《诗经》说:"河水又清又泛起小波纹啊。"另一义说,沦是沉没的意思。

潿 （wéi）

潿,回也。从水,韋声。羽非切。

【译文】潿,(水流)回旋。从水,韋声。

湍 （tuān）

湍,疾濑也①。从水,耑声。他端切。

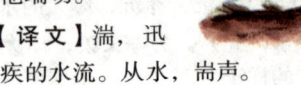

【译文】湍,迅疾的水流。从水,耑声。

【注释】①疾濑:《段注》:"濑,水流沙上也。疾濑,濑之急者也。"

淙 （cóng）

淙,水声也。从水,宗声。藏宗切。

【译文】淙,水声。从水,宗声。

激 （jī）

激,水碍衺疾波也。从水,敫声。一曰:半遮也。古历切。

【译文】激,水受阻碍而斜行,(扬起)迅疾的波涛。从水,敫声。另一义说,激是半遮拦的意思。

洞 （dòng）

洞,疾流也。从水,同声。徒弄切。

【译文】洞,迅疾的水流。从水,同声。

涌 （yǒng）

涌,滕也。从水,甬声。一曰:涌水,在楚国。余陇切。

【译文】涌(湧),水向上腾跃。从水,甬声。另一义说,涌是涌水,在楚国。

洌 （liè）

洌,水清也。从水,列声。《易》曰:"井洌,寒泉,食。"良辥切。

【译文】洌,水清澈。从水,列声。《易经》说:"井水清澈,泉水芳凉,可喝。"

【注释】①《易》：指《井卦·九五爻》。寒泉：即泉寒。

淑 (shū)

淑，清湛也。从水，叔声。殊六切。

【译文】淑，又清又深。从水，叔声。

溶 (yǒng)

溶，水盛也。从水，容声。余陇切。又，音荣。

【译文】溶，水盛大。从水，容声。

澂 (chéng)

澂，清也。从水，徵省声。直陵切。

【译文】澂，清澈。从水，徵省声。

清 (qīng)

清，朖也。澄水之皃。从水，青声。七情切。

【译文】清，水透明。是使水清澈后的样子。从水，青声。

渗 (shèn)

渗，下漉也。从水，参声。所禁切。

【译文】渗，向下泄漏出去。从水，参声。

渊 (yuān)

渊①，回水也。从水，象形。左右，岸也。中象水皃。乌玄切。

【译文】渊，回旋的水。从水，（開）象形。左右的丨，表示水岸。中间的⺕，像水的样子。

【注释】①渊：深潭。《诗经·大雅·旱麓》："鸢飞戾天，鱼跃于渊。"引申为鼓声。《诗经·商颂·那》："鞉鼓渊渊，嘒嘒管声。"

澹 (dàn)

澹，水摇也。从水，詹声。徒滥切。

【译文】澹，水波摇荡。从水，詹声。

潯 (xún)

潯，旁深也。从水，尋声。徐林切。

【译文】潯，水旁深。从水，尋声。

满 (mǎn)

满，盈溢①也。从水，㒼声。莫旱切。

【译文】满，水充盈。从水，㒼声。

【注释】①盈溢：同义連用。本书："盈，满器也。""溢，器满也。"

泙 (píng)

泙，谷也。从水，平声。符兵切。

【译文】泙，谷。从水，平声。

滑 (huá)

滑，利也。从水，骨声。户八切。

【译文】滑，（往来）流利。从水，骨声。

濇 (sè)

濇，不滑也。从水，嗇声。色立切。

【译文】濇，（往来）不流利。从水，嗇声。

淫 (yín)

淫，侵淫随理也。从水，㸒声。一曰：久雨为淫。余箴切。

【译文】淫，随其脉理渐渐浸渍。从水，㸒声。另一义说，久雨叫淫。

淺 (qiǎn)

淺，不深也。从水，戔声。七衍切。

【译文】淺，水不深。从水，戔声。

渃 (zhǐ)

渃，水暂益且止，未减也。从水，寺声。直里切①。

【译文】渃，水不增益而停滞，不减少。从水，寺声。

【注释】① 今读依《广韵》诸市切。

淖 (nào)

淖，泥也。从水，卓声。奴教切。

【译文】淖，泥。从水，卓声。

濢 (zuǐ)

濢，小湿也。从水，翠声。遵诔切。

【译文】濢，小小浸湿。从水，翠声。

溽 (rù)

溽，湿暑也。从水，辱声。而蜀切。

【译文】溽，潮湿而暑热。从水，辱声。

涅 (niè)

涅，黑土在水中[者]也。从水，从土，日声。奴结切。

【译文】涅，在水中的黑土。由水、由土会意，日声。

渻 (shěng)

渻，少减也。一曰：水门；又，水出丘前谓之渻丘。从水，省声。息并[井]切。

【译文】渻，少少减损。另一义说，渻是水门的意思；又一义说，水从山丘之前流出，叫作渻丘。从水，省声。

沙 (shā)

沙，水散石也。从水，从少。水少沙见。楚东有沙水。所加切。

【译文】水中散碎的石粒。由水、由少会意。水少，沙就显现出来了。楚地之东有沙水。

沚 (zhǐ)

沚，小渚曰沚。从水，止声。《诗》曰："于沼于沚。"诸市切。

【译文】沚，小小水洲叫沚。从水，止声。《诗经》说："在那水池边，在那小小水洲上。"

沸 (fèi)

沸，泽沸，滥泉。从水，弗声。分勿切。又，方未切。

【译文】沸，向上喷出、从上沾湿到下的泉水，翻涌而出。从水，弗声，

派 (pài)

派，别水也。从水，从𠂢，𠂢亦声。匹卖切。

【译文】派，分支的水流。由水、由𠂢会意，𠂢也表声。

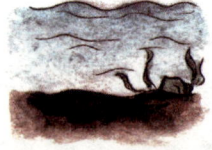

洼（wā）

洼，深池也。从水，圭声。一佳切。又，于瓜切。

【译文】洼，深的池沼。从水，圭声。

窐（yǐng）

窐，清水也。一曰：窊也。从水，窐声。一颖切。又，屋瓜切。

【译文】窐，清水。另一义说，是低凹。从水，窐声。

潢（huáng）

潢，积水也。从水，黄声。乎光切。

【译文】潢，积水的池坑。从水，黄声。

沼（zhǎo）

沼，池水也。从水，召声。之少切。

【译文】沼，小池。从水，召声。

汥（zhī）

汥，水都也。从水，支声。章移切。

【译文】汥，水积聚。从水，支声。

湖（hú）

湖，大陂也。从水，胡声。扬州浸，有五湖。浸，川泽所仰以灌溉也。户吴切。

【译文】湖，大池泽。从水，胡声。扬州地方的"浸"，有个名叫太湖的五湖。浸，河川湖泽赖以灌溉的水域。

洫（xù）

洫，十里为成。成闲广八尺、深八尺谓之洫。从水，血声。《论语》曰："尽力于沟洫。"况逼切。

【译文】洫，（纵横）十里是一成。成与成之间，宽八尺、深八尺叫作洫。从水，血声。《论语》说："用尽力量在开沟疏洫的水利事业上。"

沟（gōu）

沟，水渎。广四尺、深四尺。从水，冓声。古侯切。

【译文】沟，水道。宽尺四、深四尺。从水，冓声。

渎（dú）

渎，沟也。从水，賣声。一曰：邑中沟。徒谷切。

【译文】渎，沟渠。从水，賣声。另一义说，邑落中的水沟。

瀶（lín）

瀶，谷也。从水，臨声。读若林。一曰：寒也。力寻切。

【译文】瀶，山谷。从水，臨声。音读像"林"字。另一义说，瀶是寒冷的意思。

渠（qú）

渠，水所居。从水，榘省声。强鱼切。

【译文】渠，水居留的地方。从水，榘省声。

湄（méi）

湄，水艹交为湄。从水，眉声。武悲切。

【译文】湄，水与草交会的岸边叫湄。从水，眉声。

洐（xíng）

洐，沟水行也。从水，从行。户庚切。

【译文】洐，沟水流行。由水、由行会意。

澗（jiàn）

澗，山夹水也。从水，間声。一曰：澗水，出弘农新安，东南入洛。古莧切。

【译文】澗，两山夹着水流。从水，間声。另一义说，澗水，从弘农郡新安县流出，向东南注入洛水。

汕（shàn）

汕，鱼游水皃。从水，山声。《诗》曰："蒸然汕汕。"所晏切。

【译文】汕，鱼在水中游（得舒散）的样子。从水，山声。《诗经》说："（鱼儿）众多游得十分舒散。"

注（zhù）

注，灌也。从水，主声。之戍切。

【译文】注，灌入。从水，主声。

津（jīn）

津，水渡也。从水，聿声。将邻切。

【译文】津，河流的渡口。从水，聿声。

沿（yán）

沿，缘水而下也。从水，㕣声。《春秋传》曰："王沿夏。"与专切。

【译文】沿，顺着水流而下。从水，㕣声。《春秋左传》说："王顺着夏水而下。"

溯（sù）

溯，逆流而上曰溯洄。溯，向也。水欲下达之而上也。从水，朔声。桑故切。

【译文】溯，逆水而向上行叫作溯洄。溯，流向。（洄，）水想向下流而又违背它的方向向上行。从水，朔声。

潛（qián）

潛，涉水也。一曰：藏也。一曰：汉水为潛。从水，朁声。昨盐切。

【译文】潛，蹚水。另一义说，潛是隐藏的意思。又另一义说，溪水（的一条支流）叫潛水。从水，朁声。

洄（huí）

洄，溯洄也①。从水，从回。户灰切。

【译文】洄，逆水而向上行。由水、由回会意。

【注释】①溯：邵瑛《群经正字》："今经典作溯。"按：今通用"溯"。

泳（yǒng）

泳，潜行水中也。从水，永声。为命切①。

【译文】泳，潜没在水中而前行。从水，永声。

【注释】①当读 yòng，今读 yǒng。

泛（fàn）

泛，浮也。从水，乏声。孚梵切。

【译文】泛，浮。从水，乏声。

湮（yīn）

湮，没也。从水，垔声。于真切。

【译文】湮，沉没。从水，垔声。

湛（zhàn）

湛(chén)，没也。从水，甚声。一曰湛水，豫章[州]浸。宅减切①。

【译文】湛(chén)，沉没。从水，甚声。另一义说，湛(zhàn)是湛水，豫州地方的川泽。

【注释】①《广韵》徒减切，是湛水今音。沈没义今音chén，依《广韵》直深切。

凄（qī）

凄，云雨起也。从水，妻声。《诗》曰："有渰凄凄。"七稽切。

【译文】凄，将要下雨的云彩正在兴起。从水，妻声。《诗经》说："(将要下雨的云彩)渰渰凄凄地兴起。"

泱（yāng）

泱，滃也。从水，央声。于良切。

【译文】泱，云气涌起。从水，央声。

渰（yǎn）

渰，云雨皃。从水，弇声。衣检切。

【译文】渰，将要下雨的云彩(兴起的样子)。从水，弇声。

溟（míng）

溟，小雨溟溟也。从水，冥声。莫经切。

【译文】溟，小雨蒙蒙。从水，冥声。

涑（sè）

涑，小雨零皃。从水，束声。所责切。

【译文】涑，小雨落下的样子。从水，束声。

瀑（bào）

瀑，疾雨也。一曰：沫也。一曰：瀑（资）[霣]也。从水，暴声。《诗经》曰："终风且瀑。"平到切。

【译文】瀑，急雨。另一义说，瀑是水沫飞溅的意思。另一义说，瀑是雷。从水，暴声。《诗经》说："既已刮起了风，又下起了暴雨。"

澍（shù）

澍，时雨，澍生万物。从水，尌声。常句切。

【译文】澍，时雨，是用以灌注滋生万物的东西。从水，尌声。

涿（zhuó）

涿，流下滴也。从水，豖声。上谷有涿县。竹角切。

【译文】涿，流下的水滴。从水，豖声。上谷郡有涿鹿县。

沈（shěn）

沈，陵上滈水也。从水，冘声。一曰：浊默也。直深切。又，尸甚切。

【译文】沈，山岭上凹处的积水。从水，冘声。另一义说，沈是秽浊的渣滓污垢。

瀸 渍 (zì)

渍，沤也。从水，責声。前智切。

【译文】渍，浸泡。从水，責声。

洽 (qià)

洽，沾也。从水，合声。侯夾切。

【译文】洽，沾浸。从水，合声。

濃 濃 (nóng)

濃，露多也。从水，農声。《诗》曰："零露浓浓。"女容切。

【译文】濃，露水多。从水，農声。《诗经》说："落下的露水真多啊。"

渥 (wò)

渥，沾也。从水，屋声。于角切。

【译文】渥，沾湿。从水，屋声。

滯 (zhì)

滯，凝也。从水，帶声。直例切。

【译文】滯，凝聚。从水，帶声。

涸 (hé)

涸，渴也。从水，固声。读若狐貈之貈。下各切。

【译文】涸，水枯竭。从水，固声。音读像狐貈的"貈"字。

汁 (zhī)

汁，液也。从水，十声。之入切。

【译文】汁，（与别的物体和煮而形成的）液体。从水，十声。

灝 (hào)

灝①，豆汁也。从水，顥声。乎老切。

【译文】灝，豆浆。从水，顥声。

【注释】①灝：本义是煮豆子的汁。

洒 (xǐ)

洒，滌也。从水，西声。古文为洒埽字。先礼切。

【译文】洒，洗涤。从水，西声。古文借用它作洒(sǎ)扫的"洒"字。

渮 (gē)

渮，多汁也。从水，哥声。读若哥。古俄切。

【译文】渮，多汁液。从水，哥声。音读像"哥"字。

溢 (yì)

溢，器满也。从水，益声。夷质切。

【译文】溢，器皿中水满（而流出来）。从水，益声。

沐 (mù)

沐，濯发也。从水，木声。莫卜切。

【译文】沐，洗头发。从水，木声。

浴 (yù)

浴，洒身也。从水，谷声。余蜀切。

【译文】浴，洗澡。从水，谷声。

澡 (zǎo)

澡，洒手也。从水，喿声。子皓切。

【译文】澡,洗手。从水,喿声。

洗 (xiǎn)

洗①,洒足也。从水,先声。稣典切。

【译文】洗,洗脚。从水,先声。

【注释】①洗:《段注》:"洗读如跣足之跣(xiǎn),自后人以洗代洒涤字,读先礼切。

汲 (jí)

汲,引水于井也。从水,从及,及亦声。居立切。

【译文】汲,从井里提引水。由水、由及会意,及也表声。

淋 (lín)

淋,以水浃也。从水,林声。一曰:淋淋,山下水皃。力寻切。

【译文】淋,用水浇淋。从水,林声。另一义说,淋淋,山水奔下的样子。

汛 (xùn)

汛,洒也。从水,卂声①。息晋切。

【译文】汛,(扫地)洒水,水散如飞。从水,卂声。

【注释】①卂声:声中有义。《段注》:"卂,疾飞也。水之散如飞。此以形声包会意也。"

染 (rǎn)

染,以缯染为色①。从水,杂声。而琰切。

【译文】染,把布帛浸染着色。从水,杂声。

【注释】①缯:帛。

泰 (tài)

泰,滑也。从収,从水,大声。他盖切。

【译文】泰,滑溜。由収、由水会意,大声。

潸 (shān)

潸,涕流皃①。从水,散省声。《诗》曰:"潸焉出涕。"所奸切。

【译文】潸,眼泪下流的样子。从水,散省声。(诗经)说:"眼泪汪汪流出。"

【注释】①涕:眼泪。

汗 (hàn)

汗,人液也①。从水,干声。矦旰切。

【译文】汗,人身上(排泄出来)的汗液。从水,干声。

【注释】①人:《段注》:作"身"。

泣 (qì)

泣①,无声出涕曰泣。从水,立声。去急切。

【译文】泣,没有哭声而流眼泪叫泣。从水,立声。

【注释】①泣:徐锴《系传》:"哭无泪曰泣。泣,哭之细也。"

涕 (tì)

涕,泣也①。从水,弟声。他礼切。

【译文】涕,眼泪。从水。弟声。

【注释】①泣也:《段注》:"当作'目

液也'。毛传皆云:'自目出曰涕。'"

涷 (liàn)

涷,䉤也。从水,柬声。郎甸切。

【译文】涷,像淘米一样练丝。从水,柬声。

渝 (yū)

渝,变污也①。从水,俞声。一曰:渝水②,在辽西临俞,东出塞。羊朱切。

【译文】渝,变污浊。从水,俞声。另一义说,渝是渝水,在辽西郡临俞县,向东流出边塞之外。

【注释】① 变污:《段注》:"许静而变污。"② 渝水:今辽宁大凌河。

减 (jiǎn)

减,损也。从水,咸声。古斩切。

【译文】减,减少。从水,咸声。

灭 (miè)

灭,尽也。从水,威声①。亡列切。

【译文】灭,尽。从水,威声。

【注释】① 从水,威声:《段注》:"此举形声包会意也。"

漕 (cáo)

漕,水转(毂)[谷]也①。一曰:人之所乘及船也②。从水,曹声。在到切③。

【译文】漕,水道转运粮谷。另一义说,漕是人们乘坐的船。从水,曹声。

【注释】① 毂:当依《段注》作"谷"。② 乘:《段注》"'乘'下疑夺'车'字。盖车亦得称漕。或云'及'盖误字。"③ 今读依《广韵》昨劳切。

濊 (huì)

濊,水多皃。从水,岁声。呼会切。

【译文】濊,水多的样子。从水,岁声。

泮 (pàn)

泮,诸侯乡射之宫,西南为水,东北为墙。从水,从半,半亦声。普半切。

【译文】泮,诸侯举行乡饮酒礼、乡射礼的学宫,西南边是水,东北边是墙。由水、由半会意,半也表声。

澒 (hòng)

澒,丹沙所化①,为水银也。从水,项声。呼孔切。

【译文】澒,是朱砂烧煅变化的东西,叫水银。从水,项声。

【注释】① 丹沙句:《段注》:"后代烧煅麓次朱砂为之。"

萍 (píng)

萍,苹也。水艹也①。从水、苹,苹亦声。薄经切。

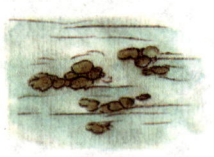

【译文】萍,浮萍。(浮生)水面的草。由水、苹会意,苹也表声。

【注释】① 水艹:《段注》:"'水艹也'三字释从水之意。"

汩 (gǔ)

汩，治水也。从水，曰声。于笔切①。

【译文】汩，治理水。从水，曰声。

【注释】①于笔切：今读 yù。《段注》："俗音古忽切。"今读从俗，音 gǔ。

沝部

沝 (zhuǐ)

沝，二水也。阙。凡沝之属皆从沝。之垒切。

【译文】沝，二水。阙其音读。大凡沝的部都从沝。

㴘 (shè)

㴘，徒行厉水也①。从沝，从步。时摄切。

【译文】㴘，徒步行走而过水。由沝、由步会意。

【注释】①厉：王筠《句读》："濿之省文也。"《段注》："濿，或砅字。砅本履石渡水之偁，引申为凡渡水之偁。"

频部

瀕 (pín)

瀕，水厓。人所宾附，频蹙不前而止。从页，从涉。凡频之属皆从频。符真切。

【译文】瀕，水边。人们走近这个地方，皱着额头，不进而止。由页、由涉会意。大凡频的部属都从频。

顰 (pín)

顰，涉水颦蹙。从频，卑声。符真切。

【译文】顰，临到过水，皱着眉头皱着额头。从频，卑声。

〈部

〈 (quǎn)

〈，水小流也。《周礼》："匠人为沟洫，相广五寸，二相为耦；一耦之伐，广尺、深尺，谓之〈。"倍〈谓之遂；倍遂曰沟；倍沟曰洫；倍洫曰巜。凡〈之属皆从〈。姑泫切。

【译文】〈，（田间）小水流。《周礼》说："作工的人修筑田间沟洫(xù)，像锹似的相(sì)宽五寸，两相的宽度是一耦。一耦的挖土，宽一尺，深一尺，叫作〈。"比〈增一倍，叫作遂；比遂增一倍，叫沟；比沟增一倍，叫洫；比洫增一倍，叫巜。大凡〈的部属都从〈。

巜部

巜 (kuài)

巜，水流浍浍也。方百里为巜，广二寻，深二仞。凡巜之属皆从巜。古外切。

【译文】巜，水流之声浍浍而响。纵横百里之地有巜，宽一丈六尺，深一丈六尺。大凡巜的部属都从巜。

粼 (lín)

粼，水生厓石间粼粼也①。从巜，㷠声。力珍切。

【译文】粼，水在山边石间渗流出来

281

的清澈的样子。从巜，粦声。
【注释】①厓：山边。

川部

川（chuān）

川，川，贯穿通流水也。《虞书》曰："浚く巜距川。"言深く巜之水会为川也。凡川之属皆从川。昌缘切。

【译文】川，使水贯穿通流。《虞书》说："浚(jùn)く(quǎn)巜(kuài)距川。"意思是说：深深疏通畎浍之类的田间水沟，使它们会合成为大川。大凡川的部属都从川。

巠（jīng）

巠，水脉也。从川在一下；一，地也。壬省声。一曰：水冥巠也。古灵切。

【译文】巠，像血脉一样分布的水流。由"川"在"一"下会意；"一"表示地。壬省声。另一义说，巠是水盛大的样子。

㐬（huāng）

㐬，水广也。从川，亡声。《易》曰："包㐬用冯河。"呼光切。

【译文】㐬，水广大。从川，亡声。《易经》说："葫芦广大，用它作为腰舟去渡河。"

邕（yōng）

邕，四方有水，自邕（城）[成]池者。从川，从邑。于容切。

【译文】邕，四面有水来，自相拥抱，旋绕而成护城河。由川、由邑会意。

侃（kǎn）

侃，刚直也。从们，们，古文信；从川，取其不舍昼夜。《论语》曰："子路侃侃如也。"空旱切。

【译文】侃，刚强正直。从们，们是古文信字，（表示真实之意）；从川，取用它日夜滔滔不绝的意思。《论语》说："子路是刚直不阿的样子。"

泉部

泉（quán）

泉，水原也。象水流出成川形。凡泉之属皆从泉。疾缘切。

【译文】泉，水的源头。像水流出成为川流的样子。大凡泉的部属都从泉。

灥（fàn）

灥，泉水也。从泉，鱻声。读若饭。符万切。

【译文】灥，泉源涌出的水。从泉，鱻声。音读像"饭"字。

灥部

灥（xún）

灥，三泉也。阙。凡灥之属皆从灥。详遵切。

【译文】灥，众多的泉流。缺其音读。大凡灥的部属都从灥。

厵（yuán）

厵，水泉本也。从灥出厂下①。愚袁切。

【译文】厵，水泉的本源。由"灥"出"厂"下而会意。

【注释】①从蟲句：徐灏《段注笺》："源泉所出，往往数处合流，多者至百源，故从三泉。"

永部

永（yǒng）

永，长也。象水巠理之长。《诗》曰："江之永矣。"凡永之属皆从永。于憬切。

【译文】永，（水流）长。像水的直流和波纹的漫长。《诗经》说："长江那么长啊。"大凡永的部属都从永。

羕（yàng）

羕，水长也。从永，羊声。《诗》曰："江之羕矣。"余亮切。

【译文】羕，水流长。从永，羊声。《诗经》说："长江那么长啊。"

辰部

辰（pài）

辰，水之衺流，别也。从反永。凡辰之属皆从辰。读若稗县。匹卦切。

【译文】辰，水的斜出的支流，是（从大河出来而）分流。由永字反过来表示。大凡辰的部属都从辰。音读像稗县的"稗"字。

衇（mài）

衇，血理分衺行体者。从辰，从血。莫获切。

【译文】衇，在躯体中分流的血的纹理。由辰、由血会意。

覛（mì）

覛，衺视也。从辰，从見。莫狄切。

【译文】覛，斜着眼睛看。从辰、由見会意。

谷部

谷（gǔ）

谷，泉出通川为谷。从水半见，出于口。凡谷之属皆从谷。古禄切。

【译文】谷，源泉的出口一直通达川流的地方，叫作谷，由水（水）字显现一半而出现在"口"字上面。大凡是谷的部属都从谷。

䜴（xī）

䜴，山渎无所通者①。从谷，奚声。苦分切。

【译文】䜴，山中没有通达川流的小沟渠。从谷，奚声。

【注释】①渎(dú)：小沟渠。

豁（huò）

豁，通谷也。从谷，害声。呼括切。

【译文】豁，通敞的山谷。从谷，害声。

谾（hóng）

谾，谷中响也。从谷，玄声。户萌切。

【译文】谾，山谷中的回声。从谷，玄声。

㕁 (qiān)

㕁,望山谷㕁㕁青也。从谷,千声。仓绚切①。

【译文】㕁,望山谷之中(草木)㕁㕁而青葱。从谷,千声。

【注释】① 今读依《广韵》苍先切。

仌部

仌 (bīng)

仌,冻也。象水凝之形。凡仌之属皆从仌。笔陵切。

【译文】仌,(初)冻。像水凝结成冰的样子。大凡仌的部属都从仌。

冰 (níng)

冰①,水坚也。从仌,从水。鱼陵切。

【译文】冰,水凝结成坚冰。由仌、由水会意。

【注释】① 冰:桂馥《义证》:"顾炎武曰:仌于隶、楷不能独成文,故后人加水焉。"《段注》:"以冰代仌,用别制凝字。经典凡凝字皆冰之变也。"

凓 (lǐn)

凓,寒也。从仌,廩声。力稔切。

【译文】凓,寒冷。从仌,廩声。

清 (qìng)

清,寒也。从仌,青声。七正切。

【译文】清,寒凉。从仌,青声。

凍 (dòng)

凍,仌也。从仌,東声。多贡切。

【译文】凍,冰冻。从仌,東声。

膡 (líng)

膡,仌出也。从仌,朕声。《诗》曰:"纳于膡阴。"力膺切。

【译文】膡,冰的凌角。从仌,朕声。《诗经》说:"收藏在装冰的地窖里。"

冬 (dōng)

冬,四时尽也。从仌,从夂。夂,古文终字。都宗切。

【译文】冬,(春夏秋冬)四个时令的尽头。由仌、由夂会意。夂,古文终字。

澌 (sī)

澌,流仌也。从仌,斯声。息移切。

【译文】澌,(解冻后)随流而行的冰块。从仌,斯声。

凋 (diāo)

凋,半伤也①。从仌②,周声。都僚切。

【译文】凋,(草木)部分逐渐衰败。从仌,周声。

【注释】① 半伤:《段注》:"伤,创也。半伤,未全伤也。"王筠《句读》:"艹木零落又渐,故曰半伤。"② 从仌:《段注》:"仌霜者,伤物之具,故从仌。"

冶 (yě)

冶,销也。从仌,台声。羊者切。

【译文】冶，（冰）消融。从仌，台（yí）声。

冷 （lěng）

冷，寒也。从仌，令声。鲁打切。

【译文】冷，寒气（凛然）。从仌，令声。

雨部

雨 （yǔ）

雨，水从云下也。一象天，冂象云，水霝其间也。凡雨之属皆从雨。王矩切。

【译文】雨，水从云中降下。一像天，冂像云，（丰）像水从天空云彩间滴落下来。大凡雨的部属都从雨。

霆 （tíng）

霆，雷余声也铃铃。所以挺出万物。从雨，廷声。特丁切。

【译文】霆，雷的余声铃铃地响。是用以使万物挺生而出的东西。从雨，廷声。

震 （zhèn）

震，劈历，振物者。从雨，辰声。《春秋传》曰："震夷伯之庙。"章刃切。

【译文】震，霹雳，使万物振动的疾雷。从雨，辰声。《春秋左传》说："疾雷击中（鲁国臣子）夷伯的庙宇。"

霅 （zhá）

霅，霅霅。震电皃。一曰：众言也。从雨，㗊省声。丈甲切。

【译文】霅，霅霅。疾雷闪电（交作）的样子。另一义说，霅是众多的言语。从雨，㗊省声。

電 （diàn）

電，阴阳激耀也①。从雨，从申。堂练切。

【译文】電，阴气和阳气彼此冲击而飞溅出来的光耀。由雨、由申会意。

【注释】①阴阳句：王筠《句读》："谓阴阳相激而有耀也。"

霄 （xiāo）

霄，雨䨘为霄。从雨，肖声。齐语也。相邀切。

【译文】霄，下雪珠儿叫作霄。从雨，肖声。是齐地方言。

霰 （xiàn）

霰，稷雪也。从雨，散声。稣甸切。

【译文】霰，像小米颗粒一般的雪。从雨，散声。

雹 （báo）

雹，雨冰也。从雨，包声。蒲角切。

【译文】雹，（从天空）降下的冰团。从雨，包声。

零 （líng）

零，余雨也。从雨，令声。郎丁切。

【译文】零，徐徐而下的雨。从雨，令声。

霖 （lín）

霖，雨三日已往。从雨，林声。力寻切。

【译文】霖，下雨三天以上。从雨，林声。

屚 （lòu）

屚，屋穿水下也。从雨在尸下。尸者，屋也。卢后切。

【译文】屚，屋穿孔雨水由孔而下。由"雨"在"尸"下会意。尸，表示屋。

霩 （kuò）

霩，雨止云罢皃。从雨，郭声。苦郭切。

【译文】霩，雨停止云散去的样子。从雨，郭声。

露 （lù）

露，润泽也①。从雨，路声。洛故切。

【译文】露，（用来）滋润（万物的东西）。从雨，路声。

【注释】①润泽：王筠《句读》："当云，所以润泽万物者也。"润泽：同义连用。

霜 （shuāng）

霜，丧也。成物者。从雨，相声。所庄切。

【译文】霜，（使万物）丧失的东西。也是成就万物的东西。从雨，相声。

霚 （wù）

霚，地气发，天不应。从雨，敄声。亡遇切。

【译文】霚，地气蒸发，天不应和。从雨，敄声。

霾 （mái）

霾，风雨土也。从雨，貍声。《诗》曰："终风且霾。"莫皆切。

【译文】霾，刮着风而又像下雨一样落下尘土。从雨，貍声。《诗经》说："既刮着风又落下尘土。"

霓 （ní）

霓，屈虹，青赤，或白色，阴气也。从雨，兒声。五鸡切。

【译文】霓，弯曲的虹，青赤色，有的是白色。是阴气形成的。从雨，兒声。

需 （xū）

需，䪔也①。遇雨不进，止䪔也。从雨，而声。《易》曰："云上于天，需。"相俞切。

【译文】需，等待。遇着雨，不前进，停在那里等待。从雨，而声。《易经》说："云上升到天顶，是需卦卦象的含义。"

【注释】①䪔（xū）：《段注》："䪔者，待也。以叠韵为训。"

雩 （yú）

雩，夏祭，乐于赤帝，以祈甘雨也。从雨，于声。羽俱切。

【译文】雩，夏天的祭祀，对着赤帝跳舞。用来祈求甜美的雨。从雨，于声。

雲部

雲 （yún）

雲，山川气也。从雨，云象云回转形。凡云之属皆从云。王分切。

【译文】雲，山河升腾之气。从雨，

云像云彩回旋转动的形状。大凡云的部属都从云。

魚部

魚（yú）

魚，水虫也。象形。鱼尾与燕尾相似。凡鱼之属从鱼。语居切。

【译文】魚，水中的动物。像鱼的形状。篆文鱼字的尾形与燕字的尾形相像。大凡鱼的部属都从鱼。

鰥（guān）

鰥，鱼也。从魚，眔声。古玩切。

【译文】鰥，鱼名。从魚，眔声。

鯉（lǐ）

鯉，鱣也。从魚，里声。良止切。

【译文】鯉，鲤鱼。从魚，里声。

儵（tiáo）

儵，鱼名。从魚，攸声。直由切①。

【译文】儵，鱼名。从魚，攸声。

【注释】① 直由切：《段注》："其音旧直由切。今音迢。"今读依《集韵》田聊切。

鮮（xiān）

鮮①，鱼名。出貉国。从魚，羴省声。相然切。

【译文】鮮，鱼名。出产在貉国。从魚，羴省声。

【注释】① 鮮：《段注》："经传乃叚为新鱻字。又叚为尟字，而本义废矣。"

鯁（gěng）

鯁，鱼骨也。从魚，更声。古杏切。

【译文】鯁，鱼的骨头。从魚，更声。

鮫（jiāo）

鮫，海鱼，皮可饰刀。从魚，交声。古肴切。

【译文】鮫，海里的鱼，皮可以装饰刀剑。从魚，交声。

鱗（lín）

鱗，鱼甲也。从魚，粦声。力珍切。

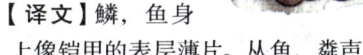

【译文】鱗，鱼身上像铠甲的表层薄片。从魚，粦声。

鮚（jí）

鮚①，蚌也。从魚，吉声。汉律：会稽郡献鮚酱。巨乙切。

【译文】鮚，蚌蛤。从魚，吉声。汉朝的律令规定，会稽郡贡献鮚蚌作成的酱。

【注释】① 鮚：《段注》引颜师古说："鮚，蚌也。长一寸，广二分，有小蟹在其腹中。"

魮（bì）

魮，鱼名。从魚，必声。毗必切。

【译文】魮，鱼名。从魚，必声。

鯸（hóu）

鯸，魚名。从魚，侯声。乎钩切。

【译文】鯸，魚名。从魚，侯声。

鲅 (bō)

鲅，鳣鲔鲅鲅。从魚，犮声。北末切。

【译文】鲅，鲤鱼（尾巴摆得）鲅鲅地响。从魚，犮声。

鮄 (fū)

鮄，鲯鱼①。出东莱。从魚，夫声。甫无切。

【译文】鮄，鮄鲯鱼。出产在东莱郡。从魚，夫声。

【注释】①鲯鱼：应连篆为读。王筠《释例》："盖夫其连文，为青齐口语。"按："夫其"为连绵词。

鲷 (diāo)

鲷，[魚]骨端脆也。从魚，周声。都僚切。

【译文】鲷，（鱼名。）骨的末端脆弱。从魚，周声。

鲯 (qí)

鲯，鱼名。从魚，其声。渠之切。

【译文】鲯，鱼名。从魚，其声。

鮡 (zhào)

鮡，鱼名。从魚，兆声。治小切。

【译文】鮡，鱼名。从魚，兆声。

鮤 (huà)

鮤，鱼名。从魚，匕声。呼跨切。

【译文】鮤，鱼名。从魚，匕(huà)声。

鱻部

鱻 (yú)

鱻，二鱼也①。凡鱻之属皆从鱻。语居切。

【译文】鱻，两条鱼。大凡鱻的部属都从鱻。

【注释】①二鱼：《段注》："此即形为义，故不言从二鱼。二鱼重而不竝，《易》所谓贯鱼也。鱼行必相随也。"

漁 (yú)

漁①，捕鱼也。从鱻，从水。语居切。

【译文】漁，捕鱼。由鱻、由水会意。

【注释】①漁：今作"渔"。捕鱼。《孟子·公孙丑上》："自耕稼、陶、渔以至为帝，无非取于人者。"

燕部

燕 (yàn)

燕，玄鸟也①。籋口②，布翅③，枝尾④。象形⑤。凡燕之属皆从燕。于甸切。

【译文】燕，赤黑色的鸟。长着小钳子似的嘴，布帛一样的翅膀，枝丫一样的尾巴。象形。大凡燕的部属都从燕。

【注释】①玄鸟：桂馥《义证》："玄乃赤黑色燕羽是也。"②籋口：徐错《段注》："籋音聂，小钳也。"《段注》："故以廿像之。"③布翅：《段注》："故以北像之。"④枝尾：《段注》："与鱼尾同，故以火像之。"⑤象形：王筠《释例》："背面形也。"

龍部

龍 (lóng)

龍，鳞虫之长。能幽，能明，能细，

能巨，能短，能长；春分而登天，秋分而潜渊。从肉①，飞之形；童省声。凡龙之属皆从龙。力钟切。

【译文】龍，有鳞甲的动物的首领。能使天地幽暗，也能使天地光明；能变细，也能变大；能变短，也能变长。春分登上天空，秋分潜入深渊。（月）表示肉，（ ）像飞的形状；（辛）是童省里为声。大凡龙的部属都从龙。

【注释】①从肉：《段注》："与熊从肉同。"

龏（jiān）

龏，龙耆脊上龏龏。从龍，幵声。古贤切。

【译文】龏，龙的鬐鬣在背脊上很刚硬。从龍，幵(jiān)声。

龘（tà）

龘，飞龙也。从二龙。读若沓。徒合切。

【译文】龘，飞腾的龙。由两个龍字会意。音读像"沓"字。

霳（líng）

霳，龙也。从龍，霝声。郎丁切。

【译文】霳，龙。从龍，霝声。

龕（kān）

龕，龙皃。从龍，合声。口含切。

【译文】龕，龙的样子。从龍，合声。

飛部

飛（fēi）

飛，鸟翥也①。象形。凡飞之属皆从飞。甫微切。

【译文】飛，鸟飞举。像鸟飞之形。大凡飞的部属都从飞。

【注释】①翥：本书羽部："翥，飞举也。"

翼（yì）

翼，翅也。从飛①，異声。与职切。

【译文】翼，翅膀。从飛，異声。

【注释】①从飛：徐灝《段注笺》："翼可以飞也，故从飞。"

非部

非（fēi）

非，违也。从飛下翄，取其相背①。凡非之属皆从非。甫微切。

【译文】非，违背。由飞字下部表示翅的部分构成，取两翅相背的意义。大凡非的部属都从非。

【注释】①其相背：徐锴《系传》："两翅自可相背。"

韭（fěi）

韭，别也①。从非，己声。非尾切。

【译文】韭，分解。从非，己声。

【注释】①别：《段注》："别者，分解也。"

靡（mǐ）

靡，披靡也①。从非，麻声。文彼切。

【译文】靡，分散倾倒。从非，麻声。

【注释】①披靡：徐灝《段注笺》："披谓分散，靡谓倾倚也。"

靠（kào）

靠，相违也①。从非，告声。苦到切。

【译文】靠，相违背。从非，告声。

【注释】①相违：《段注》："相背也，故从非。今俗谓相依相靠，古人谓相背曰靠。其义一也。犹分之合之皆曰离。"

飞部

飛（xùn）

飛，疾飞也。从飞而羽不见①。凡飛之属皆从飛。息晋切。

【译文】飛，疾速地飞。由小篆飞字省去表示羽毛的笔画构成。大凡飛的部属都从飛。

【注释】①从飞句：饶炯《部首订》："盖迅疾之事，凡物皆有，情亦难状，惟飞较疾，而飞不见羽则尤疾。故迅疾字，古文从飞省其毛羽以指事。"

熒（qióng）

熒，回疾也①。从飞，熒省声。渠营切。

【译文】熒，（鸟）回转来疾飞。从飞，熒省声。

【注释】①回疾：《段注》："回转之疾飞也。"

乙部

乙（yǐ）

乙，玄鸟也。齐鲁谓之乙。取其鸣自呼。象形。凡乙之属皆从乙。乌辖切。

【译文】乙，黑红的燕鸟。齐地鲁地叫它乙。根据它的叫声是自己呼叫自己的名字来命名。象形。大凡乙的部属都从乙。

孔（kǒng）

孔，通也。从乙，从子。乙，请子之候鸟也。乙至而得子，嘉美之也。古人名嘉字子孔。康董切。

【译文】孔，通达。由乙、由子会意。乙，是祈请子女的、随季节转换而迁徙的鸟。乙鸟来到，就会得到子女，使人们生活嘉美。所以古人名嘉，字就叫子孔。

不部

不（fǒu）

不，鸟飞上翔不下来也。从一，一犹天也。象形。凡不之属皆从不。方久切。

【译文】不，鸟飞向上翱翔却不落下来。从一，一好比是天。（不）像鸟飞的形状。大凡不的部属都从不。

否（fǒu）

否，不也。从口，从不，不亦声。方久切。

【译文】否，不。由口、由不会意，不也表声。

至部

至 (zhì)

至,鸟飞从高下至地也。从一,一犹地也。象形。不,上去;而至,下来也。凡至之属皆从至。脂利切。

【译文】至,鸟飞从高处下落到地面上。从一,一好比是地面。像鸟下飞的形状。"不"字是鸟飞上去,而"至"字是鸟飞下来。大凡至的部属都从至。

到 (dào)

到,至也。从至,刀声。都悼切。

【译文】到,到达。从至,刀声。

臺 (tái)

臺,观。四方而高者。从至,从之,从高省。与室屋同意。徒哀切。

【译文】臺,台观。四方形而高耸出地面的土筑物。由至、由之、由高省会意。(从至)与"室"、"屋"从至而表示止息义的构形原则相同。

臻 (zhēn)

臻,至也。从至,秦声。侧诜切。

【译文】臻,至。从至,秦声。

垤 (rì)

垤,到也。从二至。人质切。

【译文】垤,到达。由两个"至"字会意。

西部

西 (xī)

西,鸟在巢上。象形。日在西方而鸟栖,故因以为东西之西。凡西之属皆从西。先稽切。

【译文】西,鸟儿(歇宿)在巢上。象形。日头移在西方,鸟儿就栖息,所以就把栖息的西用作东方西方的西。大凡西的部属都从西。

卤部

卤 (lǔ)

卤,西方咸地也。从西省,象盐形。安定有卤县。东方谓之斥,西方谓之卤。凡卤之属皆从卤。郎古切。

【译文】卤,西方的盐咸地。由籀文卤(xī)省去义,※像盐形。安定郡有卤县。东方叫盐咸地作斥,西方叫作卤。大凡卤的部属都从卤。

鹾 (cuó)

鹾,咸也。从卤,差省声。河内谓之鹾,沛人言若虘。昨河切。

【译文】鹾,咸味。从卤,差省声。河内郡一带叫作鹾,沛地人说鹾好像"虘"。

鹹 (xián)

鹹,衔也。北方味也。从卤,咸声。胡毚切。

【译文】鹹,可衔在口里品味。是代表北方的口味。从卤,咸声。

鹽部

鹽 (yán)

鹽，咸也。从鹵，監声。古者，宿沙初作煮海盐。凡盐之属皆从盐。余廉切。

【译文】鹽，具有咸味的(调料)。从鹵，監声。古时候，名叫宿沙的最初制作煮炼海水的盐。大凡盐的部属都从盐。

鹼 (jiǎn)

鹼，卤也。从鹽省，僉声。鱼欠切。

【译文】鹼，盐卤。由鹽省去監作形旁，僉声。

户部

户 (hù)

户，护也[①]。半门曰户。象形。凡户之属皆从户。侯古切。

【译文】户，保护(室内的门户)。门一半叫户。象形。大凡户的部属都从户。

【注释】① 护：《段注》："以叠韵为训。"《释名·释宫室》："户，护也。所以谨慎闭塞也。"

扉 (fēi)

扉，户扇也。从户，非声。甫微切。

【译文】扉，门扇。从户，非声。

扇 (shàn)

扇，扉也。从户，从翄声。式战切。

【译文】扇，门扇。由户、由翄省支会意。

房 (fáng)

房，室在旁也。从户，方声。符方切。

【译文】房，房室在(正室的)两旁。从户，方声。

戻 (tì)

戻，辎车旁推户也。从户，大声。读与鈦同。徒盖切。

【译文】戻，有帷盖的车子两旁可以推开的门。从户，大声。音读与"鈦(tì)"相同。

門部

門 (mén)

門，闻也。从二户。象形。凡门之属皆从门。莫奔切。

【译文】門，内外相互闻听得到。由两个户字会意。象形。大凡门的部属都从门。

閭 (lú)

閭，里门也。从門，吕声。《周礼》："五家为比，五比为闾。"闾，侣也，二十五家相群侣也。力居切。

【译文】閭，里巷的门。从門，吕声。《周礼》说："五家成为一比，五比成为一闾。"闾，伴侣，二十五家相互群居成为伴侣。

闉 (yīn)

闉，城(内)[曲]重门也。从門，垔声。《诗》曰："出其闉闍。"于真切。

【译文】闉,保护城门的月城的门。从门,垔声。《诗经》说:"走出那月城的门。"

闕（què）

闕,门观也。从门,欮声。去月切。

【译文】闕,官门外两边的楼台。从门,欮声。

闢（pì）

闢①,开也。从门,辟声。房益切。

【译文】闢,开启。从门,辟声。

【注释】①闢:今作"辟"。打开。《左传·宣公二年》:"晨往,寝门辟矣。"

開（kāi）

開,张也①。从门,从开。苦哀切。

【译文】開,开门。由门、由开会意。

【注释】①张:《段注》:"张者施弓弦也。门之开如弓之张,门之闭如弓之弛。"

閒（jiàn）

閒,隙也。从门,从月①。古闲切。

【译文】閒,空隙。由门、由月会意。

【注释】①从门,从月:徐锴《系传》:"夫门当夜闭,闭而见月光,是有间隙也。"

閣（gé）

閣,所以止扉也。从门,各声。古洛切。

【译文】閣,用来固定门扇的东西。从门,各声。

閑（xián）

閑①,阑也。从门中有木。卢闲切。

【译文】閑,木栏。由"门"中有"木"会意。

【注释】①閑:《段注》:"引申为防闲。古多借为清闲字,又借为娴习字。"

閉（bì）

閉,阖门也。从门;才,所以距门也。博计切。

【译文】閉,关门。从门,才,是用来支撑门的木棒之类。

闇（àn）

闇,闭门也。从门,音声。乌绀切。

【译文】闇,闭门。从门,音声。

關（guān）

關,以木横持门户也。从门,丱声。古还切。

【译文】關,用木横着支撑门扇。从门,丱（guān）声。

閃（shǎn）

閃①,窥头门中也。从人在门中。失冉切。

【译文】閃,把头伸在门中偷看。由"人"在"门"中会意。

【注释】①閃:偷看。《三国志·魏书·梁习传》:"白日常自于墙壁间窥闪,夜使干廉察诸曹。"

閱 (yuè)

閱，具數于門中也。从門，說省聲。弋雪切。

【译文】閱，在门中逐一清点计算。从門，說省声。

闋 (què)

闋，事已，閉門也。从門，癸聲。倾雪切。

【译文】闋，事情终止了，已经关门了。从門，癸声。

闊 (kuò)

闊，疏也。从門，活聲。苦括切。

【译文】闊，疏远。从門，活声。

閔 (mǐn)

閔，吊者在門也。从門，文聲。眉殒切。

【译文】閔，吊唁的人在门口。从門，文声。

耳部

耳 (ěr)

耳①，主聽也。象形。凡耳之屬皆从耳。而止切。

【译文】耳，主管听觉（的器官）。象形。大凡耳的部属都从耳。

【注释】①耳：耳朵。《老子·检欲》："五音令人耳聋。"

耴 (zhé)

耴，耳垂也。从耳下垂。象形。《春秋传》曰"秦公子（輒）[耴]

者，其耳下垂，故以为名。陟叶切。

【译文】耴，耳朵下垂。由耳字延长一笔而向下垂表示。象形。《春秋左传》所说的"秦国公子耴"这个人，他的耳朵下垂，所以用耴作为名字。

耵 (diān)

耵，小垂耳也。从耳，占聲。丁兼切。

【译文】耵，小的耳垂。从耳，占声。

耼 (dān)

耼，耳曼也。从耳，冄聲。他甘切。

【译文】耼，耳朵长大。从耳，冄声。

耽 (dān)

耽，耳大垂也。从耳，冘聲。《詩》曰："士之耽兮。"丁含切。

【译文】耽，耳朵大而下垂（至肩）。从耳，冘声。《诗经》说："男人们多快乐啊。"

聸 (dān)

聸，垂耳也。从耳，詹聲。南方聸耳之国。都甘切。

【译文】聸，垂下耳朵。从耳，詹声。南方有耳朵下垂在肩上的人的地域。

聯 (lián)

聯，连也。从耳，耳連于頰也；从絲，絲連不絕也。力延切。

【译文】聯，接连不断。从耳，表示

耳朵连接在脸颊上；从丝，表示丝缕接连不绝。

聊（liáo）

聊，耳鸣也。从耳，卯声。洛萧切。

【译文】聊，耳鸣。从耳，卯声。

聖（shèng）

聖，通也。从耳，呈声。式正切。

【译文】聖，双耳通顺。从耳，里声。

聰（cōng）

聰，察也。从耳，悤声。仓紅切。

【译文】聰，（耳顺而）能审察。从耳，悤声。

聽（tīng）

聽，聆也。从耳、悳，壬声。他定切。

【译文】聽，声音通顺于耳。由耳、悳会意，壬(tǐng)声。

聆（líng）

聆，听也。从耳，令声。郎丁切。

【译文】聆，听。从耳，令声。

職（zhí）

職，记微也。从耳，戠声。之弋切。

【译文】職，记住微妙的事物。从耳，戠声。

聲（shēng）

聲，音也。从耳，殸声①。书盈切。

【译文】聲，乐音。从耳，殸声。

【注释】①从耳，

殸声：徐锴《系传》："八音之中，惟石之声为精诣，入于耳。"按：石指磬，可见殸声还兼表义。

臣部

叵（yí）

叵，颔也。象形①。凡叵之属皆从叵。与之切。

【译文】叵，指腮颊、下巴。象形。大凡叵的部属都从叵。

【注释】①象形《段注》："此文当横视之。横视之则口上、口下、口中之形俱见矣。"

配（yí）

配，广叵也。从叵，已声。与之切。

【译文】配，宽阔的下巴。从叵，已声。

手部

手（shǒu）

手，拳。象形①。凡手之属皆从手。书九切。

【译文】手，握拳的部分。象形。大凡手的部属都从手。

【注释】①象形：徐灏《段注笺》："象指、掌之形。小篆中画微曲，书势取茂美也。"

掌（zhǎng）

掌，手中也。从手，尚声。诸两切。

【译文】掌，手心。从手，尚聲。

拇 (mǔ)

拇，将指也。从手，母声。莫厚切。

【译文】拇，大指。从手，母声。

指 (zhǐ)

指，手指也。从手，旨声。职雉切。

【译文】指，手指。从手，旨声。

拳 (quán)

拳，手也。从手，类声。巨员切。

【译文】拳，（屈指卷握的）手。从手，类声。

攕 (xiān)

攕，好手皃。《诗》曰："攕攕女手。"从手，韱声。所咸切。

【译文】攕，美好的手的样子。《诗经》说："多么纤细美好啊这女人的手。"从手，韱声。

摳 (kōu)

摳，繑也。一曰：抠衣升堂。从手，區声。口侯切。

【译文】摳，扣结裤纽。另一义说，提起衣裳登上堂屋。从手，區声。

拱 (gǒng)

拱，敛手也。从手，共声。居竦切。

【译文】拱，收敛其手（而抱拳）。从手，共声。

撿 (liǎn)

撿，拱手也。从手，僉声。良冉切。

【译文】撿，敛手抱拳。从手，僉声。

揖 (yī)

揖，攘也。从手，咠声。一曰：手箸胷曰揖。伊入切。

【译文】揖，（拱手）推（至胸前）。从手，咠声。另一义说，拱手引附胸前叫揖。

排 (pái)

排，挤也。从手，非声。步皆切。

【译文】排，用手推挤物体（使离开）。从手，非声。

推 (tuī)

推，排也。从手，隹声。他回切。

【译文】推，用手排物（使移动）。从手，隹声。

擠 (jǐ)

擠，排也。从手，齊声。子计切。

【译文】擠，推排（使坠落）。从手，齊声。

抵 (dǐ)

抵，挤也。从手，氏声。丁礼切。

【译文】抵，排挤（而相抗拒）。从手，氏声。

扶 (fú)

扶①，左也②。从手，夫声。防无切。

【译文】扶，佐助。扶手，夫声。

【注释】①扶：搀扶，扶持。《战国策·齐策》："扶老携幼。"②左：《段注》："'左'下曰：'手相助也。'"

摧 (cuī)

摧,挤也。从手,崔声。一曰:挏也。一曰:折也。昨回切。

【译文】摧,推挤。从手,崔声。另一义说,摧是推动的意思。又另一义说,摧是折断的意思。

拉 (lā)

拉,摧也。从手,立声。卢合切。

【译文】拉,摧折。从手,立声。

挫 (cuò)

挫,摧也。从手,坐声。则卧切。

【译文】挫,摧折。从手,坐声。

持 (chí)

持,握也。从手,寺声。直之切。

【译文】持,握住。从手,寺声。

挈 (qiè)

挈,县持也。从手,㓞声。苦结切。

【译文】挈,物似倒悬而手提握。从手,㓞声。

拑 (qián)

拑,胁持也。从手,甘声。巨淹切。

【译文】拑,用肘拑制于胁下而夹持。从手,甘声。

揲 (shé)

揲,阅持也。从手,枼声。食折切。

【译文】揲,按定数等分而轮番握取。从手,枼声。

摯 (zhì)

摯,握持也。从手,从執。脂利切。

【译文】摯,握持。由手、由執会意。

操 (cāo)

操,把持也。从手,喿声。七刀切。

【译文】操,握持。从手,喿声。

搏 (bó)

搏,索持也。一曰:至也。从手,尃声。补各切。

【译文】搏,用搜索的方式捕捉。另一义说,搏是至的意思。从手,尃声。

據 (jù)

據,杖持也①。从手,豦声。居御切。

【译文】據,用手杖扶持。从手,豦声。

【注释】①杖持:《段注》:"谓倚杖而持之。杖者,人所據,凡所據皆曰杖。"

握 (wò)

握,搤持也。从手,屋声。于角切。

【译文】握,捉扼而持。从手,屋声。

把 (bǎ)

把,握也。从手,巴声。搏下切。

【译文】把,握持。从手,巴声。

按（àn）

按，下也。从手，安声。乌旰切。

【译文】按，用手压、使向下。从手，安声。

控（kòng）

控，引也。从手，空声。《诗》曰："控于大邦。"匈奴名引弓控弦。苦贡切。

【译文】控，拉开（弓弦）。从手，空声。《诗经》说："像拉开弓弦一样向大国伸明心曲。"匈奴人叫拉开弓弦作控弦。

承（chéng）

承，奉也[1]，受也。从手，从卪，从𠬪。署陵切。

【译文】承，是捧授的意思，又是收受的意思。由手、由卪、由𠬪会意。

【注释】[1]奉：王筠《句读》："谓授之人也。"

接（jiē）

接，交也。从手，妾声。子叶切。

【译文】接，用手相交引。从手，妾声。

招（zhāo）

招，手呼也。从手、召[1]。止摇切。

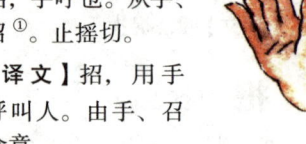

【译文】招，用手呼叫人。由手、召会意。

【注释】[1]从手、召：桂馥《义证》："以手曰招，以言曰召。"

抚（fǔ）

抚，安也。从手，無声。一曰：（循）[揗]也。芳武切。

【译文】抚，安抚。从手，無声。另一义说，抚是抚摩的意思。

捪（mín）

捪，抚也。从手，昏声。一曰：摹也。武巾切。

【译文】捪，抚摩。从手，昏声。另一义说，捪是摹仿的意思。

揣（chuǎi）

揣，量也。从手，耑声。度高曰揣。一曰：捶之。初委切。

【译文】揣，量轻重。从手，耑声。量度高（低）叫揣。另一义说，揣是捶击的意思。

投（tóu）

投，擿也。从手，从殳。度侯切。

【译文】投，投掷。由手、由殳会意。

挑（tiāo）

挑，挠也。从手，兆声。一曰：擗也。《国语》曰："卻至挑天。"土凋切。

【译文】挑，挑拨。从手，兆声。另一义说，挑足拘留而打击的意思。《国语》说："卻至偷天之功（来作为自己的力量）。"

抉（jué）

抉，挑也。从手，夬声。于说切。

【译文】抉，挑出。从手，夬声。

撓 (náo)

撓，扰也。从手，堯声。一曰捄也。奴巧切。

【译文】撓，扰乱。从手，堯声。又叫"捄"。

挶 (jū)

挶，戟持也。从手，局声。居玉切。

【译文】挶，手像戟一样弯曲挎握着。从手，局声。

摘 (zhāi)

摘①，拓果树实也。从手，啻声。一曰：指近之也。他历切。又，竹厄切。

【译文】摘，采摘果树的果实。从手，啻声。另一义说，摘是指摘的意思。

【注释】①摘：王筠《句读》："《仓颉篇》：'摘，以指摘取也。'"

据 (jū)

据，戟挶也。从手，居声。九鱼切。

【译文】据，拮据。从手，居声。

披 (pī)

披，从旁持曰披。从手，皮声。敷羁切。

【译文】披，灵柩两旁持握（的帛）叫作披。从手，皮声。

掉 (diào)

掉，摇也。从手，卓声。《春秋传》曰："尾大不掉。"徒吊切。

【译文】掉，摇动。从手，卓声。《春秋左传》说："尾巴太大不能摆动。"

摇 (yáo)

摇，动也。从手，䍃声。余招切。

【译文】摇，摆动。从手，䍃声。

扬 (yáng)

扬，飞、举也。从手，易声。与章切。

【译文】扬，飞起；举起。从手，易声。

掔 (qiān)

掔，固也。从手，臤声。读若《诗》"赤舄掔掔"。苦闲切。

【译文】掔，坚固。从手，臤声。音读像"赤舄掔掔"的"掔"字。

舉 (jǔ)

舉，对举也。从手，與声。居许切。

【译文】舉，两手相对而举。从手，與声。

掀 (xiān)

掀，举出也。从手，欣声。《春秋传》曰："掀公出于淖。"虚言切。

【译文】掀，举着出去。从首，欣声。《春秋左传》说："用手高举起晋厉公的战车从泥沼里出来。"

揭 (jiē)

揭，高举也①。从手，曷声。去例切。又，基竭切。

【译文】揭，高举。从手，曷声。

【注释】①高举：贾谊《过秦论》：

"揭竿为旗。"正是高举义。

抍 (zhěng)

抍①，上举也。从手，升声。《易》曰②："抍马，壮，吉。"

【译文】抍，上举。从手，升声。《易经》说："（马伤了左边的大腿，）因此拯救马，马健壮了，可获得吉祥。"

【注释】①抍：今作拯。②《易》：指《明夷卦·六二爻辞》。

振 (zhèn)

振，举救也。从手，辰声。一曰：奋也。章刃切。

【译文】振，举而救助。从手，辰声。另一义说，是奋起。

扛 (gāng)

扛，横关对举也。从手，工声。古双切。

【译文】扛，用双手把横着的门闩一样的重木杠对举起来。从手，工声。

扮 (fěn)

扮，握也。从手，分声。读若粉。房吻切。

【译文】扮，握持。从手，分声。音读像"粉"字。

撟 (jiǎo)

撟，举手也。从手，乔声。一曰：撟，擅也。

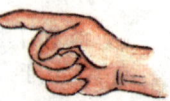

居少切。

【译文】撟，举手。从手，乔声。另一义说，撟是专擅的意思。

捎 (shāo)

捎，自关以西，凡取物之上者为挢捎。从手，肖声。所交切。

【译文】捎，从关往西，大凡选取物体的上等，叫作挢捎。从手，肖声。

擎 (pán)

擎，擎擴，不正也。从手，般声。薄官切。

【译文】擎，擎擴，手不正。从手，般声。

擅 (shàn)

擅，专也。从手，亶声。时战切。

【译文】擅，独揽。从手，亶声。

失 (shī)

失，纵也。从手，乙声。式质切。

【译文】失，放（手而掉落）。从手，乙声。

抒 (shū)

抒，挹也①。从手，予声。神与切。

【译文】抒，舀。从手，予声。

【注释】①挹：《段注》："凡挹彼注兹曰抒。"

掇 (duó)

掇，拾取也。从手，叕声。都括切。

【译文】掇，拾取。从手，叕声。

拾 (shí)

拾①，掇也。从手，合声。是执切。

【译文】拾，捡取。从手，合声。

【注释】① 拾：拾取，捡。《庄子·盗跖》："昼拾橡栗，暮栖木上。"《史记·货殖列传》："俯有拾，仰有取。"

擢 (zhuó)

擢①，引也。从手，翟声。直角切。

【译文】擢，拔引。从手，翟声。

【注释】① 擢：徐锴《系传》："谓拔擢也。"徐灏《段注笺》："此当以拔擢为本义，段借为擢舟（划船）字。"

抲 (hē)

抲，抲撝也。从手，可声。《周书》曰："尽执，抲。"虎何切。

【译文】抲，指挥。从手，可声。《周书》说："全部抓起来，指挥他们（回归周地）。"

捇 (huò)

捇，裂也。从手，赤声。呼麦切。

【译文】捇，裂开。从手，赤声。

扐 (lè)

扐，《易》筮，再扐而后卦。从手，力声。卢则切。

【译文】扐，《易经》中用蓍草占卜的方法，将蓍草两次夹在手指之间然后布一卦爻。从手，力声。

技 (jì)

技，巧也。从手，支声。渠绮切。

【译文】技，技巧。从手，支声。

拙 (zhuō)

拙，不巧也。从手，出声。职说切。

【译文】拙，不能作技巧的事。从手，出声。

搏 (tuán)

搏，圜也。从手，專声。度官切。

【译文】搏，用手搓捏成团。从手，專声。

拮 (jié)

拮，手口共有所作也。从手，吉声。《诗》曰："予手拮据。"古屑切。

【译文】拮，手和口同时有所劳作。从手，吉声。《诗经》说："我们的手，操作十分劳苦。"

搰 (hú)

搰①，掘也。从手，骨声。户骨切。

【译文】搰，发掘。从手，骨声。

【注释】① 搰：挖掘。《国语·吴语》："狐埋之，而狐搰之。"

掘 (jué)

掘，搰也。从手，屈声。衢勿切。

【译文】掘，挖。从手，屈声。

掩 (yǎn)

掩，敛也。小上曰掩。从手，奄声。衣检切。

【译文】掩，收手（覆盖）。稍稍举手放在被覆盖的物体上面叫掩。从手，奄声。

揟 (xū)

揟，取水沮也。从手，胥声。武威有揟次县。相居切。

【译文】揟，滤取水中的渣滓。从手，胥声。武威郡有揟次县。

播 (bō)

播，种也。一曰：布也①。从手，番声。补过切。

【译文】播，下种。另一义说，播是传布的意思。从手，番声。

【注释】①布：王筠《句读》："此前义之引申耳。"

摡 (gài)

摡，涤也。从手，既声。《诗》曰："摡之釜鬵。"古代切。

【译文】摡，洗涤。从手，既声。《诗经》说："洗涤那小锅大锅。"

挃 (zhì)

挃，穫禾声也。从手，至声。《诗》曰："穫之挃挃。"陟栗切。

【译文】挃，割禾声。从手，至声。《诗经》说："割禾割得挃挃地响。"

扤 (wù)

扤，动也。从手，兀声。五忽切。

【译文】扤，摇动。从手，兀声。

抈 (yuè)

抈，折也。从手，月声。鱼厥切。

【译文】抈，折断。从手，月声。

摎 (jiū)

摎，缚杀也。从手，翏声。居求切。

【译文】摎，绞杀。从手，翏声。

撻 (tà)

撻，乡饮酒，罚不敬，挞其背。从手，達声。他达切。

【译文】撻，乡人按时聚会饮酒行礼时，处罚不敬的人，鞭挞他们的背。从手，達声。

掕 (líng)

掕①，止马也。从手，夌声。里甑切。

【译文】掕，勒马使停止。从手，夌声。

【注释】①掕：《段注》："掕马犹勒马也。"

抨 (pēng)

抨，（撣）[弹]也。从手，平声。普耕切。

【译文】抨，开弓射丸。从手，平声。

扱 (xī)

扱，收也。从手，及声。楚洽切。

【译文】扱，收敛。从手，及声。

撨 (jiǎo)

撨，拘击也。从手，巢声。子小切。

【译文】撨，拘留打击。从手，巢声。

挨 (āi)

挨，击背也。从手，矣声。于骇切。

【译文】挨，朝背部推击。从手，矣声。

撲 (pū)

撲，挨也。从手，菐声。蒲角切。

【译文】撲，用鞭扑打。从手，菐声。

扚 (diǎo)

扚，疾击也。从手，勺声。都了切。

【译文】扚，快速击打。从手，勺声。

挟 (chì)

挟，笞击也①。从手，失声。勑栗切。

【译文】挟，用竹板荆条击打。从手，失声。

【注释】① 笞：《段注》："笞，所以击也。"

抵 (zhǐ)

抵①，侧击也。从手，氐声。诸氏切。

【译文】抵，侧着手击打。从手，氐声。

【注释】① 抵：钱坫《斠诠》："此抵掌而谈字。《广韵》引作'侧手击也'。"张舜徽《约注》："今之剧谈者，常扬手侧击以作气势，即抵掌也。"

挟 (yǎng)

挟，以车鞅击也。从手，央声。于两切。

【译文】挟，用车上套马脖的皮子击打。从手，央声。

捊 (fǒu)

捊，衣上击也。从手，保声。方苟切。

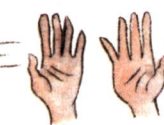

【译文】捊，在衣上拍击，（振去灰尘。）从手，保声。

捭 (bǎi)

捭，两手击也。从手，卑声。北买切。

【译文】捭，（左右）两手（横开从旁）击打。从手，卑声。

掫 (zōu)

掫，夜戒守，有所击。从手，取声。《春秋传》曰："宾将掫。"子侯切。

【译文】掫，夜里警戒巡守，有所敲击。从手，取声。《春秋左传》说："客人将要巡夜。"

扞 (yū)

扞①，指麾也。从手，亏声。亿俱切。

【译文】扞，指挥。从手，亏声。

【注释】① 扞：《方言》卷十二："扞，扬也。"张舜徽《约注》："谓手持其物而飞扬之也。"

扣 (kòu)

扣，牵马也。从手，口声。丘后切。

【译文】扣，牵马。从手，口声。

捆（hùn）

捆，同也。从手，昆声。古本切。

【译文】捆，混同。从手，昆声。

搜（sōu）

搜，众意也。一曰：求也。从手，叟声。《诗》曰："束矢其搜。"所鸠切。

【译文】搜，表示众多的意味。另一义说，搜是求索的意思。从手，叟声。《诗经》说："一捆箭何其多。"

换（huàn）

换，易也。从手，奂声。胡玩切。

【译文】换，更易。从手，奂声。

掖（yè）

掖，以手持人臂投地也[1]。从手，夜声。一曰：臂下也。羊益切。

【译文】掖，用手挟持人的臂膀。从手，夜声。另一义说，掖是臂下腋窝的意思。

【注释】①投地：段桂王朱均主删此二字。

巫部

巫（guāi）

巫，背吕也[1]。象胁肋也。凡巫之属皆从巫。古怀切。

【译文】巫，背脊。像胸胁肋骨的样

子。大凡巫的部属都从巫。

【注释】①背吕：《段注》："吕下曰：'脊骨也。'脊兼骨肉言之，吕则其骨。析言之如是，浑言之则统曰背吕。犹俗支背脊也。"

脊（jǐ）

脊，背吕也。从巫，从肉。资昔切。

【译文】脊，背脊。由巫、由肉会意。

女部

女（nǚ）

女，妇人也。象形。王育说。凡女之属皆从女。尼吕切。

【译文】女，女人。象形。是王育的说法。大凡女的部属都从女。

妇（fù）

妇，服也[1]。从女持帚，洒扫也。房九切。

【译文】妇，服侍（家事）的人。由"女"持握着扫"帚"，表示洒扫庭除的意思。

【注释】①服：《释名·释亲属》："妇，服也，服家事也。"《段注》："亦以叠韵为训。妇，主服事人者。"

妃（fēi）

妃，匹也。从女，己声。芳非切。

【译文】妃，匹偶。从女，己声。

媲（pì）

媲，妃也。从女，毘声。匹计切。

【译文】媲，配偶。从女，毘声。

妊 (rèn)

妊，孕也。从女，从壬，壬亦声。如甚切。

【译文】妊，怀孕。由女、由壬会意，壬也表声。

娠 (shēn)

娠，女妊身动也。从女，辰声。《春秋传》曰："后缗方娠。"一曰：宫婢女隶谓之娠。失人切。

【译文】娠，女人怀孕后身孕在动。从女，辰声。《春秋左传》说："后缗正怀了孕。"另一义说，宫中的奴婢、女差役叫作娠。

母 (mǔ)

母，牧也①。从女，象裹子形。一曰：象乳子也。莫后切。

【译文】母，像养牛一样哺育子女。从女，像怀抱子女的样子。另一义说，母像给子女喂奶的样子。

【注释】①牧：《段注》："以叠韵为训。牧者，养牛人也。以譬人之乳子。"

姑 (gū)

姑，夫母也。从女，古声。古胡切。

【译文】姑，丈夫的母亲。从女，古声。

嫗 (yù)

嫗，母也。从女，區声。衣遇切。

【译文】嫗，母亲。从女，區声。

媪 (ǎo)

媪，女老偁也。从女，昷声。读若奥。乌皓切。

【译文】媪，妇女年老的尊称。从女，昷声。音读像"奥"字。

姁 (xǔ)

姁①，妪也②。从女，句声。況羽切。

【译文】姁，母亲。从女，句声。

【注释】①姁：徐灏《段注笺》："姁盖即妪之异文。"②妪：《段注》："然则妪亦母偁也。"

妭 (bá)

妭，妇人美也。从女，犮声。蒲拨切。

【译文】妭，女人美丽。从女，犮声。

婀 (ē)

婀，女师也。从女，加声。杜林说，加教于女也。读若阿。乌何切。

【译文】婀，（用妇女的道德教育妇女的）女教师。从女，加声。杜林说，（婀是）对"女"人"加"以教育。音读像"阿"字。

姆 (mǔ)

姆，女师也。从女，每声。读若母。莫后切。

【译文】姆，（能以妇道教人的）女教师。从女，每声。音读像"母"字。

姼 (chǐ)

姼①，美女也。从女，多声。尺氏切②。

【译文】姼，美女。从女，多声。

【注释】①娙：娙娙美好。《前汉·西域传》："娙娙公主，乃女乌孙。"②尺氏切：今读依《广韵》是支切。

媊（qián）

媊，甘氏《星经》曰："太白上公，妻曰女媊。女媊居南斗，食厉，天下祭之。曰明星。"从女，前声。昨先切。

【译文】媊，甘德所著《星经》说："（大臣）太白，（他的号叫）上公，他的妻子叫女媊。女媊居住在南斗星宿，能吃掉恶鬼，普天下都祭祀她。（人们）叫太白作启明星。"从女，前声。

娲（wā）

娲①，古之神圣女，化万物者也。从女，咼声。古蛙切。

【译文】娲，古代神圣的女人，化育万物的人。从女，咼声。

【注释】①娲：桂馥《义证》引《风俗通》说："天地初开，未有人。女娲抟黄土为人。"

娀（sōng）

娀，帝高辛之妃，偰母号也。从女，戎声。《诗》曰："有娀方将。"息弓切。

【译文】娀，帝喾高辛氏的妃子，偰的母亲的名号。从女，戎声。《诗经》说："有娀氏的国家正当地域广大之际。"

娥（é）

娥，帝尧之女①，舜妻娥皇字也。秦晋谓好曰娙娥。从女，我声。五何切。

【译文】娥，帝尧的女儿，舜的妻子娥皇的表字。秦地晋地一带叫美好作娙娥。从女，我声。

【注释】①帝尧：王筠《句读》引《帝王世纪》："舜年二十，始以孝闻。尧以二女娥皇、女英妻之。"

嫄（yuán）

嫄，台国之女，周弃母字也。从女，原声。愚袁切。

【译文】嫄，邰国的女儿，周国祖先后稷之母的表字。从女，原声。

媚（mèi）

媚，说也①。从女，眉声。美秘切。

【译文】媚，爱悦。从女，眉声。

【注释】①说：《段注》："说，今悦字。《大雅》毛传曰：'媚，爱也。'"

媄（měi）

媄，色好也①。从女，从美，美亦声。无鄙切。

【译文】媄，（女人）颜色美好。由女、由美会意，美也表声。

【注释】①色好：桂馥《义证》："《颜氏字样》：'媄，颜色姝好也。'"

嬬（xù）

嬬，媚也。从女，畜声。丑六切。

【译文】嬬，媚悦。从女，畜声。

姝（shū）

姝，好也。从女，朱声。昌朱切。

【译文】姝，（女色）美好。从女，朱声。

好（hǎo）

好①，美也。从女子。呼皓切。

【译文】好，（女色）美。由女、子会意。

【注释】①好：《方言》卷二："凡美色或谓之好。"《段注》："本谓女子，引申为凡美之偁。"

嫣（yān）

嫣，长皃。从女，焉声。于建切。

【译文】嫣，（女人）修长的样子。从女，焉声。

委（wěi）

委，委随也。从女，从禾。于诡切。

【译文】委，逶迤（委曲自得的样子）。由女、由禾会意。

嫺（xián）

嫺，雅也。从女，閒声。户闲切。

【译文】嫺，娴雅。从女，閒声。

娱（yú）

娱，乐也。从女，吴声。噳俱切。

【译文】娱，欢乐。从女，吴声。

娭（xī）

娭，戏也。从女，矣声。一曰：卑贱名也。遏在切。

【译文】娭，嬉戏。从女，矣声。另一义说，娭是（妇人的）卑贱的名称。

媅（dān）

媅，乐也。从女，甚声。丁含切。

【译文】媅，乐。从女，甚声。

娓（wěi）

娓，顺也。从女，尾声。读若媚。无匪切。

【译文】娓，顺从。从女，尾声。音读像"媚"字。

婌（chuò）

婌，谨也。从女，束声。读若谨敕数数。测角切。

【译文】婌，谨慎。从女，束声。音读像谨慎肃敬数数整齐的"数"字。

晏（yàn）

晏，安也。从女日。《诗》曰："以晏父母。"乌谏切。

【译文】晏，安。由女、日会意。《诗经》说："用以安定父母的心。"

嬗（shàn）

嬗，缓也。从女，亶声。一曰：传也。时战切。

【译文】嬗，宽缓。从女，亶声。另一义说，嬗是相传授的意思。

媻（pó）

媻①，奢也。从女，般声。薄波切。

【译文】媻，张大。从女，般声。

【注释】①媻：邵瑛《群经正字》："此即俗婆娑之婆。今经典作婆。"

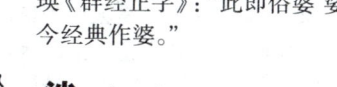

媻（shā）

媻，舞也。从女，沙声。《诗》曰："市也媻媻。"素何切。

【译文】婆,(婆婆,)舞蹈。从女,沙声。《诗经》说:"到街市上啊,婆婆起舞。"

姷(yòu)

姷,耦也。从女,有声。读若佑。于救切。

【译文】姷,相助。从女,有声。音读像"佑"字。

姁(jūn)

姁,钧适也。男女并。从女,旬声。居匀切。

【译文】姁,均等,男女地位并齐。从女,旬声。

娉(pìn)

娉,问也。从女,甹声。匹正切。

【译文】娉,(媒人)问(女方名字)。从女,甹声。

妓(jì)

妓,妇人小物也。从女,支声。读若跂行。渠绮切。

【译文】妓,妇人用的琐屑之物。从女,支声。音读像跂行的"跂"字。

媛(yuàn)

媛,美女也。人所援也。从女,从爱。爱,引也。《诗》曰:"邦之媛兮。"玉眷切。

【译文】媛,美女。是人们攀援的对象。由女、由爱会意。爱,表示牵引的意思。《诗经》说:"是国家的美女啊。"

妆(zhuāng)

妆,饰也。从女,爿省声。侧羊切。

【译文】妆,修饰。从女,爿省声。

媢(mào)

媢,夫妒妇也。从女,冒声。一曰:相视也。莫报切。

【译文】媢,丈夫忌妒妻妾。从女,冒声。另一义说,媢是微睁眼睛看的意思。

妎(hài)

妎,妒也。从女,介声。胡盖切。

【译文】妎,忌妒。从女,介声。

妒(dù)

妒,妇妒夫也。从女,户声。当故切。

【译文】妒,妇人忌妒丈夫。从女,户声。

佞(nìng)

佞,巧谄高材也。从女,信省。乃定切。

【译文】佞,巧慧谄谀而又有高强的口才。由女、由信字的省略而会意。

婴(yīng)

婴,小心态也。从女,熒省声。乌茎切。

【译文】婴,小心的样子。从女,熒省声。

嫪(lào)

嫪,婟也。从女,翏声。郎到切。

【译文】嫪,恋惜。从女,翏声。

姿 (zī)

姿①，态也。从女，次声。即夷切。

【译文】姿，姿态。从女，次声。

【注释】①姿：张舜徽《约注》："谓身材也。"

嫌 (xián)

嫌，不平于心也。一曰：疑也。从女，兼声。户兼切。

【译文】嫌，（怨恨）在心里不平静。另一义说，嫌是疑惑的意思。从女，兼声。

妨 (fáng)

妨，害也。从女，方声。敷方切。

【译文】妨，损害。从女，方声。

妄 (wàng)

妄，乱也。从女，亡声。巫放切。

【译文】妄，荒乱。从女，亡声。

毋部

毋 (wú)

毋，止之也。从女，有奸之者。凡毋之属皆从毋。武扶切。

【译文】毋，使之停止。从文，（一）表示有与女人奸淫的人。大凡毋的部属都从毋。

毐 (ǎi)

毐，人无行也。从士，从毋。贾侍中说：秦始皇母与嫪毐淫，坐诛，故世骂淫曰嫪毐。读若娭。遏在切。

【译文】毐，人没有好的品行。由士、由毋会意。贾侍中说，秦始皇的母亲同嫪毐淫乱，因而被诛杀，所以世人骂淫乱叫嫪毐。音读像"娭"字。

民部

民 (mín)

民，众萌也。从古文之象。凡民之属皆从民。弥邻切。

【译文】民，众人懵然无知的样子。由下面古文的形体稍稍整齐而成。大凡民的部属都从民。

氓 (méng)

氓，民也。从民，亡声。读若盲。武庚切。

【译文】氓，百姓。从民，亡声。音读像"盲"字。

丿部

丿 (piě)

丿，右戾也。象左引之形。凡丿之属皆从丿。房密切。

【译文】丿，从右着笔，向左弯曲。像向左拉长的样子。大凡丿的部属都从丿。

乂 (yì)

乂，芟艹也。从丿、从乀相交。鱼废切。

【译文】乂，割草。由丿、由乀互相交叉。

弗 (fú)

弗，挢也①。从丿②、从乀、从韦

省。分勿切。

【译文】弗，矫正。由丿、由乀、由韦字的省略会意。

【注释】①拂：《段注》作"矫"，注："矫者，揉箭箝也。引申为矫拂之用。"②从丿勹：《段注》："韦者，相背也。故取以会意。谓或左或右，皆背而矫之也。"

厂部

厂 (yì)

厂，抴也；明也。象抴引之形。凡厂之属皆从厂。虒字从此。余制切。

【译文】厂，横看牵引。明。像横着牵引的样子。大凡厂的部属都从厂。虒字用厂（为声）。

弋 (yì)

弋，橜也。象折木衺锐着形。从厂，象物挂之也。与职切。

【译文】弋，木桩。像折断树木中歪斜而尖锐的枝干并把它附着在物体上的样子。从厂，像有物体挂在木桩上。

氏部

氏 (shì)

巴蜀山名岸胁之旁箸欲落墯者曰氏①，氏崩，闻数百里。象形，乁声。凡氏之属皆从氏。杨雄赋：响若氏隤。承旨切。

【译文】巴地、蜀地叫山崖侧边的附着而将要堕落的山岩作氏。氏崩塌，方圆几百里都能听到。（ 氏 ）象形，乁表声。大凡氏的部属都从氏。杨雄赋说："声响像氏的坠落。"

【注释】①山名：当依《段注》作"名山"，注："此谓巴蜀方语也。"

氒 (jué)

氒，木本。从氏。大于末。读若厥。居月切。

【译文】氒，树木的根本。由氏、下会意。根本大于树木的末梢。音读像"厥"字。

氐部

氐 (dǐ)

氐，至也。从氏下箸一。一，地也。凡氐之属皆从氐。丁礼切。

【译文】氐，抵达。由"氏"下附着"一"会意，一表示地。大凡氐的部属都从氐。

䟪 (yìn)

䟪，卧也。从氐，亚声。于进切。

【译文】䟪，卧。从氐，亚声。

䟽 (dié)

䟽，触也。从氐，失声。徒结切。

【译文】䟽，触。从氐，失声。

戈部

戈 (gē)

戈，平头戟也。从弋，一横之。象形。凡戈之属皆从戈。古禾切。

【译文】戈，没有向上尖刃的戟类兵器。由弋字、由一横贯在弋上会意。像戈的形状。大凡戈的部属都从戈。

肈（zhào）

肈，上讳。直小切。

【译文】肈，已故孝和皇帝之名。

戛（jiá）

戛，㦸也。从戈，从百。读若棘。古黠切。

【译文】戛，㦸。由戈、由百会意。音读像"棘"字。

戎（róng）

戎，兵也。从戈，从甲①。如融切。

【译文】戎，兵器。由戈、由甲会意。

【注释】①从戈，从甲：《段注》："金部曰：'铠者，甲也。'甲亦兵之类。故从戈、甲会意。"

戟（gān）

戟，盾也。从戈，旱声。侯旰切。

【译文】戟，盾牌。从戈，旱声。

贼（zéi）

贼，败也。从戈，则声。昨则切。

【译文】贼，伤害。从戈，则声。

戍（shù）

戍①，守边也。从人持戈。伤遇切。

【译文】戍，防守边疆。由"人"持握着"戈"会意。

【注释】①戍：朱骏声《通训定声》："与从戊从一之戌迥别。"

戰（zhàn）

戰，鬥也。从戈，單声。之扇切。

【译文】戰，战鬥。从戈，單声。

戲（xì）

戲，三军之偏也。一曰：兵也。从戈，䖒声。香义切。

【译文】戲，三军的偏师。另一义说，是兵器。从戈，䖒声。

戜（dié）

戜，利也。一曰：剔也。从戈，呈声。徒结切。

【译文】戜，锋利。另一义说，是鬄发。从戈，呈声。

或（yù）

或，邦也。从口，从戈，以守一。一，地也。于逼切。

【译文】或，邦国。由口、由用"戈"来把守"一"会意。一，表示地域。

戕（qiāng）

戕，枪也①。他国臣来弑君曰戕。从戈，爿声。士良切。

【译文】戕，残害。别国的臣子来杀害（本国的）国君叫作戕。从戈，爿声。

【注释】①枪：《段注》："枪者，歫也。歫谓相抵为害。《小雅》曰：'子不戕。'传曰：'戕，残也。'此戕之正义。"

戮（lù）

戮，杀也。从戈，翏声。力六切。

【译文】戮，杀。从戈，翏声。

武（wǔ）

武，楚庄王曰："夫武，定功戢兵。故止戈为武。"文甫切。

【译文】武，楚庄王说："武力，确定战功，止息战争。所以'止''戈'

二字会合成'武'字。"

戋（cán）

戋，贼也。从二戈。《周书》曰："戋戋巧言。"昨千切。

【译文】戋，残害。由两个"戈"字会意。《周书》说："戋戋浅薄而又乖巧的话。"

戉部

戉（yuè）

戉，斧也。从戈，乚声。《司马法》曰："夏执玄戉，殷执白戚，周左杖黄戉，右秉白髦。"凡戉之属皆从戉。王伐切。

【译文】戉，斧头。从戈，乚声。《司马法》说："夏朝拿着黑红色的斧头，殷朝拿着白色的斧头，周朝左手拿着黄色的斧头，右手握着白色的牦牛尾。"大凡戉的部属都从戉。

戚（qī）

戚，戉也。从戉，未声。仓历切。

【译文】戚，钺一类的斧头。从戉，未声。

我部

我（wǒ）

我，施身自谓也。或说：我，顷顿也。从戈，从手。手，或说古垂字。一曰：古杀字。凡我之属皆从我。五可切。

【译文】我，用在自己身上，自己称自己。另一义说，我，倾斜。由戈、由手会意。手，有人说是古垂字。又另一义说，我是古杀字。大凡我的部属都从我。

義（yí）

義，己之威仪也。从我羊。

【译文】義，自己的庄严的仪容举止。由"我""羊"会意。

珡部

琴（qín）

琴，禁也。神农所作。洞越。练朱五弦，周加二弦。象形。凡珡之属皆从珡。巨今切。

【译文】琴，用来禁止（淫邪、端正人心）。是神农制作的乐器。（底板）有通达的出音孔。朱红色的熟绢丝作成五根弦，周朝又增加两根弦。象形。大凡珡的部属都从珡。

瑟（sè）

瑟，庖牺所作弦乐也。从珡，必声。所栉切。

【译文】瑟，庖牺氏制作的有弦的乐器。从珡，必声。

乚部

乚（yǐn）

乚，匿也。像迟曲隐蔽形。凡乚之属皆从乚。读若隐。于谨切。

【译文】乚，隐藏。像曲折逃亡隐蔽的踪迹。大凡乚的部属都从乚。音读象"隐"字。

直 (zhí)

直，正见也。从∟①，从十，从目。除力切。

【译文】直，正视。由∟、由十、由目会意。

【注释】①从∟句：《段注》："谓以十目视∟。∟者，无所逃也。"王筠《句读》："十目所视，无微不见，爰得我直矣。"

亡部

亾 (wáng)

亡，逃也。从入，从∟。凡亡之属皆从亡。武方切。

【译文】亡，逃跑。由入、由∟会意。大凡亡的部属都从亡。

無 (wú)

無，亡也。从亡，無声。武扶切。

【译文】無，没有。从亡，無声。

乍 (zhà)

乍，止也。一曰：亡也。从亡，从一。鉏驾切。

【译文】乍，制止。另一义说，是逃亡。由亡、由一会意。

望 (wàng)

望，出亡在外，望其还也①。从亡，朢省声。巫放切。

【译文】望，出门流亡在外，家里盼望他回来。从亡，朢省声。

【注释】①还：复。

匃 (gài)

匃，气也。逯安说，亡人为匃。古代切。

【译文】匃，乞求。逯安说，"亡""人"组合成"匃"字。

匸部

匸 (xì)

匸，衺徯，有所侠藏也。从∟，上有一覆之。凡匸之属皆从匸。读与傒同。胡礼仞(xì)。

【译文】匸，斜向站着，（因为）胁下有挟藏的东西。由"∟"上面有"一"覆盖掩蔽表示。大凡匸的部属都从匸。音读与"傒"字同。

區 (qū)

區，踦区，藏匿也。从品在匸中；品，众也。岂俱切。

【译文】區，踦區，收藏隐匿。由"品"在"匸(xì)"之中会意；品表示众多对象的意思。

匿 (nì)

匿，亡也。从匸，若声。女力切。

【译文】匿，逃亡。从匸，若声。

匽 (yǎn)

匽，匿也。从匸，妟声。于寒切。

【译文】匽，隐匿。从匸，妟声。

医 (yī)

医，盛弓弩矢器也。从匸，从矢。《国语》曰："兵不解医。"于计切。

【译文】医，装弓、弩、箭的器具。

由匚、由矢会意。《国语》说："武器（让它收藏着），不用解开装弓、弩、矢的医器。"

匹 (pǐ)

匹，四丈也。从八匚。八揲一匹，八亦声。普吉切。

【译文】匹，（布帛）四丈。由"八"、"匚"会意。八摺成一匹，八也表声。

匚部

匚 (fāng)

匚，受物之器。象形。凡匚之属皆从匚。读若方。府良切。

【译文】匚，（方形）盛物的器具。象形。大凡匚的部属都从匚。音读像"方"字。

匠 (jiàng)

匠，木工也。从匚，从斤。斤，所以作器也。疾亮切。

【译文】匠，木工。由匚、由斤会意。斤，是用来制作器物的工具。

匧 (qiè)

匧，[械]藏也。从匚，夾声。苦叶切。

【译文】匧，狭长的箱子，收藏。从匚，夾声。

匡 (kuāng)

匡，（饮）[饭]器，筥也。从匚，㞷声。去王切。

【译文】匡，盛饭的器具，像喂牛的筐一类的东西。从匚，㞷声。

匜 (yí)

匜，似羹魁，柄中有道，可以注水。从匚，也声。移尔切。

【译文】匜，像汤勺，柄中有道漕，可用来灌注水。从匚，也声。

匴 (suàn)

匴，渌米籔也。从匚，算声。穌管切。

【译文】匴，淘米的溲箕。从匚，算声。

匪 (fěi)

匪，器。似竹筐。从匚，非声。《逸周书》曰："实玄黄于匪。"非尾切。

【译文】匪，器名。像竹筐。从匚，非声。《逸周书》说："把黑色的、黄色的（束帛）装满在竹匪里。"

匱 (guì)

匱，匣也。从匚，貴声。求位切。

【译文】匱，柜子。从匚，貴声。

匵 (dú)

匵，匱也。从匚，賣声。徒谷切。

【译文】匵，楼匣。从匚，賣声。

匣 (xiá)

匣，匵也。从匚，甲声。胡甲切。

【译文】匣，箱匣。从匚，甲声。

匯 (huì)

匯，器也。从匚，淮声。胡罪切。

【译文】匯，器名。从匚，淮声。

柩 (jiù)

柩，棺也。从匚，从木，久声。巨

救切。

【译文】柩，（装着尸体的）棺材。由匚、由木会意，久声。

曲部

曲（qū）

曲，象器曲受物之形。或说，曲，蚕薄也。凡曲之属皆从曲。丘玉切。

【译文】曲，像器物中间圆曲能够盛受物体的样子。又一义说，曲是（像筛子一样的）蚕薄。大凡曲的部属都从曲。

𠭆（qū）

𠭆，䰎曲也。从曲，玉声。丘玉切。

【译文】𠭆，委曲。从曲，玉声。

𥁰（tāo）

𥁰，古器也。从曲，舀声。土刀切。

【译文】𥁰，古器。从曲，舀声。

甾部

甾（zī）

甾，东楚名缶曰甾。象形。凡甾之属皆从甾。侧词切。

【译文】甾，东楚地方叫盛酒浆的陶器缶作甾。象形。大凡甾的部属都从甾。

䐄（chā）

䐄，斛也，古田器也。从甾，㞢声。楚洽切。

【译文】䐄，锹，古代种田的器具。从甾，㞢声。

瓦部

瓦（wǎ）

瓦，土器已烧之总名。象形。凡瓦之属皆从瓦。五寡切。

【译文】瓦，用泥土作成的、已通过烧制的器皿的总称。象形。大凡瓦的部属都从瓦。

瓬（fǎng）

瓬，周〔家〕〔礼〕搏埴之工也。从瓦，方声。读若抵破之抵。分两切。

【译文】瓬，《周礼》上说的拍打着黏土（制作簋、豆类瓦器的）匠工。从瓦，方声。音读像"抵破"的"抵"字。

甄（zhēn）

甄，匋也。从瓦，垔声。居延切。

【译文】甄，制作陶器。从瓦，垔声。

甍（méng）

甍，屋栋也。从瓦，夢省声。莫耕切。

【译文】甍，屋脊梁。从瓦，夢省声。

甑（zèng）

甑，䰝也。从瓦，曾声。子孕切。

【译文】甑，像䰝一类的蒸饭食的器皿。从瓦，曾声。

瓮 (wèng)

瓮，罌也。从瓦，公声。乌贡切。

【译文】瓮，罌类陶器。从瓦，公声。

弓部

弭 (mǐ)

弭，弓无缘。可以解辔纷者。从弓，耳声。绵婢切。

【译文】弭，弓的末端不缠丝绫而用骨角镶嵌。是可用来解开马缰绳纷乱的结巴的东西。从弓，耳声。

弧 (hú)

弧，木弓也。从弓，瓜声。一曰：往体寡，来体多曰弧。户吴切。

【译文】弧，木弓。从弓，瓜声。另一义说，（木性坚直，）往屈之形较少，（用弦强攀，）希望来弯之度较多，叫作弧。

張 (zhāng)

張，施弓弦也。从弓，長声。陟良切。

【译文】張，把弦绷在弓上。从弓，長声。

引 (yǐn)

引，开弓也。从弓丨。余忍切。

【译文】引，拉开弓。由弓和丨会意。

弘 (hóng)

弘，弓声也。从弓，厶声。厶，古文肱字。胡肱切。

【译文】弘，弓声。从弓，厶声。厶，

古文"肱(gōng)"字。

弛 (chí)

弛，弓解也。从弓，从也。施氏切。

【译文】弛，弓弦松懈。由弓、由也会意。

弩 (nǔ)

弩，弓有臂者。《周礼》四弩：夹弩、庾弩、唐弩、大弩。从弓，奴声。奴古切。

【译文】弩，弓上有像人的手臂一样的柄。《周礼》四弩：是夹弩、庾弩、唐弩、大弩。从弓，奴声。

弢 (tāo)

弢，弓衣也。从弓，从ㄓ。ㄓ，垂饰，与鼓同意。土刀切。

【译文】弢，盛弓的袋子。由弓、由ㄓ会意。ㄓ，下垂的装饰品。与"鼓"字从"屮"同一造字法则。

彀 (gòu)

彀，张弩也。从弓，㱿声。古候切。

【译文】彀，张满弓弩。从弓，㱿声。

彈 (tán)

彈，行丸也。从弓，單声。徒案切。

【译文】彈，（弹弓）使丸疾行。从弓，單声。

發 (fā)

發，躲发也。从弓，癹声。方伐切。

【译文】發，发射。从弓，癹声。

弦部

弦 (xián)

弦，弓弦也。从弓，象丝轸之形。凡弦之属皆从弦。胡田切。

【译文】弦，弓弦。从弓，（玄）像丝束绑缚在系弦的地方的样子。大凡弦的部属都从弦。

玅 (yāo)

玅，急戾也。从弦省，少声。于霄切。

【译文】玅，（弦）紧而乖戾。由弦省弓作形旁，少声。

㶿 (yì)

㶿，不成，遂急戾也。从弦省，曷声。读若瘞葬。于劂切。

【译文】㶿，办事不成，于是就急躁而乖戾。由弦省去弓作形旁，曷声。音读像"瘞葬"的"瘞"字。

系部

系 (xì)

系①，系也。从糸，丿声。凡系之属皆从系。胡计切。

【译文】系，相联系。从糸，丿声。大凡系的部属都从系。

【注释】① 系：朱骏声《通训定声》："垂统于上而连属于下，谓之系，犹联缀也。经传多以系为之。"

孙 (sūn)

孙，子之子曰孙。从子，从系。系，续也。思魂切。

【译文】孙，儿子的儿子叫孙子。由子、由系会意。系，是连续的意思。

緜 (mián)

緜，联微也。从系，从帛①。武延切。

【译文】緜，将微小的丝连续起来，（绵绵不绝。）由系、由帛会意。

【注释】① 从系，从帛：《段注》："谓帛之所系也。系取细丝。系取细丝，而积细丝可以成帛。"

糸部

糸 (mì)

糸，细丝也。象束丝之形。凡糸之属皆从糸。读若覛。莫狄切。

【译文】糸，捆丝。像一束丝的样子。大凡糸的部属都从糸。音读像"覛 (mì)"字。

绪 (xù)

绪，丝端也。从糸，者声。徐吕切。

【译文】绪，丝头。从糸，者声。

缅 (miǎn)

缅，微丝也。从糸，面声。弭洗切。

【译文】缅，细丝。从糸，面声。

纯 (chún)

纯，丝也。从糸，屯声。《论语》曰："今也纯，俭。"常伦切。

【译文】纯，蚕丝。从糸，屯声。《论语》说："如今呀用丝料（作礼帽），是省俭的。"

綃 (xiāo)

綃，生丝也。从糸，肖声。相么切。

【译文】綃，生丝。从糸，肖声。

經 (jīng)

經，织也。从糸，巠声。九丁切。

【译文】經，编织品的纵线。从糸，巠声。

織 (zhī)

織，作布帛之总名也。从糸，戠声。之弋切。

【译文】織，制作麻织品和丝织品的总的名称。从糸，戠声。

緯 (wěi)

緯，织横丝也。从糸，韋声。云贵切。

【译文】緯，编织品的横线。从糸，韋声。

紀 (jì)

紀，丝别也。从糸，己声。居拟切。

【译文】紀，丝的另一头绪。从糸，己声。

絕 (jué)

絕，断丝也①。从糸，从刀，从卩。情雪切。

【译文】絕，（用刀）断丝（为二）。由糸、由刀、由卩会意。

【注释】①断丝：《段注》："断之则为二，是曰绝。"

繪 (huì)

繪，会五采绣也。《虞书》曰："山龙华虫作绘。"《论语》曰："绘事后素。"从糸，會声。黄外切。

【译文】繪，会合五彩的刺绣。《虞书》说："用山、龙、五色的虫类描画。"《论语》说："绘画的事在白色底子之后。"从糸，會声。

絹 (juàn)

絹，繒如麦稍。从糸，肙声。吉掾切。

【译文】絹，丝织品象麦茎的青色。从糸，肙声。

綠 (lù)

綠，帛青黄色也。从糸，录声。力玉切。

【译文】綠，缕织品呈青黄色。从糸，录声。

綪 (qiàn)

綪，赤繒也。以茜染，故谓之綪。从糸，青声。仓绚切。

【译文】綪，赤色丝织品。用茜草染成，所以叫它綪。从糸，青声。

緹 (tǐ)

緹，帛丹黄色①。从糸，是声。他礼切。

【译文】緹，丝织品呈橘红色。从糸，是声。

【注释】①丹黄：《段注》："谓丹而黄也。"

紺 (gàn)

紺，帛深青扬赤色。从糸，甘声。古暗切。

【译文】紺，丝织品呈深青色而又发射着赤光。从糸，甘声。

縓 (quàn)

縓，帛赤黄色。一染谓之縓，再染谓之䞓，三染谓之纁。从糸，原声。七绢切。

【译文】縓，丝织品赤黄色。染一次，叫作縓；染两次，叫作䞓；染三次，叫作纁。从糸，原声。

紫 (zǐ)

紫①，帛青赤色②。从糸，此声。将此切。

【译文】紫，丝织品呈青赤色。从糸，此声。

【注释】①紫：红、黑合成的颜色。②青赤：《段注》："以赤入于黑。"张舜徽《约注》："青即黑色。今语称布帛之色黑者，但曰青布青绸，不言黑也。"

纮 (hóng)

纮①，冠卷也。从糸，厷声。户萌切。

【译文】纮，帽上的系带。从糸，厷声。

【注释】①纮：《仪礼·士冠礼》："缁组纮纁边。"郑玄注："有笄者屈组为纮，垂为饰。"

紞 (dǎn)

紞，冕冠塞耳者。从糸，冘声。都感切。

【译文】紞，帽子两侧用以悬挂塞耳瑱的带子。从糸，冘声。

䧺 (yǎng)

䧺，缨卷也。从糸，央声。于两切。

【译文】䧺，系帽子的带子弯曲而环绕。从糸，央声。

緄 (gǔn)

緄①，织带也。从糸，昆声。古本切。

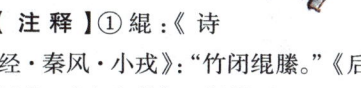

【译文】緄，编织的带子。从糸，昆声。

【注释】①緄：《诗经·秦风·小戎》："竹闭緄縢。"《后汉书·南匈奴传》："緄带。"

緌 (ruí)

緌，系冠缨也。从糸，委声。儒佳切。

【译文】緌，继续系帽带结子的下垂部分。从糸，委声。

繟 (chǎn)

繟，带缓也。从糸，單声。昌善切。

【译文】繟，丝带宽缓。从糸，單声。

绅 (shēn)

绅，大带也。从糸，申声。失人切。

【译文】绅，（束腰）大带（的下垂部分）。从糸，申声。

绶 (shòu)

绶，韨维也。从糸，受声。植酉切。

【译文】绶，拴系蔽膝的丝带。从糸，受声。

組 (zǔ)

組，綬属。其小者以为冕缨。从糸，且声。则古切。

【译文】組，绶带一类。那窄小的用来作帽带子。从糸，且声。

綸 (lún)

綸①，青丝绶也。从糸，侖声。古还切。

【译文】綸，青丝绶带。从糸，侖声。

【注释】① 綸：徐灏《段注笺》："纶本丝绳之名。用青丝为纶以佩印，乃其一端耳。"

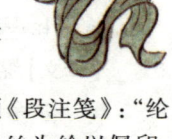

絙 (huán)

絙，缓也。从糸，亘声。胡官切。

【译文】絙，宽缓。从糸，亘声。

纂 (zuǎn)

纂，似组而赤。从糸，算声。作管切。

【译文】纂，像组一样的宽而薄的丝带，呈赤色。从糸，算声。

紐 (niǔ)

紐，系也。一曰：结而可解。从糸，丑声。女久切。

【译文】紐，绑束。另一义说，打结而可以解散。从糸，丑声。

綎 (tīng)

綎，系绶也。从糸，廷声。他丁切。

【译文】綎，用以拴系佩玉的绶带。从糸，廷声。

緣 (yuàn)

緣，衣纯也。从糸，彖声。以绢切。

【译文】緣，装饰衣边。从糸，彖声。

縷 (lǚ)

縷，线也。从糸，婁声。力主切。

【译文】縷，线。从糸，婁声。

綫 (xiàn)

綫，缕也。从糸，戔声。私箭切。

【译文】綫，丝麻制成的细长物。从糸，戔声。

縫 (féng)

縫，以针紩衣也。从糸，逢声。符容切。

【译文】縫，用针把布帛连缀成衣。从糸，逢声。

繄 (yī)

繄，戟衣也。从糸，殹声。一曰：赤黑色缯。乌鸡切。

【译文】繄，装戟的布帛套子。从糸，殹声。另一义说，赤黑色的丝织品。

縋 (zhuì)

縋，以绳有所县也。《春秋传》曰："夜縋纳师。"从糸，追声。持伪切。

【译文】縋，用绳悬挂着东西。《春秋左传》说："趁夜晚用绳悬着垂下城而使齐军进城。"从糸，追声。

綣（quàn）

綣，攘臂绳也。从糸，𢍏声。居愿切。

【译文】綣，用以束臂袖的绳子。从糸，𢍏声。

縻（mí）

縻，牛辔也。从糸，麻声。靡为切。

【译文】縻，牛缰绳。从糸，麻声。

紲（xiè）

紲，系也。从糸，世声。《春秋传》曰："臣负羁紲。"私列切。

【译文】紲，绳索。从糸，世声。《春秋左传》说："臣（像随行的马）背负着马笼头、马缰绳，（跟着您在天下巡行。）"

絮（xù）

絮，敝绵也。从糸，如声。息据切。

【译文】絮，破旧的丝绵。从糸，如声。

紙（zhǐ）

紙，絮一苫也。从糸，氏声。诸氏切。

【译文】紙，（漂洗后）附着在一方形竹帘上的丝绵渣。从糸，氏声。

績（jī）

績，缉也。从糸，責声。则历切。

【译文】績，把麻捻续成绳线。从糸，責声。

絟（quán）

絟，细布也。从糸，全声。此缘切。

【译文】絟，细麻布。从糸，全声。

紵（zhù）

紵，荣属。细者为絟，粗者为紵。从糸，宁声。直吕切。

【译文】紵，用麻类植物（织成的布）。细麻布叫絟，粗麻布叫紵。从糸，宁声。

素部

素（sù）

素①，白致缯也②。从糸𠬸，取其泽也。凡素之属皆从素。桑故切。

【译文】素，白色而又细密的（未加工的）丝织品。由糸、𠬸会意，取其毛光润下垂的意思。大凡素的部属都从素。

【注释】① 素：《释名·释采帛》："素，朴素也。已织则供用，不复加功饰也。" ② 白致缯：《段注》："缯之白而细者。"

䋚（yuè）

䋚，白（约）[䋚]，缟也。从素，勺声。以灼切。

【译文】䋚，白色的光彩䋚䋚的绢，就是缟。从素，勺声。

繂（lù）

繂，素属。从素，率声。所律切。

【译文】繂，素一类的丝织品。从素，率声。

綽 (chuò)

綽，繛也。从素，卓声。昌约切。

【译文】綽，宽缓。从素，卓声。

繛 (huǎn)

繛，綽也。从素，爰声。胡玩切。

【译文】繛，宽缓。从素，爰声。

絲部

絲 (sī)

絲①，蚕所吐也。从二糸。凡丝之属皆从丝。息兹切。

【译文】絲，蚕吐的丝。由两个糸字会意。大凡丝的部属都从丝。

【注释】① 絲：罗振玉《增订殷墟书契考释》："像束丝形，两端则束余之绪也。"

轡 (pèi)

轡，马轡也。从絲，从軎。与连同意。《诗》曰："六轡如丝。"兵媚切。

【译文】轡，驾马的缰绳。由絲、由軎会意。与连构形原则相同。《诗经》说："六条马缰绳像丝一样牵引着。"

虫部

虫 (huǐ)

虫，一名蝮。博三寸，首大如擘指。象其卧形。物之微细，或行，或毛，或蠃，或介，或鳞，以虫为象。凡虫之属皆从虫。许伟切。

【译文】虫，又叫蝮虺，身宽三寸，头大像大拇指。篆文像它卧着的形状。活物中的微小的东西，有的行走，有的长毛，有的裸露，有的长着甲壳，有的长着鳞，（造字时）都以虫字作为象征。大凡虫的部属都从虫。

蝝 (yuán)

蝝，复陶也。刘歆说：蝝，蚍蜉子也。董仲舒说：蝗子也。从虫，彖声。与专切。

【译文】蝝，蝗的没有翅膀的幼虫。刘歆说，蝝，是大蚂蚁的卵。董仲舒说，是蝗虫的卵。从虫，彖声。

蛄 (gū)

蛄，蝼蛄也①。从虫，古声。古乎切。

【译文】蛄，蝼蛄。从虫，古声。

【注释】① 蝼蛄：朱骏声《通训定声》："今谓之土狗。黄色，四足，头如狗，喜夜鸣，声如蚯蚓，喜就灯光。"

蛾 (yǐ)

蛾，罗也。从虫，我声。五何切。

【译文】蛾，又叫罗。从虫，我声。

蛱 (jiá)

蛱，蛱蜨也①。从虫，夾声。兼叶切。

【译文】蛱，蝴蝶。从虫，夾声。

【注释】① 蛱蜨：《段注》："今俗云胡蝶。"

蜨 (dié)

蜨，蛱蜨也。从虫，疌声。徒叶切。

【译文】蜨，蝴蝶。从虫，疌声。

蚩 (chī)

蚩，虫也。从虫，之声。赤之切。

【译文】蚩，虫名。从虫，之声。

蟊 (máo)

蟊，盤蟊也①。从虫，孜声。莫交切。

【译文】蟊，斑蟊。从虫，孜声。

【注释】①盤蟊：双声连绵词。又作斑蟊。《本草纲目·虫部·斑蟊》："盤蟊充。时珍曰：斑言其色，蟊刺言其毒，如矛刺也。"

盤 (bān)

盤，盤蟊，毒虫也。从虫，般声。布还切。

【译文】盤，斑蟊，毒虫。从虫，般声。

蛜 (yī)

蛜，蛜威，委黍；委黍，鼠妇也。从虫，伊省声。于脂切。

【译文】蛜，蛜威，又叫作委黍；委黍就是鼠妇虫。从虫，伊省声。

蜙 (sōng)

蜙，蜙蝑，以股鸣者①。从虫，松声。息恭切。

【译文】蜙，蜙蝑，用大腿相切摩而发声的虫子。从虫，松声。

【注释】①股鸣：其实是以翅膀摩擦发音。

蝑 (xū)

蝑，蜙蝑也。从虫，胥声。相居切。

【译文】蝑，蜙蝑。从虫，胥声。

蟅 (zhè)

蟅，虫也。从虫，庶声。之夜切。

【译文】蟅，虫名。从虫，庶声。

蝗 (huáng)

蝗，螽也。从虫，皇声。乎光切。

【译文】蝗，螽虫。从虫，皇声。

蜩 (tiáo)

蜩，蝉也。从虫，周声。《诗》曰："五月鸣蜩。"徒聊切。

【译文】蜩，蝉。从虫，周声。《诗经》说："五月份蝉儿鸣叫。"

蜺 (ní)

蜺，寒蜩也。从虫，兒声。五鸡切。

【译文】蜺，寒蝉。从虫，兒声。

螇 (xī)

螇，螇鹿，蛯蟟也。从虫，奚声。胡鸡切。

【译文】螇，螇鹿，又叫蛯蟟。从虫，奚声。

蚗 (jué)

蚗，蛜蚗，蛯蟟也。从虫，央声。于悦切。

【译文】蚗，蛜蚗，又叫蛯蟟。从虫，央声。

蜊 (liè)

蜊，蜻蜊也。从虫，列声。良薛切。

【译文】蛚,蜻蛚。从虫,列声。

蜻 (jīng)

蜻,蜻蛚也。从虫,青声。子盈切。

【译文】蜻,蜻蛚。从虫,青声。

蛉 (líng)

蛉,蜻蛉也①。从虫,令声。一名桑根。郎丁切。

【译文】蛉,蜻蜓。从虫,令声。又叫桑根。

【注释】① 蜻蛉:《段注》:"今人作蜻蜓、蜻蜓。"

蜕 (tuì)

蜕,蛇蝉所解皮也。从虫,捝省。输芮切。

【译文】蜕,蛇和蝉一类动物解脱的那张皮。由虫、由捝字省去手会意。

螭 (chī)

螭,若龙而黄,北方谓之地蝼。从虫,离声。或云:无角曰螭。丑知切。

【译文】螭,像龙而呈黄色,北方叫作地蝼。从虫,离声。另一说,没有角的龙叫螭。

虬 (qiú)

虬,龙子有角者。从虫,丩声。渠幽切。

【译文】虬,有角的幼龙。从虫,丩声。

蜦 (lún)

蜦①,蛇属,黑色,潜于神渊,能兴风雨。从虫,俞声。力屯切。

【译文】蜦,蛇一类,黑色。潜藏在神奇的渊水之中,能兴风作雨。从虫,俞声。

【注释】① 蜦:传说中的神蛇。

蜃 (shèn)

蜃,雉入海,化为蜃。从虫,辰声。时忍切。

【译文】蜃,野鸡沉入海,化作了蜃。从虫,辰声。

蠊 (lián)

蠊,海虫也。长寸而白,可食。从虫,兼声。读若嗛。力盐切。

【译文】蠊,海中的介虫。(壳)长一寸而呈白色,肉可吃。从虫,兼声。音读像"嗛"字。

蜗 (wō)

蜗①,蜗蠃也。从虫,呙声。古华切。

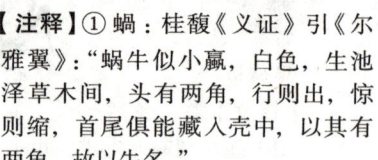

【译文】蜗,蜗牛。从虫,呙声。

【注释】① 蜗:桂馥《义证》引《尔雅翼》:"蜗牛似小蠃,白色,生池泽草木间,头有两角,行则出,惊则缩,首尾俱能藏入壳中,以其有两角,故以牛名。"

蚌 (bàng)

蚌,蜃属。从虫,丰声。步项切。

【译文】蚌，蜃盒一类。从虫，丰声。

蝓（yú）

蝓，虒蝓也。从虫，俞声。羊朱切。

【译文】蝓，蜗牛。从虫，俞声。

蜎（yuān）

蜎，蜎也。从虫，肙声。狂沇切。

【译文】蜎，蜎蜎。从虫，肙声。

蟺（shàn）

蟺，夗蟺也。从虫，亶声。常演切。

【译文】蟺，虫类曲折宛转的样子。从虫，亶声。

蛰（zhé）

蛰，藏也。从虫，执声。直立切。

【译文】蛰，虫类（遇冬）藏隐不出。从虫，执声。

蚨（fú）

蚨，青蚨，水虫，可还钱。从虫，夫声。房无切。

【译文】蚨，青蚨，水虫。（传说用它的血涂在钱上，）可使钱还归。从虫，夫声。

蜠（jú）

蜠，蜠黿，詹诸，以胫鸣者。从虫，匊声。居六切。

【译文】蜠，蜠黿，又叫蟾蜍，用颈脖鸣叫的虫子。从虫，匊声。

蟆（má）

蟆，虾蟆也。从虫，莫声。莫遐切。

【译文】蟆，虾蟆。从虫，莫声。

蝯（yuán）

蝯，善援，禺属。从虫，爰声。雨元切。

【译文】蝯，善于攀援，猴一类。从虫，爰声。

蠗（zhuó）

蠗，禺属①。从虫，翟声。直角切。

【译文】蠗，猴一类。从虫，翟声。

【注释】①禺属：《段注》："亦与母猴（猕猴）属而别也。"

蜼（wèi）

蜼，如母猴，卬鼻，长尾。从虫，佳声。余季切。

【译文】蜼，如猕猴，向上高昂着鼻子，长尾巴。从虫，佳声。

蛩（qióng）

蛩，蛩蛩，兽也。一曰：秦谓蝉蜕曰蛩①。从虫，巩声。渠容切。

【译文】蛩，蛩蛩，野兽。另一义说，秦地叫蝉蜕下的皮作蛩。从虫，巩声。

【注释】①蝉蜕：傅云龙《古语考补正》："蝉蜕今俗谓之蝉衣。"

蝙（biān）

蝙，蝙蝠也①。从虫，扁声。布玄切。

【译文】蝙，蝙蝠。从虫，扁声。

【注释】①蝙蝠：张舜徽《约注》："蝙蝠，似鼠，黑色，肉翅与足相连，栖于屋檐，孳乳其中，黄昏出飞掠蚊蚋食之。湖湘间称为檐

老鼠。"

蠻 (mán)

蠻，南蠻，蛇种。从虫①，䜌声。莫还切。

【译文】蠻，南方的蛮族，与蛇虫习居的种族。从虫，䜌声。

【注释】①从虫：徐灏《段注笺》："南方多虫蛇，故蛮闽从虫。皆名其地而移以言人耳。"

蝠 (fú)

蝠，蝙蝠，服翼也。从虫，畐声。方六切。

【译文】蝠，蝙蝠，又叫服翼。从虫，畐声。

閩 (mǐn)

閩①，东南越，蛇种。从虫，門声。武巾切。

【译文】閩，东南方的越族，与蛇虫习居的种族。从虫，門声。

【注释】①閩：《段注》引后郑说："闽，蛮之别也。"

蟪 (dì)

蟪，蟪蝀①，虹也。从虫，带声。都计切。

【译文】蟪，蟪蝀，又叫虹。从虫，带声。

【注释】①蟪蝀：双声连绵词。

蚰部

蚰 (kūn)

蚰，虫之总名也。从二虫。凡蚰之属皆从蚰。读若昆。古魂切。

【译文】蚰，虫类的总称。由两个虫字会意。大凡蚰的部属都从蚰。音读像"昆"字。

蚤 (zǎo)

蚤，啮人跳虫①。从蚰，叉声。子皓切。

【译文】蚤，咬噬人的善跳跃的虫子。从蚰，叉声。

【注释】①啮人句：《段注》："啮，噬也。跳，跃也。蚤但啮人，蚤则加之善跃。"

蝨 (shī)

蝨，啮人虫。从蚰，卂声。所栉切。

【译文】蝨，咬噬人的虫子。从蚰，卂声。

螽 (zhōng)

螽，蝗也。从蚰，夂声。职戎切。

【译文】螽，蝗虫。从蚰，夂声。

蟊 (máo)

蟊，蠿蟊也。从蚰，矛声。莫交切。

【译文】蟊，蠿蟊。从蚰，矛声。

蟁 (wén)

蟁，啮人飞虫①。从蚰，民声。无分切。

【译文】蟁，咬噬人的善飞的虫子。从蚰，民声。

【注释】①啮人飞虫：《段注》："啮人而又善飞者。"

蠷 (qú)

蠷，蠷螋也。从蚰，巨声。强鱼切。

【译文】蠷，蠷螋。从蚰，巨声。

蝱 (méng)

蝱，啮人飞虫。从蛾，亡声。武庚切。

【译文】蝱，咬噬人的善飞的虫子。从蛾，亡声。

蠡 (lǐ)

蠡，虫啮木中也。从蛾，彖声。卢启切。

【译文】蠡，虫在木中咬木头。从蛾，彖声。

蠢 (chǔn)

蠢①，虫动也。从蛾，春声。尺尹切。

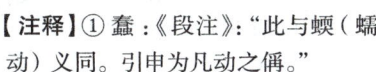

【译文】蠢，虫蠕动。从蛾，春声。

【注释】① 蠢：《段注》："此与蝡（蠕动）义同。引申为凡动之偁。"

風部

風 (fēng)

風，八风也。东方曰明庶风，东南曰清明风，南方曰景风，西南曰凉风，西方曰阊阖风，西北曰不周风，北方曰广莫风，东北曰融风。风动虫生。故虫八日而化。从虫，凡声。凡风之属皆从风。方戎切。

【译文】風，八方的风。东方来的，叫明庶风；东南来的，叫清明风；南方来的，叫景风；西南来的，叫凉风；西方来的，叫阊阖风；西北来的，叫不周风；北方来的，叫广莫风；东北来的，叫融风。风吹动，虫产生，虫八天就变化成形。从虫，凡声。大凡风的部属都从风。

飆 (biāo)

飆，扶摇风也。从風，猋声。甫遥切。

【译文】飆，暴风。从風，猋声。

飄 (piāo)

飄，回风也。从風，票声。抚招切。

【译文】飄，回旋的风。从風，票声。

颯 (sà)

颯，翔风也。从風，立声。稣合切。

【译文】颯，回旋的风。从風，立声。

颰 (hū)

颰，疾风也。从風，从忽，忽亦声。呼骨切。

【译文】颰，疾风。由風、由忽会意，忽也表声。

颺 (yáng)

颺，风所飞扬也。从風，易声。与章切。

【译文】颺，风吹物飞扬。从風，易声。

它部

它 (tā)

它，虫也。从虫而长，象冤曲垂尾形。上古艹居患它，故相问无它乎。凡

它之属皆从它。托何切。

【译文】它，蛇虵。由虫字延长它的尾巴构成，像宛曲身体垂下尾巴的样子。上古，人们居住在草野之中，忧虑蛇虵，所以互相询问：没遇着蛇虵吧。大凡它的部属都从它。

龜部

龜（guī）

龜，旧也。外骨内肉者也。从它，龟头与它头同。天地之性，广肩无雄；龟鳖之类，以它为雄。象足甲尾之形。凡龟之属皆从龟。居追切。

【译文】龜，年岁长久。外面是骨头、里面是肉的动物。从它，龟字的头与蛇字的头相同。天地的本性是，宽肩大腰的动物，没有雄性；乌龟和甲鱼之类的动物，用蛇作为雄性。像脚、背甲、尾巴的形状。大凡龟的部属都从龟。

黽部

黽（měng）

黽，鼃黽也。从它，象形。黽头与它头同。凡黽之属皆从黽。莫杏切。

【译文】黽，名叫耿黽的蛙。从它，像大肚子的样子。蛙黽的头部与蛇的头部相同。大凡黽的部属都从黽。

鼋（yuán）

鼋，鳖也。从黽，元声。愚袁切。

【译文】鼋，大的甲鱼。从黽，元声。

鼃（wǎ）

鼃，虾蟇也。从黽，圭声。乌娲切。

【译文】鼃，虾蟇一类。从黽，圭声。

蝇（yíng）

蝇，营营青蝇。虫之大腹者。从黽，从虫。余陵切。

【译文】蝇，来回飞得营营响的苍蝇。是大肚子的虫子。由黽、由虫会意。

卵部

卵（luǎn）

卵，凡物无乳者卵生①。象形。凡卵之属皆从卵。卢管切。

【译文】卵，大凡动物没有乳汁的，就是卵生。像卵之形。大凡卵的部属都从卵。

【注释】①凡物句：《段注》："此乳，谓乳汁也。惟人及四足之兽有之，故其子胎生。羽虫、鳞虫、介虫及一切昆虫皆无乳汁，其子卵生，故曰：凡物无乳者卵生。"

毈（duàn）

毈，卵不孚也。从卵，段声。徒玩切。

【译文】毈，卵不育子。从卵，段声。

二部

二（èr）

二，地之数①也。从偶一。凡二之属皆从二。而至切。

【译文】二，表示地的数字。由成对的两个一字构成。大凡二的部属都从二。

【注释】①地之数：《段注》："《易》曰：天一、地二。惟初大始，道立于一。有一而后有二。元气初分，轻清易为天，重浊奁为地。"

亟 (qì)

亟，敏疾也。从人，从口，从又，从二。二，天地也。纪力切。又，去吏切。

【译文】亟，敏捷。由人、由口、由又、由二会意。二表示天地。

恒 (héng)

恒，常也。从心，从舟，在二之间上下。心以舟施，恒也。胡登切。

【译文】恒，长久。由心、由舟、由舟在天地之间上下往返会意。思念之心靠舟运转，（经久不衰，）是恒的意思。

竺 (dǔ)

竺，厚也。从二，竹声。冬毒切。

【译文】竺，厚。从二，竹声。

凡 (fán)

凡，最括①也。从二，二，偶也。从乁，乁，古文及。浮芝切。

【译文】凡，积聚而总括。从二，二表示多的意思。从乁，乁是古文及字。

【注释】①最括：《段注》"最"作"冣"，注："冣者，积也。（凡）皆聚括之谓，凡之言泛也。包举泛滥一切之称也。"

土部

土 (tǔ)

土，地之吐生物者也。二象地之下、地之中，物出形也。凡土之属皆从土。它鲁切。

【译文】土，吐生万物的土地。二像地的下面，像地的中间，（丨）像万物从土地里长出的形状。大凡土的部属都从土。

地 (dì)

地，元气初分，轻清阳为天，重浊阴为地。万物所陈列也。从土，也声。徒四切。

【译文】地，浑沌之气刚刚分离，轻的、清的、阳的气上升成为天，重的、浊的、阴的气下降为地。地是万物陈列的地方。从土，也声。

坤 (kūn)

坤，地也；《易》之卦也。从土，从申；土位在申。苦昆切。

【译文】坤，土地，又指《易》的卦象。由土、由申会意，因为坤的位置在西南方的申位上。

垓 (gāi)

垓，兼垓八极地也。《国语》曰："天子居九垓之田。"从土，亥声。古哀切。

【译文】垓，兼备八方所到之地。《国语》说："天子居于九州八极的田地之上。"从土，亥声。

墺 (ào)

墺，四方土可居也。从土，奥声。

于六切。

【译文】墺，四方土地中可以定居的地方。从土，奥声。

坪（píng）

坪，地平也。从土，从平，平亦声。皮命切。

【译文】坪，平坦的地方。由土、由平会意，平也表声。

坶（mù）

坶，朝歌南七十里地。《周书》："武王与纣战于坶。"从土，母声。莫六切。

【译文】坶，朝歌以南七十里的地方。《周书》说："武王与纣王在坶地作战。"从土，母声。

坡（pō）

坡，阪也。从土，皮声。滂禾切。

【译文】坡，斜坡。从土，皮声。

均（jūn）

均，平、徧也。从土，从匀，匀亦声。居匀切。

【译文】均，平均，普遍。由土、由匀会意，匀也表声。

壤（rǎng）

壤，柔土也。从土，襄声。如两切。

【译文】壤，柔软的土。从土，襄声。

墧（què）

墧，坚不可拔也。从土，高声。苦角切。

【译文】墧，刚硬的土不可拔起。从土，高声。

墩（qiāo）

墩，硗也。从土。敫声。口交切。

【译文】墩，土壤坚硬贫瘠。从土，敫声。

埴（zhí）

埴，黏土也。从土，直声。常职切。

【译文】埴，黄色而如脂膏细腻的土。从土，直声。

坻（chí）

坻，小渚也。《诗》曰："宛在水中坻。"从土，氏声。直尼切。

【译文】坻，小水洲。《诗经》说："仿佛在水中的小沙洲上。"从土，氏声。

垎（hè）

垎，水干也。一曰：坚也。从土，各声。胡格切。

【译文】垎，（土中的）水干燥。另一义说，土坚硬。从土，各声。

垐①（cí）

垐①，以土增大道上。从土，次声。疾资切。

【译文】垐，用土依次增垫在大路上。从土，次声。

【注释】①垐：《段注》："以土次于道上曰垐。"

增（zēng）

增，益也。从土，曾声。作滕切。

【译文】增，添益。从土，曾声。

埤（pí）

埤，增也。从土，卑声。符支切。

【译文】埤，增加。从土，卑声。

坿 (fù)

坿，益也。从土，付声。符遇切。

【译文】坿，增益。从土，付声。

塞 (sài)

塞，隔也。从土，从寒。先代切。

【译文】塞，（边塞）障隔。由土、由寒会意。

圣 (kū)

圣，汝颍之间谓致力于地曰圣。从土，从又。读若兔窟。苦骨切。

【译文】圣，汝河、颍水之间说用手在土地上尽力叫圣。由土、由又会意。音读像兔窟的"窟"字。

培 (péi)

培，培敦。土田山川也。从土，咅声。薄回切。

【译文】培，加厚。是指土地、田园、山川等等而言。从土，咅声。

埩 (zhēng)

埩，治也。从土，争声。疾郢切。

【译文】埩，治土。从土，争声。

障 (zhàng)

障，（拥）[壅]也。从土，章声。之亮切。

【译文】障，障隔。从土，章声。

塹 (qiàn)

塹，坑也。一曰：大也。从土，斩声。七艳切。

【译文】塹，是坑。另一义说，是大。从土，斩声。

埂 (gěng)

埂，秦谓坑为埂。从土，更声。读若井汲绠。古杏切。

【译文】埂，秦叫坑作埂。从土，更声。音读像井中汲水的绠绳的"绠"字。

坷 (kě)

坷，坎坷也。梁国宁陵有坷亭。从土，可声。康我切。

【译文】坷，坎坷不平。梁国宁陵县有坷亭。从土，可声。

壓 (yā)

壓，坏也。一曰：塞补。从土，厭声。乌狎切。

【译文】壓，自然崩坏。另一义说，堵塞填补。从土，厭声。

毁 (huǐ)

毁，缺也。从土，毇省声。许委切。

【译文】毁，瓦器破缺。从土，毇省声。

壞 (huài)

壞①，败也。从土，褱声。下怪切。

【译文】壞，破败。从土，褱声。

【注释】①壞：《段注》："毁坏字皆谓自毁自坏。"

壡 (xià)

壡，坼也。从土，虖声。呼讶坊（xià）。

【译文】壡，坼裂。从土，虖声。

331

㘒 (chè)

㘒，裂也。《诗》曰："不㘒不疈。"从土，庐声。丑格切。

【译文】㘒，裂开。《诗经》说："不裂开不剖开。"从土，斥声。

垩 (fèi)

垩，尘也。从土，非声。房未切。

【译文】垩，灰尘。从土，非声。

埃 (āi)

埃，尘也。从土，矣声。乌开切。

【译文】埃，灰尘。从土，矣声。

坋 (fèn)

坋，尘也。从土，分声。一曰：大防也。房吻切。

【译文】坋，灰尘。从土，分声。另一义说，大堤。

垢 (gòu)

垢，浊也。从土，后声。古厚切。

【译文】垢，浊秽物。从土，后声。

坏 (pēi)

坏，丘再成者也。一曰：瓦未烧。从土，不声。芳桮切。

【译文】坏，一重的山丘。另一义说，土器没有经过烧制。从土，不声。

垤 (dié)

垤，蚁封也。《诗》曰："鹳鸣于垤。"从土，至声。徒结切。

【译文】垤，

蚂蚁堆在洞口的小土堆。《诗经》说："鹳鸟在蚂蚁洞口土堆上鸣叫。"从土，至声。

坥 (qū)

坥，益州部谓蟥场曰坥。从土，且声。七余切。

【译文】坥，益州一带叫蚯蚓的粪便作坥。从土，且声。

埍 (juǎn)

埍，徒隶所居也。一曰：女牢。一曰：亭部。从土，肙声。古泫切。

【译文】埍，服劳役者、奴隶或罪犯居住的土房。另一义说，女人的牢房。另一义说，乡亭基层政权的牢狱。从土，肙声。

墓 (mù)

墓，丘也。从土，莫声。莫故切。

【译文】墓，坟墓。从土，莫声。

場 (cháng)

場，祭神道也。一曰：田不耕。一曰：治谷田也。从土，昜声。直良切。

【译文】場，祭神的平地。另一义说，田地不耕种。另一义说，整治谷粟的地方。从土，昜声。

墳 (fén)

墳，墓也。从土，賁声。符分切。

【译文】墳，坟墓。从土，賁声。

壟 (lǒng)

壟，丘垄也。从土，龍声。力踵切。

【译文】壟，坟墓。从土，龍声。

壇 (tán)

壇，祭场也。从土，亶声。徒干切。

【译文】壇，在扫除草秽的地上筑起的用于祭祀的土台。从土，亶声。

圭 (guī)

圭，瑞玉也。上圜下方。公执桓圭，九寸；侯执信圭，伯执躬圭，皆七寸；子执谷璧，男执蒲璧，皆五寸：以封诸侯。从重土。楚爵有执圭。古畦切。

【译文】圭，用作凭证的玉。上面是圆的，下面是方的。公爵拿着有两根柱子形浮雕的圭，长九寸；侯爵拿着直身子形浮雕的圭，伯爵拿着躬身子形浮雕的圭，都长七寸；子爵拿着有谷形浮雕的璧，男爵拿着有蒲形浮雕的璧，直径都长五寸。天子把这些玉封给诸侯。由两个土字重叠含意。楚国的爵位有执圭这个等级。

圯 (yí)

圯，东楚谓桥为圯。从土，巳声。与之切。

【译文】圯，东楚地方叫桥作圯。从土，巳声。

垂 (chuí)

垂，远边也。从土，㒸声。是为切。

【译文】垂，遥远的边界。从土，㒸声。

堀 (kū)

堀，兔堀也。从土，屈声。苦骨切。

【译文】堀，兔子的洞穴。从土，屈声。

堇部

堇 (qín)

堇，黏土也。从土，从黄省。凡堇之属皆从堇。巨斤切。

【译文】堇，黏土。由土、由黄字的省略会意。

里部

里 (lǐ)

里，居也。从田，从土。凡里之属皆从里。良止切。

【译文】里，居住的地方。由田、由土会意。大凡里的部属都从里。

釐 (xī)

釐，家福也。从里，𠩺声。里之切。

【译文】釐，生活在家里获得福佑。从里，𠩺声。

野 (yě)

野，郊外也。从里，予声。羊者切。

【译文】野，郊外。从里，予声。

田部

田 (tián)

田，陈也。树谷曰田。象四口；十，阡陌之制也。凡田之属皆从田。待年切。

【译文】田，陈列（得整整齐齐）。种植稻谷的地方叫田。（口）像田四周的界限；十，表示东西南北纵横沟涂。大凡田的部属都放田。

町 (tīng)

町，田踐处曰町。从田，丁声。他顶切。

【译文】町，田中供人践踏行走的地方叫町。从田，丁声。

疇 (chóu)

疇，耕治之田也。从田，象耕屈之形。直由切。

【译文】疇，已犁耕整治的田地。从田，像犁耕的田沟弯弯曲曲的形状。

疁 (liú)

疁，烧种也。《汉律》曰："疁田茠艸。"从田，翏声。力求切。

【译文】疁，焚烧地中草木而下种。《汉律》说："焚烧田地草木而下种，并且拔除一切野草。"从田，翏声。

畸 (jī)

畸，残田也。从田，奇声。居宜切。

【译文】畸，不可作井田的零星而不整齐的田。从田，奇声。

畽 (cuó)

畽，残田也。《诗》曰："天方荐畽。"从田，差声。昨何切。

【译文】畽，零星（而又荒芜）的田地。《诗经》说："上天正在重复降下灾荒。"从田，差声。

畮 (mǔ)

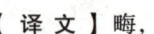

畮，六尺为步，步百为畮。从田，每声。莫厚切。

【译文】畮，六尺是一步，（横一步），直百步是一畮。从田，每声。

畿 (jī)

畿，天子千里地。以远近言之，则言畿也。从田，幾省声。巨衣切。

【译文】畿，天子所属的千里地面。凭着距王城很近的角度命名，就叫畿。从田，幾省声。

甸 (diàn)

甸，天子五百里地[①]。从田，包省。堂练切。

【译文】甸，天子所属的离王城五百里内的田地。由田、由包省会意。

【注释】①五百里地：徐锴《系传》作"五百里内田"。

畜 (xù)

畜，田畜也[①]。《淮南子》曰："玄田为畜。"丑六切。

【译文】畜，尽力种田所得的积蓄。《淮南子》说："由'玄''田'组成畜字。"

【注释】①田畜；《段注》："谓力田之畜积也。"

疃（tuǎn）

疃，禽兽所践处也。《诗》曰："町疃鹿场。"从田，童声。土短切。

【译文】疃，禽兽践踏的地方。《诗经》说："鹿践踏的痕迹布满着养鹿的场地。"从田，童声。

畼（chàng）

畼，不生也。从田，昜声。丑亮切。

【译文】畼，（草木畅盛而）五谷不生。从田，昜声。

畕部

畕（jiāng）

畕，比田也。从二田。凡畕之属皆从畕。居良切。

【译文】畕，紧密相连的田地。由两个田字会意。大凡畕的部属都从畕。

畺（jiāng）

畺，界也。从畕，三，其界画也。居良切。

【译文】畺，疆界。从畕，三是田与田之间的界限。

黄部

黄（huáng）

黄，地之色也。从田，从炗，炗亦声。炗，古文光。凡黄之属皆从黄。乎光切。

【译文】黄，土地的颜色。由田、由炗会意，炗也表声。炗，古文光字。大凡黄的部属都从黄。

黗（tuān）

黗，黄黑色也。从黄，屯声。他端切。

【译文】黗，黑黄色。从黄，屯声。

䵌（wěi）

䵌，青黄色也。从黄，有声。呼晕切。

【译文】䵌，青黄色。从黄，有声。

黇（tiān）

黇，白黄色也。从黄，占声。他兼切。

【译文】黇，白黄色。从黄，占声。

䵯（xiān）

䵯，赤黄也。一曰：轻易人䵯姁也。从黄，夾声。许兼切。

【译文】䵯，赤黄色。另一义说，指轻视侮慢人的人显得很轻薄。从黄，夾声。

䵦（xié）

䵦，鲜明黄也。从黄，圭声。户圭切。

【译文】䵦，鲜明的黄色。从黄，圭声。

男部

男（nán）

男，丈夫也。从田，从力。言男用力于田也。凡男之属皆从男。那含切。

【译文】男，成年男子。由田、由力会意，是说男子在田地里尽力。大凡男的部属都从男。

舅 (jiù)

舅，母之兄弟为舅，妻之父为外舅。从男，臼声。其久切。

【译文】舅，母亲的哥哥或弟弟叫作舅，妻子父亲叫作外舅。从男，臼声。

甥 (shēng)

甥，谓我舅者，吾谓之甥也。从男，生声。所更切。

【译文】甥，叫我舅舅的人，我叫他作外甥。从男，生声。

力部

力 (lì)

力，筋也。象人筋之形。治功曰力，能圉大灾。凡力之属皆从力。林直切。

【译文】力，筋肉张缩的功用。像人的筋肉纵横鼓起的形状。又，能使天下大治的功劳叫力，力能抵御大的灾难。大凡力的部属都从力。

勋 (xūn)

勋，能成王功也。从力，熏声。许云切。

【译文】勋，能成就辅佐天子的大功劳。从力，熏声。

功 (gōng)

功，以劳定国也。从力，从工，工亦声。古红切。

【译文】功，用尽力量建立和稳定国家。由力、由工会意，工也表声。

助 (zhù)

助，左也。从力，且声。床倨切。

【译文】助，辅佐。从力，且声。

务 (wù)

务，趣也。从力，敄声。亡遇切。

【译文】务，为某事两奔走。从力，敄声。

勉 (miǎn)

勉，强也。从力，免声。亡辨切。

【译文】勉，自强而尽力。从力，免声。

劝 (quàn)

劝，勉也。从力，雚声。去愿切。

【译文】劝，勉励。从力，雚声。

劭 (shào)

劭，勉也。从力，召声。读若舜乐《韶》。寔照切。

【译文】劭，自强而努力。从力，召声。音读像舜作的乐曲《韶乐》的"韶"字。

胜 (shēng)

胜，任也。从力，朕声。识蒸切。

【译文】胜，能够担当。从力，朕声。

动 (dòng)

动，作也。从力，重声。徒总切。

【译文】动，起旁行动。从力，重声。

劳 (láo)

劳，剧也。从力，熒省。熒，火烧

冂，用力者劳。鲁刀切。

【译文】劳，十分勤苦。由力、由熒省去下面的火会意。熒，表示火灾烧屋，用力救火的人十分辛苦。

勵（lèi）

勵，推也。从力，畾声。卢对切。

【译文】勵，（作战）推礧石（自高而下打击敌人）。从力，畾声。

劣（liè）

劣，弱也。从力少（声）。力辍切。

【译文】劣，弱。由力、少会意。

勮（jù）

勮，务也。从为，豦声。其据切。

【译文】勮，特别尽力。从力，豦声。

勩（yì）

勩，劳也。《诗》曰："莫知我勩。"从力，貰声。余制切。

【译文】勩，辛劳。《诗经》说："没有什么人知道我的辛劳。"从力，貰声。

勊（kè）

勊，尤极也。从力，克声。苦得切。

【译文】勊，极其尽力辛劳。从力，克声。

勦（chāo）

勦，劳也。《春秋传》曰："安用勦民？"从力，巢声。子小切。又，楚交切。

【译文】勦，劳累。《春秋左传》说："怎么用得着劳累民众？"从力，巢声。

劫（jié）

劫，人欲去，以力胁止曰劫。或曰：以力止去曰劫。居怯切。

【译文】劫，人想离开。用力量胁迫其留止叫作劫。另一义说，用力量止住人、物的离失叫作劫。

募（mù）

募，广求也。从力，莫声。莫故切。

【译文】募，广泛征求。从力，莫声。

劦部

劦（xié）

劦，同力也。从三力。《出海经》曰："惟号之山，其风若劦。"凡劦之属皆从劦。胡颊切。

【译文】劦，会同众多的力量成为一个力量。由三个力字会意。《山海经》说："鸡号山上，那风像会合众多的力量吹来似的。"大凡劦的部属都从劦。

恊（xié）

恊，同心之和。从劦。从心。胡颊切。

【译文】恊，同心的和谐。由劦、由心会意。

勰（xié）

勰，同思之和。从劦，从思。胡颊切。

【译文】勰，同思虑的和谐。由劦、由思会意。

協（xié）

協，众之同和也。从劦，从十。胡颊切。

【译文】協，众人的协同和谐。由劦、由十会意。

銀（yín）

銀，白金也。从金，艮声。语巾切。

【译文】銀，白色的金属。从金，艮声。

鋈（wù）

鋈，白金也。从金，沃省声。乌酷切。

【译文】鋈，白色的金属。从金，沃省声。

鉛（qiān）

鉛，青金也。从金，㕣声。与专切。

【译文】鉛，青色的金属。从金，㕣声。

錫（xī）

錫，银铅之间也。从金，易声。先击切。

【译文】錫，介乎银和铅之间的金属。从金，易声。

鈏（yǐn）

鈏，锡也。从金，引声。羊晋切。

【译文】鈏，又叫锡。从金，引声。

鐵（tiě）

鐵，黑金也。从金，戴声。天结切。

【译文】鐵，黑色的金属。从金，戴声。

銅（tóng）

銅，赤金也。从金，同声。徒红切。

【译文】銅，赤色的金属。从金，同声。

鏈（lián）

鏈，铜属。从金，連声。力延切。

【译文】鏈，铜一类。从金，連声。

鍇（kǎi）

鍇，九江谓铁曰锴。从金，皆声。苦骇切。

【译文】鍇，九江郡叫铁叫锴。从金，皆声。

鋚（tiáo）

鋚，铁也。一曰：辔首铜。从金，攸声。以周切。

【译文】鋚，又叫铁。另一义说，马笼头上的铜饰品。从金，攸声。

錄（lù）

錄，金色也。从金，录声。力玉切。

【译文】錄，金属的青黄之间的色泽。从金，录声。

鋻（jiàn）

鋻，刚也。从金，臤声。古甸切。

【译文】鋻，刚硬。从金，臤声。

釘 (dīng)

釘，炼餅黄金。从金，丁声。当经切。

【译文】釘，冶炼而成的饼块黄金。从金，丁声。

鏡 (jìng)

鏡，景也①。从金，竟声。居庆切。

【译文】鏡，（可照见）形影。从金，竟声。

【注释】①景：张舜徽《约注》："当读为影，谓形影也。"

鍾 (zhōng)

鍾①，酒器也。从金，重声。职容切。

【译文】鍾，盛酒的器皿。从金，重声。

【注释】①鍾：《段注》："古者此器盖用以宁酒，故大其下、小其颈。"

銚 (yáo)

銚，温器也。一曰：田器。从金，兆声。以招切。

【译文】銚，暖物的器皿。另一义说，种田的器具。从金，兆声。

鐎 (jiāo)

鐎，鐎斗也。从金，焦声。即消切。

【译文】鐎，刁斗。从金，焦声。

銷 (xuān)

銷，小盆也。从金，肙声。火玄切。

【译文】銷，小盆。从金，肙声。

鑴 (wèi)

鑴，鼎也。从金，巂声。读若彗。于岁切。

【译文】鑴，鼎。从金，巂声。音读像"彗"字。

鍵 (jiàn)

鍵，铉也。一曰：车辖。从金，建声。渠偃切。

【译文】鍵，贯通鼎耳的横杠。另一义说，安在车轴末端以固定车轮的铁棍。从金，建声。

鉉 (xuàn)

鉉，举鼎也。《易》谓之鉉，《礼》谓之鼏。从金，玄声。胡犬切。

【译文】鉉，举鼎（的木杠）。《易经》叫它作鉉，《仪礼》叫它作鼏。从金，玄声。

鉻 (yù)

鉻，可以句鼎耳及炉炭。从金，谷声。一曰：铜屑。读若浴。余足切。

【译文】鉻，可用来钩举鼎耳以及钩出炉炭（的器具）。从金，谷声。另一义说，是钢屑。音读像"浴"字。

錯 (cuò)

錯，金涂也。从金，昔声。仓各切。

【译文】錯，用金涂饰。从金，昔声。

鍥 (qiè)

鍥，镰也。从金，契声。苦结切。

【译文】鍥，镰刀。从金，契声。

䂞 (zhāo)

䂞，大（铁）[镰]也。从金，召声。镰谓之䂞，张彻说。止摇切。

【译文】䂞，大镰刀的专名。从金，召声。镰又叫作䂞，是张彻的说法。

鏟 (chǎn)

鏟，铁钖也。从金，占声。一曰：膏车铁钻。敕淹切。

【译文】鏟，铁作的鏾子。从金，占声。另一义说，在车毂上加油的铁作的器具。

銍 (zhì)

銍，获禾短镰也。从金，至声。陟栗切。

【译文】銍，收获禾穗的短镰。从金，至声。

鎮 (zhèn)

鎮，博压也。从金，真声。陟刃切。

【译文】鎮，广泛地镇压。从金，真声。

鉗 (qián)

鉗，以铁有所劫束也。从金，甘声。巨淹切。

【译文】鉗，用铁（圈束颈脖），有强迫捆绑的对象。从金，甘声。

釱 (dì)

釱，铁钳也。从金，大声。特计切。

【译文】釱，铁柞的圈束着脚的刑具。从金，大声。

鋸 (jù)

鋸，枪唐也。从金，居声。居御切。

【译文】鋸，（分解木石）响声枪唐（的金属工具）。从金，居声。

鐕 (zān)

鐕，可以缀着物者。从金，朁声。则参切。

【译文】鐕，可用来连缀附着物体的钉子。从金，朁声。

錐 (zhuī)

錐①，锐也。从金，隹声。职追切。

【译文】錐，锐利。从金，隹声。

【注释】① 錐：如用作名词，指锥子，锐利的工具。

鈞 (jūn)

鈞，三十斤也。从金，匀声。居匀切。

【译文】鈞，三十斤。从金，匀声。

鈀 (bā)

鈀，兵车也。一曰：铁也。《司马法》："晨夜内鈀车。"从金，巴声。伯加切。

【译文】鈀，兵车。另一义说，是铁。《司马法》说："晨夜内鈀车。"

鐲 (zhuó)

鐲，鉦也。从金，蜀声。军法：司马执镯。直角切。

【译文】鐲，钟状的铃。从金，蜀声。军法规定，公司马执掌着钟状的铃。

鈴 (líng)

鈴[1]，令丁也。从金，从令，令亦声。郎丁切。

【译文】鈴，又叫令丁。由金、由令会意，令也表声。

【注释】① 鈴：朱骏声《通训定声》："有柄有舌，似钟而小。"

鉦 (zhēng)

鉦，铙也。似铃，柄中，上下通。从金，正声。诸盈切。

【译文】鉦，样子像钟的乐器。像铃，把柄，一半在上一半在铃中，上下相通。从金，正声。

鎛 (bó)

鎛，鎛鳞也。钟上横木上金华也。一曰：田器。从金，尃声。《诗》曰："庤乃钱鎛。"补各切。

【译文】鎛，附着的龙蛇之类。是悬钟的横木上用金涂饰约花纹。另一义说，种田的（锄头一类的）器具。从金，尃声。《诗经》说："准备好你们的锹和锄。"

鐘 (zhōng)

鐘，乐钟也。秋分之音，物穜成。从金，童声。古者垂作钟。职茸切。

【译文】鐘，乐器钟。代表秋分时节的音律，至秋而物穗成熟。从金，童声。古时候一个叫垂的制作钟。

鈁 (fāng)

鈁，方钟也。从金，方声。府良切。

【译文】鈁，方形酒壶。从金，方声。

鍠 (huáng)

鍠，钟声也。从金，皇声。《诗》曰："钟鼓鍠鍠。"乎光切。

【译文】鍠，钟声。从金，皇声。《诗经》说："钟声、鼓声鍠鍠地应和。"

鎗 (zhēng)

鎗，金声也。从金，争声。侧茎切。

【译文】鎗，金属撞击声。从金，争声。

鏠 (fēng)

鏠，兵端也[1]。从金，逢声。敷容切。

【译文】鏠，兵器的尖端。从金，逢声。

【注释】① 兵端：《段注》："兵，械也；端，物初生之题，引申为凡物之颠与末。凡金器之尖曰鏠。"

鍭 (hóu)

鍭，矢。金鍭翦羽谓之鍭[1]。从金，侯声。乎钩切。

【译文】鍭，就是箭。金属制的箭头、整齐的箭羽，叫作鍭。从金，侯声。

【注释】① 鏃：箭头。

鐏（zùn）

鐏，柲下铜也。从金，尊声。徂寸切。

【译文】鐏，（戈的）把柄末端铜制锥形套。从金，尊声。

镝（dí）

镝，矢锋也。从金，啻声。都历切。

【译文】镝，箭的锋利的头部。从金，啻声。

铠（kǎi）

铠，甲也。从金，岂声。苦亥切。

【译文】铠，用金属薄片连缀而成的、作战时用于护身的衣服。从金，岂声。

开部

开（jiān）

开，平也。象二干对构，上平也。凡开之属皆从开。古贤切。

【译文】开，平。像两个干相对举起，上面是平的。大凡开的部属都从开。

勺部

与（yǔ）

与，赐予也。一勺为与。此与与同。余吕切。

【译文】与，赐给。由一、勺构成与

字。这个字的用法与"与"字相同。

几部

几（jǐ）

几，踞几也。象形。《周礼》五几：玉几、雕几、彤几、漆几、素几。凡几之属皆从几。居履切。

【译文】几，蹲踞在地的几。像几的正面和两侧的形状。《周礼》有五几：嵌玉的几，雕花的几，丹饰的几，漆饰的几，不雕饰的几。大凡几的部属都从几。

尻（jū）

尻，处也。从尸得几而止。《孝经》曰："仲尼尻。"尻，谓闲居如此。九鱼切。

【译文】尻，（靠在几上而）止息。由表示人的"尸"得靠"几"上而会止息之意。《孝经》说："孔仲尼尻处。"尻，是说如此独自悠闲地凭几止息。

处（chǔ）

处，止也。得几而止。从几，从夂。昌与切。

【译文】处，止息。人得到几（就凭几）而止息。由几、由夂会意。

凭（píng）

凭，依几也。从几，从任。《周书》："凭玉几。"读若冯。皮冰切。

【译文】凭，依靠在几上。由几、由任会意。《周书》说："依靠在玉几上。"音读像"冯"字。

且部

且 (qiě)

且,荐也。从几,足有二横,一其下地也。凡且之属皆从且。子余切。又,千也切。

【译文】且,垫放物体的器具。从几,几足间有两横,(表示连足的桄;)一,表示器具下的地。凡且的部属都从且。

俎 (zǔ)

俎,礼俎也。从半肉白在且上。侧吕切。

【译文】俎,行礼时盛放牲体的器具。由半个肉字(仌)放在"且"之上会意。

斤部

斤 (jīn)

斤,斫木[斧]也。象形。凡斤之属皆从斤。举欣切。

【译文】斤,砍削木头的横刃小斧。象形,大凡斤的部属都从斤。

斧 (fǔ)

斧①,斫也。从斤,父声。方矩切。

【译文】斧,砍东西用的纵刃大斧。从斤,父声。

【注释】①斧:斧子,斧头。《诗经·齐风·南山》:"析薪如之何?匪斧不克。"

斨 (qiāng)

斨,方銎斧也。从斤,爿声。《诗》曰,"又缺我斨。"七羊切。

【译文】斨,方形孔的斧头。从斤,爿声。《诗经》说:"又使我那方孔的斧头砍缺了口。"

斫 (zhuó)

斫,击也。从斤,石声。之若切。

【译文】斫,砍击。从斤,石声。

斪 (qú)

斪,斫也。从斤,句声。其俱切。

【译文】斪,斫(地的锄头一类)。从斤,句声。

所 (suǒ)

所,伐木声也。从斤,户声。《诗》曰:"伐木所所。"疏举切。

【译文】所,砍伐树木的声音。从斤,户声。《诗经》说:"砍伐树木啊所所地响。"

斯 (sī)

斯,析也。从斤,其声。《诗》曰①:"斧以斯之。"息移切。

【译文】斯,劈开。从斤,其声。《诗经》说:"用斧头把它劈开。"

【注释】①《诗》:指《诗经·陈风·墓门》。

新 (xīn)

新,取木也。从斤,亲声。息邻切。

【译文】新,砍取树木。从斤,亲声。

斦 (yín)

斦①,二斤也。从二斤。语斤切。

【译文】斦,两把斧头。由两个斤字相并表示。

【注释】①斦:一义为砧,铡刀垫座

斲（zhuó）

斲，斫也。从斤，㫃声。侧略切。

【译文】斲，斩断。从斤，㫃声。

斷（duàn）

斷，截也。从斤，从𢇍；《周书》曰："𢦏𢦏猗无他技。"徒玩切。

【译文】斷，截断。由斤、由𢇍会意；《周书》说："为人诚实专一啊却没有别的技能。"

斗部

斗（dǒu）

斗，十升也。象形，有柄。凡斗之属皆从斗。当口切。

【译文】斗，（它的容积是）十升。象形，有把柄。大凡斗的部属都从斗。

斝（jiǎ）

斝，玉爵也。夏曰琖，殷曰斝，周曰爵。从吅，从斗，冂象形。与爵同意。或说斝受六斗。古雅切。

【译文】斝，玉制的酒爵。夏代器叫作琖，殷代叫作斝，周代叫作爵。由吅、由斗会意，冂象形。与爵构形原则相同。有人说，斝可收受的容积为六斗。

斛（hú）

斛，十斗也。从斗，角声。胡谷切。

【译文】斛，（它的容积为）十斗。从斗，角声。

料（liào）

料，量也。从斗，米在其中。读若辽。洛萧切。

【译文】料，称量（其多少）。从斗，由"米"在"斗"中会意。音读像"辽"字。

斡（wò）

斡，蠡柄也。从斗，倝声。杨雄、杜林说，皆以为轺车轮斡。乌括切。

【译文】斡，瓢把。从斗，倝声。杨雄、杜林的学说，都认为小车车轮叫作斡。

魁（kuí）

魁，羹斗也。从斗，鬼声。苦回切。

【译文】魁，舀羹汁的勺子。从斗，鬼声。

斟（zhēn）

斟，勺也。从斗，甚声。职深切。

【译文】斟，用勺子舀取。从斗，甚声。

斜（xié）

斜①，（杼）[抒]也。从斗，余声。读若荼。似嗟切。

【译文】斜，舀出。从斗，余声。音读像"荼"字。

【注释】①斜：《段注》："凡以斗挹出之，谓之斜。"

升（shēng）

升，[二]十龠也。从斗，亦象形。识蒸切。

【译文】升，二十龠。从斗。也是象形字。

矛部

矛（máo）

矛①，酋矛也。建于兵车，长二丈。象形。凡矛之属皆从矛。莫浮切。

【译文】矛，长矛。树立在兵车上，长两丈。象形。大凡矛的部属都从矛。

【注释】①矛：徐锴《系传》："酋矛，长矛也。"

稂（láng）

稂，矛属，良声。鲁当切。

【译文】稂，矛一类。从矛，良声。

禚（kuài）

禚，矛属。从害声。苦盖切。

【译文】禚，矛一类。从矛，害声。

䅳（zé）

䅳，矛属。从矛，昔声。读若笮。士革切。

【译文】䅳，矛一类。从矛，昔声。音读像"笮（zé）"字。

矜（qín）

矜，矛柄也。从矛，今声。居陵切。又，巨巾切。

【译文】矜，矛的把。从矛，今声。

䂞（niǔ）

䂞，（刺）[刺]也。从矛，丑声。女久切。

【译文】䂞，刺。从矛，丑声。

車部

車（chē）

車，舆轮之总名。夏后时奚仲所造。象形。凡车之属皆从车。尺遮切。

【译文】车，车箱、车轮等等部件汇成一个整体，其总称叫车。是夏后时代名叫奚仲的人制造的。象形。大凡车的部属都从车。

軒（xuān）

軒，曲𫐉藩车。从车，干声。虚言切。

【译文】軒，有穹隆曲上的𫐉辕、而箱后有围蔽的车。从车，干声。

輜（zī）

輜，軿车前，衣车后也。从车，甾声。侧持切。

【译文】輜，前面（有帷幕遮蔽），像軿车；后面（开有门窗），又像衣车。从车，甾声。

軿（píng）

軿，輜车也。从车，并声。薄丁切。

【译文】軿，輜车（一类）。从车，并声。

輼（wēn）

輼，卧车也。从车，𥁕声。乌魂切。

【译文】輼，供人卧息的车。从车，𥁕声。

輬 （liáng）

輬，卧车也。从車，京声。吕张切。

【译文】輬，供人卧息的车。从車，京声。

輶 （yáo）

輶，小车也。从車，召声。以招切。

【译文】輶，小车。从車，召声。

輕 （qīng）

輕，轻车也。从車，巠声。去盈切。

【译文】輕，轻车。从車，巠声。

輣 （péng）

輣，兵车也。从車，朋声。薄庚切。

【译文】輣，兵车。从車，朋声。

軘 （tún）

軘，兵车也。从車，屯声。徒魂切。

【译文】軘，兵车。从車，屯声。

轈 （cháo）

轈，兵高车加巢以望敌也。从車，巢声。《春秋传》曰："楚子登轈车。"鉏交切。

【译文】轈，作战的高大的车上安着一个像鸟巢的板屋来瞭望敌情。从車，巢声。《春秋左传》说："楚共王登上轈车。"

幢 （chōng）

幢，陷敶车也。从車，童声。尺容切。

【译文】幢，冲锋陷阵的战车。从車，童声。

輯 （jí）

輯，车和辑也。从車，咠声。秦入切。

【译文】輯，车必汇合（众多材料）集中（众多工匠方可造成）。从車，咠声。

輿 （yú）

輿，车舆也。从車，舁声。以诸切。

【译文】輿，车箱。从車，舁声。

轋 （màn）

轋，衣车盖也。从車，曼声。莫半切。

【译文】轋，四围有帷幕的车的布制顶盖。从車，曼声。

軓 （fàn）

軓，车軾前也。从車，凡声。《周礼》曰："立当前軓。"音范（fàn）。

【译文】軓，车前横木下掩蔽车箱的木板。从車，凡声。《周礼》说："站着面对前面车軾下掩蔽车箱的木板。"

軾 （shì）

軾，車前也。从車，式声。赏职切。

【译文】軾，车箱前面（供立乘者凭借的横木）。从車。式声。

輅 (hé)

輅，车軨前横木也。从車，各声。洛故切。

【译文】輅，绑在车栏前（车辕上供人牵挽的）横木。从車，各声。

輦 (niǎn)

輦，挽车也①。从車，从㚘在車前引之。力展切。

【译文】輦，人挽的车。从車，由表示两人的"㚘"在"車"前牵引会意。

【注释】①挽车：《段注》："谓人輓以行之车也。"

軭 (kuáng)

軭，纺车也①。一曰：一轮车②。从車，𠙹声。读若狂。巨王切。

【译文】軭，纺丝的车。另一义说，独轮车。从車，王声。音读像"狂"字。

【注释】①纺车：《段注》："纺者，纺丝也。"②一轮车：《正字通·车部》："即今役夫小车运载者？"即独轮车。

轘 (huàn)

轘，车裂人也。从車，瞏声。《春秋传》曰："轘诸栗门。"胡惯切。

【译文】轘，用车撕裂人体。从車，瞏声。《春秋左传》说：在（陈国都城）栗门车裂夏征舒。"

斬 (zhǎn)

斬，截也。从車，从斤。斬法车裂也。侧减切。

【译文】斬，斩杀。由车、由斤会意。斩杀效法车裂。

輓 (wǎn)

輓，引之也。从車，免声。无远切。

【译文】輓，（在前面）牵车辆。从車，免声。

輔 (fǔ)

輔，人颊车也。从車，甫声。扶雨切。

【译文】輔，牙床上的面颊。从車，甫声。

轟 (hōng)

轟，群车声也。从三車。呼宏切。

【译文】轟，成群的车辆行进的声音。由三个"車"字合成群之意。

自部

自 (duī)

自，小自也。象形。凡自之属皆从自。都回切。

【译文】自，小土山。象形。大凡自的部属都从自。

𡿮 (niè)

𡿮，危高也。从自，屮声①。读若臬。鱼列切。

【译文】𡿮，险而高。从自，屮声。音读像"臬"字。

【注释】①屮声：林义光《文源》："（屮）象高出之貌。"

官 (guān)

官，吏①，事君也。从宀，从自。自犹众也，此与师同意。古丸切。

【译文】官,官吏,奉事国君的人。由宀、由自自会意。自好比说众人的意思,这与"师"字从自是同一造字原则。

【注释】①吏:王筠《句读》:"句。谓官、吏同意也。"

自部

自 (fù)

自,大陆①,山无石者。象形。凡自之属皆从自。房九切。

【译文】自,大面积的又高又平的土地,是没有石头的土山。象形。大凡自的部属都从自。

【注释】①大陆:《尔雅·释地》:"高平曰陆。"

陵 (líng)

陵,大自也。从自,夌声。力膺切。

【译文】陵,大土山。从自,夌声。

陰 (yīn)

陰,闇①也;水之南、山之北也。从自,侌声。于今切。

【译文】陰,幽暗,是水的南面、山的北面。从自,侌声。

【注释】①闇:《段注》:"闇者,闭门也。闭门则为幽暗。"

陽 (yáng)

陽,高、明也。从自,昜声。与章切。

【译文】陽,山丘高耸,明亮。从自,昜声。

陸 (lù)

陸,高平也。从自,从坴,坴亦声。力竹切。

【译文】陸,又高又平的土地。由自、由坴会意,坴也表声。

阿 (ē)

阿,大陵也。一曰:曲自也。从自,可声。乌何切。

【译文】阿,大土山。另一义说,山丘弯曲的地方。从自,可声。

陂 (bēi)

陂,阪也。一曰:沱也。从自,皮声。彼为切。

【译文】陂,山坡。另一义说,是池塘。从自,皮声。

阪 (bǎn)

阪,坡者曰阪。一曰:泽障。一曰:山胁也。从自,反声。府远切。

【译文】阪,山坡叫阪。另一义说,水泽的堤障。另一义说,山腰小道。从自,反声。

陬 (zōu)

陬,阪隅也。从自,取声。子侯切。

【译文】陬,山坡的一角。从自,取声。

隅 (yú)

隅,陬也。从自,禺声。噳俱切。

【译文】隅,山角。从自,禺声。

险 （xiǎn）

险，阻，难也。从𨸏，佥声。虚检切。

【译文】险，险峻和阻隔，都是艰难的意思。从𨸏，佥声。

限 （xiàn）

限，阻也。一曰：门榍①。从𨸏，艮声。乎简切。

【译文】限，阻隔。另一义说，是门槛。从𨸏，艮声。

【注释】①门榍：《段注》："此别一义，而前义可包之。木部曰：'榍，门限也。'"

阻 （zǔ）

阻，险也。从𨸏，且声。侧吕切。

【译文】阻，险峻。从𨸏，且声。

隹 （duì）

隹，隹隗，高也。从𨸏，佳声。都皋切。

【译文】隹，崔巍，高峻不平。从𨸏，佳声。

隗 （wěi）

隗，隹隗也。从𨸏，鬼声。五皋切。

【译文】隗，崔巍。从𨸏，鬼声。

阭 （yǔn）

阭，高也。一曰：石也。从𨸏，允声。余准切。

【译文】阭，高峻。另一义说，是石头。从𨸏，允声。

陗 （qiào）

陗，陖也。从𨸏，肖声。七笑切。

【译文】陗，高峻陡直。从𨸏，肖声。

陖 （jùn）

陖，陗高也。从𨸏，夋声。私闰切。

【译文】陖，陡陗高峻。从𨸏，夋声。

隥 （dèng）

隥，仰也。从𨸏，登声。都邓切。

【译文】隥，（供）仰望（而登高的石梯）。从𨸏，登声。

陋 （lòu）

陋，阨陕也。从𨸏，匧声。卢候切。

【译文】陋，狭隘。从𨸏，匧声。

陟 （zhì）

陟，登也。从𨸏，从步。竹力切。

【译文】陟，登升。由𨸏、由步会意。

陷 （xiàn）

陷，高下也。一曰：陊也。从𨸏，从臽，臽亦声。户猎切。

【译文】陷，从高处陷入低下。另一义说，是堕落。由𨸏、由臽会意，臽也表声。

隰 （xí）

隰，阪下湿也。从𨸏，㬎声。似入切。

【译文】隰，山坡下低湿的地方。从𨸏，㬎声。

隤 (tuí)

隤，下队也。从𨸏，贵声。杜回切。

【译文】隤，向下坠落。从𨸏，贵声。

隊 (zhuì)

隊，从高队也。从𨸏，㒸声。徒对切。

【译文】隊，从高处坠落下去。从𨸏，㒸声。

降 (jiàng)

降，下也①。从𨸏，夅声②。古巷切。

【译文】降，下降。从𨸏，夅声。

【注释】①下：《段注》："此下为自上而下。"②从𨸏，夅声：《段注》："此亦形声包会意。"

陶 (táo)

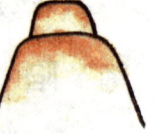

陶，再成丘也，在济阴。从𨸏，匋声。《夏书》曰："东至于陶丘。"陶丘有尧城，尧尝所居，故尧号陶唐氏。徒刀切。

【译文】陶，（形状像叠着两只盂的）两层的山丘，在济阴郡。从𨸏，匋声。《夏书》说："东边到达陶丘。"陶丘那儿有尧城，是尧曾经居住的地方，所以尧又号称陶唐氏。

陳 (chén)

陳，宛丘①，舜后妫满之所封。从𨸏，从木，申声。直珍切。

【译文】陳，是四方高中央低的山丘，是舜的后裔妫满分封的地方。由𨸏、由木会意，申声。

【注释】①宛丘：《段注》："《毛传》曰'四方高中央下曰宛丘。'"

陼 (zhǔ)

陼，如渚者陼丘。水中高者也。从𨸏，者声。当古切。

【译文】陼，像水中小洲的地方，叫作陼丘。这是水中高平的地方。从𨸏，者声。

阽 (yán)

阽，壁危也。从𨸏，占声。余廉切。

【译文】阽，墙壁倾危。从𨸏，占声。

阼 (zuò)

阼，主阶也。从𨸏，乍声。昨误切。

【译文】阼，（堂前东面）主人（迎接宾客）的台阶。从𨸏，乍声。

除 (chú)

除，殿陛也。从𨸏，余声。直鱼切。

【译文】除，宫殿的台阶。从𨸏，余声。

階 (jiē)

階，陛也。从𨸏，皆声。古谐切。

【译文】階，台阶。从𨸏，皆声。

陛 (bì)

陛，升高阶也。从𨸏，坒声。旁礼切。

【译文】陛，（依次）升高的阶梯，从𨸏，坒声。

陔（gāi）

陔，阶次也。从𨸏，亥声。古哀切。

【译文】陔，殿阶的次序。从𨸏，亥声。

陾（réng）

陾，筑墙声也。从𨸏，耎声。《诗》云："捄之陾陾。"如乘切。

【译文】陾，筑墙的声音。从𨸏，耎声。《诗经》说："铲土入笼，铲得陾陾的响。"

際（jì）

際，壁会也。从𨸏，祭声。子例切。

【译文】際，两版墙壁相会合的缝。从𨸏，祭声。

隙（xì）

隙，壁际孔也。从𨸏，从𡭴，𡭴亦声。绮戟切。

【译文】隙，墙壁交会之处的孔穴。由𨸏、由𡭴会意，𡭴也表声。

陪（péi）

陪，重土也。一曰：满也。从𨸏，咅声。薄回切。

【译文】陪，重叠的土堆。另一义说，是满。从𨸏，咅声。

隊（zhuàn）

隊，道边庳垣也。从𨸏，象声。徒玩切。

【译文】隊，路旁矮墙。从𨸏，象声。

陴（pí）

陴，城上女墙俾倪也。从𨸏，卑声。符支切。

【译文】陴，城墙上矮小的墙叫作俾倪。从𨸏，卑声。

隍（huáng）

隍，城池也。有水曰池，无水曰隍。从𨸏，皇声。《易》曰："城复于隍。"乎光切。

【译文】隍，护城的壕沟。有水的叫作池，没有水的叫作隍。从𨸏，皇声。《易经》说："城墙倒塌在干城壕里。"

阹（qū）

阹，依山谷为牛马圈也。从𨸏，去声。去鱼切。

【译文】阹，依傍山谷作成喂养牛马的栏圈。从𨸏，去声。

陲（chuí）

陲，危也。从𨸏，垂声。是为切。

【译文】陲，山势垂危。从𨸏，垂声。

隖（wǔ）

隖，小障也。一曰：庳城也。从𨸏，乌声。安古切。

【译文】隖，小阻隔。另一义说，矮小的城墙。从𨸏，乌声。

院（yuàn）

院，坚也。从𨸏，完声。王眷切。

【译文】院，坚固。从𨸏，完声。

陯 (lún)

陯，山阜陷也。从𨸏，侖声。卢昆切。

【译文】陯，山阜塌陷。从𨸏，侖声。

阠 (chún)

阠，水𨸏也。从𨸏，辰声。食伦切。

【译文】阠，水岸。从𨸏，辰声。

厽部

厽 (lěi)

厽，絫坺土为墙壁。象形。凡厽之属皆从厽。力轨切。

【译文】厽，累叠土块成为墙壁。像土块积叠的样子。大凡厽的部属都从厽。

絫 (lěi)

絫，增也。从厽，从糸。絫，十黍之重也。力轨切。

【译文】絫，积累。由厽、由糸会意。絫，又是十粒黍的重量。

垒 (lěi)

垒，系墼也。从厽，从土。力轨切。

【译文】垒，累叠土砖。由厽、由土会意。

四部

四 (sì)

四，阴数①也。象四分之形。凡四之属皆从四。息利切。

【译文】四，表示阴的数字。像分为四角的形状。大凡四的部属都从四。

【注释】①阴数：《易·乾凿度》："孔子曰：阳三阴四，位之正也。"

㸂 (suì)

㸂，塞上亭守熢火者。从㕚，从火，遂声。徐醉切。

【译文】㸂，边塞之上守烽火的亭子。由㕚、由火会意，遂声。

宁部

宁 (zhù)

宁，辨积物也。象形。凡宁之属皆从宁。直吕切。

【译文】宁，分别积聚物体的器具。象形。大凡宁的部属都从宁。

甾 (zhǔ)

甾，帾也。所以载盛米。从米，从㕚。㕚，缶也。陟吕切。

【译文】甾，像盛米布袋似的器物。是用来装载谷米的用具。由米、由㕚会意。㕚，表示盛物的瓦器。

亞部

亞 (yà)

亞，丑也①。象人局背之形。贾侍中说，以为次弟也。凡亚之属皆从亚。衣驾切。

【译文】亞，丑恶。像人龟背鸡胸的样子。贾侍中说，用它来表示次一等的意义。大凡亚的部属都从亚。

【注释】①丑:《段注》:"此丑之本义。丑与恶音义皆同。"

五部

五（wǔ）

五,五行①也。从二,阴阳在天地间交午也。凡五之属皆从五。疑古切。

【译文】五,表示水、火、木、金、土五种物质。二,(表示天和地。)(×,)表示阴、阳二气在天地之间交错。大凡五的部属都从五。

【注释】①五行:《段注》:"古之圣人知有水、火、木、金、土五者,而后造此字也。"

六部

六（liù）

六,《易》之数,阴变于六,正于八。从入,从八。凡六之属皆从六。力竹切。

【译文】六,《周易》的数字,用六为阴的变数,用八为阴的正数。由入、由八会意(表示六是由八退减而成)。大凡六的部属都从六。

七部

七（qī）

七,阳之正也。从一①,微阴从中衺出也。凡七之属皆从七。亲吉切。

【译文】七,阳的正数。从一,(表示阳;)(𠃌)表示微弱的阴气从表示阳气的"一"中斜屈地冒出来。大凡七的部属都从七。

【注释】①从一:王筠《句读》:"一者,阳也。阳中有阴。故为少阳。"按:少阳即正阳。

九部

九（jiǔ）

九,阳之变也①。象其屈曲究尽之形。凡九之属皆从九。举有切。

【译文】九,阳的变数。像那个弯弯曲曲直到终尽的样子。大凡九的部属都从九。

【注释】①阳之变:饶炯《部首订》:"夫九为老阳,乃数之终,凡数穷则变。"

馗（kuí）

馗,九达道也。似龟背,故谓之馗。馗,高也。从九,从首。渠追切。

【译文】馗,向多方通达的道路。好比乌龟的背中间高起、可以向四下通达,所以叫作馗。馗,表示高起。由九、由首会意。

厹部

厹（róu）

厹,兽足蹂地也。象形,九声。《尔雅》曰:"狐狸貛貉丑,其足蹯,其迹厹。"凡厹之属皆从厹。人九切。

【译文】厹,兽的脚践踏地面。(𠃌)像那趾头的痕迹,九表声。《尔雅》说:"狐、狸、貛、貉之类,它们的脚掌叫蹯,它们的足迹叫厹。"大凡厹的部属都从厹。

禽 (qín)

禽，走兽总名。从厹①，象形，今声。禽、离、兕头相似。巨今切。

【译文】禽，走兽的总名称。从肉，（🖐）像头部之形，今声。禽、离、兕三个字的头部相似。

【注释】①从厹句：《段注》："厹以象其足迹，凶以象其首。"

离 (chī)

离，山神，兽也。从禽头，从厹，从屮。欧阳乔说，离，猛兽也。吕支切。

【译文】离，山林的神，像兽的样子。由禽头凶、由厹、由屮会意。欧阳乔说，离是猛兽。

萬 (wàn)

萬，虫也①。从厹，象形。无贩切。

【译文】萬，虫名。从厹，像头部之形。

【注释】①虫：《段注》："谓虫名也。"徐灏笺："万即蠆字。讹从厹。因为数名所专，又加虫作蠆，遂歧而为二。"

禹 (yǔ)

禹，虫也。从厹，象形。王矩切。

【译文】禹，虫名。从厹。像头部之形。

禼 (xiè)

禼，虫也。从厹，象形。读与偰同。私列切。

【译文】禼，虫名。从厹，（卤）象形。音读与"偰"字相同。

嘼部

嘼 (chù)

嘼，㹀也。象耳、头、足厹地之形。古文嘼，下从厹。凡嘼之属皆从嘼。许救切。

【译文】嘼，畜牲。像耳朵、头、脚践踏地的样子。古文嘼字，下面从厹字。大凡嘼的部属都从嘼。

獸 (shòu)

獸①，守备者。从嘼，从犬。舒救切。

【译文】獸，能守能备的野兽。由嘼、由犬会意。

【注释】①獸：徐灏《段注笺》："兽之言狩也，田猎所获，故其字从犬，谓猎犬也。"

甲部

甲 (jiǎ)

甲，[位] 东方之孟，阳气萌动①，从木戴孚甲之象。一曰：人头宜为甲，甲象人头。凡甲之属皆从甲。古狎切。

【译文】甲，定位在东方，东方是五方之始，（属木，木代表春天。）春天，阳气萌生而运动，像草木顶戴种子的甲壳的样子。另一义说，人头的腔颅叫甲，甲像人头。大凡甲的部属都从甲。

【注释】①阳气句：高亨《文字形义学概论》："谓春时阳气萌生而动也。"

乙部

乙（yǐ）

乙，象春艹木冤曲而出，阴气尚强，其出乙乙也。与丨同意。乙承甲，象人颈。凡乙之属皆从乙。于笔切。

【译文】乙，像春天草木弯弯曲曲而长出地面，这时阴气还强大，草木的长出十分困难。用乙表示草木的长出，与牵引向上而行的丨用意相同。乙继承着甲，像人的颈脖。大凡乙的部属都从乙。

乾（gān）

乾，上出也。从乙，乙，物之达也，倝声。渠焉切。又，古寒切。

【译文】乾，向上冒出。从乙，乙表示植物由地底向地面通达，倝声。

亂（luàn）

亂，治也。从乙，乙，治之也①。从𠬪。郎段切。

【译文】亂，治理。从乙，乙表示把曲乱的治理为通达的，从𠬪。

【注释】①乙，治之也：《段注》："乙以治之，谓诎者达之也。"王筠《句读》："去本意远矣，故复解之。"

丙部

丙（bǐng）

丙，位南方①，万物成，炳然。阴气初起，阳气将亏。从一入冂。一者，阳也。丙承乙，象人肩。凡丙之属皆从丙。兵永切。

【译文】丙，定位在南方，（南方是夏天的方位，）这时万物都长成，都光明强盛。阴气开始出现，阳气将要亏损。由一、入、冂会意，一表示阳气。丙继承着乙，像人的肩。大凡丙的部属都从丙。

【注释】①位南方句：高亨《文字形义学概论》："古代五行说：以丙丁名南方，南方为火为夏。许氏据此，以为丙居南方之位，属夏之时，其时万物皆长成，炳然而盛，阳气初入于地下。故丙字从一入冂。此皆曲说也。"

丁部

丁（dīng）

丁，夏时万物皆丁实。象形。丁承丙，象人心。凡丁之属皆从丁。当经切。

【译文】丁，夏天万物都壮实。像草木茎上有果实的样子。丁继承丙，像人的心。大凡丁的部属都从丁。

戊部

戊（wù）

戊，中宫也。象六甲五龙相拘绞也。戊承丁，象人胁。凡戊之属皆从戊。莫候切。

【译文】戊，定位在中央。（戊字的五画）像六甲中的（黄、白、黑、青、赤）五龙相互勾结在一起。戊继承丁，像人的胸胁。大凡戊的部属都从戊。

成（chéng）

成，就也。从戊，丁声①。氏征切。

【译文】成，成熟。从戊，丁声。

【注释】①从戊，丁声：徐灏《段注

笺》："戊古读曰茂，茂盛者，物之成也；丁壮亦成也。"

己部

𢀳 **己**（jǐ）

己，中宫也。象万物辟藏诎形也。己承戊，象人腹。凡己之属皆从己。居拟切。

【译文】己，定位在中央。像万物因迴避而收藏在土中的弯弯曲曲的形状。己继承戊，像人的腹部。大凡己的部属都从己。

巴部

𢀜 **巴**（bā）

巴，虫也。或曰：食象蛇。象形。凡巴之属皆从巴。伯加切。

【译文】巴，虫名。有人说，就是食象的蛇。象形。大凡巴的部属都从巴。

𢀰 **𢀰**（bǎ）

𢀰，捾击也。从巴彐。阙。博下切。

【译文】𢀰，反手击物。由巴、彐会意。阙其会意之理。

庚部

𢉖 **庚**（gēng）

庚，位西方，象秋时万物庚庚有实也。庚承己，象人齐。凡庚之属皆从庚。古行切。

【译文】庚，定位在西方，（西方是秋天的方位，）像秋天万物坚硬有果实的样子。庚继承己，像人的肚脐。大凡庚的部属都从庚。

辛部

𨐌 **辛**（xīn）

辛，秋时万物成而孰；金刚；味辛，辛痛即泣出。从一从䇂，䇂，辠也。辛承庚，象人股。凡辛之属皆从辛。息邻切。

【译文】辛，（代表秋天，）秋天万物成熟了。（又代表金，）金质刚硬。（又代表辛味，）味道辛辣，辛辣就感到痛苦，就会流出眼泪。由一、由䇂(qiān)会意，䇂是罪恶的意思。辛继承庚，像人的大腿。大凡辛的部属都从辛。

𦋊 **辠**（zuì）

辠，犯法也。从辛，从自，言辠人蹙鼻苦辛之忧。秦以辠似皇字，改为罪。徂贿切。

【译文】辠，独犯法律。由辛、由自会意，是说罪人蹙着鼻子、有痛苦辛酸的忧伤。秦始皇因为"辠"字像"皇"字，改作"罪"字。

𨐖 **辜**（gū）

辜，辠也。从辛，古声。古乎切。

【译文】辜，罪。从辛，古声。

𨐦 **辥**（xuē）

辥，辠也。从辛，𡴎声。私列切。

【译文】辥，罪。从辛，𡴎声。

辭（cí）

辭，不受也。从辛，从受。受辛宜辝之。似兹切。

【译文】辝，不接受。由辛、由受会意。受罪应该辞避。

辭（cí）

辭，讼也。从䇂[辛]。䇂[辛]犹理辜也。䇂，理也。似兹切。

【译文】辭，打官司的文辞。由䇂、辛会意。䇂辛好比说治理罪过。䇂，治理的意思。

辡部

辡（biǎn）

辡，辠人相与讼也。从二辛。凡辡之属皆从辡。方免切。

【译文】辡，罪人相互打官司。由两个辛字会意。大凡辡的部属都从辡。

辯（biàn）

辯，治也。从言在辡之间。符蹇切。

【译文】辯，治理。由"言"在"辡"的中间会意。

壬部

壬（rén）

壬，位北方也。阴极阳生，故《易》曰："龙战于野。"战者，接也。象人褢妊之形。承亥壬以子①，生之叙也。与巫同意。壬承辛，象人胫。胫，任体也。凡壬之属皆从壬。如林切。

【译文】壬，定位在北方。这时阴气极盛而阳气已生，所以《易经》说："龙战于野。"战是交接的意思。（龙战于野为坤卦第六爻。龙为阳，此爻为阴，故龙战指阴阳交战。城外为郊，郊之外为野。人们阴阳交接就怀孕。）壬字像人怀孕的样子。用子承接着定位在北方的地支的亥和天干的壬，这是符合孳生的顺序的。（壬在"工"字中加"一"，表示怀孕的样子。）与巫字"工"中加"从"以像舞袖的构形原则相同。壬继承辛，像人的小腿。小腿，是负载整个身躯的肢体。大凡壬的部属都从壬。

【注释】①承亥壬句：王筠《句读》："此以方位言也。支（地支）之亥与干（天干）之壬，同居北方，亥之下即是子，亥者褢咳咳也；壬即妊，谓身震动欲生也，生则为子矣。故曰：生之叙也。"

癸部

癸（guǐ）

癸，冬时①，水土平，可揆度也。象水从四方流入地中之形。癸承壬，象人足。凡癸之属皆从癸。居诔切。

【译文】癸，代表冬时，这时水土平整，可以度量。（癸）像水从四方流入地中的样子。癸继承壬，像人的脚。大凡癸的部属都从癸。

【注释】①冬时句：高亨《文字形义学概论》："古代五行说：壬癸为冬，故许以冬时解癸，以为冬时水枯，癸象水从四方流入地中。亦非也。"

子部

子 (zǐ)

子[①]，十一月，阳气动，万物滋，人以为偁。象形。凡子之属皆从子。即里切。

【译文】子，代表十一月，这时阳气发动，万物滋生，人假借"子"作为称呼。像婴儿的样子。大凡子的部属都从子。

【注释】① 子：高亨《文字形义学概论》："古代以十二支纪月，以夏历言之，十一月为子月，十二月为丑月，正月为寅月。夏历以寅月为岁首（正月），故称'建寅'，殷历以丑月为岁首，故称'建丑'，周历以子月为岁首，故称'建子'，即所谓三统历也。许氏以为子是子月之子，十一月是阳气初动、万物始萌之月，因而人之婴儿亦称为子，子字像婴儿之形，此说不尽是。按子之本义为婴儿，象形。"

孕 (yùn)

孕，裹子也。从子，从几[①]。以证切。

【译文】孕，怀胎。由子、几会意。

【注释】① 几：徐锴《系传》："几音殊。艹木之实垂，亦取象于几，朵字是也。人裹妊似之也。"一说"从几"应作"乃声"，见《段注》。

字 (zǐ)

字，乳也。从子在宀下，子亦声。疾置切。

【译文】字，生育。由"子"在"宀"下会意，子也表声。

孿 (luán)

孿，一乳两子也。从子，繺声。生患切。

【译文】孿，一次生两个婴儿。从子，繺声。

孟 (mèng)

孟，长也。从子，皿声。莫更切。

【译文】孟，（同辈中）年事大的。从子。皿声。

孺 (rù)

孺，乳子也。一曰：输[孺]也。输[孺]尚小也。从子，需声。而遇切。

【译文】孺，乳臭未干的小孩。另一义说，是愚昧，愚昧是因为年纪还小。从子，需声。

季 (jì)

季，少偁也。从子，从稺省，稺亦声。居悸切。

【译文】季，年少者的称呼。由子、由稺省隹会意，稺也表声。

孤 (gū)

孤，无父也。从子，瓜声。古乎切。

【译文】孤，（年幼而）没有父亲。从子，瓜声。

存 (cún)

存，恤问也。从子，才声。徂尊切。

【译文】存，慰问。从子，才声。

疑 (yí)

疑，惑也。从子、止、匕，矢声。语其切。

【译文】疑，迷惑。由子、止、匕会意，矢声。

了部

了（liǎo）

了，尥也。从子无臂。象形。凡了之属皆从了。卢鸟切。

【译文】了，行走时腿脚相交。由子字省去表示手臂的两曲笔表示。像子字之形。大凡了的部属都从了。

孑（jué）

孑，无左臂也。从了，┘象形。居月切。

【译文】孑，没有左手臂。从了，┘象子字有右臂而无左臂的样子。

孓（jié）

孓①，无右臂也②。从了，乚象形。居桀切。

【译文】孓，没有右手臂。从了，乚像子字有左臂而无右臂的样子。

【注释】①孓：引申为单独，孤单。李密《陈情表》："茕茕孑立，形影相吊。"②无右臂：《段注》："引申之，凡特立为孑。"

孨部

孨（zhuǎn）

孨，谨也。从三子。凡孨之属皆从孨。读若翦。旨兖切。

【译文】孨，谨慎。由三个"子"字会意。大凡孨的部属都从孨。音读

像"翦"字。

孱（chán）

孱，迮也。一曰：呻吟也。从孨在尸下。七连切。

【译文】孱，狭窄。另一义说，是呻吟。由"孨"在"尸"下会意。

孴（nǐ）

孴，盛皃。从孨，从日。读若薿薿。一曰：若存。鱼纪切。

【译文】孴，茂盛的样子。由孨、由尸会意。音读像薿薿茂盛的"薿"字。另一义说，音读像"存"字。

𠫓部

𠫓（tū）

𠫓，不顺忽出也①。从到子。《易》曰："突如其来如。"不孝子突出，不容于内也。凡𠫓之属皆从𠫓。他骨切。

【译文】𠫓，反常、背理而突然出现。由倒着的子字表示。《易经》说："突然地来到了。"不孝之子突然生出，不被母体之内所容纳。大凡𠫓的部属都从𠫓。

【注释】①不顺句：《段注》："谓凡物之反其常，凡事之㐄（逆）其理，突出至前者，皆是也。"朱骏声《通训定声》："子生，首先出，惟到（倒）乃顺。"

育（yù）

育，养子使作善也。从𠫓①，肉声。《虞书》曰："教育子。"余六切。

【译文】育，培养孩子使之作好人好事。从𠫓，肉声。《虞书》说："教

育孩子并使之成长。"

【注释】①从 㐬：《段注》："不从子而从倒子者，正谓不善者可使作善也。"

疏 （shū）

疏，通也。从㐬，从疋，疋亦声。所菹切。

【译文】疏，因疏导而通畅。由㐬、由疋会意，疋也表声。

丑部

丑 （chǒu）

丑，纽也。十二月，万物动，用事。象手之形。时加丑，亦举手时也。凡丑之属皆从丑。敕九切。

【译文】丑，阴气的坚固的纽结已渐渐缓解。（丑）代表十二月，（这时阳气上通，）万物发动，将用农事。（丑）像手的形状。一天临上丑时，也是人们举手有为的时辰。大凡丑的部属都从丑。

胍 （niǔ）

胍，食肉也。从丑，从肉。女久切。

【译文】胍，吃肉。由丑、由肉会意。

羞 （xiū）

羞，进献也。从羊，羊，所进也；从丑，丑亦声。息流切。

【译文】羞，进献（食品）。从羊，羊是进献的食品；从丑，丑也表声。

寅部

寅 （yín）

寅，髕也。正月，阳气动，去黄泉，欲上出，阴尚强，象宀不达，髕寅于下也。凡寅之属皆从寅。弋真切。

【译文】寅，摈弃排斥。（寅）代表正月，这时阳气发动，离开地底的黄泉。想要向地上冒出，而阴气还很强大，像交相覆盖的深邃的屋子一样覆盖着，不让阳气通达，并且把它摈弃排斥在地下。大凡寅的部属都从寅。

卯部

卯 （mǎo）

卯，冒也。二月，万物冒地而出。象开门之形。故二月为天门。凡卯之属皆扶卯。莫饱切。

【译文】卯，阳气从地中冒出。（卯）代表二月，这时万物顶破土地而生长出来。（卯）像两门相背而开的样子。所以二月又叫作天门。大凡卯的部属都从卯。

辰部

辰 （chén）

辰，震也。三月，阳气动，雷电振，民农时也。物皆生，从乙、匕，象芒达；厂声也。辰，房星，天时也。从二，二，古文上字。凡辰之属皆从辰。植邻切。

【译文】辰，震动。（辰）代表三月，这时阳气发动，雷电震动，是人们耕种的时令。万物都生长，由乙、匕（huà，化）会意，表示草木由弯弯曲曲艰难地生长变化为草芒径直通达。厂表示读音。辰（又代表辰星，）指二十八宿之一的房星，（房星的出现，）标志着种田的天时的来到。所以从二，二是古文上字。大凡辰的部属都从辰。

辱 （rǔ）

辱，耻也。从寸在辰下。失耕时，于封畺上戮之也。辰者，农之时也。故房星为辰，田候也。而蜀切。

【译文】辱，耻辱。由"寸"在"辰"下会意，（表示得失务农的时机则按法度赏罚。）失去耕种的时机，就在封土上羞辱他。辰月，是农耕的时令。所以房星叫作辰星，（它的出现，）是耕田的征兆。

巳部

巳 （sì）

巳，已也。四月，阳气已出，阴气已藏，万物见，成文章，故巳为蛇，象形。凡巳之属皆从巳。详里切。

【译文】巳，已经。（巳）代表四月，这时阳气已经出来，阴气已经藏匿，万物出现，形成华美的色彩和花纹，（蛇已出洞，）所以巳字表示蛇，像蛇形。大凡巳的部属都从巳。

㠯 （yǐ）

㠯（以），用也。从反巳。贾侍中说："巳，意已实也。象形。"羊止切。

【译文】㠯（以），用。由巳字反过来表示。贾侍中说："㠯（以），薏苡的果实。像果实的形状。"

午部

午 （wǔ）

午，悟也。五月，阴气午逆阳，冒地而出。此（予）[与]矢同意。凡午之属皆从午。疑古切。

【译文】午，逆反。（午）代表五月，这时阴气逆犯阳气，顶触地面而出。这个字与矢字表示贯穿义的构字原则相同。大凡午的部属都从午。

未部

未 （wèi）

未，味也。六月，滋味也。五行，木老于未。象木重枝叶也。凡未之属皆从未。无沸切。

【译文】未，滋味。（未）代表六月，这时（万物长成）有滋味。（金、木、水、火、土）五种物质，木在未月老成。未像树木重叠枝叶的样子。大凡未的部属都从未。

申部

申 （shēn）

申，神也。七月，阴气成，体自申束。从臼，自持也。吏臣铺时听事，申旦政也。凡申之属皆从申。失人切。

【译文】申，神明。（申）代表七月，这时阴气形成，它的体态，或自伸展，或自卷束。从臼，表示自我持控的意思。官吏在申时吃晚饭的时候，听理公事，是为了申明早晨所布置的政务完成情况。大凡申的部属都从申。

曳 (yú)

曳，束缚捽抴为曳。从申，从乙。羊朱切。

【译文】曳，捆绑时抓住头发拖拉叫曳。由申、由乙会意。

曳 (yè)

曳，曳曳也。从申，丿声。余制切。

【译文】曳，拖拉。从申，丿声。

酉部

酉 (yǒu)

酉，就也。八月，黍成，可为酎酒。象古文酉之形。凡酉之属皆从酉。古文酉从卯，卯为春门，万物已出。酉为秋门，万物已入，一，闭门象也。与久切。

【译文】酉，成熟。（酉）代表八月，这时黍成熟，可以酿制醇酒。像古文酉的样子。大凡酉的部属都从酉。古文酉字。从卯，卯表示春季开着的门，万物已从门内出来。酉表示秋季闭着的门，万物已进入门内，酉上的"一"是闭门的象征。

酒 (jiǔ)

酒，就也，所以就人性之善恶。从水，从酉，酉亦声。一曰：造也，吉凶所造也。古者仪狄作酒醪，禹尝之而美，遂疏仪狄。杜康作秫酒。子酉切。

【译文】酒，迁就，是用来迁就（助长）人性的善良和丑恶的饮料。由

水、由酉会意，酉也表声。另一义说，酒是成就的意思，是吉利的事、不祥的事成就的原因。古时候仪狄造酒，大禹尝酒而以为酒味醇美，于是就疏远了仪狄。又，杜康制作了高粱酒。

酿 (niàng)

酿，酝也。作酒曰酿。从酉，襄声。女亮声。

【译文】酿，酝酿。造酒叫酿。从酉，襄声。

酴 (tú)

酴，酒母也。从酉，余声。读若庐。同都切。

【译文】酴，酒娘子。从酉，余声。音读像"庐"字。

畚 (fàn)

畚，酒疾孰也。从酒，弁声。芳万切。

【译文】畚，酿的酒迅疾成熟。从酒，弁声。

醨 (shī)

醨，下酒也。一曰：醇也。从酉，麗声。所绮切。

【译文】醨，滤下清酒。另一义说，醇厚的酒。从酉，麗声。

醴 (lǐ)

醴，酒一宿孰也。从酉，豊声。卢启切。

【译文】醴，酒酿一夜就成熟了。从酉，豊声。

醇 (chún)

醇，不浇酒也。从酉，享声。常伦切。

【译文】醇，不浇水的纯酒。从酉，享声。

酌 (zhuó)

酌，盛酒行觞也。从酉，勺声。之若切。

【译文】酌，盛酒在觯中劝人喝酒。从酉，勺声。

配 (pèi)

配，酒色也。从酉，己声。滂佩切。

【译文】配，酒的颜色。从酉，己声。

醉 (zuì)

醉，卒也。卒其度量，不至于乱也。一曰：溃也。从酉，从卒。将遂切。

【译文】醉，尽量。使其酒量满尽，而不到达昏乱的地步。另一义说，是溃乱。由酉、由卒会意。

醺 (xūn)

醺，醉也。从酉，熏声。《诗》曰："公尸来燕醺醺。"许云切。

【译文】醺，酒醉。从酉，熏声。《诗经》说："扮演周王祖先而受祭的人来喝酒，喝得酒气醺醺。"

酲 (chéng)

酲，病酒也。一曰：醉而觉也。从酉，呈声。直贞切。

【译文】酲，因酒醉而引起的病态。另一义说，酒醉中有所觉醒。从酉，呈声。

醫 (yī)

醫，治病工也。殹，恶姿也；医之性然。得酒而使，从酉。王育说。一曰：殹，病声。酒所以治病也。《周礼》有医酒。古者巫彭初作医。于其切。

【译文】醫，治病的人。殹，是违背常人的姿态的意思，医生的性情就是这样。用酒作药物的辅助剂，所以从酉。这是王育的说法。另一义说，殹，表示病人的声音；酒，是用来治病的饮料。《周礼》有名叫醫的酒类饮料。古时候，巫彭开始行医。

酋 (sù)

酋，礼祭，束茅，加于裸圭，而灌鬯酒，是为酋。象神歆之也。一曰：酋，榼上塞也。从酉，从艸。《春秋传》曰："尔贡包茅不入，王祭不供，无以酋酒。"所六切。

【译文】酋，按礼的规定祭祀，捆束着茅，（树立在祭场的前面，）用施行灌祭的祭器圭瓒加在茅上，而向茅灌郁鬯酒，这就叫酋。（酒从茅叶上渗透下去，）像神喝了酒。另一义说，酋是酒器上的塞子。由酉、由艸会意。《春秋左传》说："你们应该纳贡的是包捆着的菁茅，却不献进；天子的祭祀你们不供给，天子就没有办法举行'酋酒'的礼

363

仪了。"

酉部

酉（qiú）

酉，绎酒也。从酉，水半见于上。《礼》有"大酋"，掌酒官也。凡酋之属皆从酋。字秋切。

【译文】酋，久酿的酒。从酉，由水字的一半出现在"酉"上表示。《礼》上有"大酋"这样的职务，是掌管酿酒的官。大凡酋的部属都从酋。

尊（zūn）

尊，酒器也。从酋，收以奉之。《周礼》六尊：牺尊、象尊、著尊、壶尊、太尊、山尊，以待祭祀宾客之礼。祖昆切。

【译文】尊，盛酒的器皿。从酋，两手高高捧举着它。《周礼》有六尊：牺牛形的酒罇、象形的酒罇、没有脚而底着地的酒罇、壶形酒罇、太古的陶制酒罇、刻画着山和云雷之形的酒罇，用来准备祭祀和宴请宾客的礼仪。

戌部

戌（xū）

戌，灭也。九月，阳气微，万物毕成，阳下入地也。五行，土生于戊，盛于戌。从戊含一。凡戌之属皆从戌。辛聿切。

【译文】戌，消灭。（戌）代表九月，这时阳气微弱，万物都已成熟，阳气向下进入地中。金木水火土五种物质，土产生在位于中央的戊方位，在戌月鄙九月气势最旺盛。由"戊"含着"一"表示。大凡戌的部属都从戌。

亥部

亥（hài）

亥，荄也。十月，微阳起，接盛阴。从二，二，古文上字。一人男，一人女也。从乙，象裹子咳咳之形。《春秋传》曰："亥有二首六身。"凡亥之属皆从亥。亥而生子，复从一起。胡改切。

【译文】亥，草根。（亥）代表十月，这时微弱的阳气产生，续接着旺盛的阴气。从二，二是古文上字。表示一人是男，一人是女。从乙，像怀着胎儿腹部拳曲的样子。《春秋左传》说："亥字上有二画为首，下有六画为身。"大凡亥的部属都从亥。至"亥"（而地支已尽），则又产生"子"，（万事万物）又从一开始。